外交学院新校园全景图

2008 年 7 月 1 日联合国秘书长潘基文访问外交学院

2009 年 1 月 6 日在外交学院扩建工程（一期）西区主体结构封顶仪式上讲话

2009 年 4 月 25 日会见法国国民议会议长阿夸耶夫妇一行

2009 年 4 月 29 日在前国务委员唐家璇陪同下法国前总统希拉克访问外交学院

授予法国前总统希拉克外交学院名誉博士学位

2009 年 5 月 26 日向法国前总统德斯坦和前法国驻华大使苏和介绍
外交学院新校园规划

2009年5月30日在外交学院第三届董事会成立大会上讲话

2009年12月28日邀请法国参议院议长拉尔歇来外交学院演讲

2009 年 9 月 19 日主持"新中国 60 年外交理论研讨会"

2009 年 9 月 23 日主持外交学院兼职教授茶话会暨聘书颁发仪式

2009 年 12 月 4 日主持"外交学院论坛"介绍新书《劲雨煦风》问世，前国务委员唐家璇、时任外交部长杨洁篪、前驻德国大使卢秋田作为特邀嘉宾出席

2010 年 3 月 8 日出席全国政协十一届三次会议在人民大会堂新闻发布厅举行的"走进世博、共享世博"记者会并回答记者提问

为中华民族伟大
复兴贡献智慧和
力量！

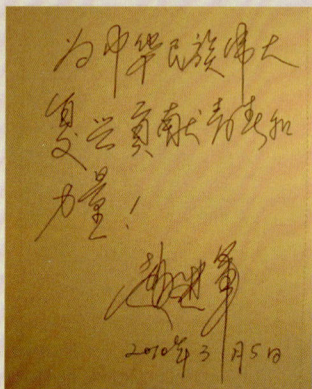

2010年3月8日作为全国政协对外友好界委员出席两会期间接受记者采访，并应邀为全国的青少年题写寄语

2010年4月29日主持法国外长库什内与外交学院学生的座谈会

2010 年 9 月 7 日会见法国前总理、波尔多市市长阿兰·朱佩

2010 年 9 月 10 日外交学院举行 55 周年校庆大会

2010 年 12 月 3 日在东盟秘书处雅加达总部发表演讲

2010 年 12 月 3 日在
东盟雅加达总部会见
利比里亚外交部部长
素林

2011 年 3 月 30 日应邀在第二届
中国特色世界城市论坛演讲

2011 年 3 月 31 日会见来访的利比里亚外交部长托加·盖伊维亚·麦金托什一行

2011 年 8 月 23 日在"中国—东盟互联互通战略研讨会"上讲话

2012 年 3 月 26 日率领政协外委会代表团访问黎巴嫩，会见黎巴嫩议长贝里

2012 年 6 月 6 日邀请来华出席上合组织峰会的阿富汗总统卡尔扎伊来院演讲

2013 年 5 月参加外交学院沙河新校园春季绿化活动并亲手种下捐献的迎客松

2013 年 7 月 12 日主持 "中国与东盟建立战略伙伴关系十周年" 研讨会

2013 年 9 月 12 日法国前国民议会议长阿夸耶再次访问外交学院

2013 年 12 月 9 日出席中国周边外交研讨会并讲话

2014 年 1 月 3 日在外交学院第四届董事会首次会议上向董事会主席王毅及全体董事汇报近年来学院工作

2014 年 1 月 3 日王毅部长出席教育部副部长郝平与外交部部长助理钱洪山共同签署两部共建外交学院协议

主持每年为学院 80 岁以上老同志祝寿的活动

2014 年 5 月 28 日邀请范曾先生在外交学院举办国学讲座并展示题字

2014 年 6 月 20 日陪同外交战线老领导观看外交学院校史展

2014 年 5 月 8 日在外交学院 2014 届毕业典礼上讲话

2007 年，会见中法互换 400 名青年交流团活动的法方代表

陪同国防部长迟浩田上将在巴黎会见法国国防部长

法国总理德维尔潘在总理府会见中国青年代表团

留住外交学院的记忆

百期沉淀
坚定前行

情系外交人，
共铸中华魂。

谢进军
2013年11月15日

2013年5月27日，对外交学院后勤工作的批示

2014年5月22日，对外交学院后勤工作的批语

留住外交学院的记忆

（2008~2014）

Keep the
Memory of China Foreign
Affairs University

赵进军　著

经济科学出版社
Economic Science Press

图书在版编目（CIP）数据

留住外交学院的记忆 . 2008～2014/赵进军著 . —北京：
经济科学出版社，2015.5
ISBN 978 - 7 - 5141 - 5777 - 2

Ⅰ. ①留… Ⅱ. ①赵… Ⅲ. ①国际关系 - 文集
Ⅳ. ①D81 - 53

中国版本图书馆 CIP 数据核字（2015）第 107286 号

责任编辑：柳　敏　于潇潇
责任校对：徐领柱
版式设计：齐　杰
责任印制：李　鹏

留住外交学院的记忆（2008～2014）

赵进军　著

经济科学出版社出版、发行　新华书店经销
社址：北京市海淀区阜成路甲 28 号　邮编：100142
总编部电话：010 - 88191217　发行部电话：010 - 88191522
网址：www. esp. com. cn
电子邮件：esp@ esp. com. cn
天猫网店：经济科学出版社旗舰店
网址：http：//jjkxcbs. tmall. com
北京盛源印刷有限公司印装
787×1092　16 开　20.25 印张　420000 字
2015 年 5 月第 1 版　2015 年 5 月第 1 次印刷
ISBN 978 - 7 - 5141 - 5777 - 2　定价：58.00 元
（图书出现印装问题，本社负责调换。电话：010 - 88191502）
（版权所有　侵权必究　举报电话：010 - 88191586
电子邮箱：dbts@ esp. com. cn）

序

    不久前，进军同志向我提及将出版《留住外交学院的记忆》一书，希望我为该书作序。

    我与进军同志是外交战线上的老同事，相识已久。他长期在外交一线"摸爬滚打"，曾担任过外交部部长助理、驻法国大使等重要职务，具有丰富的外交工作经验，是一名资深高级外交官。根据外交部党委的安排，他自 2008 年 4 月至 2014 年 9 月担任外交学院院长，前后 6 年有余，工作环境从外交一线转到了外交外事人才培养院校。

    外交学院被誉为"中国外交官的摇篮"，拥有光荣的历史传统，是全国唯一一所外交部直属的大学，由敬爱的周总理亲自倡议创建，旨在为新中国培养优秀外交外事人才。1955 年建校至今，已为国家培养了两万余名优秀毕业生，其中约 300 人成长为驻外大使。我作为外交战线上的一名老兵，一直对学院的学科建设、人才培养、科学研究、干部培训等各项事业的改革发展十分关注。进军同志任院长期间，我曾多次听他介绍学院工作情况，并应邀出席学院有关活动，从中明显感到他对学院工作倾注了极大热情，始终保持着敬业、执着、改革、务实的工作作风。近几年学院工作的发展，应有他的一份努力和付出。

    粗读本书初稿，进一步印证了我的这一判断。书稿辑录了进军同志在学院工作期间的几十篇讲话和文章，既有对学院有关工作的具体思考，也有对国际形势和中国外交，特别是中法关系的点评，其中不乏精辟独到的深刻论述。书中提及一些重大事件，无疑生动地见证了学院发展的重要历程和节点，有的我也曾参与过。如2009年4月29日中国人民的老朋友、法国前总统希拉克应邀访问外交学院，并被授予名誉博士学位；2012年9月10日前国务院总理温家宝莅临外交学院新落成的沙河新校园，为周恩来、陈毅同志的铜像揭幕，并向学院师生发表了重要讲话。

外交学院的发展可以说是中国外交大发展的一个缩影。当前，国际形势正处于复杂变化之中，中国外交担负着维护世界和平、促进共同发展的重大战略使命，机遇和挑战并存，需要更多有志于外交工作的优秀青年投身这项崇高的事业。衷心希望外交学院在各方面的关心和支持下与时俱进，发展进步，保持特色，争创一流，为中国外交外事工作输送更多优秀人才。我相信这是很多"老外交"的共同心愿，也希望本书的出版能对此有所裨益。

唐家璇

二零一四年十一月于北京

写在前面的话

　　我于2008年2月底从驻法国大使的岗位上回国，并于4月被派往外交学院工作，转眼已经6年多了。从一名长期从事外交一线工作的职业外交官一下子转到大学，从事培养外交外事人才的工作，这一转变是我之前从未想到的。

　　记得2007年，当我在巴黎大使馆听到有消息说，我卸任后可能去外交学院工作。当时我内心很惶恐，因为我的英文不好，中学学的是俄语，大学学的是法语，还未来得及学第二外语——英文，文化大革命就爆发了。而外交学院院长的岗位是要面向全球大学的，英文不好恐难以胜任这一工作。考虑到这一点，我几次向部里建议另选其他同志。有一次，我和时任外长的李肇星同志谈起此事，他笑着反问我："进军同志你会不会中文呢？"他认为，这一岗位重要的并不是外语，"不懂英语有翻译嘛。"听了他的话，我也笑了。

　　我永远不会忘记2008年4月29日，时任外长杨洁篪同志、副外长张业遂和李金章同志一起到外交学院出席全院干部会议并宣布对我的任命。三位部领导同时出席这一会议，充分表明外交部对外交学院工作的高度重视。

　　到学院工作后，经过一段时间的学习、观察和思考，我对这所大学有了更全面更深入的了解。这不是一所普通的大学，而是具有光荣传统和特殊历史的高校。1955年，是周恩来总理兼外长亲自提议并经毛泽东主席批准，创建了外交学院。周总理还亲笔为我院题写了校名，周总理那隽秀的墨宝永远是我校学子的骄傲。周总理还两次出席学院的毕业典礼并讲话。建校之初在大家的心目中，周总理兼外长就是外交学院院长的最佳人选。后来，周总理没有像大家期盼的那样担任院长，但院长一职也因此而长期空置（由常务副院长主抓工作），一直到1961年中央正式任命陈毅副总理兼外长为外交学院院长。由共和国的元帅和副总理兼外长担任这所大学的校长，这在新中国历史上也是很罕见的，也充分体现了中央对外交学院的高度重视。

　　今天，外交学院是全国唯一一所外交部直属的高校。校训是周总理对外交人员提出的 16 字要求，即："站稳立场、掌握政策、熟悉业务、严守纪律"。可以说，周总理和陈毅元帅的名字永远同外交学院紧紧地连在一起，这就是一种历史渊源。

从 20 世纪 90 年代起，学院成立了董事会。长期担任外交领导工作的国务院前副总理兼外长钱其琛同志直到今天一直担任学院的名誉董事会主席。而自那时以来的历任外长都自然而然地兼任学院董事会主席，并经常出席学院的开学典礼等重要活动。这也是外交学院独特的优势和荣耀。在外交部的直接领导下，建校 60 年来外交学院为国家培养出 300 多位驻外大使和数千名参赞等高级外交官，为新中国外交事业做出很大贡献。

很显然，能够在这样一所著名高校工作，是我人生中的幸运，也是难得的经历。我在学院工作期间亲身经历了学院发展中许多重大事件。

一是昌平新校区的建设于 2007 年全面展开，这是关系外交学院发展的一件大事。记得 2008 年我刚到学院时，尚有 111 家钉子户亟待说服搬迁，而一直到 3 年后的 2011 年 5 月最后一户同意迁出。而类似这种新校园建设中所面临的各式各样困难之多和之大，是局外人难以想象的。令人欣慰的是，经过全院同志不懈的艰辛努力，到 2012 年，也就是我到校工作四年后，终于完成了新校区的一期工程（共包括 12 栋建筑）。当头一年 600 多名学生、次年 1300 多名学生迁入新校园时，才标志着外交学院历史上首次实现了双校园运行的新机制。

值得一提的还有，经我院多方工作并获得中央特许，我院新校园建成了全国唯一的周恩来和陈毅同志身披花环、并肩出访友邦的铜像。这是我院为留住历史，永远怀念新中国外交的两位伟人而做成的一件很有意义的大事。为揭幕伟人铜像，2012 年 9 月，时任中央政治局常委、国务院总理温家宝以及刘云山、唐家璇、戴秉国、杨洁篪等中央领导同志亲赴我校视察。温总理为我院题写了"中国外交官的摇篮"几个大字，并向师生发表演讲，提出了创建"一流师资、一流学科、一流理念、一流人才"的要求。这是中央对外交学院的亲切关怀和莫大激励。令人高兴的是，2013 年"中国外交官的摇篮"8 个金色大字，已经雕刻在新校园的一块重达 110 吨的泰山石上，庄重大气，熠熠生辉，将永远激励外交学院广大师生努力奋斗，争取更大荣誉。

二是学院多年来不盲目追求大而全，坚持小班教学和高质量精英办学理念，获得国家的充分肯定和坚定支持。2012 年我院被选定为国家小规模特色院校试点；2008 年我院只在 19 个省市招生，2013 年我院已在全国 31 个省市和港澳招生，第一次实现了在内地全覆盖招生的目标；近年来，我院国际关系和外交学两个专业分别被批准为国家级重点学科，这是建校以来我院学科建设的重大突破；我院还加大了作为智库对服务外交大局的工作，特别是 2014 年在原有东亚研究中心的基础上成立了亚洲研究所，为国家大周边外交积极建言献策，受到各方的高度肯定和重视。

三是从 2014 年起，我院新开设了西班牙语教学，今后还计划逐步增设俄语、阿拉伯语和葡萄牙语等地区性通用语种，从而将改变我院长期以来只教授英法日 3 种外语的状况。

四是老校园进入大规模改造。从 2013 年开始我院启动了修造地下体育馆、地下停车场、改造学生宿舍、食堂以及教学主楼等一系列重大改造项目。这标志着历史遗留问题缠身、教学与生活空间狭小、设备老化的老校区进入了攻坚克难和充满希望的新阶段。展望未来，今后的老校区将呈现出地面无车、绿色满园、充满生机与活力的新景象。

总之，在学院上述发展的重要时期，我有幸置身其中，经历和学到很多以前从未接触、也不曾想到的新鲜事物和人生经历，这是很难得的。许多朋友建议我把在学院的这段经历记录下来，起初我没有同意，后来经过再三考虑，觉得留住在外交学院的这段记忆还是有意义的。于是我便着手把我在这一时期写的一些文章、发表的讲话、包括照片汇集起来完成此书，留作对外交学院永远的美好回忆。

需要指出的是，在这些文章和材料中也包括我在第十一届全国政协外事委员会担任 5 年副主任期间的一些讲话和文章，其中也有一些涉及中欧关系、中法关系以及公共外交的内容，也算是这一时期我在外交学院对外交工作和国际形势看法的一个汇总和小结吧。

在此，我十分感谢学院领导班子中各位同事在 6 年多的工作、思想和生活中对我的支持和帮助。我还要特别感谢学院各部门与我有工作交集的同事们，特别是院办的李洪梅、杨宁、阚四进、闫宇、梅浩淼和张桂兰、袁媛等同志，他们平时承担了我的许多辅助性和事务性工作，对我帮助很大，在此我向他们一并致以深深的谢意。

赵进军

2014 年 9 月 1 日于北京

目　　录

第一部分　筹谋学院长远发展

第二部分　纵论中法战略友好

第三部分　阐释中国和平外交

第四部分　助力推动公共外交

第一部分

筹谋学院长远发展

第四届董事会首次会议讲话

回顾 1994 年外交学院董事会创建以来的历史，我们深感董事会的各位企业界成员对学院的发展发挥了重要作用，我院所有董事都以各自的方式慷慨无私地支持了学院的工作，为国家培养优秀外交外事人才做出了贡献。我们全院师生对此一直心存感激！

现在，我代表上一届董事会简要报告学院过去五年来的工作与情况。

2009 年年初，第三届董事会在时任外长杨洁篪同志的主持下成立。我与在座的许多董事一起见证了最近五年来外交学院的发展、变化与进步，主要表现在以下方面：

一、明确办学定位。外交学院作为直属外交部的唯一高校，这既是学院的优势，也是不同于其他院校的特殊定位，意味着学院的各项工作必须紧紧围绕和服务国家外交事业大局及外交一线需要这一中心任务展开。也就是说，学院工作要尽全力把这一点贯穿在学院的育人、教学、科研和培训等各项任务中。这是我院特殊的政治定位和工作方向。2012 年 9 月，时任国务院总理温家宝同志来我院视察时亲笔为我院题词："中国外交官的摇篮"，这是对我院办学方向的明确肯定与鼓励。

二、狠抓教学改革。五年来，学院一直强调"教学是中心，本科是基础"，并确立了"凝练外字特色、强化外语优势、彰显外事品牌"的教学理念，同时大力改革本科教学，推进"英语化、开放式、小班型、导师制"四项改革，提升了我院的教学质量。2009 年国际金融危机爆发后，我院增设了国际金融系和英语高翻班，进一步增强了我院在新形势下向国家输送急需人才的能力和优势。2011 年，我院被国家选定为小规模特色办学的两个试点高校之一。这是国家对我院保持"外交特色和外语优势、强化小班教学、不盲目追求大而全"办学方针的肯定和支持。我院的办学经费也因此获得增加，这对我院的发展非常有利。

总体来看，我院生源素质好，多年来我院高考录取分数线低于清华和北大，排在北京高校第一梯队。我院学生综合素质高，有理想、有追求，知识面广，专业水平扎实，注重全面发展。我院学生在全国英语口译大赛、英语辩论赛和全国大学生外语竞赛中成绩优秀、名列前茅。毕业后受到用人单位的普遍欢迎。近十几年来，外交部的英语高翻大多出自我院毕业生。我院毕业生的就业率始终保持在99%以上。

三、促进学科建设。五年来，我院获得政治学一级学科博士点授予权，并首次建成博士后流动站。2011年和2013年我院分获"国际关系学"和"外交学"两个国家级重点学科，在学科发展史上取得历史性突破。2014年，我院将增设西班牙语专业。未来几年，还将逐步增加俄语、葡萄牙语和阿拉伯语等地区性通用语种，以使我院更好地为国家的外交事业服务。

最近两年，我院教师出国讲学、交流与深造的人数分别达60和70余人次，大大超过了此前每年不到10人的水平。

五年来，我院邀请了几十名国际知名人士来院演讲。以法国为例，有两位前总统、三位前总理以及参众两院议长及多名部长来院演讲，这些演讲既扩大了学生的视野，也提升了学院在国内外的知名度。

四、提升科研水平。我院高度重视科研工作，建立了25个国际问题研究中心，全方位地开展国际课题研究。其中，东亚研究中心作为"东亚思想库网络"和"中国—东盟思想库网络"两个二轨机制下的国家协调单位，经常举办各类活动和课题研究，受到外交部等部委的表扬。2013年，我院还成立了首家官方认可的"中日韩合作研究中心"，为当前困难形势下的东北亚合作提供智力支持。

5年来，我院共发表各种形式的课题成果2441部（篇），平均每年约500部。我院还获得省部级以上科研课题立项共45项，其中国家级重大项目1项。秦亚青教授主持的《我国积极参与国际体系变革进程研究》获得国家社科基金重大项目立项。

我校校刊《外交评论》的影响力上升。2011年，位居全国高校学报复印报刊资料全文转载率第一名。在政治学和世界政治领域，已成为北京大学、南京大学、中国社会科学院等国内主要文献体系的引文来源期刊。

五、推动对外办学合作。2009年以来，我院同加拿大、美国等大学开展国际教育合作项目，共招收学生780余名。为学院开展国际合作办学积累了经验。

五年来，我院与25所外国高校签署了新的具有实质内容的合作协议和谅解备忘录；与48所境外院校和学术机构开展了包括教师互访、学者讲学、互换学生等交流。我院五年来共派出261名国际交流生。

2013年，我院与法属波利尼西亚大学和俄罗斯外交学院商定合办孔子学院，开拓了我院对外合作办学的新领域。今后还计划在英语国家再合建两所孔子学院，使我院在该领域的合作更加平衡有益。

六、提高对外培训质量。我院受外交部、商务部等委托，承担着为世界各国外交官、政府官员、新闻从业人员及港澳公务员等提供培训的任务。我院是全国五大对外培训基地之一。每年约办16期左右，培训人次300人上下。去年我院还受外交部委托首次承办了"中东欧国家外交官研修班"、阿尔及利亚青年外交官培训班以及为赤道几内亚举办了两期培训班。

　　我院还每年为香港、澳门特区政府公务员、香港大学生等举办多期培训，并承担外交部青干班等外交业务培训。近两年来，我院还为省市举办了多批公共外交研修培训班和为广东省外办组织省市县三级在职外事干部85人来我院培训，并受到好评。

　　七、我院开始双校园运行机制，并着手老校园改造。2013年9月，我院总共4个年级约1300名学生进入新校园学习与生活。学院的教学重心已转移到新校区。老校区目前仍保留两个年级。一年多的双校园运行机制证明，新校园的设备运行正常，基本满足了教学需要和生活的保障。

　　新校区的投入使用，为老校区的改造提供了可能。学院决定，将主要依靠国家支持和依托自身力量改造老校区。2013年着手改造学生公寓、国际交流中心和食堂。2014年将修建地下体育设施和500个车位的地下停车场等。未来老校区的功能设定是：学院总部、研究生院、科研中心和培训基地。目前老校区的改造仍在规划和审议中。新校园二期工程也正在积极筹划，争取尽早上马。可以肯定，未来我院双校园的发展前景都将更好。

　　总体来看，五年多来在外交部的领导和董事会的支持下，学院各方面工作都取得很大成绩，但也存在着许多困难和不足。主要是学院规模小，财力薄，使我院在高校人才竞争中一直面临很多困难。同时，双校园运行模式也出现了许多过去没有的新问题、新挑战，例如双校园运营成本加大，管理分散，联络不易，老师往返双校园路上耗时较多等等，双校园运行机制还需要时间进行磨合与改进。我们有信心在中央的关怀和外交部的直接领导以及教育部的关怀下，依靠全院师生的共同努力，战胜各种困难，实现学院的科学发展。

（2014年1月3日　钓鱼台国宾馆）

外交学院是一所独具魅力的大学

在中国 2000 多所高等院校中，外交学院建院历史并不长，规模也不大，但却具有很多独特甚至唯一的品质。例如，这是由敬爱的周恩来总理亲自倡议，经毛主席批准于 1955 年创建的。周总理还亲自为学院题写了校名，这是多么大的荣耀！1961 年，副总理兼外交部部长陈毅元帅被任命为我院首任院长。这在中国文理科高校中是唯一的。同时，外交学院也是全中国唯一以"外交"两字命名的大学和至今唯一直属外交部的高校，也是唯一以培养外交人才作为办学方针的院校。这就是外交学院的独特之处。

今天，这所大学面临着跨越式发展的历史性机遇。因为世界形势正在发生战后最深刻最复杂的变化。中国快速发展，综合国力突飞猛进，国际地位和影响力大幅提升。中国人和中国企业正在走向世界，中国的国家利益遍布全球。面对这一全新形势，国家对一流外交和外事人才的需求急剧上升。外交学院深感肩上的担子更加繁重，心中的责任更加光荣。

2012 年 9 月 10 日对外交学院是一个很不平凡的日子。这一天既是建校 57 周年纪念日、教师节，又是新校园启用和新学期开学日。这一天一个更大喜讯传遍校园，国务院总理温家宝在中共中央政治局委员刘云山、国务委员戴秉国和唐家璇等领导同志陪同下，亲临我院为周恩来同志和陈毅同志铜像揭幕，并向师生发表演讲，深情寄语我院"要有一流师资、一流学科、一流理念，将一流人才输送给祖国外交事业"。温总理还亲笔为我院题写了"中国外交官的摇篮"8 个大字。这一切极大地鼓舞了我院广大师生，成为鞭策我院未来更大发展的强大动力。全院师生激动地说，我们决不辜负党中央、国务院对外交学院的亲切关怀和殷切期望，一定要把外交学院办得更好。

回首我院历史，这是一部激励人心的光荣史。外交学院始终如一地把培养学生坚定正确的政治方向作为学院立足教育的基点，始终如一地把周总理提出的"站稳立场，掌握政策，熟悉业务，严守纪律"16 字作为校训和工作指南，倾力培养思想好、专业知识扎实、精通外语、实际工作能力强的复合型优秀外交外事人才。

令人骄傲的是，外交学院在教学上始终坚持"少而精"的原则，突出自身的外交外语特色，体现为中国外交大局和外交一线服务的办学方针，既有序实施本科、研究生和博士生的正规教学，又务实开展为在职人员和外国青年外交官的专项业务培训，先后培养出各类毕业生 2 万余人。其中，部级以上官员 30 多人，驻外大使约 300 人，参赞以上高级外交官和司局级领导及教授、学者千余人，为新中国的外交事业做出重要贡献。

外交学院的这一多层面、有特色的外交人才培育模式，得到国家的认可与肯定。我院是国家级援外培训基地之一，每年承办 10 余期针对外国青年外交官和新闻从业人员的国家级援外培训项目。一些友好国家有时甚至会派出大使衔的高级外交官参加我院举办的青年外交官培训。我院每年还受外交部委托，举办多期高级和中级外交官培训班以及高级翻译培训班、青年干部培训班等，为我国和友好国家外交人员素质的提升做出贡献。

我院的主体教学和科研主要围绕外交学和国际关系学展开，先后设立了外交与外事管理系、国际法系、英语系、外语系、国际经济学院、基础教学部、研究生部、国际教育学院等 9 个教学单位，还组建了中国外交理论研究中心、国际关系研究所、东亚研究中心、周恩来外交研究中心等 20 余个学术研究机构。

去年，我院国际关系学成为国家级重点学科，这是我院第一个国家级重点学科，意义十分重大。今年，外交学正在积极申报国家级重点学科。如果我院两大支柱学科的学术地位获得提升，这对外交学院未来的学科发展极其重要。我院经过长期努力，已经拥有"外交外事人才培养模式国家级创新实验区"、"外交外事翻译人才培养模式国家级创新试验区"、"外交外事翻译"国家级优秀教学团队、"当代中国外交"国家级精品课程以及"美欧关系研究"国家级双语教学示范课程等可以体现我院办学特色和专业水平的许多荣誉称号。

我院在学术研究领域的一大特点是，始终不忘紧紧围绕并服务于国家的外交大局和外交一线的需要而展开学术研究，并注重学理研究与政策研究相结合，研究成果服务于中国外交的热点问题。我院还是中国外交领域的重点咨询合作单位。近 10 年来，我院教研人员共承担了 120 项国家级和省部级科研项目。由于我院近半数教师都有在外交一线工作的经历，他们有能力紧跟国际时事热点，积极利用媒体、报纸、公共讲座等各种机会，向国内外民众宣讲我国和平发展与独立自主、和平、合作、共赢的外交政策。近年来，我院还积极参与中国公共外交的教学与实践活动。为此，外交学院公共外交教研室于 2010 年正式成立。

我院还是国家一级学会中国国际关系学会和中国国际法学会秘书处所在地。这两个国家一级学会每年通过举办理事会、年会、专题学术研讨会等活动，成为我院与全国相关学界密切联系的重要纽带并发挥引领作用。此外，我院还是钱学森同志创立的中国智慧工程研究会的合作伙伴并荣幸地被北京市政府命名为"北京市对外交流与外事管理研究基地"，为首都的对外交流出谋划策，提供咨询。

近年来，我院推进国际化的力度不断加大，实施"走出去"与"请进来"并举的学术研究战略。共有约150位外国的国家元首、政府总理、外长等高级官员以及诺贝尔奖获得者等国际政要和知名人士来我院访问、演讲或进行学术交流。我院也通过派遣教授、学者赴国外参加学术会议、讲学、合作研究和共同出版学术著作等，与世界上70个国家和地区的165所大学和学术机构建立起合作关系，并形成了诸如《中国外交新论》、《当代中国与中国外交》、《国际体系与中国外交》、《国际体系与中欧关系》、《经济外交》、《中国经济外交年度报告》、《外交案例》等一批高质量、有特色的学术成果。

当前，以温总理访问我院以及沙河新校园投入使用为契机，我院面临十分难得的发展机遇。我们要继续以教学、科研、培训为重点，保持和发扬优良传统，突出自身办学特色，发挥"外"字优势，开拓创新，培养更多一流外交人才，努力为外交学院争取更大光荣。

载于2012年9月12日《光明日报》

附：

永远的怀念

西山巍巍，庄严肃立
长城浩浩，默默盘旋
我们齐聚沙河校园
深切缅怀两位敬爱的伟人
胸宽胜海、鞠躬尽瘁的周恩来总理
俯首为民、横眉对敌的陈毅元帅
此刻，我们用一颗颗敬仰的心，永远的怀念
怀念他们为建立新中国立下的卓越功勋
怀念他们对新中国外交事业作出的伟大贡献
怀念他们给予外交学院的深深关怀

一九五五年
一条消息从中南海传来
敬爱的周总理亲自倡议
办一所大学，为新中国培养外交人才
看
周总理亲笔题写的校名，遒劲有力
蕴含着他多少殷切的期盼

听
一九五七年，外交学院毕业典礼上
周总理握着学子的手，谆谆嘱托："献身外交！"

一九六一年
伴随着初生的朝阳
外交学院有了一位元帅院长
九载春秋
陈老总两度来校与师生座谈：
号召我们为共和国打造强有力的外事队伍
从此，师生秉承十六字校训
用坚守和奋进报答伟人的期望：
"站稳立场，掌握政策，熟悉业务，严守纪律"

洪流激荡，沧海桑田
您的精神，您的追求
成为我们坚定不移的信念

今天东方巨龙正在腾飞
综合国力跃居前列
然而
国际形势复杂多变
地区热点冲突不断
为了祖国，为了世界
我们渴望投身外交战线

此刻，我们仰望伟人铜像，许下庄重的誓言
祖国利益高于一切，青年责任重于泰山
我们仰望星空，孜孜以求
我们脚踏实地，薪火相传
用火红的青春
用毕生的奉献
共谱祖国外交的壮美诗篇

以上为 2012 年 9 月 10 日外交学院学生们为周总理、陈毅元帅铜像揭幕仪式创作的纪念两位伟人的诗歌。

中央的关怀与外交学院新的发展机遇

9月10日晚，新闻联播向全国报道了温家宝总理当天到外交学院参加周恩来和陈毅同志铜像揭幕仪式并向师生发表演讲的消息，画面还展示了温总理为外交学院亲笔题写的"中国外交官的摇篮"8个苍劲有力的大字和温总理希望外交学院拥有"一流师资、一流学科、一流理念、培养一流人才"的闪光话语。这一报道像一股强大的暖流，激发起全院师生及外交战线许多老同志和外交学院老校友的极大关注和兴奋。连日来，不断有人打电话、发信息给我和学校老师，一是表示祝贺，二是希望了解更多有关情况。

应当说，温总理亲临外交学院，与外交战线的老领导、老同志座谈，观看外交学院校史，亲手为周恩来陈毅两位伟人铜像揭幕，向师生发表长篇演讲，这一切充分体现了党中央、国务院对包括外交学院在内的外事系统所有同志的亲切关怀和巨大鼓舞。毫无疑问，此访对外交学院意义特别重大，将开启外交学院跨越式发展的新局面。

从历史上看，1955年周恩来总理兼外长亲自倡议并经毛泽东主席批准，正式成立外交学院。可以说，学院创建的本身就体现了党中央对我院的特殊关怀。周总理还亲笔题写我院校名，亲自出席我院毕业生典礼，并多次发表讲话勉励我院师生献身祖国的外交事业；1961年，共和国副总理兼外长陈毅元帅被中央任命为我院首任院长（此前由副院长抓总）直至1969年。这在当时是全国高校中资历最老、级别最高、影响最大的校长。陈毅院长曾专门召集我院领导和老教授到中南海研究教学育人方面的工作，并两次来院做调研和指导工作。这就是为什么今天我们要在外交学院新校园树立起与我院有密切历史渊源的两位伟人铜像的缘由。而这一想法是经过了党中央和国务院领导批准的。

值得提及的还有，1977年我院35名同志联名上书刚刚复出工作的邓小平同志，希望中央批准恢复在"文革"中停办的外交学院。很快小平同志就批示同意；此外，江泽民主席作为国家元首曾亲自出席并见证我院与厄瓜多尔外交学院合作协议的签字仪式；胡锦涛主席也曾同我院学生在"中日青少年交流年"活动中合影留念。这些都充分证明历届中央主要领导同志对我院工作给予了高度重视和亲切关怀。

我院在构思伟人铜像时特别选择周总理和陈老总1964年出访斯里兰卡（当时称锡兰）的一张照片，两位伟人在机场受到友邦群众的热烈欢迎，胸前挂着象征纯洁与友谊的白色花环，可明确标识出两位伟人与外交事业的历史关联。我院的伟人铜像高大祥和、气宇轩昂，既体现我院师生将永远缅怀和学习革命先辈对我院的亲切关怀和高尚情操，也为激励我院师生为祖国的外交事业努力拼搏、忠诚奉献。

温总理此访对我院的最大鞭策是，在他近两小时的演讲中明确提出了"四个一流"的要求，使全院教职员工深感肩上责任重大。学院党委在学习中认为，"一流的师资"是关键，"一流的学科"是基础，"一流的理念"是灵魂，"培养一流人才"是核心。大家一致认为，温总理提出的"四个一流"是对我院未来发展的纲领性指针。

今后，我院要下大力气努力培养一流的师资队伍。抓师资就是抓根本、抓要害。对师资建设不但要有一流专业教学水平的要求，还要长期坚持小班教学模式，保持教学中师生的高度互动性，这对师资是更高要求。应当说，我院长期坚持20人以下的小班教学模式在高校中是少有的，效果是很好的。同时，我们还要充分发挥外交战线退职老大使作为我院兼职教授的优势和这一特殊教学方式，以外交实践和案例为中心，既体现我院直属外交部的特色，又在教学上将理论与实践高度统一起来。我们还要继续采用"请进来、走出去"的办学方针，聘请高水平外籍教师、国际知名人士和专家学者定期和不定期到外交学院授课和讲学。还要鼓励我院专业教师更多参与外交工作的实践，积累务实教学经验。总之，我院将在此基础上努力构建和打造一流的师资队伍。

外交学院学科建设的目标是：外交特色鲜明、外语优势突出、学科专业设置适应我国外交事业发展对人才的需求。我院是全国首先设立外交学本科专业的高校，也是国家首批国际关系学和外交学专业硕士点和博士点授予单位。去年，我院国际关系学被授予国家级重点学科。今年，我院外交学也正在积极申请国家级重点学科。有了这样两个国家级重点学科，如同给我院的学科建设插上两个有力的翅膀，这对推动全院的学科建设意义重大。我院还设有两个在国内外学术界影响力很强的国家一级学会—中国国际关系学会和中国国际法学会的秘书处，这是我院加强学科建设很好的内外环境和条件。我院一定遵照温总理的指示，不断开拓创新，争取拥有更多全国一流学科。

温总理希望我院有一流的理念，这一点非常重要。这是指导我院面向未来、走向一流的灵魂。一个国家、一个民族需要精神和理念，办好一所大学同样需要一流的理念作为精神支柱。新中国成立之初，周总理对新中国外交人员提出十六字要求，即"站稳立场、掌握政策、熟悉业务、严守纪律"。后来，这十六个字成为我院的校训，是我院一切工作的指导方针和宝贵精神财富。也可以说，周总理的16字就是我院办学的根本理念。

说到底，有没有能力培养出一流的外交外事人才是检验我院一切工作的最重要标尺。建校 57 年来，外交学院已为国家输送了两万名毕业生，其中部级以上官员 30 多人，驻外大使约 300 人，使馆参赞以上高级外交官和国内司局级领导及教授、学者千余人，他们为新中国的外交事业做出重要贡献，是外交学院的骄傲。正如许多人说的那样，"世界上凡有五星红旗升起的地方，就有外交学院走出的毕业生。"今后，外交学院将继续保持这一荣誉，尽可能扩大招收那些最勤奋、最好学、忠于祖国、志存高远的青年学子入校，培养他们成为热爱外交事业、富于开拓进取精神、具有广阔视野和很强动手能力的优秀外交外事人才。

过去，由于历史原因，外交学院老校园空间狭小，无论教学、科研、培训，还是住宿、食堂、体育等各方面的条件都不够理想，这对学院的发展构成很大制约。现在，一座崭新美丽的外交学院新校园在昌平沙河大学城拔地而起，为我院实现跨越式发展提供了必要空间和前提。温总理亲临我院，无疑是对外交学院下一步发展的巨大推动。我院将抓住机遇努力完善外交学院的办学条件，包括继续完成新校区的二期建设和着手规划老校区的改造。

总之，我院的一切工作都要紧紧围绕落实温总理提出的"四个一流"要求，把外交学院建设成国内领先、国际知名的外交外事人才培训基地，以无愧于"中国外交官的摇篮"之美誉。

载于 2012 年 9 月 12 日《人民日报》

外交学院沙河新校园落成典礼后
接受记者采访

记者：赵院长您好。非常感谢您接受我报的采访。外交学院在新校园为周恩来总理和陈毅元帅铜像揭幕举行的仪式很成功，您能不能再介绍一下有关情况？

答：我校在新校园伫立周恩来总理和陈毅元帅两位伟人并肩铜像对我院有重大意义。对此，我们的主要考虑是：第一，我院的校名是外交学院，是全国唯一以外交两个字命名的大学。敬爱的周恩来总理是新中国首任外交部部长，为国家的外交事业作出公认的卓越贡献。陈毅元帅是第二任外交部部长，他有军人的气概和诗人的情怀。他们在担任外交部部长期间，给全世界留下深刻印象，也是我国所有外交外事人员学习的典范和行为的楷模。

第二，两位伟人都同外交学院有着十分紧密的关联。1955 年，周总理兼外长亲自倡议建立外交学院，并亲笔为我院题写校名。当时，我院十分期盼周总理能担任学院的院长，可能也由于这个原因学院成立初期院长一职长期空置。当年在全院师生心目中，周总理兼外长就是我院的院长。1957 年我院举行毕业生典礼，周总理亲自出席并讲话勉励我院毕业生献身祖国外交事业。

1961 年，时任副总理兼外长的陈毅元帅被中央任命为我院首任院长直至 1969 年。在长达 9 年时间里，陈毅元帅曾多次召集院领导和老教授到中南海研究我院教学，并两次来院调研和指导教学。他多次强调，学院一定要培养又红又专的人才，并形象地比喻说，一个飞行员如技术不好，一上天就会被击落；而技术再好却飞向敌营，这两种情况都不是我们所需要的。

从这些事例可以看出，周恩来总理和陈毅元帅确实与我院存在着密切的历史渊源。

第三，为了永远缅怀周总理和陈老总在外交学院发展史上的历史性作用，使一届又一届外交学院的师生真切感受到中国老一辈革命家、外交家的丰功伟绩和耀人光彩，激励我院青年学子为祖国的外交事业勤奋学习、贡献力量，我们在建设新校园时想到，一定要耸立两位伟人的铜像并特别挑选了周总理和陈老总 1964 年出访斯里兰卡（当时称锡兰）时的一张合影照片。照片中两位伟人胸前挂着外国友人敬献的象征着纯洁与友谊的白色花环，令人一看就知道两位伟人与外交工作息息相关。为此，学院还专门征求了伟人家属和外交战线老同志的意见。之后，向上级有关部门提出在新校园伫立两位伟人铜像的申请报告，报告很快批了下来。可以说，这组高大祥和、气宇轩昂的伟人并肩铜像在国内是不多见的，很可能是独一无二的。我院为此感到无比骄傲。

我相信，同学们每每瞻仰这组铜像时，心中都会充满激励和感恩之情，都会永远缅怀周总理和陈毅元帅的丰功伟绩，学习他们的高尚品格和外交智慧。

记者：外交学院沙河校园正式启用了，国家全额投资建设这一新校园的考虑是什么？

答：我国的综合国力不断增强，世界影响力大幅提升。可以说，中国的国家利益已遍布全球。面对这一新的形势，国家对优秀外交人才的需要与日俱增。而位于市区展览馆路的外交学院原有校园、规模和教学条件，已远远不能适应形势发展的需要。因此，中央从国家利益的全局出发，批准扩建外交学院。这一决定凝聚着党中央、国务院和外交部领导对外交学院的殷切期望和亲切关怀。

记者：外交学院新校园很漂亮，能否请您简要介绍一下新校园的情况？

答：外交学院新校园位于昌平区沙河镇大学园区内，距市中心30余公里。目前完工的是新校园一期工程，总建筑面积8万余平方米，占地28.8公顷（约433亩）。今年九月新校园正式启用，首批本科两个年级六百余名同学入驻。新校园教室宽敞明亮、设施完备现代、宿舍舒适温馨、图书馆藏书丰富、体育场馆正规完善、初步绿化的校园环境赏心悦目。总之，新校园为同学们营造出一个良好的学习和生活环境。

下一步，新校园还有二期工程有待完成。相信到那时，新校园的功能将更加完善合理，将更好地服务教学、科研与培训。

记者：昨天在外交学院大礼堂展示了温家宝总理为贵院亲笔题写的"中国外交官的摇篮"几个大字，您能否介绍一下有关外交学院的人才培养情况？

答：外交学院一向有着光荣的历史和优良的传统。建院五十七年来，外交学院突出自身的外交外语特色，体现为外交大局和外交一线服务的方针，把培养复合型优秀外交外事和外语人才，作为办学的出发点和归宿，共培养出各类学生两万余人，为新中国的外交事业做出了重要贡献。许多人形象地说，世界上有五星红旗升起的地方，就有外交学院走出的毕业生。因此，面对外交学院培养出大批优秀外交人才这一历史，温家宝总理欣然为我院亲笔题写下"中国外交官的摇篮"八个苍劲有力的大字。这一题词，既完全符合历史事实，又简明扼要、生动形象。题词赢得了我院广大师生和校友的衷心喝彩，使大家感到来自中央领导的极大关怀和热情激励。同时，这也是对外交学院建校57年来所取得成绩的充分肯定。

记者：作为"中国外交官的摇篮"，外交学院在教学和课程设置上有哪些特点？

答：外交外事人员是一个很特殊的群体，周总理曾说："外交人员是文装解放军"，其含义不言自明。周总理在新中国成立之初就对新中国外交官提出了十六字要求，即"站稳立场、掌握政策、熟悉业务、严守纪律"。后来，这十六字方针成为外交学院的校训。这是外交学院教学和一切工作的指导方针，同时校训也是我院十分珍视的宝贵精神财富。

在贯彻校训的基础上，我院的主体教学主要围绕外交学和国际关系学展开，并设立了外交与外事管理系、英文系、外语系、国际法系、国际经济学院、基础教学部、研究生部、国际教育学院等9大教学单位。还有国际交流中心、国际关系研究所、东亚研究中心、周恩来外交研究中心、中国外交理论研究中心等20余个科研机构。为了培养最优秀的外交外事人才，外交学院坚持高标准、有控制地招收一流的生源。多年来，外交学院高考录取分高于一本一百分左右。学院具有学士、硕士、博士三级学位授予权。

我院在教学方面坚持两个做法：第一，高度重视思想立场和价值观教育；第二，在专业上采取小班教学，实际上是实行精英教学和高质量办学。坚持小班授课是我院的特色，每个班的学生不超过20人，还配有专职政治辅导员，投入的教育成本之高在全国高校中是少有的。小班教学使老师与同学间的互动密切、授课质量得到保障。我院在许多全国性和国际专业大赛中成绩优异。我院将长期坚持这种高质量办学模式，使我院所有学生思想健康、积极向上；专业知识扎实，注重全面发展。

记者：沙河新校园的落成使外交学院的办学条件大大改善。作为院长，您如何规划外交学院未来的发展？

答：的确，沙河新校园的落成和启用，使外交学院的办学条件获得很大改善。由于远离市区，新校园可以为同学们提供一个更易于潜心修学的良好环境，同时也为学生提供了远远超越老校区的正规、完备和优质的硬件设施。

目前，新校园只是完成了一期建设，今后还有二期工程等待着我们去完成。任务还很重，我们会继续努力，把新校园完整地建设好。老校园长期以来负荷很重，设备老化，隐患很多。我们要在加紧建设新校区的同时，适时着手考虑老校区的改造问题。这将是又一个新的挑战。

当前，我们将首先细化和完善外交学院新的双校园运作机制，进一步突出我院的办学特色，以教学、科研、培训为中心，努力开拓创新、探索培养复合型外交外事人才的新途径。争取用十年左右的时间，把外交学院建成外交特色鲜明、外语优势突出、学科专业设置适应国家外交事业发展的需要，办学实力达到同类院校一流水平，主要学科居国内领先地位，在国际上享有较高知名度。与此同时，学校规模也将适度扩大，逐步实现在全国各省、市、自治区普遍招生不留死角。

（2012 年 9 月 11 日　外交学院沙河校区）

第四届"双代会"工作报告

大家好！外交学院第四届教职工代表大会今天开幕了。这是我院政治生活中的一件大事。现在，我向双代会报告学院近年来的主要工作及未来发展设想，请各位代表予以讨论和审议。

一、我汇报的第一部分内容是，学院近些年来的工作

（一）党委把明确我院的政治定位放在重要位置

外交学院不是普通的大学，而是直属外交部党委领导的特殊高校，国家交给我院的中心任务是为国家培养和造就高素质复合型外交外事人才。学院党委从这一实际出发，从外交学院的传统和优势出发，把服务国家外交事业大局、服务外交一线需要作为我院工作的政治定位。党委认为，明确这一点很重要，目的是使学院的教职工在思想上都能有这样一根弦，学院的各项工作都能紧紧围绕这一中心任务展开。2012年9月时任国务院总理温家宝同志视察我院新校园，亲笔写下了"中国外交官的摇篮"的题词，这是中央对我院办学定位的明确肯定。我们一定要不辜负中央的期待，在外交部的直接领导下使学院的一切工作都能紧紧围绕这一政治定位做好做实做强。对政治定位这件大事，我们一定要常想常说常抓。

（二）以教学为中心，狠抓教学改革，确保教学质量

学院的工作始终以抓好教学作为中心任务，把本科教学作为基础。我院教学的理念是"凝练外交特色、强化外语优势、彰显外事品牌"。

这几年我们在这方面重点做了以下几件事：

1. 2009年国际金融危机爆发后，我院审时度势增设了国际金融系和英语高翻班，填补了教学空白，增强了我院在新形势下为国家培养和输送急需人才的能力和优势。同时，根据国家开展公共外交的要求，2010年1月，我院设立了公共外交教研室。

2. 着力改革本科教学，重点推进"英语化、开放式、小班型、导师制"四项改革。改革进行中虽遇到一些阻力和困难，但老师们坚持改革不松懈，有效提升了我院的教学质量。这项改革仍将继续。

3. 2011 年我院被国家选定为小规模特色办学的两个试点高校之一，这是国家对我院坚持外交特色和外语优势、强化小班教学、不盲目追求大而全的办学方针的肯定和支持。我院的办学经费也因此获得增加。今后我院还将继续坚持这一符合我院实际的正确办学方向。尽管 2013 年我院招生工作第一次实现了在 31 个省市自治区和港澳特区全覆盖，但今后我院将控制好招生人数，使之不会影响我院办学的特色。

（三）注重学科建设，完善学科体系，提升学科综合实力

2011 年和 2013 年，我院国际关系和外交学专业分别被批准为国家重点学科，在很短时间内接连获得两个国家级重点学科，这是我院学科发展史上历史性的突破，大大提升了我院的学科综合实力，对我院成为国内一流、国际知名的精英高校是有力的推动。

2012 年我院获得了政治学一级学科博士点授予权，并于 2013 年首次建成博士后流动站。这也使我院填补了在学科建设方面的空白，并朝着学科更加专业化和高端化方向迈进。

目前，我院专任教师中教授、副教授的比例达到 66.7%，研究生学位人数比例达到 92.9%，在全国高校中处于较高水平。

近两年，我院教师出国讲学、交流与深造的人数分别达 60 和 70 余人次，大大超过了此前每年不到 10 人的水平。这是我院在提升自身国际化方面取得的进步。但也要清醒地看到，我们在这方面仍然有差距，今后还将继续加大努力进一步提升我院对外交流的总体水平。

（四）加大科研力度，重视提高科研水平

学院高度重视科研工作，迄今已建立 25 个国际问题研究中心，全方位地开展国际课题研究。去年 10 月，在对日关系出现严重困难的情况下，我院成立了国内首家官方认可的"中日韩合作研究中心"，今年 3 月又决定成立亚洲研究所，目的是更好地为国家大周边外交服务，我院的做法得到外交部的肯定和支持。

近年来，我院平均每年发表各种形式的课题成果约 500 项，获得省部级以上科研立项近 50 项，其中秦亚青书记主持的《我国积极参与国际体系变革进程研究》获得国家社科基金重大项目立项。与此同时，我院科研的发展和进步还有不平衡现象，存在着因循守旧、缺乏进取的情况。例如，近几年，科研项目经费增加了许多，但经费使用状况不理想，今后还需努力改进。

可喜的是，近五年来校刊《外交评论》的影响不断上升。2011 年位居全国高校学报复印报刊资料全文转载率第一名。在政治学和世界政治领域，已成为北京大

学、南京大学、中国社会科学院等国内主要文献体系的引文来源期刊。这是过去从未有过的。

（五）积极争取和借助外部力量，增加办学资源

在外交部的支持下，去年 5 月学院党委经多方争取，促成外交部和教育部两部共建外交学院达成协议。根据此协议，两部今后将合力共建外交学院，将在经费保障、学科建设、人才培养、科学研究、师资队伍建设等方面加大对我院的支持力度。从去年以来，我院已被列入与教育部直属高校同类的院校行列，享受到过去不曾享受过的待遇。可以说，这一协议对我院的长远发展意义重大。

近年来，我院还非常重视发挥校董事会的作用。我本人参与了两届董事会的换届。一是 2009 年成立第三届董事会共为学院融资 3000 余万元，支持了学院的教学、科研、绿化、维稳等工作。其中，校董陈经纬先生于 2012 年主动捐赠 1000 万元，用于资助我院的发展。这是近年来我院获得的最大一笔社会捐助。二是 2014年初成立第四届董事会，新任董事会主席王毅部长出席董事会并对学院工作提出了希望和要求，相信新一届董事会的成立将为学院发展继续做出新的贡献。当然，也要看到，我院校董的数量还不够多，层次也不甚突出，今后还需更广泛地开展争取工作。

（六）推动国际合作办学，提高对外培训质量

2008 年年底，学院党委决定将原来由弘策公司代理我院的国际教育合作项目收回到学院的直接管理之下。为此，学院专门设立了国际教育学院，自 2009 年以来我院已同加拿大、美国、英国等大学开展国际教育合作，共招收学生 780 余人，为学院创收做出了贡献。

近年来，我院与 25 所外国高校签署了新的具有实质内容的合作协议和谅解备忘录；与 48 所境外院校和学术机构开展了包括教师互访、学者讲学、互换学生等专项交流。

2013 年在国家汉办的支持下，我院首次与法属波利尼西亚大学签订了合办孔子学院协议，并已在当地开课。我院与俄罗斯外交学院合建孔子学院事也已进入最后筹备阶段。今后，我院还将争取在英语国家合办孔子学院。这些新的对外合作办学项目开拓了我院对外汉语教学合作的新领域，也将为学院教师队伍创造新的更多锻炼机会。

我院是全国五大对外培训基地之一。每年约举办各类研修班 16 期左右，培训人次 300 人上下，受到外方普遍欢迎。

我院还每年为香港、澳门特区政府公务员、香港大学生等举办多期培训，并承担外交部青干班等外交业务培训。近两年来，我院还承办了好几个省多期公共外交研修培训班，其中广东省政协和省外办分别组织近百人的省市县三级在职外事干部

来我院培训，并获好评。这是一个省第一次以这样大的规模组织在职干部来我院接受培训，展示出我院培训工作正进入更加开放和多元的新阶段。今后，我们还要更多和更有针对性地培养我院教师参与各类培训项目，以适应对外对内培训业务的不断增多。

（七）完成新校区一期建设并投入使用

近年来，新校区建设一直是学院工作的重点之一。我院投入很大人力、物力用于新校区建设。由于缺乏经验，新校区建设之中遇到很多难以想象的困难。例如，新校区的最后一个钉子户直到 2011 年 5 月才得以迁走。2012 年新校区开工建设 5 年之后一期各项工程才陆续完工并得以投入使用。这是我院历史上第一次出现双校园运行的新情况、新机制。新校园学生总数已上升至 1300 人，学院教学的主体已转移，从而彻底改变了我院固守老校园的狭小空间、硬件设施长期严重不足的困局。特别令人高兴的是，去年以来老校区的改造正陆续展开，这为学院更大的跨越式发展吹响了号角，并将翻开学院历史上新的一页。

二、我汇报的第二部分是，学院未来的发展设想与规划

在学院正面临跨越式发展的关键时刻，去年我院开展了党的群众路线教育实践活动。可以说，这一活动为我院未来的发展打下了思想准备，确立了行动准则，指明了前进方向。

在近半年的时间里，学院党委领导班子紧密联系思想与工作实际，认真学习习近平总书记系列讲话和中央文件精神，以反对"四风"、加强作风建设为聚焦点，在广泛征求广大党员群众的意见和建议的基础上，以"为民务实清廉"为主题，结合学院发展存在的实际问题和具体困难，认真查找不足，切实撰写对照检查材料，着力研究解决广大师生反映强烈的突出问题。在此期间，党委召开了 8 次座谈会，设立了征求群众意见专线电话、电子邮箱、意见箱、群众接待室，共征得各类意见和建议 450 多条，分为七大方面 131 项。对这些意见，院党委认真研究，努力找寻改进和解决办法，并制定出一整套整改方案，方案分三大类、十个方面、58 条具体措施，其中 19 条已经在教育活动中得到落实，39 条仍在积极筹备和落实中。党委的整改方案还多次征求党员干部意见并已上报外交部党委备案。这一方案将指导学院今后的工作。

现在，我向各位代表简要汇报院党委对下一步工作的粗线条设想。

（一）进一步完善双校园运行机制

双校园运行对学院的发展意义重大。但也对教职工带来一些困难和挑战。许多教职工每日需往返于新老校区授课办公，路上消耗时间多，增加了很多困难和辛

苦。双校园运行使学院办学的行政成本增加，对学院发展也是挑战。今后，学院将充分考虑上述各种因素，采取积极措施逐步完善新老校区的运行机制，并尽可能为教职工改善办公和生活条件，为广大师生创造更好的学习、工作和生活环境。欢迎双代会各位代表对此提出意见和建议。

（二）对新老校区功能的定位及近期任务

1. 沙河新校区今后将打造成为我院本科教学的中心区。学院将围绕这一目标完善新校园的教学功能和各项设施。

2. 近期，要争取尽快完成新校园一期工程决算，以便筹备并争取年内上马二期工程建设，要做到合理规划，加强监管，保证质量，填补和完善一期建设中出现的设计缺憾和功能不足。

3. 还要抓紧研究新校区北侧153亩待征地的下一步举措。总的考虑是，争取早日拿下这块待征地。当然，还有大量工作要做。

4. 展览路老校区将承担学院总部、研究生院、科研中心和培训基地四大功能。学院将细致规划和妥善安排四大功能的布局与运作，以服务学院未来发展的要求。

（三）紧紧抓住并认真落实中央领导提出的"四个一流"目标

学院今后的努力方向如下：

一是树立一流的办学理念。要坚持服务外交大局和外交一线的办学定位和教学理念，做到质量立校，特色强校，树立一流办学理念。我院还将继续努力争取北京市与外交部共建我院。

二是发展一流的学科。学院已确定国际关系、外交学和英语专业为重点建设学科，同时有针对性地强化国际法、国际经济与贸易、国际金融、法语和日语等专业的一流学科建设，争取每年都有新的提升。

一件大事是，今年九月我院将在外语系正式开设西班牙语教学，明后年还将逐步增加俄语、葡语、阿拉伯语三种地区性通用语种的教学。目标是：使我院外语语种增加到七门，加上中文共八种教学语言，使我院"外交特色鲜明、外语优势突出"的学科布局更加合理。

三是培育一流的师资。教学的成功，说到底是师资问题。学院今后将继续深化人事制度改革，为在职老师提供更多更好的深造机会和提升能力的条件。同时，有计划地引进学术能人和优秀海归人才，并大力培养青年学术骨干，逐步建设一支结构合理、德才兼备的一流师资队伍。

四是造就一流的人才。学院重视学生的全面发展，将一手抓理想信念教育，一手抓业务精英教育。使我院学生都能成为祖国外交事业需要的高素质复合型一流人才。

（四）着眼老校区大规模改造

改造老校区是许多老同志、老教授的梦想。过去由于校园小，没有空间，改造老校区只能是"想一想，叹口气"。但是新校区的投入使用，将改造老校区提上了党委的重要议事日程，老校区改造不再是梦想。特别是，鉴于老校园车辆骤增，环境恶化，存在安全隐患。院党委充分意识到改造老校区的重要性和紧迫性，决定把改造老校区作为未来几年学院工作的优先方向。

下面，我向各位代表汇报一下老校区改造的初步规划与重点项目：

1. 修建地下体育馆和地下车库。

这个项目主要是利用政府财政专项资金改造现有操场，设想是：在操场位置下挖 14 米，建造地下体育馆（羽毛球馆、网球馆等）和四层地下车库。车库可容纳 500 辆车，将实现校园内无车化，彻底解决校园内停车杂乱问题。此工程拟今年暑假期间正式开挖，有关手续已获主管部门批准。这是一个很大项目，工程复杂、艰巨，将持续二年左右。期间，将会对校园交通及周边住户造成不便。尤其是噪音及安全等问题突出，希望各位代表能予理解，并协助多做解释和引导工作，以便确保工程顺利进行。

2. 拟建职工住宅楼。

新校园投入使用使老校区改造成为可能，从而也为我院着手解决群众反映强烈的民生问题创造了条件和机会。多年来我院教职工长期受住房问题困扰，许多同志到了退休年龄住房还未达标。青年教师和新入职人员住房困难，已成为制约学院发展和群众最关心的民生大问题。院党委经过慎重研究，下最大决心，决定利用这次改造老校园的机会，在校内修建一栋职工住宅楼。这是近 20 年来党委想做而未能做的事。

这项工程关系到全院住房未达标的教职工、包括离退休老同志的利益。院党委决心全力以赴做好各项准备工作，争取能如期上马和顺利建成。

为了做好这项工作，去年以来后勤部门的许多同志认真负责、做了大量细致周到的筹划、调研和准备工作，提出了老校区改造五步走的方案，有关细节学院主管领导还将专题向各位代表报告，我就不展开了。借此机会，我代表党委向后勤部门所有有关同志为这项民生工程所做出的卓有成效的工作提出表扬。

（五）关于筹备建校 60 周年庆祝活动

明年是我院建校 60 周年，院党委已批准成立筹备工作办公室，负责具体安排和筹划有关庆祝活动。庆祝活动将按中央八条精神，既要朴素大方，又要得体务实，使庆祝活动成为继承优良传统，回顾创业历程，统一思想、鼓舞士气、推动全院各项工作不断向上的难得机遇。

党委决定在老校园修建一座甲子塔，并使之成为建校 60 周年的永久纪念。

请各位代表、各位老师对以上报告内容予以审议。

（2014 年 4 月 23 日　外交学院）

本科教学改革会讲话

今天我们召开一次期末专题会议，会议的主题只有一个，就是进一步动员和研讨我院的本科教学改革问题。这是一次重要会议。会议由全院的中层以上干部出席，目的就是要统一思想、坚定信心，调动全院力量，完成好我院已经开展的这一重要教学改革。

大家都知道，本科教育是我院教学工作的主体和基础，本科教学的质量是评价和衡量我校教学工作的最重要依据。教育部在关于"高校本科教学质量与教学改革工程"的意见中要求，"牢固确立人才培养在学校各项工作中的中心地位和本科教学在大学教育中的基础地位"。这就是说，国家也要求我们把本科教学置于各项工作的中心和基础的位置上。多年来，我院高度重视本科教学，把提高本科教学质量视为学院发展的生命线，并为此做了大量工作和不懈努力，取得很好成效。

但是，我们也应清醒地看到，时代在发展，国家在进步，形势在变化。特别是随着中国综合国力的快速提升，中国与世界的联系前所未有的更加紧密。有一种说法是，中国已经提前和被动地处于世界舞台的中心，"国内问题国际化，国际问题国内化"已成为常态。这一全新形势无疑对未来我国外交人才的培养提出了新的更高要求。这也是我院目前着手本科教学改革的重要考虑和大的背景。

应当说，建校56年来，我院的教学质量总体是优良的。多年来一直赢得了社会及用人单位的广泛赞誉和认可。因为我院有优秀的生源、优秀的师资和优良的教学传统，我们也有能力有办法在现有基础上对我院的本科教学进行再完善和再提高。这既是当前国际形势的要求，国家利益的呼唤，也是实现我院跨越式发展的实际需要。

从全国范围看，目前许多高校都在有计划、分步骤地开展各自的教学改革。因为大家都很清楚，不改革就难以在竞争激烈的高等教育评比中占据有利地位；不改革，就难以实现新形势下高校教学质量的可持续提升。"流水不腐、户枢不蠹"，我们推动本科教学改革说到底，就是要为我院的发展注入新鲜血液，就是进一步改进我院的教学氛围，整体提升我院的教学质量。可以说，我们这一改革的任务光荣、责任重大。我们全院同志，特别是各级领导，一定要从学院未来发展的大局着眼，支持改革、投身改革、服务改革，为改革的成功积极建言献策。

说起来，我院本科教学改革的大体思路是，以"凝练特色，强化优势，彰显品牌"为理念，具体说就是，深入挖掘我院办学中的外交特色，进一步强化我院办学中的外语优势，总之要紧紧围绕一个"外"字下更大更深的功夫，进一步扩大我院在国内与国际上的知名度。再具体说，就是要逐步完善和优化以"小班型、开放式、英语化、导师制"为方向的教学模式，目标是逐步实行专业教学英语化、辅修双学位制和本科生导师制等改革，以着力提升学院的整体教学质量，为我院培养讲政治、通专业、精外语的优秀复合型外交外事人才的总目标服务。

总之，学院本科教学改革不仅是涉及各教学单位和教务处的大事，也是全院的大事，需要各部门的参与、支持和配合。院党委希望动员全院之力，积极推进上述本科教学改革能够稳步和有序地实施。党委希望以此次会议为契机，集思广益，畅所欲言，统筹规划，形成共识，为新的一年学院的改革与科学发展做出贡献。

（2012 年 1 月 13 日　北京）

学院兼职教授茶话会暨聘书颁发仪式讲话

今天非常高兴，有这么多为中国的外交事业贡献了自己毕生力量的老领导、老大使、老同事欢聚在外交学院。请允许我代表院党委向大家表示热烈的欢迎和衷心的感谢！感谢你们热情积极接受我院的聘请，同意担任我院的兼职教授！

大家都知道，外交学院是外交部直属以培养高素质、复合型外交外事人才为目标的一所高校，拥有光荣的历史和优良的革命传统。建院五十多年来，外交学院共培养各类学生近两万人，其中政府部长级职务的 30 多人，驻外大使 250 余人，使馆参赞和国内司局级领导及教授、学者千余人。近十年来平均每年 50 余名毕业生进入外交部。可以说我院是"外交官的摇篮"。

学院现有教职工 400 余人，其中专职教师 180 余人。在校博士生、硕士生、第二学士学位生、本科生等共 1500 余人，外国留学生百余人。设有外交学与外事管理系、英语系、外语系、国际法系、国际经济系等五个系，以及基础教学部、研究生部、国际交流学院、国际法研究所、国际关系研究所、东亚研究中心等教学和科研机构。开设外交学、国际组织、英语语言文学、英语翻译、法语、日语、法学、国际经济与贸易、国际金融等专业。此外，学院还设有联合国研究中心、欧洲研究中心、亚太研究中心、中东研究中心等十几个学术团体。

目前，学院拥有国际关系、国际政治、外交学、国际法、世界经济、英语语言文学和外国语言学及应用语言学、科学社会主义与共产主义运动、政治学理论共九个硕士学位授予点，以及国际关系、外交学两个拥有博士学位授予权的北京市重点学科。学院主办的《外交评论》被评为"全国优秀社科学报"、"全国人文社科学报核心期刊"。

学院先后同美、英、法、俄等近 40 多个国家的 70 余所外交学院、大学签署了合作协议，建立了交流合作关系。在部领导的大力支持下，每年都有来访的外国元首、政府首脑、政治家、外交家、知名学者和驻华大使来学院参观、访问或发表演说。学院还每年举办十几期外国外交官培训班，截止到 2008 年，共有来自 140 多个国家的 1500 余名中青年外交官参加了培训学习。

外交学院 50 多年来取得的成绩和进步，离不开部党委的关怀和领导，也离不开大使级兼职教授们的无私奉献。我院聘任的兼职教授三年为一期，现有 90 余人，其中来自部里的高级外交官占了三分之一。大使衔兼职教授在我院有很高的声誉，受到学生们的热烈欢迎，口碑非常好。因为你们是用毕生的外交知识和丰富的实践经验讲课，从而使学生们感受到实践出真知，经历最宝贵。

此前在我院授课的老大使们的主要做法和经验是：

（一）积极参与课堂教学，亲自传授外交理论知识与外交实践经验，体现了专业性、系统性和针对性。例如，由老大使讲授的《从中苏关系到中俄关系：一次转折性的访问》、《中俄战略协作伙伴关系的建立》、《外交语言的艺术》、《"10 + 3"机制的建立》等外交案例课程，以及《当代中国领事课程》，内容丰富、观点深刻，概括性强、启示性大，深受学生欢迎和好评。

（二）积极参与科研课题，与学院教师共同开展科研活动。我院承担外交部下达的课题——《外交学概论》，老大使给予了热心支持，提出许多宝贵中肯的意见。2005 年，外交部课题《主要发达国家领事保护政策、体制及经验教训》也是由老大使与我院老师合作完成的。还有的老大使受聘担任有关外交课题的审稿人或写作顾问，均发挥了重要作用。

（三）积极参与我院举办的学术会议，并发表精彩演讲。如由我院和外单位共同主办的"北京观察：全球金融新秩序"论坛，以及"新中国外交六十年理论与实践学术研讨会"均是这种情况。

（四）来我院作时事报告或举办专题学术讲座。如"联合国与中国"、"对非洲问题和中非关系的思考"等。讲座很成功，受到学生欢迎。

（五）为我院学科发展献计献策。领事学与外交案例学是我院近几年新建立的应用型学科，由于没有现成的学术成果可以借鉴，学科建设难度较大。在此情况下，一些老大使主动参与，通过接受我院教师采访发表看法和观点，或来学院讲课，或为教材和学术著作撰稿，为我院领事学、外交案例学的创建和发展做出宝贵贡献。

（六）积极投身学生课外实践教学活动。1995 年"模拟联合国"活动由我院发起引入国内。2002 年开始举办一年一度的北京模拟联合国大会。许多老大使和专家教授热情关怀和大力支持，并亲自担任外交学院"模拟联合国"活动的评委。目前我院主办的该项活动以其高规格、高水平、高参与度以及广泛的影响力，成为国内高校模联活动中的一面旗帜。

各位大使，外交学院的过去离不开你们的大力支持和帮助，外交学院的现在和未来更需要你们的热情关怀和扶持。未来学院的任务很重、责任很大。可以预见，届时兼职教授们的工作也将更广阔、更重要！希望老大使们和我院更紧密携起手来，为外交学院更美好的未来共同不懈努力！

（2009 年 9 月 23 日　外交学院）

国际金融系成立大会讲话

在迎接新中国成立六十周年大庆之际，外交学院国际经济学院国际金融系成立了。这是一件令人高兴的大事！

首先，这是国内外形势发展的需要。随着全球化日益深入发展，中国与外部世界的联系越来越紧密，"国内问题国际化、国际问题国内化"正在成为常态，这是为什么近几年中央领导越来越强调必须学会统筹国内外两个大局的原因。成立国际金融系是国际形势的需要，也是中国国内发展的需要。去年美国引发全球金融危机，几乎全世界所有经济大国都被卷入，都受到严重冲击。一年多来，危机由虚拟经济向实体经济蔓延，并产生了很大的破坏性。毋庸讳言，国际金融危机也危害到中国的经济，带来很多问题、冲击和困难。在近 10 年内，我们经历了 1998 年的亚洲金融危机和去年波及全球的金融大风暴，两大金融危机都证明中国的发展不可能置身于国际金融体系之外，也凸显了金融问题对包括中国在内的世界各国的影响越来越大，越来越直接。因此，金融事务在各国外交中占据着越来越突出的重要地位。这是我院决定设立国际金融系的外部因素和考虑。

其次，成立国际金融系也是国内发展的需要。今天中国的金融实力与过去不可同日而语。中国的外汇储备早已世界第一，达 2.1 万亿美元，比第二位的日本多出一倍以上。管理好这么一大笔金融资产是国家的头等大事，涉及重大国家利益。三年前，中国在全球前 20 大银行的排名中未占一席，而今天，前 3 名均为中国银行。美国最靠前的摩根大通银行现仅居第 5 位。而三年前，美国包揽前两名，共占据 7 席。这一巨大变化表明，今天中国雄厚的金融实力确保我们有能力、有手段、有底气应对全球金融危机，确保我国国民经济在巨大外部压力面前能够稳定和较快发展。一年来，全世界都对中国在金融风暴面前的表现由衷钦佩和称赞。中国的强大金融实力还为我国企业走出去和缓解人民币升值压力提供了保障。因此，今天我们看得越来越清楚，中国经济的长期稳定和持续发展是同健康雄厚的金融实力紧密相连的。因此，中国越发展，就越需要大批优秀的金融管理人才。

最后，培养金融人才是外交学院的职责。我院是全国唯一直属外交部的高校，学院的一切工作都紧紧围绕着服从服务于外交事业的大局，这是政治、是职责、更是使命。鉴于国际金融工作在我外交全局中的地位不断上升，为中国外交培养优秀的金融人才无疑应是我院的光荣职责和重要使命。今天国际金融专业和国际金融系正式成立，将承担起这一光荣使命和艰巨任务。因此，可以说，我院国际金融系的成立恰逢其时，既顺应了世界形势的变化，又符合国家发展的需要。

国际经济学院是外交学院设立的第一个二级学院，是我院对以经济建设为中心的国策作出的重要决定。自成立以来，国际经济学院在教学科研和学科建设等方面都取得了很好成绩。外交学院党委高度重视国际经济学院的工作，并将继续加大对国际经济学院和国际金融系的领导和支持力度，尽可能为国际经济学院和国际金融系今后的发展创造更加有利的条件。同时，也应看到，我院空间狭小，基础条件较弱，还有许多困难，希望国际经济学院把困难和压力变成动力，立足现有条件，把新成立的国际金融系办好、办实、办强。

为此，我提几点具体要求：

第一，要树立为国家金融事业输送优秀人才的理念和目标。金融危机之后，中国的地位和影响将大幅提升，将历史上第一次在涉及改革不合理的国际金融秩序方面享有真正的话语权，这是历史性的机遇，对维护我国和发展中国家利益意义重大。因此，我想今后金融系的教案除正规金融学教材外，还应注意编写和吸纳这一时期国际改革金融体系的谈判情况，使学生们结合政治全面学习掌握国际金融知识，同时还要继续保持我院的办学传统，如小班授课，重视外语等，希望新的国际金融系发扬光大我院优良传统，争取在教学上办出新的特色和更高水平，为祖国的金融事业培养优秀人才。

第二，要逐步完善教学体系。作为我院新成立的专业，国际金融系的重要任务是尽快建立、摸索和完善教学体系，增加特色课程，突出外交学院重实践的特色，形成与外交实践紧密结合的我院国际金融系的教学体系。这是一个长远目标，不必太着急，稳扎稳打，可以允许有曲折和探索的过程。

第三，努力加强师资力量建设。外交学院的生源质量很高，都是来自各省高考的佼佼者，一流的学生更需要一流的老师。希望新成立的国际金融系从一开始就十分注重建立和培养一支高起点高水平的一流师资团队。同时，也要注意借重外交部独有的深厚外交人力资源，把邀请对国际金融问题有研究、有经验的老大使、老外交官来学校讲课列入教学大纲，以增强我们国际金融系的师资力量。

学院期待着新的国际金融系在今后的教学、科研领域和师资建设方面取得优异成绩！

（2009 年 9 月 25 日　外交学院）

法国与法语国家研究中心成立仪式讲话

今天，外交学院法国与法语国家研究中心正式成立，我代表外交学院并以我个人名义表示热烈祝贺！我认为，在我院成立法国与法语国家研究中心很有必要：

第一，新中国成立后与法语国家一向保持着特殊的友好关系。五六十年代，在新中国国际处境困难之时很多与中国建交的国家是非洲法语国家。特别需要指出的是，戴高乐将军领导下的法国在 1964 年 1 月 27 日同中国建交，这在当时是影响世界的重大历史事件，也开创了中法关系崭新的一页。多年来，中国与法语国家在政治、经济、科技、文化等领域有许多相同或相近的立场，当然也会有不同看法和不同做法，但历史告诉我们，双方友好合作的潜力巨大。我深信，我院法国与法语国家研究中心的成立，有利于加强中国与法语国家的相互了解和友好合作。

第二，法语国家是国际舞台上有影响的一支力量。法语国家首脑会议每年举行一次，既有法国、比利时等发达国家，也有亚非拉许多发展中国家共同参与，呈现出社会和文化的多样性，这是人类共同的宝贵财富，值得各国共同了解和维护。但长期以来，我院没有专门研究法国和法语国家的机构，这是令人遗憾的。现在，我们有了这样一个中心，可以弥补缺憾，可喜可贺。

第三，我希望，中心成立后要大胆积极开展工作，把加强科研、促进交流、务实合作放在重要位置。争取得到社会各界的认可和支持。目前，我院已成立各类学术研究中心 18 个，举办了内容丰富、形式多样的科研活动，也取得了较好的社会影响力。我相信，在各位专家和学者的共同努力下，新的中心一定能够实现自己预定的目标。

今天，我感到特别高兴的是，中心的成立得到了广泛而有力的支持，出席成立仪式的既有法国和法语国家的许多驻华使节，还有我国曾在法语国家工作过的许多老大使、老外交官，我深信，在社会各界和各方的热心支持和大力帮助下，研究中心一定能有效发挥桥梁和纽带作用，为进一步加强中国与法语国家之间的深厚友谊与互利合作做出贡献。

（2009 年 12 月 10 日　外交学院国际交流中心）

外交学院与可持续发展

——在上海世博会中日专题座谈会的讲话

首先，我要特别感谢山下兴业校长借上海世博会之机，倡议召开了这样一次很不寻常的中日校际座谈会。中部大学为此做了大量会前筹备工作。我认为，中部大学的这一盛情邀请，不仅加强了中日大学间的紧密合作，也必将增进中日两国和两国人民之间的友好情谊。

根据议题的要求，我很高兴向各位简要介绍我院有关可持续发展的概况。

一、外交学院是中国很独特的一所大学。它直属外交部，在全国招生，以培养高素质、复合型外交外事和外语人才为办学宗旨。它的历史不长，却很光彩。1955年由周恩来总理兼外长亲自倡议成立。六十年代，时任副总理兼外长的陈毅元帅曾任9年院长，是我院资历最老、级别最高、任职最长的院长。改革开放之后，邓小平先生亲自指示恢复外交学院。1994年学院成立董事会。钱其琛副总理兼外长出任董事会名誉主席。其后，历任外长均为我院董事会主席，目前是杨洁篪外长。这说明我院的政治领导是很强的。

二、外交学院的主体教学机构特点突出，主要围绕外交学和国际关系学展开。除设立外交学与外事管理系外，还有外语、国际法、国际经济、国际关系、国际教育等9个教学单位。

在校有博士生、硕士生、本科生及外国留学生。除百余名教授、副教授外，我院还聘请了70多为资深大使、高级外交官和知名专家学者担任兼职教授。我想强调，聘请有丰富和不可替代的外交实践经验者——资深大使作为兼职教授，这一做法确保了我院拥有一流或超一流的外交学和国际关系学的雄厚师资资源，可以支撑我院实现自己的教学目标和长远的可持续发展。

三、在培养人才上我院也十分关注可持续发展的要求。今天的中国同外部世界的关系与建校之初相比，早已不可同日而语。随着中国经济的快速发展，外交工作涉及的领域越来越广，对外交外事人员知识与能力的要求也越来越高。

针对这一新形势、新情况，我院不断调整教学纲要，有针对性地培训学员，要求学员专业基础扎实、精通外语、知识面宽、实际工作能力和研究创新能力强、具有调研能力、办案能力、礼宾能力、谈判能力和创新能力。

为此，我院在教学中十分重视培养学生的实践能力，动手精神，超前思考与组织能力。我院一贯倡导互动式教学、启发式教学、探究式教学等理念，在外交学等专业推行"案例式教学"模式，在所有专业坚持小班教学，以提高学生的参与、研究和创新能力。今年还逐步推行本科生导师制，教师一对一指导学生的课堂学习、论文写作和课外实践。

我院鼓励学生每年举办"模拟联合国"、"模拟新闻发言人"、"模拟外交谈判"、"模拟国际法庭"、"模拟外交外事礼仪大赛"等具有外交特色的实践活动，使学生的专业学习与社会实践结合得更加紧密，使学生的交流能力、礼宾能力、谈判能力得到锻炼和提高。

同时，各院系积极建设实习基地，为学生提供更好更多的实习机会。学院要求各涉外学科之间相互支撑、优势互补，力争成为国内一流的学科。

由于我院在外交学科领域拥有明显优势和很高声誉，多年来，我院受到许多青年才俊的青睐与追求。每年考入我校的生源各方面条件都很优秀，是全国大学通考中的佼佼者。优秀生源加上优秀教学和优秀师资是我院实现可持续发展的重要保证。

四、提高科研与培训水平是我院的重要关注点和实现可持续发展的两大支撑点。近几年，我院加大科研力度，取得了许多新进展。去年，我院主办召开了"新中国60年外交理论研讨会"，并形成论文集，影响很大。

我院设立了20个国际问题学术研究机构，是东亚思想库网络（即"10＋3"二轨合作）的中方协调单位。

我院还承担着为外交部在职干部的定期培训工作以及为外国外交官、外国新闻从业人员和港澳公务员的培训任务，是国家级五大援外培训基地之一。

正是通过这样一些成功的科研与社会培训实践，极大提升了我院师资队伍的时代责任感和参与意识，这也是我院能够不断培养出优秀外交外事和外语人才的关键。

五、高校负担着为社会培养人才，传播知识的重要使命，高校的对外合作理应为培养更多国际化人才，推动各国文化的传承和跨文化交流做出贡献。从长远来看，重视和进一步加强国际交流与合作，对我院在高水平教学中保持可持续发展意义重大。目前，我院已同包括日本中部大学在内的国外许多高校建立了交流与合作关系。每年送出数十名学生赴国外进修或实习，强化外语技能，开阔国际视野，提高学生的跨文化交流能力。这是十分必要的。

现在看，我院的国际院校交流做得还不够多、不够主动，需要我院做出新的更大努力，以便为学员们提供最生动、最广阔的国际关系课堂并能有机会积极参与全球青年对话。

　　我认为，同国外开展教学与科研交流合作，最重要的是探讨合作办学的新思路，新形式，重点是鼓励教师到国外一流大学进行访学或进修，支持教师广泛接触外交实践，有效提高师资的素质和教学能力。为此，需建立起长期、互利、全面的国际合作机制，这样才能确保校际交流的可持续发展。

　　六、我院高度评价与日本中部大学自 2003 年建立起的友好合作关系，赞赏中部大学对与我院合作的积极友好和务实做法。我很高兴地看到，两校每年互派教师进行为期一个月的讲学与科研，互换学生已达 85 人次，并从今年起由本科生交流扩展到研究生交流，学科领域也将由语言学科逐步扩大到其他人文社科类学科。我相信，我们之间的长期合作，有效促进了两校间的教学与科研，增进了两校的友好合作关系。今后，我们愿意和日本中部大学以及世界各友好院校携手合作，为构建人类美好的可持续发展的和谐世界而共同努力！

（2010 年 8 月 16 日　上海世博园）

法属波利尼西亚大学孔子学院揭牌
仪式讲话

我怀着十分愉快的心情，以中国外交学院院长身份，参加法属波利尼西亚大学与我院合办孔子学院的揭牌仪式。

这是我相隔多年后再次来到塔希提这块美丽神奇的土地，再次见到许多久违的老朋友和老同事，再次回忆起多年前我在这里经历过的许多难忘的故事，我的心情很激动。

此时此刻我的感受是，时间可以流逝，身份可以变化，但塔希提人的热情没有变。对中国的友情没有变，同样塔希提的美景也没有变，依然令人那样赏心悦目。

今天，我感到特别高兴的是，通过在法波建设第一所孔子学院，我所任职的中国外交学院已经同美丽的塔希提建立起长期牢固的联系。

借此机会，我想对更多的塔希提朋友说，外交学院是一所不平凡的学校，她是中国外交部所属的唯一一所培养外交人才的高校。建校58年来为新中国培养了几十名部级官员、300多名驻外大使和数千名参赞以上的高级外交官。这是为什么上一届中国政府总理温家宝先生专门为我院写下"中国外交官的摇篮"的题词。

2009年10月，我院与法波大学签署了两校合作文件，几年来开展了教师与学生相互交流活动，并取得良好效果。可以说，两校已建立了互信稳定的合作关系，这为两校共建孔子学院奠定了良好基础。

应当指出，我们两校合办孔子学院自始至终得到了中国国家汉办和中国驻塔领事馆以及塔希提各界民众的广泛和大力支持。在此，我代表外交学院向国家汉办、中国驻塔领事馆以及塔希提各界朋友表示衷心的感谢。我相信，今天孔子学院在法波大学建立，对进一步加强双方的交流，更广泛传播中国语言文化，增进中国与法波的全方位友好合作将具有重要意义。

前不久，法国总统奥朗德对中国成功进行了访问。双方一致同意，在相互尊重、互利合作基础上，继续推动中法全面战略伙伴关系向前发展。我相信，法波大学孔子学院一定会成为中国与法波互利合作的新亮点和新活力。

我深知，法属波利尼西亚向世界展现的一个重要特色，是当地融洽和谐的三元文化。而旅居法波的华人、华侨所代表的中华文化是其中的不可缺少的组成部分。

回顾历史，中国与法波的交往由来已久。早在19世纪中叶，中国人就来到塔希提种植棉花。一百五十多年来，华人、华侨积极融入法波社会，参与当地经济发展，已成为连接当地与中国人民友好合作的桥梁与纽带。

令人敬佩的是，法波华人社团十分重视对中国文化的传承，重视学习民族语言，了解和掌握民族文化，对促进法波三元文化的形成与和谐发展做出积极贡献。

孔子学院是以中国古代伟大的教育家、思想家和政治家孔子命名的。孔子所开创的儒家思想博大精深，影响了中国二千五百多年以来的历史。以"仁"为核心的儒家道德观和以"和而不同"为理念的儒家世界观，被视为中国传统文化的精髓，至今仍在深刻地影响着中国人的思想和行为。

我希望，今后法波大学孔子学院不仅教授中国的语言，传播中华优秀文化，还要让法波民众更多倾听中国人民追求世界和平与共同发展的心声，让我们共同努力，让中国人民与法波人民之间的相互理解、相互信任和互利合作，如同伟大的太平洋那样辽阔与深远。

（2013年5月14日　法属波利尼西亚首府帕皮提）

55 周年校庆大会讲话

今天对我院是一个非常重要和喜庆的日子，既是教师节，又是新学年的开学典礼，更为重要的是，庆祝外交学院成立 55 周年华诞，可谓三喜临门！

当此 55 周年校庆之际，我们学院的所有同学、特别是刚入校的新生们一定要牢牢记住，我们外交学院是一所有特殊光荣历史和优良传统的高校。1955 年 9 月，在敬爱的周恩来总理兼外长的亲自倡议下，经毛泽东主席批准，我院光荣成立；55 年来，我们学院一直得到中央领导的亲切关怀和直接领导。20 世纪 60 年代，时任中央政治局委员、国务院副总理兼外长的陈毅元帅担任了 9 年外交学院院长；改革开放之初，党和国家的第二代领导核心邓小平同志亲自批示恢复外交学院；1995年外交学院首次成立董事会，时任政治局委员、国务院副总理兼外长的钱其琛同志出任董事会名誉主席直到今天。其后，唐家璇外长、李肇星外长及杨洁篪外长为历任董事会主席，并每年多次来学院视察和指导工作。可以说，建校 55 年来，我院享有的政治领导的层次之高，在国内高校中是独一无二的。这是外交学院和我们全体师生的骄傲与荣光。

55 年来，外交学院在中央的亲切关怀和外交部的直接领导下，坚定不移地贯彻党的教育方针，以周恩来总理提出的"站稳立场、掌握政策、熟悉业务、严守纪律"十六字方针为校训，以钱副总理为我校题词"面向世界、面向未来、面向社会、面向实际"为办学方针，坚持把政治思想好、立场坚定、忠于祖国、专业基础扎实、精通外语、知识面宽、实际工作能力强和严守纪律的优良品格作为我院教学和培养人才的根本目标。

回顾 55 年的风雨历程，我们感到十分自豪和欣喜的是，外交学院培养出各类优秀学生近两万人，其中部级以上领导 30 多人，驻外大使 260 余人，国内各部门司局级领导和驻外使领馆参赞及具有高级职称的教授学者千余人，他们在各自岗位上生龙活虎、勇于进取，成为新中国外交外事和从事国际问题研究的中坚力量，为我国外交事业的发展做出重要贡献。可以说，世界上有五星红旗升起的地方，就一定有外交学院培养的学生。外交学院无愧于新中国"外交官摇篮"的称谓。

55 年来，外交学院之所以能取得上述成绩，一是因为有中央、外交部和各级领导无微不至的关怀和指导；

二是有全院教职员工、包括离退休老同志、老教授一代又一代的不懈努力和无私奉献，他们为外交学院的科学发展贡献了宝贵青春和毕生力量；

三是外交学院的历届学生胸怀祖国、放眼世界，以优异学习成绩和出色工作能力报效祖国和人民；

四是外交学院所从事的重要而又高尚的教育事业吸引了社会有识之士的大力支持，特别是学院的历届董事、兼职教授、离退休老大使、老外交和历届学子都热忱关心和支持学院的发展和各项事业。

当此校庆 55 周年和第 26 届教师节暨 2010～2011 新学年开学典礼之际，抚今追昔，感慨万千，请允许我代表外交学院党委和全体师生员工向 55 年来给予外交学院无限关怀和大力支持的中央领导和外交部、教育部、北京市等中央部委各级领导、各位董事、社会各界人士以及所有为学院建设和发展做出贡献的我院老前辈、老教师表示最衷心的感谢和崇高敬意！同时，也向来自全国各地、刚踏入校门的556 名新生表示热烈欢迎！向默默耕耘、辛勤教学的全院老师致以教师节的亲切问候和敬礼！

今天的中国正处在中华民族伟大复兴的新时期。中国从来没有像现在这样与外部世界有着如此空前紧密的联系。21 世纪的新形势、新情况和新挑战呼唤着越来越多优秀的青年才俊投身外交事业。我院面临的任务更加光荣、责任更加重大。

新学期我们将全力抓好以下工作：

一、要努力加强创新

创新是民族复兴的希望所在，也是我院实现科学发展的内在动力。我们将在创新的基础上不断提高学院的教学质量，一如既往地坚持小班教学，营造浓厚的校园学习氛围；还要鼓励科研创新，积极申报国家级重点学科和参与北京市重大科研项目，建设具有我院特色的高水平研究型大学；同时，搞好培训，努力高质量完成中央和外交部交办的对在职外交外事人员及外国外交官的各项培训任务；说到底，加强创新的核心是进一步加强我院的师资队伍建设，为中青年教师创造更好的自我发展与进修深造的条件，以不断提高全校师资的教学水平和综合素质。

二、抓好新校园建设，为同学们创造更好的学习环境

目前，我院昌平新校区正在抓紧施工。杨外长、王光亚书记和李金章副部长非常关心我院新校园的建设。今明两年我们要把新校园建设作为学院工作的重中之重，争取早日顺利实现校园搬迁，以便更充分发挥我院教学、科研与培训的潜力，更好服务国家的外交事业。

三、进一步加强国际交流与校际合作，不断提高我院的国际知名度

55 年来，我院已先后与国际上 100 多所大学签订了校际合作协议，通过互派学生和教师交流增强了我院的对外学术研讨与培训合作。今后我们还要继续大力加强这方面的国际合作。近年来，在外交部的支持下，每年都有许多外国国家元首、政府首脑、议长和外长来我院访问和演讲，为我院师生了解世界、增长见识、开阔视野提供了非常好的机会，也是我院开展对外学术与人文交流的重要桥梁与平台。新学期，我们要继续大力做好这方面的交流。

在回顾我院 55 年来取得巨大成绩的同时，我们也要看到，我院在学科建设、管理水平、思想观念、人员素质等许多方面仍有不足和需要加以改进与提高的地方。学院党委有决心增强责任感、紧迫感和使命感，团结全院师生员工，以科学发展观为指导，自强不息，努力进取，不断克服前进道路上的一切困难与挑战。

55 年的历史告诉我们，有中央和外交部的亲切关怀与正确领导，有学院各位董事和全社会的大力支持，有全院师生员工的团结奋斗和开拓创新，外交学院的明天一定会更美好！

（2010 年 9 月 10 日　外交学院礼堂）

2013届现职处级干部岗前培训会讲话

遵循中组部、人事部、教育部《关于深化高等学校人事制度改革的实施意见》，在外交部的直接领导下，我院第五轮行政岗位竞聘和各党总支、直属党支部的换届选举工作均已完成。目前，我院各部门领导班子已调整完毕、人员也已到位。考虑到这次处级干部队伍调整变动较大，担任新职的年轻干部较多，党委决定对我院各部门新一届领导班子集中开展一次岗前培训。

利用这次集中培训机会，我想谈四点：一是当前形势；二是一年来学院的工作；三是学院未来的发展；四是给各部门新一届领导班子提点希望和要求。

一、当前形势

无论是对国家还是对学院，2013年都是很不平凡的一年。

在国内经济面临许多不利因素的情况下，我国仍保持了经济平稳和较快发展的良好势头。预计，今年增长率可达7.6%或更高些，肯定将超过年初预定7.5%的指标。这在世界大国中是最高的增长。一个月前，党的十八届三中全会胜利召开，确定了要加快推进政府职能的转变、简政放权，让市场发挥决定性作用，三中全会的核心词是全面深化改革。这6个字为党和国家下一阶段的工作指明了方向。

与此同时，我国的外交工作也正处在新的历史起点上。一年来，习近平总书记和李克强总理出访了有代表性的四大洲22个国家，接待了64位国家元首和政府首脑来访，对外达成了约800项合作协议；最近中央还提出了大周边外交的观念，并积极参与全球治理，中国的国际地位和影响力日益提升。可以说，今天的中国已经接近世界舞台的中心，中国从来没有离民族复兴如此之近，也没有离世界强国的地位如此之近。当然，我们也要看到，中国越强大，美国和西方对我的围堵和遏制就越强。我面临的外部环境挑战就越严峻，一年来中日关系不断恶化就是一个例证。形势要求我们一定要树立宏观的外交视野，在学院工作中要更紧密地统筹国内国外两个大局，服从服务于国家外交的中心任务。这也是由我院独特的政治定位所决定的。

二、关于学院工作

2013 年学院党委以科学发展观为指导，以开展党的群众路线教育实践活动和深入学习党的十八届三中全会精神为契机，凝聚人心、汇聚人脉，有力地推动了学院各项工作。

2013 年 5 月，我院正式获批成为外交部和教育部两部共建高校。目前，学院正在努力争取获得北京市的支持，力争形成"两部一市"共建外交学院的新的办学格局，目的是为我院发展争取到尽可能广泛和尽可能实在的外部支持。

一年来，我院在学科建设方面取得新的可喜成绩，我院外交学专业正式成为国家级重点学科，从而形成了以国际关系和外交学两个国家级重点学科相互依托、比翼齐飞的特色学科体系。

在科研方面，去年我院共完成各类科研成果 450 余项，其中，《国际舆论对中国和平发展的认知差异分析》和《北京市建设世界城市的城市外交策略研究》双双获得 2013 年度北京哲学社会科学项目立项。

在教学方面，国际法系江国青教授荣获第九届北京市高等学校教学名师奖；英语系何群教授荣获 2013 年度"北京市优秀教师"称号；英语系教学团队获得 2013 年度北京市教育教学成果一等奖；还有六名年轻同志入选 2013 年度北京高校"青年英才计划"。

在对外合作上，我院在国家汉办和外交部的支持下，分别与法属波利尼西亚大学和俄罗斯外交学院达成合办两所孔子学院协议，前者已开学，后者仍在筹办中。这为我院开辟了校际国际合作的新形式和新领域。我院规划还将在英语国家合办两所孔子学院，并已获得国家汉办的原则认可。

关于招生和就业，去年我院自建校以来第一次在全国 31 个省市自治区和港澳两个特区实现了全覆盖招生。这是一项突破。今后我院将在保持招生高质量的同时，逐步适量扩招新的生源；2013 年，我院本科和研究生的就业率分别为 98.28%和 99%，毕业生供不应求，并广受用人单位好评。

2013 年，我院新校园步入满负荷运行阶段，本科三个年级和研究生一个年级约 1300 名同学入住新校区，全院教职员工努力克服各种困难和挑战，确保了双校园运行各项工作平稳顺利开展。

今年，杨洁篪国务委员和前国务委员唐家璇、戴秉国同志以及外交部副部长张业遂、部长助理张明及钱洪山同志分别视察我院两校区，并和师生一起参加植树活动，对我院各项工作给予较好评价。

由于新校区投入使用大大缓解了老校区的压力，从今年起老校区的改造也有计划地逐步展开，包括装修国际交流中心、分阶段改造学生公寓和大食堂，以及新建了很有特色的咖啡厅，受到师生的欢迎。明年我院还将在老校区启动地下体育馆和地下四层停车场的建设项目。总之，老校区的改造标志着我院发展进入了一个攻坚和充满希望的新阶段。当然，这也会带来一些暂时的困难和不便。党委相信在座的同志及广大师生员工一定会予以理解和支持。

学院党委十分重视抓好以人为本、改善民生工作，并确定 2013 年为"民生年"。这同我院开展群众路线教育活动的要求完全一致。党委已采取具体措施，逐步改善全院教职工的生活环境、工作条件和个人待遇。例如，从 2013 年 1 月起已提高了我院在职人员的院内补贴，并多次认真研究如何进一步改善群众、包括离退休人员的生活福利、健康状况和各种民生问题。今年学院已同阜外小学和回龙观医院签署合作协议，还通过公布院长电子邮箱、恢复院长接待日等措施及时了解和妥善处理群众遇到的具体困难和各种问题。

总之，学院一年来所取得的成绩与全院同志的努力工作和开拓进取是分不开的。成绩也反映出我院实施的岗位竞聘制度是充满生机和活力的用人机制，这样一种选贤任能的用人机制为学院年轻和优秀人才的脱颖而出、为学院有效起用德才兼备的各类人才奠定了制度基础，是学院人才队伍建设的重要举措。从过去 12 年来的实践看，这一机制为学院构建起一支可信赖的干部队伍，有力地保障了我院干部队伍的革命化、专业化、年轻化和知识化。今后，我们还要在总结经验、寻找不足与欠缺的基础上，不断改进和完善这一机制。

三、学院未来的发展

党的十八届三中全会提出要"创新高校人才培养机制，促进高校办出特色、争创一流"。这是中央对高等教育提出的最新要求和鼓励创新人才培养的动员令。我院一定要抓住这一机遇，更多思考学院及各部门的创新发展和争创一流的问题。党委希望大家在学习、贯彻和落实十八届三中全会决议的过程中，主动多提有关学院改革创新的好建议、好点子，并努力在工作实践中争创一流。

展望未来，我院面临以下主要任务：

一是落实群众路线教育活动中的有关整改措施。今年下半年，在我院开展的党的群众路线教育实践活动中，党内外群众给党委提出了很多很有针对性的批评意见和改革建议，表明广大干部和教职员工十分关心学院的发展，希望党委和各级领导都能聚焦四风问题，把群众最关心和呼声最高的问题处理好、解决好。党委经过认真对照检查，已归纳和找出了需要解决的问题和整改方案。不久将按有关规定和程序进行公示。党委决心在今后工作中将紧紧依靠群众、服务群众、坚持密切联系群众、提高党委成员的宗旨意识，努力开拓创新，搞好学院的科学发展，希望群众加以监督。

二是确保教学的高质量、提升科研与培训水平。教学质量是学院的生命线，事关学院的声誉、学生的就业和未来的可持续发展。党委希望学院各部门都要紧紧围绕中心任务开展工作，加大教学改革力度，争取我院教学质量再上台阶。

科研水平是衡量我院办学水平的重要指标，我院能否办成一所国内前沿、国外知名的研究型大学，关键要看我院是否能够不断地推出高质量的科研成果。因此，抓好重点科研项目、提升重点学科水准和打造知名智库建设十分重要。需要集合全院力量抓紧、抓实。

与此同时，我们还要在现有基础上继续大力提升我院的培训水平。我院是国家级重点涉外培训基地，每年承担着大量培训任务。这是我院服务外交大局的重要体现，也是为学院的持续发展提供造血机能的重要环节，一定要保质保量完成好。

三是继续努力完善双校区运行机制，下大力气搞好老校区改造。一年多双校园运行的实践表明，双校区运行既带来机遇，也出现不少新问题和新困难。今后，党委将加强调研，及时沟通，对出现的问题随时解决，确保双校区机制的安全有效运行，为全院师生员工的工作和生活创造更完善更良好的条件与环境。同时，学院将加速新校园一期的收尾工作，尽快启动二期建设的审批与开工，使一期工程出现的不足与缺憾能在二期工程中得到修补与完善。前面已经提到，老校区的改造将是未来几年后勤工作的重头戏，党委将尽全力安排和组织好这项关系重大的工作。

四是加强队伍建设。要完成好上述任务，关键靠人。没有人才，什么事情都办不成。因此，今后党委将毫不松懈地抓好师资建设和人才培养，继续推进人事制度改革，为学院各项工作提供强有力的人才支持和制度保障。自2001年以来，学院加强了人事制度改革，建立了岗位竞聘制度、聘用合同制度、岗位设置管理制度和岗位津贴制度等人事管理制度。实践证明，人事制度的改革是成功的。今后，学院还将在不断总结的基础上，继续推进和完善人事制度建设，制定有关政策文件，大力推进人才队伍建设。

最后，提几点希望与同志们共勉：

（一）我院的各级领导干部必须要有坚定的理想和信念，要坚守崇高的精神追求。习近平总书记说，"党的各级领导干部要坚定理想信念，坚持正确政治方向，提高战略思维能力、综合决策能力、驾驭全局能力，团结带领人民不断书写改革开放历史新篇章"。希望我院的所有干部都要认真学习和落实习总书记的要求，加强政治理论学习，增强党性修养，拥护中国特色社会主义理想，成为本单位、本部门讲学习、讲党性和正确观念的引领者、实践者。

（二）中央近几年特别强调干部要有统筹国内国外两个大局的能力。作为直属外交部、以培养外交外事人才为目标的高校，我院的干部，不论是从事教学、管理、还是后勤保障，都更应具备统筹国内国外两个大局的意识和能力。只有这样才能适应我院工作的要求，更好的服务外交大局。这就需要我们每一位同志都要自觉地加强学习的意识，多读书、读好书，并学以致用。

（三）我院干部要树立正确的权力观、地位观、价值观，提高拒腐防变能力。为此，一要思想上防范；二要自觉置于组织与群众的监督之下；三要把"反对四风"常态化、机制化。

（四）要密切联系群众，作群众的带头人，带头爱岗敬业，带头忠诚奉献，带头发扬民主，带头团结好人。还要多关注民生问题，想群众之所想，急群众之所急，把"以人为本"落到实处。

（五）重视队伍建设，在实际工作中要有意识地抓人才培养工作，善于发现人才，多压担子、从严管理、形成各自单位内合理的梯队结构。

正如党的十八大报告指出"坚持和发展中国特色社会主义，关键在于建设一支政治坚定、能力过硬、作风优良、奋发有为的执政骨干队伍。"院党委希望各部门新一届领导班子，一定要牢记党中央的嘱托，团结一心，开拓创新，做好各自工作，合力促进我院工作迈上新台阶。

（2013 年 12 月 25 日　外交学院）

2013～2014 学年开学典礼致辞

今天，我们怀着喜悦的心情，在美丽的新校园，为我院 2013 级入学新生举行开学典礼，并同时庆祝光荣的教师节，请允许我向刚入校的新同学表示热烈的欢迎！向呕心沥血、辛勤工作的我院所有老师、包括外籍教师们致以节日的问候和衷心的感谢！

同学们，你们从祖国的四面八方以优异成绩考入了我院。这是我院建校以来第一次在全国内地的 31 个省市自治区实现了全覆盖招生。除此之外，今年，我院还在港、澳两特区各招收了 1 名新生，尽管台湾地区暂时还未招收新生，有的省现在招生的人数也还很少，但由于有了新校园，今年是我院在招生方面的历史性突破。

同学们进入这所新校园，成为外交学院的一员，有些事是一定要了解并记住的。首先要记住的是我院的光荣历史和优良传统。外交学院不是一所普通的高校，她是新中国创立的、以培养外交和外事人才为办学方向的大学，在全国高校中唯一以"外交"两字命名，是由敬爱的周恩来总理于 1955 年亲自提议创办，并亲自题写校名的大学，时任副总理兼外长的陈毅元帅是首任院长。这也是为什么中央特批在我校安放了周总理和陈毅元帅的并肩铜像，可以说这在全中国是唯一的。我院的光荣历史充分证明了党和国家对我院培养外交外事人才的高度重视。新校园图书馆一层有校史展，希望新同学们都能抽空去看一看。

几天前，我在 2013 新学年升旗仪式上曾向同学们特别讲述了我院的校训，那是周总理对新中国外交人员提出的四句话要求，即"站稳立场、掌握政策、熟悉业务、严守纪律"。我希望同学们一定要牢记校训、践行校训，因为这是外交学院的传家宝。

去年九月，温总理视察我院新校园，亲笔题写下"中国外交官的摇篮"八个大字，这是对外交学院崇高定位的肯定，也是对我院未来更大发展的鼓励和鞭策。同学们都看到，学校已将这八个大字刻在校园中心一块 110 吨重的泰山石上，意在表明学院的责任重于泰山，意在时刻提醒每一位同学要牢记我院的光荣历史和时代责任，珍惜在校的宝贵光阴，以实际行动接好、跑好每一届的接力棒。我们一定要一代接着一代，不断发扬光大我校的好传统、好作风、好成绩。

从今年九月开始，我校四个年级 1300 名同学已进入新校园学习和生活，学院的教学主体已转到新校园，这是我院全面进入双校园运行的一件大事。当然，由此也带来了许多新问题、新挑战、甚至某些困难，这需要全院师生共同努力，克服困难，积极磨合与适应双校园的运行机制，并多提建设性意见。与此同时，也要看到，学院校区空前扩大、办学和生活条件极大改善，十分有利于我院教学改革和科研水平的提升，这是令人鼓舞的。

去年 11 月我院外交学成功获批国家级重点学科，从而形成了我院以国际关系学和外交学两个国家重点学科相互依托、比翼齐飞的强有力学科体系，这是我院学科建设的历史性跨越。今年 7 月，外交部和教育部一致赞同将外交学院列为两部共建的高校，这也为我院未来的发展开创了更广阔的空间。我们对外交学院更美好的未来充满信心。

学院希望每一位同学从踏入外交学院的一刻起，就应当把关注和跟踪国际形势作为自身学业的一部分，把个人的命运同国家的需要连接起来，勇于和善于承担时代的责任和使命。

在校的时光会过得很快，希望同学们一定要珍惜来之不易的学习机会，过好校园生活的每一天。借此机会，我代表学院党委向同学们提几点希望和要求：

第一，我院的学生在政治上一定要过硬。要有坚定正确的理想和信念，面对大是大非问题，要立场坚定，忠于祖国、忠于党忠于人民。

第二，我院的学生在专业上一定要精通。要掌握好外语这个工具，最好通晓两种外语，并做到学有所成，专业素养深厚。

第三，我院的学生在人品上一定要高尚。要意志坚强，既有公而忘私的奉献精神，又严于律己，乐于助人，有良好的团队意识。

第四，我院的学生在视野上一定要宽广。读书要破万卷，知识要精粹，既懂国情，又晓世界，有大局观和世界目光。同时，对网络是非要有较强的识别能力。

大学是人生中特别美好的阶段。希望大家真正把校园精力和时间放在有利于全面增强个人的素质上，在这所崭新的美丽校园中，你们的学习条件是舒适宽敞的，你们的师长是和蔼可亲的，你们众多的师兄师姐是热情开朗的。我相信，在这样好的环境中，你们一定会积极融入新的集体和新的学习生活中，做到努力、努力再努力，提高、提高再提高，以优异成绩报答党、国家和人民的关怀与培养。

最后，我衷心地预祝每一位同学都能在丰富多彩的大学生活中取得进步与成功！

（2013 年 9 月 12 日　外交学院沙河新校区）

2010 届毕业典礼致辞

今天，我院为 2010 届毕业生举行隆重的毕业典礼，我代表学院各级领导和广大师生员工向圆满完成学业的全体 2010 届毕业生表示热烈的祝贺！向多年来为同学们健康成长付出辛勤劳动的全体教职员工表示衷心的感谢！同时也向关注学校发展、关爱学生成长的家长们表示诚挚的问候和深切的谢意！

今天，457 名同学完成学业、合格毕业，这是令人十分高兴的。而更令人满意的是，在当前社会就业形势依然十分严峻的情况下，我院 212 名研究生已全部落实就业单位，就业率 100%；245 名本科生也绝大多数落实了工作岗位和去向，占毕业生总数的 97.92%。我愿借此机会向同学们表示热烈的祝贺，并衷心地祝愿你们在未来的工作事业中取得成功。

同学们，四年前，你们怀着对大学的美好憧憬和对科学知识的渴求，选择了外交学院。四年中，你们勤奋学习、刻苦钻研、努力进取，尽管期间有遗憾、有惆怅、有苦涩，但更多的是成长、进步和收获的喜悦；你们之中有 2008 奥运的志愿者、60 年大庆的表演者、也有到贫困山区支教的志愿者。老师们高兴地看到，四年不平凡的大学生活，使你们逐渐走向成熟，走向充满信心，走向伟大祖国建设者的行列。

在你们将要告别老师和母校之际，作为院长和长辈，我希望你们：

第一，无论未来的工作岗位在何处，都能够终生坚持和信守我们的校训，即周恩来总理提出的"站稳立场、掌握政策、熟悉业务、严守纪律"十六字方针。这是我院建校 55 年来最宝贵的精神财富。我希望外交学院的毕业生无论走到哪里，都要有鲜明的责任感、使命感和体现出新中国优秀青年的核心价值观，把实现自己的人生价值与国家的前途、人民的利益紧密结合起来，做一个有理想、有抱负、对国家和社会有用的人才。

第二，希望同学们能够永远勤于学习、勤于思考、勤于创造。行万里路，读万卷书。在社会的大课堂中，在丰富多彩的伟大实践中，不断学习、不断探索、不断创新、不断进步，永远保持学习和思考的热情，求知若渴，虚心若愚，不断丰富和完善自己的知识结构，不断在工作中有所作为，有所成就。

第三，希望同学们永远保持年轻的心态，走进社会要学会扩展胸怀，豁达坚强。毫无疑问，今后你们会遇到各种问题和困扰，但永远不要被困难所吓倒，要学会坚强，要培养毅力和恒心，面对各种困难和挑战，做到勇挑重担，攻坚克难，敢于拼搏、敢于成功，这是人生宝贵的品格和不断前行的内在动力。

同学们，明天你们将奔赴四面八方，请大家记住，无论将来你们走到哪里，外交学院永远是你们温暖的母校。无论你们从事什么工作，母校的老师都会永远关注和支持你们。同时，也希望你们记住母校，关心母校，不忘为母校争光！

同学们，美好的未来在向你们招手，鼓起你们理想的风帆，去经历风雨的考验，阳光总在风雨后灿烂！

（2010 年 7 月 2 日　外交学院）

外交外事礼仪大赛十周年庆典讲话

从 2002 年首次大赛算起，全国大学生外交外事礼仪大赛已经走过了整整十年的历程，这是风雨十年，更是辉煌十年。

十年来，作为外交学院主导的重要赛事，全国大学生外交外事礼仪大赛从未停止过在理念上探索和在实践中追求，以与时俱进的风采，践行大赛的社会责任和时代精神。

大赛的责任是，普及外交外事礼仪知识、提高大学生内在素质、弘扬中华文明风尚、促进国际交往。

回顾十年赛事，我们忘不掉 2002 年在北京申奥成功的国际背景下，为迎接奥运盛会、展现中国形象，外交学院将礼仪大赛推向社会，成为大学生迎奥运系列活动的主体组成部分之一。

我们同样忘不掉第八届、第九届大赛，是在国庆六十周年大庆和北京宣告建设世界城市的欢快氛围中展开，我们把外交政策和外事综合素养纳入大赛内容，提升深化了大赛内涵，丰富活泼了大赛形式。

而本届大赛在往届创新基础上又有了新的探索与创新。大赛集外交、外事、礼仪三者并重，让大学生更加深入全面了解国家的外交大政方针，统筹把握国内国外两个大局，认清"国内问题国际化、国际问题国内化"已成为我国新形势下的新情况和新特点，提高了青年大学生的外事新观念和礼仪新知识，从而认识到熟练掌握政策、提高业务素养，把个人同国家的和平发展紧密连在一起，这是时代赋予青年的光荣使命。

十年外交外事礼仪大赛已经显示出很强的影响力和辐射力，参与者从最初的四所大学发展到今天的三十二所大学，遍及华北、东北、华中、华南、西南、西北六大区域和港澳特区。可以说，这一赛事像一条亲情纽带，把有志于外交事业的青年人聚集在一起，互相学习，共同进步，结下深厚的友谊。借此机会，我们要向十年来大力支持这一赛事的各兄弟院校表示崇高敬意和衷心感谢！

十年外交外事礼仪大赛，也得到了社会各界的鼎力支持和友好相助。借此机会，我们还要向中国人民对外友好协会、北京市教工委、外交部礼宾司、外交部公共外交办公室、中国前外交官联谊会、中国国际公共关系协会、北京团市委以及外交部团委等政府部门和事业单位，向始终关注和聚焦大赛的各大媒体和网站，向友好支持大赛的社会团体、企业和社会贤达一并表达我们最衷心的感谢和敬意！

我们相信在社会各界的广泛关怀和有力支持下，年满十岁的全国大学生外交外事礼仪大赛一定会迎来更加出色的下一个十年！

（2011 年 11 月 6 日　钓鱼台大酒店）

中组部第十期领导干部英语强化培训班结业仪式讲话

今天是"中组部第十期领导干部英语强化培训班"的结业式。开班之际，因我另有公务，未能与大家见面。今天能有机会赶上培训班的结业式，感到很高兴。

我听说，本届培训班很成功。26 名来自中央部委办与各省市自治区有关方面的领导干部，齐集我院，进行强化英语训练。经过三个月的学习，26 名学员成绩合格，将分别被哈佛大学和新加坡著名大学录取。其中有的同志已提前被录取赴国外进修。我在想，为什么这一期的学员学得这样好？为什么自 2001 年以来连续十期同类培训班都很成功，而且一期比一期好。我想原因很多，最主要的恐怕有三条：

第一条，我们的上级领导，中组部和国家外专局，对此项培训高度重视，抓得很紧，并经常给予具体指导。领导重视，这是不可缺少的政治保障。同时，还要指出的是，中组部和外专局把外交学院作为强化领导干部英语培训的基地，体现了国家对外交学院的充分信任和重视。对此，我代表外交学院对中组部和外专局的各位领导，王新堂副局长等同志表示衷心感谢！

第二条，也是最关键的是，在座的各位干部学员把来外交学院接受强化英语培训作为党交给的一项重要任务，把学习和掌握英语，提高自身素质，同党的事业紧密联系在一起，因而在学习中，体现出党性高、责任强、刻苦钻研和顽强拼搏的可贵精神，大家起早贪黑，争分夺秒勤奋学习，英语水平得到明显提高。我听说，学员们每周五天上课，每天 6 个课时，课程排得满满的，还要加上早 7：00～7：30的"早狂读"，下午 5：00～5：30 的"晚读"，中午和晚上都有"英语午餐"和"英语晚餐"，每周还有两次"英语角讨论"；学员们随时进行英语口语练习，还充分利用多媒体和视听室进行听力和口语强化训练，有的学员起大早朗读英文，还常常学习到深夜。可以说，学员们能出色完成学习任务绝不是偶然的，是信念和党性的反映，是辛勤劳动和大量汗水浇灌出来的优秀成果。在这里，我要向全体干部学员、特别是向 4 位年过半百、已跨越"知天命"之年的老同志的感人学习态度和不服输的认真精神表示崇高敬意和由衷钦佩！

第三条是良好的外因条件。尽管外因是通过内因起作用的，但仍然很重要。借此机会，我愿以院长的权威，表扬一下参与这次培训的我院教师团队和管理团队，他们是以英语系和国际交流中心的老师为主，包括外籍教师，还有作为志愿者为干部学员提供日常帮助和服务的我院英语本科生和研究生的同学们。他们想了很多办法为学员们增加英语会话练习的机会和条件，在餐厅张贴中英文对照的常用词汇和英文句式，设立电子邮箱与学员们交流，组织各种各样的主题晚会和聚会，尽量创造一个良好的外语环境，帮助学员们在形式多样、内容丰富和轻松快乐的氛围中学习英语。在这里，我要代表院党委，感谢参与此次培训工作和服务的全体老师、同学和工作人员，并希望大家再接再厉，把今后每一期培训任务都完成好，为党和人民继续贡献智慧和力量。

同志们，当今世界正在发生复杂深刻的变化。中国在世界上的角色从来没有像现在这样处于世界舞台的中心。这是一个历史性的变化。对党的各级领导干部而言，不管从事哪方面的工作，学好英语，特别是在工作中能熟练运用英语将越来越重要，这是形势和时代对我们的要求。

我认为，中组部和国家外专局选择外交学院担负培训领导干部英语的重任，是很正确、很有远见的。这不仅因为外交学院是唯一直属外交部的高校，而且因为这是一所具有优良传统的高校，是周恩来总理亲自创办并题写校名、陈毅副总理兼外长担任过九年院长，同时，至今钱其琛副总理仍担任名誉董事会主席、杨洁篪外长担任董事会主席的高校。我院全体师生为有这样独特的历史和光荣的传统感到自豪，并决心继承和发扬革命传统，在中央和外交部的领导下，为国家培养更多高素质的优秀人才做出不懈努力。我们全校老师都清楚了解我院的特殊政治定位，就是一切服从服务于党的外交事业。这就是为什么我院抽出和安排50名老师和学生志愿者为本届英语培训班的26名学员服务。你们学好了、并在今后为党工作中展示才华，就是对所有老师和志愿者最好的回报。

最后，我想友好地提醒拿到结业证书的各位学员，从这一刻起，你们就是我院新的校友了，无论今后在什么重要岗位上工作，学院都希望你们能多关心、关注外交学院，为外交学院未来的更好发展做出贡献！

（2011 年 1 月 21 日　外交学院国际交流中心）

外籍专家教师新年宴会祝词

在新年来临之际，我们如往年一样与各位外籍教师相聚在美丽的钓鱼台，携手共迎新年！请允许我以外交学院院长和全院师生的名义，向一年来为外交学院的发展辛勤工作的各位外籍专家教师和来宾朋友们致以诚挚的谢意和最美好的祝福！

回望 2013 年，国际形势继续发生深刻复杂变化。国际体系酝酿深刻变革，天下很不太平，发展问题依然突出，世界经济复苏艰难，新的危机不能排除。但纵观世界，要和平、求发展依然是人类的主流民意。中国将继续坚定不移地执行独立自主的和平外交政策。这一点是毫无疑问的。

2013 年，是中国新一届国家领导人接班的开局之年。中国的国民经济总体保持平稳和较快发展，特别是十八届三中全会确定了中国未来全面深化改革的大政方针，受到全国人民的衷心拥护和全力支持。可以预言，中国将进入简政放权、使市场在资源配置中起决定性作用的新的深层次改革。令人高兴的是，三天前，中国"嫦娥三号"登陆器完美登月，五星红旗第一次在月球上留影，赢得世界赞叹。中国人民有理由对未来充满信心，实现中国梦绝不是一句空话。

2013 年，对外交学院的发展也是非常重要的一年。我院首次实现了双校区运行，整体情况良好。研究生、二学位、本科共四个年级约 1300 名中外学生入驻沙河新校区，从今年起我院的教学重心已经转移到新校园。那里的教室宽敞明亮，环境赏心悦目，设施先进便捷，更好地体现出外交学院开放、包容、理性和充满人文关爱的小学理念。

一年来，我院学生在全国各类中外文辩论赛和演讲大赛中继续取得优异成绩，在全国外语专业考试中保持领先水平。同时，我院的对外校际交流也不断扩大，两所在海外合办的孔子学院相继达成协议，其中一所已经开课。上述成绩的取得，是全院师生共同努力的结果，也与在座的各位教师不辞辛劳往返于两个校区认真授课是分不开的。

借此机会，我代表学院向全体外籍老师及家属表示衷心的感谢！也向一贯支持和关心我院工作的国家外专局和外交部的各位领导和同事们致以诚挚的谢意！

新的一年，外交学院将继续努力完善双校园运行机制，特别是要抽出力量搞好老校区的改造。老校区环境狭小，设备老化，改造的难度很大。今年，我们开始改造国际交流中心、学生公寓和大食堂等。明年暑假我们还将在老校园体育场下面修建地下体育馆和四层停车场，将彻底解决校园内的无序停车问题。这是好事，但挖坑建设也会给教职员工和学生们带来一些暂时的不便。但我们有信心在全校师生的理解和共同努力下，为外交学院更加美好的未来而努力工作！也希望老校园的大规模改造能继续得到在座的外籍教师及亲属的理解与支持。

现在我提议，大家共同举杯：

为外交学院的更美好与可持续发展

为在座各位老师、亲属及所有来宾朋友的身体健康、工作顺利和家庭幸福干杯！

（2013 年 12 月 18 日　钓鱼台国宾馆）

为 80 岁以上老同志集体祝寿活动致辞

首先，请允许我代表院党委向各位 80 岁以上的老教授、老同志和老寿星们致以高寿生日的亲切问候和美好祝愿！衷心地祝愿各位老同志健康幸福长寿！

党委同志感到的高兴的是，为 80 岁以上老同志集体祝寿已成为我院尊老、爱老和敬老的机制性活动。对此项机制，党委将长期坚持，不会中止。

今年的集体祝寿，适逢中国共产党成立 90 周年，因而更加具有特殊意义。

回顾建党 90 年的光辉历程，我们更加深切地感到，没有全国广大老党员、老同志在各条战线上不怕牺牲、英勇奋斗、勤勉工作和模范带头，就没有今天党和人民各项事业蓬勃发展的大好局面。对老党员、老同志的历史性贡献，党和人民永远不会忘记。

同样，外交学院能有今天的发展，也离不开在座所有老同志老教授长期挥洒的汗水和心血。你们是党和人民的宝贵财富，也是外交学院的宝贵财富。

前不久，国家副主席习近平同志在全国老干部工作"双先"表彰会上发表重要讲话，表达了党中央、国务院对老同志的深切关怀和殷切希望。他说，"尊重老干部就是尊重党的光荣历史，爱护老干部就是爱护党的宝贵财富，学习老干部就是学习党的优良传统和作风，重视发挥老干部作用就是重视党的重要政治资源。"

我院党委和离退休工作处一定要认真学习习副主席讲话精神，增强做好老同志工作的责任感和重要意义，要从推进学院教学、科研、培训等事业可持续发展的大局出发，进一步做好对离退休老同志的服务工作，认真落实老同志的政治、生活待遇，切实遵循中央关于"按制度办事，用制度规范工作"的要求，把党和人民的关怀送达到每一位老同志老教授的心坎上，使我院老同志老教授的离退休生活更加丰富多彩，有益身心健康，有利延年益寿！

最后，再一次衷心祝愿在座及全院的老同志老教授心情愉悦、幸福安康！

（2011 年 11 月 2 日　外交学院）

第 27 届运动会致辞

首先，我代表外交学院领导祝贺第 27 届运动会今天举行！这是促进我院群众体育活动、增强师生员工体质的一项重要活动。

值得高兴的是，这次运动会恰逢全国人民刚刚欢庆了新中国 60 周年华诞，又恰逢第 11 届全国运动会正在山东如火如荼地进行。几天前，胡锦涛主席强调，体育是我国综合国力的重要组成部分，也是社会文明的重要标志。我院师生一定要不辜负中央领导的期望，通过开展全民健身运动，努力提高竞技体育水平，促进每一位同学的全面发展，以实际行动弘扬伟大的中华民族精神，为构建文明与和谐社会做出贡献。

外交学院以培养高素质复合型外交外事人才为目标，我院始终注重体育，坚持把身体健康作为检验学生综合素质的一项标准。不久前，杨洁篪部长在我院开学典礼上也特别强调了身体素质对外交工作的重要性。的确，遍布全球的外交工作岗位有时非常艰苦，我们的外交官既要面对高强度的工作，又要经受想象不到的恶劣自然条件和战乱环境的严峻考验。杨部长希望同学们加强体育锻炼，提高心理素质，是为了能够适应和胜任外交工作。从某种意义上讲，我们的运动会也是为此而做准备。

运动会是展示我院运动水平的舞台，一向受到全校师生的积极支持和参与。希望大家在比赛中本着奥林匹克精神，赛出风格、赛出水平，赛出友谊，赛出团结，争取运动成绩与精神文明双丰收。

预祝我院第 27 届运动会圆满成功！

（2009 年 10 月 20 日　外交学院）

沙河新校园首次升国旗仪式讲话

今天是外交学院发展史上的一个重要时刻，我院美丽的沙河新校区正式启用，首批本科两个年级六百名同学入驻新校园。现在，老师和同学们又一起第一次在新校园升起鲜艳的五星红旗，这标志着外交学院崭新的双校园运行机制从今天起正式开始！

今天，我国的综合国力不断增强，国际影响力大幅提升，国际交往日益扩大。中国的国家利益遍布全球。面对新世纪的这一新形势，国家对优秀外交人才的需要正在与日俱增。而我校原有的校园、规模和教学条件已不能适应新的形势需要。这就是为什么今天我们沙河新校园横空出世、应运而生的缘由。经过几年的不懈努力与艰苦奋斗，现在新校园一期工程初步完成，新的学期在这里启动了。需要告诉同学们的是，新校园凝聚着中央、国务院和外交部领导多年来的亲切关怀和大力支持，也包含着参与设计、建设的全体老师和昌平地方政府及有关各方的密切合作、共同努力和积极奉献。这里也发生过许多感人的故事。借此机会，让我们全体同学以热烈掌声向所有为新校园建设做出贡献的人们表示衷心的感谢！

同学们，由于新校园一期工程刚刚结束，在设备运行、校园环境和综合条件等一些方面还有不够完善之处，希望同学们给予理解和配合，发现问题请及时向主管老师反映。学院将尽最大努力，加快新校园各项功能的运转与磨合，完善总体配套设施，努力为同学们营造更好更舒适的校园学习和生活环境。大学一、二年级是同学们积累宽厚专业基础知识的重要阶段。由于远离市区，新校园可以为同学们提供一个更易于潜心修学的良好环境。新校区还有远远超越老校区的正规、完备和优质的体育设施。希望同学们充分利用好这里的良好条件，顺利成功完成大学学业。

从现在起，同学们的点滴学识积累，几年后都将化作贡献社会的才智。树立什么样的理想，学到什么样的知识，具备什么样的能力，完全取决于同学们的自主选择。而选择勤勉与奋斗，意味着选择希望和收获；选择纪律与约束，意味着选择理智和自由；选择艰苦和磨砺，意味着选择练达与成熟；选择拼搏与超越，意味着选择成功与辉煌。希望同学们珍惜在大学校园的宝贵时光，志存高远，净化心灵，刻苦学习，增长智慧，人人都成为知识丰富、人格健全的优秀大学生。

同学们，伴随着初升的朝阳，目睹五星红旗在国歌声中冉冉升起，这令人不由想起学校简介中的一句话，"世界上凡有五星红旗飘扬的地方，就有外交学院的毕业生"，希望同学们不要忘记这句话，一定要从现在起打好大学的知识基础，才能以未来自己的行动，去充实和丰富这句话。

让我们祝愿外交学院的学子，永远活跃在世界的五大洲、四大洋，为祖国的外交事业永做贡献。

（2012 年 9 月 3 日　外交学院沙河校区）

首届沙河高教园区文化交流月
启动仪式致辞

　　今天是五四青年节，无论是对在校的大学生，还是对从事教育工作的老师，这都是一个有深远意义的日子。因为青年是祖国的未来和希望，因为中华民族的伟大复兴说到底寄托在青年身上。在这样一个有意义的节日里，我们欢聚一堂喜迎沙河高教园区首届文化交流月正式启动，我谨代表外交学院对此表示热烈祝贺！并向在筹备工作中付出辛勤劳动的昌平区政府、高教园区办以及兄弟的中央财经大学、北京航空航天大学的老师和同学们表示衷心的感谢！

　　义化是民族凝聚力和创造力的重要源泉，是国家综合实力的展现，也是区域发展的重要动力。从外交的角度看，文化还是一个国家彰显软实力、提升国际形象的重要方面。而我们三所高校所在的昌平区，有着深厚的文化底蕴、丰富的文化资源和6000多年的文明史、2000多年的建城史，以明十三陵为代表的一大批文化遗存形成了昌平独特的历史文化优势。可以说，这为我们三所高校师生就地开展文化交流、相互汲取文化养分、不断提升文化素养提供了有利条件。

　　我们外交学院的广大师生非常高兴在入住新校园8个月后有机会与中央财经大学、北京航空航天大学亲密联手、一道共同举办首届高校文化交流月活动，我校虽小，但将尽全力参加一系列形式多样、丰富多彩的校园文化交流月活动，积极促进高教园区内各兄弟院校之间的亲密交流与往来，尽力展现我校的文化特色、校园生活和国际交往。

　　我们外交学院全体师生感到自豪的是，我院是由敬爱的周恩来总理亲自倡议成立，亲自题写校名的高校。我院的首任院长是陈毅元帅，我院也是目前我国唯一一所直属外交部的、以外交命名、以培养外交外事人才为办学方针的高校。去年，我院沙河校区正式启用，当时温家宝总理、刘云山、唐家璇、戴秉国、杨洁篪等中央领导同志曾亲临我院新校区视察。温家宝同志发表了两个小时的演讲，还亲笔为我院题词："中国外交官的摇篮"。中央的关怀和希望是对我院的巨大鼓舞和鞭策。我院决心利用此次文化交流月活动所提供的三校相互学习和亲密交流的机会，展示我院风采，学习兄弟院校特长，为丰富和共同推进沙河高教园区内的校际文化生活贡献力量。

（2013 年 5 月 4 日　北京航空航天大学）

驻华使馆武术嘉年华活动启动仪式致辞

今天我们非常高兴和荣幸地在外交学院举办驻华使馆武术嘉年华活动的启动仪式。武术是中华民族宝贵的文化遗产，也是世界各国了解中华文化，促进中外文化交流的宝贵纽带。

众所周知，武术讲究修身养性，强体健魄，以武会友，博采众长；武术崇尚和平、正义、和谐，主张自强不息、厚德载物，追求世界大同、人类互爱。因此，武术越来越受到全世界不同民族的尊崇和喜爱。

我们高兴地看到，今天国际武术交流日益繁盛，功夫影片在全球热映，可以说，武术在世界上大放异彩，已成为大众文化的喜人载体，呈现出蓬勃发展之势。这一现象反映出，中国武术顺应了人类向往和平、正义与和谐的美好愿望，武术源自中国，但属于世界。

现在，我院首次举办以武术为主的国际性交流活动，这一活动在外交学院举办很有意义。去年温家宝总理来我院视察时亲笔书写了"中国外交官的摇篮"八个大字，这一题词充分体现了我院建校 58 年来的光荣历史和时代责任。我们可以很自豪地说，多年来我校培育了许许多多的优秀毕业生，他们胸怀祖国，放眼世界，熟悉国际关系，精通外交学识，熟练掌握外语，以负责和敬业精神，活跃在中国外交外事的各种岗位上，为维护世界和平、推动中国与各国的友好合作事业辛勤地工作着。有人说，"有五星红旗升起的地方就有外交学院的毕业生。"这是对我院的高度评价。

去年九月，我院在昌平高教园区的新校园正式投入使用，我院在教学、科研和培训等各方面的条件都有了很大改善。可以说，外交学院正处在跨越式发展的新时期。

我们衷心希望通过举办此次弘扬武术文化的活动，使常驻北京的各国使团更好地了解我院，关注我院，更加密切各驻华使团与我院之间业已存在的友好交往和相互合作，从而进一步增进我们之间的长期友谊。

借此机会，请允许我向在座的各国使团的同事们朋友们表达崇高敬意。你们是中外文化交流的光荣使者，你们为加强对华友好关系不懈努力，做出很大贡献，感谢你们！

中国一贯主张，国家不分大小、强弱和贫富，应一律平等。各国可以有不同的文化理念和宗教信仰、国家体制也可以不同，但这些不同不应妨碍各国间的和睦和谐和友好共处。如同武术是一项不分国界，不分男女，不分长幼的活动一样。

最后，我衷心预祝本次活动取得圆满成功！

（2013 年 6 月 19 日　外交学院沙河校区）

第三届董事会讲话

我是去年年初离开驻法使馆的岗位、奉调回国的。去年四月二十九日，杨部长、张业遂和李金章副部长亲自到外交学院宣布任命。我个人十分感激部领导的信任和重视。但这项工作对我毕竟是一个不熟悉的新领域，是一个很大挑战和考验。通过一年零一个月的学习、观察、实践和思考，使我对外交学院有了更多、更深的了解。我深感这是一所具有光荣传统和独特历史的学校，她的优势主要表现在以下方面：

第一，特殊性。我院是敬爱的周恩来总理兼外长在 1955 年提议创建，并亲自题写校名的学校。成立初期，校长空置，周总理是大家心目中的首任院长。后来，由陈毅副总理兼外长担任了九年院长。这一段独特的历史是外交学院的殊荣。

第二，唯一性。我院是全国 1867 所大学中唯一由外交部直接领导、以培养外交官为目标的高等院校。十五年来，她的董事会名誉主席一直由钱副总理担任，董事会主席由历任外长出任。现在是杨洁篪外长。学院政治领导力量之强在全国高校中是独一无二的，这是我院的宝贵财富。

第三，精英性。外交学院新生的高考录取分数线一直很高，据称仅次于清华、北大，名列第三位。在有的省甚至超过清华北大。每年进入我院的学子都是各校的尖子和优等生，可以说是百里挑一的当代青年精英。同时，我们还有一支高水平经验十分丰富的师资队伍，实施小班教育，平均每 12 名学生配置一名教师，在全国高校中是少有的。这是我院能够培养和造就优秀外交外事人才的重要基础。

第四，战略性。中国正在发生深刻变化，中国的发展令世界瞩目，中国与世界的交往越来越密切。面对这一形势，我院肩负着为国家培养 21 世纪优秀外交人才的使命无疑具有战略性。

第五，紧迫性。今天国际形势复杂多变，中国面临巨大挑战和难得机遇。因此，培养国家需要的外交人才，既有长期性，更有紧迫性，这就需要外交学院的全体教职员工，在外交部党委的领导下，兢兢业业，开拓创新，一棒接一棒朝着既定目标努力加紧工作，这是学院工作的紧迫性。

想到上述，我感到我们的工作非常重要、非常有意义。

下面，我向董事会汇报一年多来学院的工作。

一、学院的政治定位更加清晰明确

一年多来，经过学习和讨论，学院各级领导和教职员工更加清楚地认识到，学院的各项工作必须像杨外长去年来院讲话所要求的那样，一定要紧紧围绕服从服务于国家外交事业的发展这一中心任务，时刻想国家之所想，急外交事业之所急。现在，全院同志从上到下决心在外交部党委的直接领导下完成好办学任务，这是我院工作的方向和根本，决不能模糊动摇。

二、抓教学、抓科研，我院教学水平有新的提升

教学与科研质量是高校的生命线。一年来，经过努力，我院已经拥有一个国家级外交外事人才培养模式创新实验区、两个国家级特色专业建设点（外交学和英语），还获评教学名师、优秀教学团队、精品课程、精品教材等多项荣誉。现正在申报由外交部和教育部共建的中国外交理论研究基地。此外，外交学和国际关系学科已经成为北京市重点学科，今后还将创造条件申报国家重点学科。

我院十分注重实践教学，重视创新型人才培养模式。不久前，我院举办了第七届"模拟联合国"活动，全国30所大学和11所中学参与，受到广泛好评。此外，我院还每年举办"外交外事礼仪大赛"、"模拟国际法庭"和"模拟新闻发言人大赛"等活动，使学生的专业学习与社会实践联系更加紧密，学生的国际知识水平、外语交流能力、新闻礼宾办事能力得到锻炼和提高。2008年，我院学生在全国大学生英语竞赛中，获一名特等奖，两名二等奖。在"第十二届外研杯全国英语辩论赛"中获一等奖。特别值得一提的是，在去年北京奥运会、残奥会期间，我院600多名学生志愿者以高水平的外语和热情服务赢得奥组委的表彰和四海来宾的称赞。今年五月，在全国大学生英语竞赛北京赛区决赛中，我院七名同学获奖，其中一名同学以"北京赛区第一名"的优异成绩荣获特等奖。

三、积极推进新校园建设

新校园建设一直是近几年学院工作的重点。自2006年开工建设后拆迁工作的难度超出想象。我去年接手工作时，尚有111户没有拆迁。经过近一年的工作，在昌平地方政府的大力支持和帮助下，目前钉子户减为四个。现正在努力解决。新校园建设尽管仍有困难，但还是取得了很大进展。今年一月，新校园西区的七个主体结构已经封顶，东区建设最近也已进入施工招投标阶段，将在七月份开工。目标是争取明年全部建成。与此同时，老校区的改造问题也已提上议事日程。我院有决心

在外交部领导的关心和具体指导下，努力做好这项关系我院未来发展的大事。

此外，在新校区建设"周恩来外交研究中心"的工作也在积极推进。预计年底可完成征地手续。"恩来中心"是我院未来发展的一大亮点。对研究有中国特色的外交理论，具有重要和深远的意义。这是一项需我院自筹资金建设和管理的项目，希望继续得到各位董事的关心和支持。

四、努力扩大对外教育合作

多年来，我院同100多个外国高等学府建立了交流与合作关系。去年11月，我院新成立了国际教育学院，目的是进一步加强同加拿大阿尔伯塔大学等国外大学的国际教育合作。目前，已经有了良好开端。这对学院的未来发展具有很大意义，得到了学院各部门的全力支持。

为了扩大我院影响，在杨部长的亲自指示和关怀下，一年来许多访华的国际知名人士来我院演讲，例如联合国秘书长潘基文、爱尔兰总理布赖恩·科恩、德国副总理兼外长施泰因迈尔、法国前总统希拉克和德斯坦、欧盟委员会前主席、意大利前总理普罗迪、加拿大外长坎农、美国助理国务卿克雷默、世界经济论坛主席施瓦布等访问我院。这对开阔学生们的视野、提高我院的国际知名度帮助很大。

在外交部的指导下，我院还承担着为外国外交官及外国新闻从业人员举办短期或中长期培训班的政治任务。至今共举办69期，培训了来自140多个国家和国际组织的1322人次。仅去年，就举办培训班14期，学员255人，合计401天。我院还常年为外国外交官进行"汉语与中国文化培训"，为新加坡外交官举办"中英文翻译及外交业务培训"，至今共培训了来自48个国家的221名外交官，产生了良好的国际影响。

总体来看，一年来学院工作取得的成绩很大，但也仍存在着许多困难和不足。学院空间小、发展余地有限，是制约我院工作的最突出问题。同时，学院财力小，国家财政拨款有限，也使我院在高校人才竞争中处境有一定困难。随着新校园的建成，今后我院在招生规模、师资配置、新老校区功能协调与改造和教职工两地工作与生活等方面，也还会产生新问题、新难题，都需要我院在科学发展观指导下，认真谋划，妥善应对。

今后，在不断克服困难、勇敢迎接挑战的过程中，我们希望新一届董事会的各位董事一如既往、继续大力支持学院的发展与进步。我们相信，外交学院第三届董事会的成立，必将为学院教育事业的发展增添更多、更新的活力，在今后的工作中，我们希望更多地听取各位董事的宝贵意见和建议，从而有利于丰富我们的办学理念，有利于培养高水平复合型外交人才。

（2009年5月30日　钓鱼台国宾馆）

第三届董事会第二次会议讲话

借庆祝外交学院55周年、纪念教师节和开学典礼之机，我们把预定年底召开的外交学院第三届董事会第二次年会提前到今天，可以说，这对外交学院是一个好上加好、喜事连连的日子！

下面，请允许我向董事会汇报一年来的学院工作。

一、大力抓教学，推动我院教学水平稳步提升

教学质量始终是外交学院的生命线。一年多来，我院在教育教学改革中推进"质量工程"建设，取得新的进展。进一步提高了我院的办学水平和教学质量，学生的整体素质得到提高。去年，我院英语专业八级的通过率达90%，法语专业八级通过率达到100%，均超过国内其他外语院校，平均分数分别高出全国外语院校达10分和16分。此外，我院学生在许多全国英语口译大赛、英语辩论赛和全国大学生英语竞赛中均名列前茅。我院毕业生受到社会用人单位的普遍欢迎。2010年，我院研究生和本科毕业生的就业率均达到99%。前两年的就业情况也大体相当。

去年底，我院申报北京市"外交外事翻译人才培养模式创新实验区"获得成功。今年7月我院外事翻译教学团队被评为国家级优秀教学团队。我院在教学中抓特色抓质量，推荐了一些具有全国示范作用的优秀教材，2010年5月在教育部第二批高校哲学社会科学重点教材招标中，我院《国际组织》、《外交学概论》、《国际关系史》课题组中标。到目前为止，我院获得的国家级项目，包括特色专业、精品课程和教育部招标教材超过9个，北京市级项目15个，6人获北京市教学名师奖。

去年，我院还新成立了国际金融系，进一步优化和完善了国际经济学科体系。

二、不断创新，推动我院科研工作取得新进展

去年，我院各项科研工作成绩显著，共发表各种形式的公开科研成果594部

（篇），其中论文 324 篇，专著 15 部，编著和译著 59 部，教材 47 部，其他调研报告 149 篇。去年的科研成果较之 2008 年多出 171 项。2009 年，我院获得省部级以上科研课题立项 26 项，几乎相当于前两年项目之和。科研成果与教师人数之比远远高于其他兄弟院校，充分显示出我院良好的科研氛围和快速增长的学术成就。

今年我院出版了第一本《2009 年中国经济外交年度报告》，在学界和涉外经济部门产生较好反响。

我院东亚思想库网络采取首席研究员负责制，提高了政策建议的质量水平和影响力。自 2009 年 5 月以来，我院受外交部委托，共主办了 4 次东亚思想库网络工作组会议，并撰写出政策建议提交"10＋3"领导人会议，受到肯定。今年我院还出版了第一本《东亚合作年度报告》，产生了广泛影响。

三、加大力度，提高培训水平

去年，我院共举办国家级援外短期培训班或研修班 16 期，语种涉及英语、法语、西班牙语、俄语、阿拉伯语 5 种，累计培训达 339 天，共有 386 名来自亚洲、非洲、拉美、加勒比、阿拉伯、太平洋岛国等地区的 100 个国家及 2 个国际组织的外交官或新闻从业学员来我院学习。其中，上合组织外交官培训班、俄语国家新闻从业人员研修班、非洲法语国家大学教师研修班、独联体国家外交官研修班均为首次举办。据调查，在我院受过培训的学员回国后很快成为该国的知华派亲华派，有的还当上部长级官员。

在国内培训方面，我院一直承担着中组部举办的部级、司局级领导干部的英语强化培训任务，也承担着外交部干部的英语培训。去年，我院还为香港、澳门特区政府公务员举办 9 期培训，学员 152 人。

四、继承优良传统，稳步推进周恩来外交思想研究中心筹建工作

2007 年 9 月 19 日，在唐国委的关怀下，国务院批准我院建设周恩来外交思想研究中心。今年，杨外长对周恩来外交思想研究做出批示，我院很快成立了周恩来外交思想研究中心筹备工作组，重点就中心的运作、建设和长远发展进行调研和筹划。目前中心的工作在运行中。

五、着手筹建中国外交博物馆

国内高校有创办专业博物馆的传统。我院认为，在我院创办中国外交博物馆意义重大。博物馆将集收藏、展示、教学、科研、培训等功能于一体，馆址拟设在外

交学院昌平新校区内，将面向学生、面向社会。今年4月，我院搭起了外交博物馆筹建班子，并邀请已退休的张宏喜大使等协助开展相关工作。希望得到各位董事的支持和赞助。

六、服务大局，积极配合筹建中国外交干部学院

经中央批准，并根据外交部指示，将依托我院新校园筹建中国外交干部学院，承担全国外交人员和国际职员后备人员的培训任务。这是中央的一项战略决策，意义十分重大。对外交学院的长远发展将是难得机遇，我院要在外交部的统一领导下，尽最大力量为"中国外交干部学院"的筹建做出应有贡献。目前，我院正全力做好明年9月开班的前期准备工作。

七、积极扩大对外合作办学

对外合作办学是我院加强国际交流的重点。为此，我院专门成立了国际教育学院。今年我院同加拿大、美国等大学1+3形式的国际教育合作已经形成良好的发展局面。今后，还计划同澳大利亚、新西兰以及英国、法国、日本等国的大学开展此类合作。

八、全力推进新校园建设

新校园建设自2007年开工后遇到的难题超出想象。但仍取得较大进展。现在，新校园西区的七个主体结构已封顶一年多，进入内部装修收尾阶段，东区四个主体结构已经封顶，礼堂主体结构即将封顶，力争明年六月全部完工。目前，新校园的配套建设和搬迁工作也已提上日程。上学期末，已成立学院搬迁领导小组负责统筹有关工作。尽管今后可预见的困难还很多，但我院有决心在外交部的大力支持和具体指导下，努力做好这项关系我院未来发展的大事。

值得高兴的是，原定东西区完工后才能启动的新校园二期建设（四座楼宇），在我院积极争取之下，有关部门已破例原则同意年底前开工建设。为新校园提前全面建成奠定了基础。

各位董事，一年多来我院工作取得了很大成绩，但仍存在许多困难和不足。学院空间小、财力有限，新校园建设尚有不确定因素。但我们有决心在外交部正确领导下，努力工作，妥善应对挑战，争取新的成绩。

我们希望各位董事继续大力支持学院的发展与进步。我要特别感谢南存辉董事长，在学院的牵线搭桥下，果断拍板与甘肃省达成220亿元太阳能建设的大项目，为支持西部开发和转变经济发展方式贡献力量。我们对许多董事一年多来积极支持

学院工作，来学院演讲，向学院提供各类支持表示衷心感谢！我们相信，外交学院第三届董事会一定会为学院的科学发展增添更多、更大、更新的活力，为国家培养更多高水平复合型外交外事和外语人才做出贡献。

（2010 年 9 月 10 日　钓鱼台国宾馆）

第三届董事会第三次会议讲话

在外交部的直接领导和全院师生的共同努力下，一年来学院工作取得了一些新的进展和成绩，有些领域甚至取得了突破。下面，请允许我向董事会汇报一年来学院各项工作的开展情况。主要表现在以下方面：

一、加大了推进教学改革的力度

一年来，我们在全院开展了关于本科教学与人才培养的大讨论。通过讨论统一了"教学是中心，本科是基础"的认识，确立了"凝练特色、强化优势、彰显品牌"的办学理念，并对我院本科教学在"英语化、开放式、小班型、导师制"四个方面进行调研和强化设计，并以此为突破口，推进我院的总体教学改革和质量深化。这是一项今明两年我院必须紧紧抓住和做好做实的重要工作。

不久前，我院已被国家选定为明年小规模特色办学的两个试点高校之一。这表明国家对我院保持"外交特色和外语优势、强化小班教学、不盲目追求大而全"的办学方针给予肯定和支持。

二、学科建设取得喜人成绩

去年，我院成功获批政治学一级学科博士点授予权，这是一件大事。由此我院已着手自主设置国际政治二级学科博士学位授予点，并可申请建设博士后流动站，这在以前是不可能的。我院还计划从 2012 年起招收国际政治语言学方向的博士生，这也将是一项突破。更令人鼓舞的是，今年我院"国际关系学"获评为国家级重点学科。这是外交学院建院以来首次获得国家级重点学科，是历史性突破，对我院未来的教学与学科发展具有重大意义。目前，我院有了国家级重点学科 1 个，省部级重点学科 3 个，这是前所未有的。学院将以此为契机，继续大力推动学科建设向着更高水平发展，以进一步增强学院的综合实力。

三、科研水平有新的提高

作为外交部直属的唯一高校，我院一直高度重视外交外事领域的科研工作。一年来，我院在发挥为国家外交大局和外交一线服务方面做出新的努力，取得可喜成绩。表现在：2011 年我院共获得省部级以上科研课题立项 19 项，其中，国家级重大项目 1 项，项目名称是《我国积极参与国际体系变革研究》，还有国家社科基金中华学术外译项目 1 项，北京市项目 9 项，国务院侨办项目 1 项，中国法学会项目 2 项，外交部项目 10 项，其中重点课题 4 项，包括《改革开放以来中国特色外交理论的形成、发展和实践以及对新时期我国外交理论创新的看法和建议》、《中国和平发展问题宣示稿》、《中国的文明观、发展观、安全观和秩序观》等，此外还有对非洲、东盟的一体化研究等地区性课题 6 项。此外，2011 年我院共发表各种形式的公开科研成果 397 项，其中论文 267 篇，著作 80 部，其中专著 32 部次，译著 11 部次，教材 12 部次，工具书 1 部。据最新统计，我院在国内国际关系名列第一的期刊上发文量排第四，仅次于社科院、复旦、北大，考虑到我院规模，比例要超出前三个单位。可以说，创下了历史最好水平。

为丰富师生视野，加强学术交流，2011 年我院举办学术会议 11 次，讲座 59 场，我院学者外出参会 75 次。其中包括我院主办的：中国国际关系学会 2011 年会和理事会、中国国际法学会 2011 年学术年会、亚洲国际法学会第三届双年会，以及中国加入世界贸易组织十周年国际研讨会、2011 年中国外交回顾与展望研讨会等重大活动。

一年来，我院还主办了 2 次东亚思想库网络"10＋3"工作组会议，纪念中国—东盟建立对话关系 20 周年会议，与中国—东盟博览会秘书处共同承办了中国—东盟互联互通战略研讨会，还协助外交部举办了第九届东亚论坛，出版了《东亚合作年度报告》。

我院校刊《外交评论》的影响力不断上升。在国内政治学 250 家杂志中排名第 13 位，而 2009 年时排名第 26 位。校刊转载率今年排名第 5 位，呈现逐年上升势头。这些都表明我院的科研工作有了新的发展，为学院营造出良好的学术研讨氛围。

四、较好地完成了国家交办的对外培训工作

多年来，我院受外交部、商务部等国家部委的委托，承担着为世界各国外交官、政府官员、新闻从业人员及港澳公务员等提供各种培训的任务。我院十分重视对外培训工作，千方百计为各国学员提供热情周到的服务，利用授课、实地考察等各种机会向外方学员展示中国改革开放的伟大成就，宣讲有中国特色的社会主义民主体制，培育了许多知华派、亲华派和友华派。2011 年我院共举办援外培训项目

14 期，其中 2 个月以内的外交官短期培训 13 期和 1 年期的外交官硕士培训 1 项，学员来自近 90 个国家和 4 个国际组织，共 300 余人。培训语种涉及英语、法语、俄语、阿拉伯语和西班牙语。通过培训，各国学员增进了对中国历史文化、政治经济制度的了解，表示回国后将致力于对华友好与合作。

多年来，我院还承担着中组部举办的国内省部级、司局级领导干部的英语强化培训及外交部干部的英语及外交业务培训。我院也为香港、澳门特区政府公务员举办研习班共四类 6 期。此外，在外交部支持下，今年我院与驻港特派员公署合作在我院举办了首届香港大学生外交夏令营。香港大学、香港科技大学等 12 所大学的 55 名大学生参加夏令营，取得很好社会效果。今后还将继续举办。

五、积极开展对外校际交流

2011 年，我院与 8 所外国高校签署了具有实质内容的合作协议和谅解备忘录；与美国哥伦比亚大学、加拿大阿尔伯特大学、英国肯特大学、日本中部大学、香港浸会大学等 43 所境外院校和学术机构开展了交流合作，包括互访、学者讲学、互换学生等；今年我院共接待 8 位外国领导人及高官来院演讲 22 次，接待外国代表团或官员来访 39 起；我院出访、参会或访学 31 次。总之，我院的对外校际交往正在日益密切。

六、学生素质好，受到社会和用人单位的好评

目前，我院在校学生共 1661 人，其中本科生 8 个专业，1075 人；研究生 11 个专业，586 人。总体来看，我院生源素质好，很多都是各省市重点中学的优等生。多年来，我院高考录取分基本上仅低于清华和北大。由于我院重视思想价值观教育和采取小班专业教学，我院学生的思想状况整体上健康稳定、积极向上；他们既关心祖国命运，关注世界风云，也热爱学习，追求进步，知识面广，专业水平扎实，注重全面发展。因此，历年我院学生在全国性的大赛中获奖很多。今年，我院在第九届杰赛普国际法庭模拟大赛中获中国赛区团体一等奖和最佳陈述奖第一名，并代表中国参加在美国举行的国际总决赛；今年我院王虎同学在全球模拟联合国大赛中胜出，成为全世界范围内 10 名入选决赛者之一。

总之，由于我院学生综合素质高，组织纪律强，专业能力突出，对外交流和适应力强，自 2007 年有统计以来，我院毕业生的就业率始终保持在 97% 以上，大大高于北京高校的平均就业率。

七、克服困难，努力推进新校园建设

为改善学院办学条件，实现跨越式发展，一年来我院加大力度，注重质量，全

力推进新校园建设，克服了许多超出想象的困难。新校园一期基建工程 12 栋单体建筑（8 万平方米）已全部完工。二期工程也进入施工准备阶段。不久前，学院成立了新校区管理办公室，正式接管新校区，争取明年 9 月如期投入使用。目前新校区还存在不少亟待解决的遗留问题，如由于拆迁不畅、物价上涨等原因，新校区建设拖期较长，实际费用大大超出预算资金，需报批追加预算。此外，大市政建设如用电、污水处理等还需尽快解决。我院将继续多做发改委和昌平区政府工作，争取解决这些遗留问题，为明年开学创造好的条件。

自去年底董事会以来，我院工作虽取得了许多成绩，但工作中仍有不少困难和不足。学院空间狭小，学生上课、住宿、食堂都很拥挤，在一定程度上制约着学院的教学工作。但我们有决心在外交部的直接领导、大力支持和具体指导下，开拓进取、不断创新，积极应对挑战，争取把学校办得更好。

我要特别感谢各位董事一直以来对学院工作的热情关心和大力帮助。希望更多地听取各位董事的宝贵意见和建议，推动学院的跨越式发展，为国家培养更多优秀的外交外事创新型复合人才！

（2011 年 12 月 28 日　钓鱼台国宾馆）

第三届董事会第四次会议讲话

今天，温家宝总理等中央领导出席我院新校园伟人铜像揭幕仪式，这是一个对外交学院具有里程碑意义的日子，我们第三届董事会第四次会议同步举行也具有特殊重要意义。刚才，温总理的讲话和题词令人鼓舞，也是对学院工作的肯定和鞭策，我们一定要借助这个东风，努力把学院各项工作做得更好，培养出更多的优秀人才，来报答中央和外交部领导以及各位董事对我院的关怀、支持和期望。

下面，我向董事会简要报告一年来学院的工作情况。

一、抓教学改革

2012 年，我院把教学工作的重点放在改革上，围绕"凝练特色、强化优势、彰显品牌"的办学理念，加大了对学院本科教学改革的力度。

这一改革主要体现在，突出我院的"英语化、开放式、小班型、导师制"四方面的工作。为此，制定了《专业教学英语化实施方案》、《本科生导师岗位设置与职责》、《辅修/双学位管理办法》和《开放式教学的设想》等文件，并正式启动了我院本科生实施导师制工作。目前，改革仍在平稳、扎实地推进。

去年，我院历史上第一次获得一项国家级重点学科——国际关系学。目前，这一学科极大地促进了我院的国际交流，加强了我院与国内外著名智库的联系与合作，扩大了我院的国际影响。有力地推动了我院的这一学科由国内一流向国际一流迈进。同时对人才队伍建设十分有利。今年，我院有可能再获得第二个国家级重点学科—外交学。这对我院的学科建设意义特别重大。我院将有两个国家级重点学科，这是前所未有的，如同一部车子有了两个轮子，今后我院的学科建设一定会取得更大成绩。

二、科研工作有新的进展

2012 年至此，我院获得各类科研课题立项 39 项。其中，国家社科基金项目 2 项，名称为《未来十年上海合作组织的发展趋势及其影响因素研究》及《中国在非洲的国家形象形成机制与演变规律研究》。教育部 4 个项目，名称为《请求权基础探寻方法：展开民法的公因式》，《影响公共外交受众心理的路径分析》，《从"制度困境"看全球治理体制的改革与中国对策》，《新古典现实主义与外交政策理论的新发展》。省部级科研课题 9 项，其中北京市社科规划办 5 项，北京市委教工委 1 项，外交部 2 项，全国翻译硕士专业学位教育指导委员会项目 1 项。另外，还有院级科研项目 24 项。

2012 年，我院举办了多次学术会议，其中包括《全球趋势 2030 年》研讨会，当代中国外交前沿问题研讨会等活动。受外交部委托，我院东亚研究中心主办了东亚思想库网络国家协调员会议，东亚思想库网络"未来 10 年"工作会议，东亚思想库网络年会及国家协调员会议等大型研讨会，出版了《东亚地区合作：2011》等年度报告。我院还编辑出版了 2011 年中国经济外交年鉴。

《外交评论》双月刊既是外交学院的学报，也是中国国际关系学会会刊，体现了中国国际问题研究的前沿学术水平。经过努力，《外交评论》不仅成为国际政治类核心期刊，而且在国际问题研究类刊物中位居前列。2001 年，全文转载率在高校文科学报中排名第一，学术和政策影响都得到较大提升。

三、对外培训取得新成绩

2012 年我院举办援外培训班 9 期，学员 200 人，取得很好成效，受到各国学员的普遍欢迎和热情好评。我院还为香港、澳门特区政府公务员举办了 3 期培训。

此外，今年我院还承担了中组部委托的省部级、司局级领导干部的英语强化培训任务，以及外交部青干班培训及部内干部英语及外交业务知识的培训。

四、我院克服困难，实现了沙河新校区今年投入使用的目标

2012 年 9 月，我院本科两个年级 600 余名学生顺利入住新校园，从根本上改变了以前我院空间狭小、设施落后的困难局面，为今后学院实现跨越式发展打下良好基础。同时也应看到，未来我院将面临双校园管理将会出现的诸多困难和挑战。但是，我们有信心在外交部的领导和董事们的大力支持下，依靠全院师生共同努力，开拓创新，迎接新的挑战，我们一定能战胜各种困难，实现学院各项工作的科学发展。

希望各位董事一如既往地支持学院的各项工作，为学院的发展多提宝贵意见和建议。借此机会，我要特别感谢董栋华和梁洁华董事今年以来为学院教师福利和新校园绿化提供的帮助，感谢王广发董事资助我院举办的夏季国际研讨会，并要特别感谢陈经纬董事为鼓励我院师生创新创业慷慨提供1000万元的赞助。董事们的这些义举使全院师生十分感动，我们决心加倍努力工作，为国家培养大批复合型创新人才，以不辜负董事们的热心与支持。

（2012年9月10日　外交学院沙河校区）

为《外交青年》题写卷首语

欣闻我校《外交青年》杂志社即将发行第一百期杂志，我感到非常的高兴。我谨代表外交学院对你们表示最诚挚的祝贺！

自1982年创刊以来，《外交青年》杂志一直是我院一面重要的文化旗帜，以其质朴而不失大气的风格和生动活泼的文字，受到了我院全体师生的喜爱，在校园中散发出魅力与影响。

外交学院不是普通学校，而是直属外交部、为国家培养和造就外交外事人才的学府。《外交青年》在院团委的指导下，秉承"聚焦青年外交，直击校园生活"的宗旨，传承我校光荣传统，以独特方式"发出外交青年的最强音"，体现以学生为本，关注校园生活，凝聚外交学子的正能量，并有力地展示同学们开阔的国际视野与出色的思辨能力。

当前，我院已进入双校园运行新模式，世界也迎来互联网新时代，形式呼唤《外交青年》重视新事物及新需求，逐步完善多元媒体新转身，成为新时代校园媒体的"弄潮儿"。

习近平总书记提出了以实现中华民族伟大复兴为核心的"中国梦"，为《外交青年》指明了未来发展方向。我希望《外交青年》继续大力发扬光荣传统，以高度责任感、崇高使命感和朝气蓬勃的青春活力，激励同学们奋发学习，增强本领，以报效国家和人民。

祝《外交青年》杂志越办越好！

致学院 2013 级新生的信

亲爱的新入校同学：

当你翻开这本新生手册时，你是否想到这意味着你的人生也翻开了新的篇章。无论中学时代的你，有着怎样的美好经历，从这一刻起，你将迎来在外交学院新的人生历程。我谨代表外交学院全体师生向你们表达最热烈的欢迎！

外交学院是唯一直属外交部的高校，被誉为"中国外交官的摇篮"。建校近六十年，我院为国家培养了众多出色的外交外事人才，这是一种传统，更是一份荣耀。我希望今天的新生，明天将成为这份光荣事业的继承者、实践者和超越者。

这是一个小校园，却是一所真正的大学校。希望你们能尽快摆脱高中的惯性，以更博大的胸怀和更远大的目光去学习、去思考。大学不是波澜不惊的避风港，而是通向未来的充电所和加油站。在这里，会有喜悦，会有收获，也会遭遇挫折与失落，而这些都将会变成人生的财富。

大学之道，在于明理、明智。我希望你们多学知识、多学本领，更希望你们多学做事、多学做人。

祝愿你们的大学生活值得永远回忆！祝愿你们以优异成绩报效国家、服务人民。

第二部分

纵论中法战略友好

回望中法建交四十周年前后的精彩画面

——采访中国原驻法国大使赵进军

本刊记者问：2008 年，您离开驻法国大使岗位时曾说："中法关系正处于历史最好时期"，您为什么当时如此高度评价两国关系？

赵： 的确，我是说过"中法关系历史最好时期"这样的话。当时这样说，是有依据的。许多法国朋友，包括旅法的华人华侨也这样认为，都说那是一段中法关系全面快速发展的最好时期。两国之间不仅政治关系好，而且经贸、科技、文教等各领域的合作都超越了历史最好水平。这一点令大家十分难忘。

记者：那么，您能详细地介绍一下吗？

赵： 一般来说，国与国之间政治上的亲疏，会直接影响双边关系的好坏。若政治上谈不拢，其他方面很难有像样的合作。当时中法关系好，主要是因为双边关系的基础好，两国的共同点多，如都是文化大国，都主张世界多极化，都反对霸权主义等等。特别是建交已经 40 年啦，期间有多少人、从上到下、一拨又一拨，为两国关系的发展全力以赴地做工作。加之，当时还出现了一个很重要的外部激发因素，那就是 2003 年 4 月美国发动了入侵伊拉克战争。中法都坚决反对美国的霸权做法，并在联合国等外交场合对美展开批评。希拉克总统还公开表示将在安理会投否决票。美国对此十分恼火，采取了对中国和法国打压的举措。这无疑也促使中法关系走得更近。当时大家都说，中法间的亲密关系超出了以往。

这主要表现在：

第一，两国国家元首、政府总理分别在 2004 年和 2005 年实现了互访。双方还原则同意两国议长在 2006 年实现互访。如此密集的最高层互访在我国的对外关系中是十分罕见的。这充分体现出双方都有全面加强中法友好合作的强烈意愿；

第二，胡锦涛主席访法时双方决定，将中法全面伙伴关系升级为全面战略伙伴关系。虽然仅增加了"战略"两字，但在当年份量很重，意义深远。这一提法在我同西方大国关系中是首次；

第三，希拉克总统在巴黎举行的记者招待会上严厉斥责陈水扁搞"台独"活动，是"麻烦制造者"，并表态坚定地支持中国的和平统一。陈水扁对此恼羞成怒，"下令"暂停与法交往。此外，法方还限制达赖赴法活动，承认西藏是中国领土不可分割的一部分。可以说，这是法方对中国主权与统一最明确支持的表态；

第四，在我任大使近五年中，有幸三次参与接待法国总统国事访华，这一数字本身就很说明问题，因为在中法建交后的三十年中三位法国总统（蓬皮杜、德斯坦和密特朗）访华的总数也只有三次。

记者：插一句，上述这些重大双边外交活动是如何策划和运作的？

赵：中央领导和外交部一向高度重视中法关系。上述有关安排，首先是中央的决策和外交部的直接领导，当然大使馆也有责任就两国关系，如纪念中法建交40周年有关活动提出具体建议和思路，主要是供国内拍板决策时参考。如果说，当年的重大决策推动双边关系取得了预期效果，这也得益于国内各主管部委、包括使馆各部门全体外交官的努力工作和密切配合。当然，还要看到，这一切同在我之前的8任驻法大使长期工作所打下的良好基础也是分不开的。

记者：您刚才提到中法建交40周年纪念活动，能否再展开谈点具体事例？

赵：好的。我是2003年7月履新的。当时，我面临两大任务，一是纪念中法建交40周年，二是启动中法互办文化年活动。这两项重大任务，政治层面是重头，文化层面则是大头。

先说说政治层面的故事：

首先，中国国家元首在中法建交纪念日（1月27日）时亲赴巴黎参加有关纪念活动，表明了中国对法国的高度重视，这本身就非常有意义。同时也开创了双边纪念活动的一项先例，而迄今仍是唯一。

其次，在建交纪念日当天，胡主席前往法国国民议会发表演讲更是意义非凡。按照法方不成文的规定，只有民选的外国元首才能被邀请在这个讲坛上发表演讲。法方朋友告诉我，胡主席是亚洲首位国家元首享有此项殊荣。胡主席富有情感与说理性很强的演讲实况，在其后半年内在议会电视频道上反复播出，这对法国人民了解中国起到了很好作用。

还有，胡主席亲临戴高乐基金会总部，向为中法建交做出重大贡献的戴高乐将军铜像献花致敬，体现出中国人"饮水不忘掘井人"的传统理念。中国最高领导人的这一政治姿态受到法国政界和媒体的高度评价。

记者：您刚才说到"文化是大头"，这句话应如何理解？

赵：我到任后不久，中法互办文化年活动就开始了。我深感中法互办文化年是贯穿大使馆工作的一条主线。过去，中法之间举办过文化日、文化周、文化月，甚至文化季，但举办文化年则是首次。文化年，意味着将在一年内连续不间断地举办有关中国文化的活动。毫无疑问，这是一年中大使馆工作的重心和大头。在实践中，国家一共组织和安排了300多项赴法交流的文化项目，其中60多项是大型的。回过头去看，当时对法文化交流的规模之大为我新中国成立后所仅见，效果非常好。

记者：在对外交流中，文化常常体现一个国家的软实力，也是各国民众可以参与和喜闻乐见的。您能举几个在中法文化交流中成功的例子吗？

赵：当然可以。

第一个例子。2004 年 1 月 24 日，中国文化年中的最大活动——由 6000 多名旅法华人华侨和近千名北京市民文艺团以及数百名法国太极拳爱好者组成的 7000 余人的表演队伍，在世界著名的香榭丽舍大街上举行欢庆中国猴年春节的彩妆游行表演。这次活动规模大，地点好，总体演出非常精彩和成功。事后，希拉克总统援引法警方的统计说，约 70 万巴黎市民及各国游客观赏了中国传统文化的精彩展示，受到法国民众和欧洲媒体的热情欢迎。需要特别指出的是，法方批准在香街举办这种大规模外事文化活动是极不寻常的。因为按照法国的规定，在香街只能举办有关法国自身的节庆活动，如国庆阅兵等。因此，上述活动的成功举办，是中法双方共同努力的结果，也是中法特殊友好关系的一次展现。

第二个例子。文化年中著名的巴黎埃菲尔铁塔百年来第一次被染成红色，这是法兰西主动向中国致敬的特殊方式，也是表达庆贺中法建交 40 周年的祝福。希拉克总统夫妇还特意邀请胡锦涛主席夫妇在变红的铁塔上共进私人晚宴。法国最大的费加罗报次日在头版刊登了两国元首夫妇在红色铁塔前笑容满面的合影。无疑，这是当时中法亲密友好关系的真实写照与历史见证。

第三个例子。文化年期间，我应邀去过法国许多外地城市出席文化年活动。总的感觉是，法国民众对中国的态度非常热情、真挚、友好。我在马赛、里昂、尼斯、里尔等大城市参加过许多传播中华文化和洋溢着中法友好的大型文化交流活动。我记得大使馆曾帮助里尔市长将上海的中式茶阁永久地留在了当地；我在敦刻尔克这座很有国际名气的小城看到由深圳、苏州、大连和广西来宾市分别派出的小型文化团在当地联手为百姓演出，受到热烈欢迎。在那里，我还有幸观赏到 1900 年巴黎万国博览会上清朝参展的中国海运及造船技术展（该市从比利时王宫借展的），给我留下深刻印象。总之，中国文化年以无与伦比的深度和广度在全法（包括海外领地留尼旺等）都掀起了一股强烈的东方文化热，充分展示出中国传统文化的巨大魅力。

当然，次年法国在中国举办的法国文化年也高潮迭起，其中美妙的故事也很多。例如，2004 年希拉克总统访华时，北京正阳门在法国的国旗颜色——蓝白红灯光的映照下显得格外美丽，中法两国元首夫妇亲切地在楼前合影留念。随后，当希拉克总统看到天安门前的喷水柱也放射出蓝白红三色水柱时笑得非常开心；2005 年，法国总理拉法兰访问上海，东方明珠因披上了蓝白红法国三色而大放异彩。总之，中法作为东西方文化中富有代表性的两个大国在文化领域相互走近、密切交流，这是中法和世界文化的福音。这也是为什么 2004 年希拉克总统访华时两国共同签署了关于维护世界文化多样性的文件。

记者：近年来，中法又举办了语言文化年和其他许多富有特色的文化交流活动。这表明中法互办文化年之后，两国在文教等领域的合作仍在持续深入发展，并受到两国人民的欢迎。您刚才还提到当年中法两国在经贸科技等方面也取得了很多成果，能向我们谈谈吗？

赵：我刚到任时，中法两国2002年的贸易额仅为83亿美元，5年后的2007年上升至330多亿美元，差不多是我初到时的4倍。5年间中法双边贸易的平均增速创下建交后的记录，并保持至今。数字可以说明问题，但毕竟较抽象。如果再具体些说，这五年中法之间达成了许多重大经贸科技合同。如，法国成为中国对外签署高铁合作合同的第一家；5年间中方大批量订购空客飞机（包括巨型双层的A380）、空客320组装厂首次在欧洲以外的天津落户；中法签订三代核电（EPR）合作协议；中法合作生产6吨直升机、还达成太空与海洋卫星、预防新生疾病实验室（P3、P4）、用长征火箭发射法国卫星等等许多合作协议。

上述重大合作项目集中出现在那几年应该不是偶然的，这应该是中法建交以来两国关系最好时期的一种自然而然的反映。我记得在这期间，我与法国总统、总理、一些部长和企业领导人保持着密切接触。特别是希拉克总统和拉法兰总理积极推动两国经贸科技合作，给我留下深刻印象。有一次在使团年终团拜会上，按规定每位大使与总统交谈不应超过2分钟，然而希拉克总统却给了我17分钟谈双边关系。为此，塞尔维亚驻法大使友好地与我开玩笑，说我是"特殊大使"。拉法兰总理还邀请我访问他的家乡，就6吨直升机合作提出建议并被国内所接受。

记者：那一段的中法关系确实不错。但后来到萨科齐总统时，两国关系为什么出现了逆转？还发生了奥运圣火在巴黎遭受冲击和萨会见达赖等损害两国关系的严重事件，其原因是什么？

赵：任何双边关系的发展都取决于两国内外多重因素的相互制约和可能受到此消彼长的影响。中法关系也不例外。总的来说，中法关系向前走，符合两国人民的根本利益。但也会触及对华敌对势力的敏感神经。至于2008年中法关系出现逆转，这首先是因为"藏独"分子蓄意制造了拉萨3.14惨案，从而引发西方反华势力的一片鼓噪和法国不明真相民众的误会，但在巴黎现场的闹事者主要是来自世界各地的藏独分裂分子，而不是法国民众。这应是事情的本质和主要原因。当然，两国关系出现一些波动和变化，这同法国领导人的更迭以及他们个人的经历、性格、对华了解的程度和领导风格都有关联。问题的核心是，我同"台独"、"藏独"和"疆独"等分裂势力的斗争将是长期和复杂的。今后，国内外敌对势力仍会以不同方式、千方百计地干扰和破坏我同友好国家的关系。对此，我们应有良好的心理准备和做必要防范。分裂势力可以骗人于一时，但阻挡不住我国同包括法国在内的世界各国友好合作关系的发展。

记者：您卸任驻法大使后，针对中法关系出现逆转，2008年您又以胡主席特别代表身份访法，您是如何做工作的？效果如何？

赵：这是我第一次担负这一特殊使命。出发前，我做了认真准备，并向法方提出了一个按职务、从低到高的会见要求。我万万没有想到的是，法方反馈的信息竟然是从高到低的会见安排，即我抵法后将首先见总统，之后见二号人物参院议长并有宴请，然后再见国民议会议长、外长及总统外事顾问。此外，还安排我会见前总统希拉克、前总理拉法兰和德维尔潘。从上述十分特殊的安排可以看出，法方非常重视并急于改善对华关系，而这些预定见我的人都是多年的老朋友，这是我开展工作十分有利的条件。在会见萨科齐总统时，我除阐明中方对圣火受冲击的立场外，还提出建议：希望萨科齐总统委派即将访华的参院议长蓬斯莱作为他的特别代表赴上海慰问在圣火传递中遭受冲击的残疾人运动员金晶，向其表达敬意并致歉，以此取得中国人民的谅解。令我没有想到的是，萨不但完全接受了我的建议，还专门写了一封信邀请金晶作为总统客人访法。应当说，那次的任务完成得很顺利。

记者：虽然自那以后两国关系有所改善，但后来又发生了萨科齐会见达赖的事件，并导致原定在法国里昂举行的中欧领导人会晤改期和换地，中法关系再次跌入低谷。中法关系从"历史最好时期"接连出现逆转和波动的现象，您对此作何解读？

赵：您提了一个的确令很多人不解的问题。我的看法是，如果我们环顾新中国的外交关系史，您很难找出一种稳而又稳的双边关系。而相比之下，中法关系还算是比较稳定的，虽然也时不时有问题、有矛盾、甚至发生争吵。但总体上看，中法友好是主流，互利合作是常态。因为这符合两国外交政策的诉求，有利于两国的根本利益。

从戴高乐到奥朗德，法国经历了 7 任总统，其中 5 位属右翼，2 位属左翼。虽然他们治国理政的观念不尽相同，但在构建稳定友好的中法关系上却基本一致，这不是偶然的。萨科齐任内在处理对华关系上显然是有失误的。但同时我们也要看到，他是西方大国中唯一既出席北京奥运开幕式，又出席上海世博开幕式的国家元首，也是任内访华次数最多的法国总统。例如，他把应在法国召开的 G20 部长级筹备会破例改在中国南京举行，并亲自来华主持；他还利用去南太出差之机有意经停北京，以增加同中国领导人的接触。显然，这都是对华友好之举。

再举个例子，法现任外长法比尤斯在野时经常批评中国，也基本不同中国大使馆来往。然而，出任外长一年来，他以各种由头访华达七、八次之多，并大力推进中法在各方面的友好合作关系。显然，这也是一种对华态度的大转变，说明人是可以变的。

因此，我认为随着中国持续快速发展，中国在国际事务中的地位和影响将越来越强，未来的中法关系一定会越来越紧密、越来越成熟、越来越经得起各种风浪的考验。我个人对中法关系更加美好的未来充满信心和希望。

记者：您曾说过，中法间的经济关系落后于政治关系，并说未来发展中法经济关系的潜力很大。您对今后中法经济关系的发展有何建议和思考？

赵：中国经过 30 多年的快速发展，国民经济正进入全面深化改革、大力调整经济结构、促进国内消费和更加注重创新发展的新常态。同样中法经济合作也面临新的挑战和发展机遇。例如，中法在高新技术、环保产业、新型城镇化、食品加工、农业、服务业等许多方面都有很大合作空间。去年中法贸易额仅为498亿美元，与两国良好的政治关系很不相称，与中德贸易的差距仍在继续拉大。在这种情况下，双方应当坐下来，共同找出问题之所在，共同商讨迎头赶上的具体举措。我感到，双方都要解放思想，多研究和找出两国新的合作方式和交流领域。应看到，近年来德国在中欧经贸领域中继续大幅领先。同时，英国也正在赶上来，提出不少有利于开拓双边合作的新思路，包括积极推动中英在金融货币和基础设施等领域的合作。

毫无疑问，政治关系仍将是统领中法全面战略伙伴关系的关键，双方应继续大力经营好。同时，经贸关系和人文交流则是两国关系创新发展的基础和动力，也绝不能放松。

今年是中法建交50周年，上半年习近平主席访法以及此前奥朗德总统访华均取得了巨大成功。我相信，这对指导和推动中法关系今后的创新发展将发挥重大作用。

记者：谢谢。

中法建交 50 年启示录

　　1964 年 1 月 27 日，中法同时宣布建交。毫无疑问，这是一个值得中法两国特别纪念的日子。中国与法国这两个分处欧亚大陆两端的伟大民族在经历了好几个世纪的不平等接触、交流、甚至交战之后，从这一天起平等友好地携手开创两国关系的新时代。

　　我们纪念这个日子就是不应忘记，在新中国成立后，为什么是法国而不是其他西方大国率先同中国建立大使级外交关系？

　　要回答这个问题显然离不开当时两国最高领导人毛泽东、周恩来和戴高乐将军的远见卓识和伟人胸怀。

　　说到底，中法建交是伟人的战略思考和国家的战略决策。而"战略"是总体、长远和全局的谋划，战略决策也是涉及总体、长远和全局的谋断。从这个意义上说，50 年前的冷战时代，中法建交本质上是两个不同意识形态和不同政治体制的国家建立的一种战略联系。

　　今天在不断变化的复杂世界中，中法关系依然具有重要战略意义。这不仅因为中法都奉行独立自主的外交政策，都同为联合国安理会拥有否决权的国家，而且因为两国都有享誉世界的灿烂民族文化和在经济上互补互利的巨大合作潜力。

　　中法建交即将 50 年，这是一个回首过去、总结历史的难得契机。每一个关心中法关系，支持中法合作，热爱中法文化的人都希望能静下心来客观全面深入地追抚这一段历史，目的是让中法关系在下一个 50 年发展得更好，以造福中法两国和世界人民。

一、中法建交是历史的必然

　　"二战"后，由于美国和苏联尖锐对立，世界逐渐形成东西方两大集团对峙的冷战格局。

　　随着美苏两个超级大国争夺世界霸权的斗争愈演愈烈，强权政治与实力政策笼罩世界，新的世界大战的危险引起包括中法在内的世界人民的极大担忧。

1958 年，戴高乐将军在法国重新执政，立志重振"自由法兰西"。1960 年法国核试成功，建立起法国独立核力量。

其后，法国宣布退出北约军事组织，迫使北约司令部从巴黎迁往布鲁塞尔。1963 年法国和中国站在一起拒签美苏两霸主导的《部分禁止核试验条约》。

1964 年，戴高乐将军顶住美国强大压力与中国同时宣布建交，被西方媒体喻为"外交核爆炸"，这是西方阵营的法国对美国说"不"的集中表现。

与此同时，身处东方阵营的中国也挺身而出，既对美国的霸权说不，也对苏联的霸权说不。正是在维护国家主权和独立自主方面存在的共同立场，使中法站在一起共同做出建立大使级外交关系的战略决策。这既为更好地维护两国的国家利益，也是对世界和平与人类反对霸权正义事业的贡献。

回首这段历史，人们充满对毛泽东主席和戴高乐将军这两位世纪伟人的崇敬与怀念。正是两位伟人准确把握时代的脉搏，以大无畏的战略家气概，在"高天滚滚寒流急"的形势下，果断拍板，英明决策，让中法建交这一历史事件震动了全世界。

但是，历史有光彩，也有缺憾。中法建交后，曾商谈和安排戴高乐将军访华，然而由于不可预测的因素，未能实现 20 世纪这两位历史巨人的会面与握手。这一历史的遗憾曾使许多人深深地叹息。

1970 年 11 月 9 日戴高乐将军不幸病逝，在将军家乡科隆贝双教堂举行的葬礼上，醒目地摆放着毛泽东与周恩来敬献的两个花圈。毛泽东在发给戴高乐夫人的唁电中称赞戴高乐将军是"维护法兰西民族独立与反对法西斯侵略的不屈战士"。毛泽东对戴高乐的高度评价折射出"二战"中东西方两位反法西斯抵抗运动领袖之间的深厚友谊与相互敬意。

中法建交后，戴高乐曾预言，尽管有些国家仍在犹豫，但将来会效仿法国的做法。今天世界上 170 多个国家同中国建立了外交关系，历史证明了戴高乐将军的远见卓识。

二、中法关系在曲折中前行

如同世界上任何事物的发展都不可能一帆风顺一样，中法建交半个世纪既有阳光灿烂，也有风雨交加。

但总体来看，在历届中法领导人的高度重视和各界人士的竭诚努力下，中法关系走过漫漫长路，已经进入成熟期。

50 年两国在政治、经济、科教、文化等各领域的合作取得了很多成果，而未来中法关系会有更加美好的前景是毋庸置疑的。

梳理 50 年来的中法关系，人们大致可看出一条有起有伏、高低不平、波浪式前进的曲线。

（一）从 1964 年建交到 20 世纪 70 年代末中国文化大革命结束，这在中国是一个特殊时期，中法关系如同中国的总体对外关系一样处于相对停滞状态。加之，法国 1968 年"五月风暴"和电影"中国人在巴黎"等事件的影响，当时中法关系难有正常发展。

但总体上看，双边关系尚属平稳。在这段特殊时期中两国关系也有亮点，那就是法国总统蓬皮杜 1973 年访华和邓小平副总理 1975 年访法，两国签署了民航、海运与辽阳化工项目等合作协议。这是邓小平留学法国 50 多年后首次、也是唯一一次正式访法，在中法关系中具有特殊意义。

（二）20 世纪 70 年代末，中国在邓小平领导下实施改革开放政策，中法关系也进入快速发展的互热时期。其特点是，双方领导人互访频繁，法国总统德斯坦和密特朗先后访华，中国领导人华国锋主席、赵紫阳总理、胡耀邦总书记、李先念主席、杨尚昆主席等正式访法，这些高层互访有力地推动了中法在各领域友好合作关系的发展。

尤其是核电合作，这是一个非常敏感的领域，法国从 80 年代初开始主动对华合作，并成为中国核电事业的最重要合作伙伴。直到今天，核电仍然是中法密切合作并取得许多成果的领域。

中国人不会忘记，法国标致汽车是最早进入中国广州的合资企业。而当时美、日两国拒绝在华设厂和转让汽车生产技术。今天中法在武汉合资的东风雪铁龙汽车厂已成为中国最大的汽车生产厂家之一。

还应指出的是，著名的法国人头马酒厂（REMY MARTIN）是改革开放后最先进入中国的外企，在天津设立了中法合资的王朝葡萄酒厂。今天，法国葡萄酒在中国获得了巨大成功，这是法国酒文化的魅力，也是双方共同努力的成果。

（三）正当 80 年代中法关系蓬勃发展之际，1989 年春夏之交在北京发生了那场"政治风波"。一夜之间，包括法国在内的几乎所有西方国家都对中国实施所谓的"制裁"，而制裁的决定是在巴黎召开的西方七国首脑会议上做出的，那一年也恰值法国大革命 200 周年。在这一政治背景下，中法关系进入了一个"小冰河时期"，许多合作项目被中止或取消。更为严重的是，法国政府决定向台湾地区出售拉法耶护卫舰和幻影 2000 战斗机，严重损害了中国的核心利益，使两国关系跌入建交后的最低点。这是一段令人痛心的历史阴影。

（四）中法关系的冷却与倒退不符合两国的根本利益，严重影响和损害了两国关系的基础。这一寒冷阶段持续了大约五年左右。可幸的是，1994 年中法双方发表联合公报，宣布"恢复传统的友好合作关系"，法国承诺"不再向台湾出售武器"。同年，江泽民主席对法国进行国事访问，标志着在双方的共同努力下，中法关系走出了寒冬，重新回到正常发展的轨道。

然而，毕竟此前中法关系经历了一段严峻波折，两国关系的改善并不能一蹴而就。这一阶段两国依然在诸如人权等问题上不时有一些摩擦，影响着两国关系的全面恢复与发展。

（五）为改变上述状况，中国人民的老朋友希拉克当选总统后，于 1997 年正式访华，双方一致决定建立面向 21 世纪的中法全面伙伴关系。这是中国首次同一个西方大国建立全面伙伴关系，意义非常重大。法国也再次在对华政策上起到正面引领作用。人们高兴地看到，中法关系再度迎来一个新的大发展阶段。

1999 年，江泽民主席访法并到希拉克总统家乡科雷兹镇的碧蒂古堡访问。次年，希拉克总统访华也到江主席家乡扬州做客。两国领导人的这一亲密交往进一步拉进了两国人民之间的情感。中法友好合作关系持续升温。

2003 年 6 月，应希拉克总统的特别邀请，胡锦涛主席出席在法国埃维昂举行的八国首脑会议与五个发展中国家的对话活动。希拉克给予胡主席高规格的特殊礼遇。

2003 年 10 月，中法互办文化年拉开帷幕。巴黎铁塔变红，香榭丽舍大街中国人载歌载舞，标志着中法关系进入全面快速发展时期。特别是 2004 年 1 月，胡锦涛主席时隔半年后在中法建交 40 周年之际再次对法进行国事访问，双方并确定建立中法全面战略伙伴关系。虽然在两国关系中仅增添了"战略"两个字，但意义十分重大而深远。

不久，美英发动了伊拉克战争。在这一涉及国际关系准则的重大原则问题上，中法两国保持着战略一致性，体现了中法在维护世界和平与正义方面的坚定立场和共同原则。这也是中法作为联合国安理会常任理事国对世界和平做出的历史性贡献。

这一期间，中法关系的全面发展还表现在，2004 年中法两国元首在同一年内互访，2005 年中法两国总理同年互访，这在新中国对外关系史上从未有过。

频繁的高层互访全面加深了两国的相互了解、友谊与互信，推动中法在各个领域中的合作更加深入发展。这一时期两国签订了一批重大合作项目，如高铁合资协议、空客 320 生产线和三代核电落户中国，还达成了 6 吨民用直升机、民用卫星合作等协议。

（六）然而，当人们欢庆中法关系高歌猛进之际，2008 年围绕北京奥运会圣火抵达巴黎受到冲击以及法方在西藏和人权等问题上伤害中方利益，两国关系再次出现逆转并陷入新的低谷。这是非常令人遗憾的。

此后，法国总统两度致信中国领导人，为修补中法关系做工作。2009 年 4 月 1 日中法发表新闻公报，宣布两国关系重新步入正常发展轨道。其后，萨科奇总统多次访华，胡锦涛主席也于 2010 年对法国进行国事访问，还出席了法国在戛纳主办的 2011 年 G20 峰会。双方在许多国际问题上进行了密切磋商和紧密合作，形成许多共识。中法双边关系再次呈现全面稳步回升势头。

纵观 50 年，中法关系一再出现跌宕起伏现象，这说明了什么？当然是不同的观念使然，不同的利益使然。其中，既有政治和意识形态因素，也有经济因素、文化因素和领导人的性格与行事风格的影响。问题是，今后两国能否规避和如何规避双边关系不断出现的高低起伏，这是值得认真思考和分析研究的。

三、展望中法关系

当前，中法两国政治生活中面临的大事是，两国领导层均出现新的更迭。很显然，这将对中法关系的未来产生重要影响。中法建交 50 年的历史证明，领导人的观念、看法、甚至性格和行为方式都会对双边关系产生这样或那样的影响。

以习近平主席为核心的中国新领导班子当选后，获得中国老百姓的一致好评。政府的座右铭是"实干兴邦、空谈误国"。这是一届注重实干、政策走向明确的中国政府。习主席十分熟悉国际问题，多次访问过欧洲和法国，对中法关系很了解，主张进一步"推动中法新型全面战略伙伴关系"。

法国总统奥朗德虽从未到过中国，也未在政府中担任过重要职责，但对中国的一切都很感兴趣。当选总统后不久，即希望能尽快访华，并表示将亲自推动中法友好合作关系的发展。奥朗德总统还在祝贺习近平当选国家主席的电话中表示，"法国希望在所有领域与中国加强合作"。

鉴于上述，可以说中法关系的前景是令人乐观的。乐观，除了领导人的因素外，还存在着许多实实在在的有利条件。主要是：

第一，中法两国对世界的看法有许多共识。两国都有奉行独立自主外交政策的传统，都主张世界多极化，都有进一步加强中法全面战略伙伴关系的愿望。这是政治基础。

第二，随着中国经济实力的快速发展和欧洲正面临某些经济困局，双方都有在经济与金融领域深化双边务实合作的现实需要。加之，两国经济的互补性很强，在经贸领域中有许多传统和新型合作的潜力与空间，双方应及时把握好机遇。

第三，两国都是文化大国，在世界文明史上占有重要地位和具有代表性，进一步加大和全面深化中法人文交流，符合两国人民的利益。中法在这一领域中可做的事情非常多。

第四，世界科技进步迅猛发展，推动人类社会的方方面面发生着革命性变化。建交以来，中法科技教育合作的成果巨大，法方在这方面有传统优势，未来的双边合作前景十分广阔。

令人期待的是，今年 4 月奥朗德总统将以法国国家元首身份首次访问中国。这将是中国新一届政府组成后，西方大国元首对中国的首次访问，这表明中法关系的重要性和双方对此的高度重视。可以肯定，这次访问将决定中法关系未来几年的走向。所有关心中法关系的人都对此访寄予很大期望，相信在双方的共同努力下，访问一定会取得圆满成功，把中法全面战略伙伴关系进一步推向务实合作和互利共赢的新阶段。

（2013 年 1 月 26 日　外交学院）

习主席访欧开启中欧深化合作的新时代

2014年3月习近平主席首次以国家元首身份访问欧洲四国（荷兰、法国、德国、比利时）和联合国教科文组织总部与欧盟总部引发世界瞩目。

此访前后11天，习主席出席了84场活动，平均每天约8场，签署了120多项合作协议，受到各方最高规格的礼遇和热情友好接待，访问获得极大成功，有力地提升了中欧在各领域中的友好合作关系。与此同时，此访作为2014年中国外交布局的重点，也反映出中国对欧洲的高度重视。

盘点此访，可以得出以下看法：

一、中欧相互以新的战略目光定位双边关系

中欧双方在发表的共同声明中提出打造"和平、增长、改革、文明"四大伙伴关系的新概念，为中欧关系勾勒出更具体、更务实和更明确的合作内涵，其实质是把占全世界面积十分之一、人口四分之一、经济总量三分之一的中欧两大力量、两大市场和两大文明连接起来，并能够在国际事务中发挥引领作用。

此访表明，中欧之间政治上的相互信任更深了、经济上的合作领域更广了、思想上的伙伴意识更强了。这是此访具有深刻战略意义的成果。为了表达中国对欧盟的高度重视，访问期间中方特别发表了第二份"中国对欧盟政策文件"。这是很不寻常的。

中欧关系得到深化，还表现在：

访法期间正值中法纪念建交五十周年，习主席亲切地把法国称为"特殊的朋友"，并提出"双方要始终视对方为优先战略伙伴"，这句话突出了中法关系的亲密性、战略性和示范性。双方还一致同意共同开创"紧密持久的中法全面战略伙伴关系新时代"。这一提法深具新意；

在德国，双方首次确定建立"中德全方位战略伙伴关系"，使中德关系上了一个新的台阶。默克尔总理表示，"德国愿做欧中关系的发动机"，显示出德国在推进中欧关系中的积极性和特殊地位；

在阿姆斯特丹，中荷一致决定建立"开放务实的全面合作伙伴关系"；在布鲁塞尔，中比宣布建立"全方位友好合作伙伴关系"。这些独特、务实、更加密切的中国与欧盟成员国双边关系的新提法，绝不是形式主义的辞令修饰，而是中国对欧关系中有实质内容的新定位和大小国关系平等的新突破，意义同样重大。

二、中欧经济关系迎来更加紧密合作的新机遇

中欧双方重申，将大力加强相互间全方位经济合作和共同维护开放型世界经济，反对保护主义，并达成以下重要共识：（一）继续商谈和完成中欧投资协定；（二）在条件成熟时签订中欧自贸协定；（三）探讨在中方提议的丝绸之路经济带沿线开展合作；（四）将中欧城镇化伙伴关系转化为具体性合作；（五）加强中欧在金融和人民币领域的合作。上述合作意向涉及双方重大利益，如果进展顺利，将极大提升中欧全面经济合作关系。

访问中，欧洲媒体十分关注中欧企业之间达成的许多具体合作项目。例如，东风汽车集团注资 8 亿欧元，收购标致—雪铁龙集团 14% 的股份，使中国企业成为与法国政府和上述家族企业并列第一的大股东，展现出中欧企业之间联合开发、联合投资、联合生产、联合面向第三方市场的合作新模式。习主席在比利时参观中国吉利集团收购瑞典的沃尔沃汽车总装厂，表明中国企业"走出去"与欧企共同开启汽车领域更紧密合作已形成良好势头。

在航空领域，中欧企业达成了在空客 A320 最新机型方面的新合作，并探索将技术合作扩至空客 A330 远程大型客机及上海 C919 大飞机，展现出中欧在传统合作大项目，包括核电合作方面正在向更高水平发展，这是令人鼓舞的。这也是为什么习主席在德国向默克尔总理提出，中德之间要多搞些战略性合作大项目，多走联合投资、联合研发、联合生产之路。

在金融领域的合作也有新进展。中方同意将巴黎金融市场列为中国对欧元区投资和欧洲对华投资的交易场所，同意配给法国 800 亿元人民币境外投资者（RQFII）额度，并就在巴黎建立人民币清算和结算安排进行商讨。同时，中方也支持在法兰克福建立人民币清算机制。

总之，习主席此访对全面推进中欧经济合作由数量型向质量型跨越带来新的机遇。

三、中欧文化教育合作前景喜人

各国舆论普遍认为，习主席在不同场合的演讲、谈话及在多国媒体上发表的署名文章凝聚着浓重的东方智慧，闪耀出深厚的历史文化修养和思想与哲理火花。例如，习主席站在世界和谐与人类进步的高度，多次阐述不同文明、不同民族之间开

展人文交流和文明互鉴的重要性。他在教科文总部的演讲中指出，文明是多彩的、平等的，也是包容的。只要有包容精神，就不存在"文明冲突"。不同文明的交流与互鉴，有助于各国人民的相互了解与友谊，是世界和平、稳定与繁荣的保障。

习主席还从不同角度阐述，中国为什么走和平发展道路和中国梦的内涵，有很强的说理性。他指出中国走和平发展道路，不是权宜之计，更不是外交辞令，而是从历史、现实以及对未来的客观判断中得出的结论。例如，习主席说，"中国历史上曾经是世界上最强大的国家之一，但没有留下殖民和侵略他国的记录，"并强调"中国不走'国强必霸'的老路，将始终坚持和平发展。"习主席还多次阐述，中国梦是追求和平的梦，追求幸福的梦，也是奉献世界的梦，希望欧洲与世界能正确观察和认识中国。为此，中法决定建立两国高级别人文交流机制；中欧决定落实"中欧文化对话年"；中德决定共同举办"创新合作年"。习主席还宣布将在布鲁塞尔和荷兰分别建立中国文化中心，并将在布鲁日欧洲学院设立首个中国馆。

令人高兴的是，近年来中欧人文交流呈现上升趋势。截至去年，中国在欧盟共建立 115 所孔子学院和 147 个孔子学堂。中欧在华合作办学项目超过 600 个。中欧相互派出留学生总数约 30 万人。中国游客赴欧 238 万人，欧盟来华旅游 317 万人。毫无疑问习主席访欧后这些数字还将不断被刷新。

四、中欧关系中依然存在着挑战

总体来看，中欧关系是好的。中欧没有根本的利害冲突，双方在 60 多个领域建立了对话磋商机制；2013 年双方贸易额达到 5591 亿美元，科技合作硕果累累。可以说，中欧关系已经成为这个世界最具影响力的双边关系之一。

当然，世界上没有绝对的事物。中欧关系总体向好，但也存在着一些分歧、甚至摩擦。例如，25 年前欧盟制定的对华军售禁令和对华高技术产品与技术设限问题至今未解决。中方一贯认为，这是政治性歧视，同中欧全面战略伙伴关系不相容。此外，欧盟一直未承认中国的完全市场经济地位，而同时却承认一些比中国经济市场化水平低许多的国家。这也是一种不公平。欧盟还时而发生在涉及西藏、人权等问题上干涉中国内政和司法主权等情况。很显然，这些都不利于中欧关系的发展。中方一直希望欧盟国家早日采取措施消除这些人为障碍，使中欧关系可以更好发展。

为此，习主席在同欧盟各国首脑交谈中多次提及并强调，在国家关系中应当相互尊重、妥善处理涉及对方核心利益和重大关切的问题，并主张通过对话与协商解决中欧之间存在的分歧。在这方面，中国老百姓很高兴听到默克尔总理对习主席说，"德方理解中国这样一个人口大国面临的各种挑战，认识到中国不能套用德国及欧洲的标准。"应当说，这不仅是一种礼貌，也是理性的表态，是中欧相互理解、共同推进合作的正确态度，值得赞许并应在实践中贯彻落实。

五、中欧关系前景看好

人们注意到，习主席访欧盟总部双方发表联合声明指出，习主席首次访问欧盟是"中欧关系史上的里程碑"。这句话是对习主席访欧全程的高度概括与评价。可以预言，习主席访欧成功将极大深化未来中欧关系。

依据是：（一）双方决心加强全球层面的中欧合作，共同应对地区和全球性挑战，扩大中欧在维护世界和平与稳定方面的共同利益。（二）双方都意识到中欧负有拉动世界经济，实现共同繁荣的国际责任，并重申中欧共同维护开放型世界经济，反对保护主义。（三）双方同意加强中欧文化、教育和青年交流。（四）当前中欧都同处改革和发展的关键阶段，中国正在为实现全面深化改革而奋斗；欧盟正在为实现欧盟一体化和"2020 战略"而努力。可以肯定的是，中欧加强合作符合双方共同利益，有利于实现各自发展目标。同时，增强中欧合作对维护世界和平、稳定与繁荣也是重要贡献。中欧已将 2020 年双边贸易额达一万亿美元定为指标，双方还同意把"中欧合作与丝绸之路经济带建设结合起来，把构建亚欧大市场作为目标，使中国和欧盟成为世界经济增长的双引擎"。

我们有理由相信，中欧富有巨大潜力的双边关系将会迎来更加美好的新时代。

（2014 年 4 月 8 日　外交学院）

就习主席访法接受强国论坛采访

问题1：3月25日，在对法国进行国事访问之际，习近平主席在法国《费加罗报》发表题为《特殊的朋友　共赢的伙伴》的署名文章。为何习主席称中法两国为"特殊的朋友"？中法两国又将在哪些方面创造共赢？

答：习主席称中法两国为"特殊的朋友"，是对中法关系非常准确的描述。50年前，在毛泽东主席和戴高乐将军的共同推动下，法国成为最早与中国建立大使级外交关系的西方大国。中法建交的特殊意义在于：两国携手冲破了美苏争霸、两极对立的格局，震撼了冷战世界。中法建交折射出世界需要多极化和多边主义，需要尊重各国的独立与自主。这就是中法特殊友谊的基础。

建交五十年来，世界形势发生了巨大变化，但中法关系的特殊性始终未变，这就是团结一致反对单极世界和单边主义，为建立一个和平、民主、相互尊重、平等相待、互利共赢的新世界而努力。

习主席访法在同奥朗德总统会谈时说，"只要中法携起手来，必将能够在当前复杂多变的国际形势下成就一番大事业，开创新的光明前景。"习主席的这番话很不寻常，其含义深远，内容深刻，发人深思，充分表达了中国对法国这个"特殊朋友"的信任与期待。

中法可以合作的方面很广，中法联合声明列举了政治、经济、文化、全球治理和气候变化五个方面，都很实在很具体。

问题2：习主席访法的成果与亮点有哪些？

答：习主席此访时间不长，但成果丰富、亮点很多。主要是：两国元首举行了正式会谈，发表了两国联合公报，签署了总金额为180亿欧元的50项合作协议。同时，习主席还访问了里昂，出席了中法建交50周年的许多纪念活动。总体来看，法方给予了最高规格的接待，访问气氛热烈、友好、真诚，为中法合作注入了新的活力，推动两国关系进入一个更广阔发展的新阶段。

对访问成果，我认为有以下几点值得特别关注：

一是习主席提出建议"双方要始终视对方为优先战略伙伴，增进互信，支持对方发展理念和发展道路；尊重对方核心利益和重大关切。"这一提法非常引人注目，这是中国最高领导人第一次以非常明确的语言表述两国应"互为优先战略伙伴"的观点。如能做到，就会避免以往发生的许多不愉快事件。

二是在涉及双方务实合作时，习主席提出了"四个联合"（联合研发、联合投资、联合生产、联合开发第三方市场）的思路，这也是创新中法经济合作模式的新提法，非常重要和务实。这次签署的东风汽车集团注资 8 亿欧元，收购标致—雪铁龙集团 14% 的股份，使中国企业成为与法国政府和上述家族企业并列第一的大股东。这项创新合作体现了"四个联合"的模式，意义重大。

三是此访中习主席与奥朗德总统共同规划了未来两国关系发展的方向和重点，决定"将发展中法关系作为各自外交的优先取向，共同开创紧密持久的中法全面战略伙伴关系的新时代"。应当说，这是此访的一项重大政治承诺，也是着眼未来的战略性成果。我相信，只要双方恪守两国元首达成的上述共识，中法关系的未来将会更加美好。

四是两国元首在共同会见记者时指出，"中法将携手合作继续引领中欧关系和中国与西方国家关系的发展方向"。这一点也十分重要，揭示了当前中法关系所具有的国际关系引领作用，实际上是把中法关系放在更大范围上加以审视并赋予了超越双边关系的重要使命。这完全符合两国及多边的共同利益。

总之，这次访问非常成功，进一步巩固和推动了中法紧密持久的全面战略伙伴关系，标志着中法关系迈上了一个新的台阶，并展示出未来更加广阔美好的中法合作前景。

问题 3：请问您对习近平主席此次访法选择的时机有何看法？总体印象如何？

答：总体上看，习主席访法对中法关系意义深远，影响很大。我们可从以下几点来观察：

一是访法的时机选择在中法建交 50 周年之际，这本身就具有强烈的象征意义。首先是要表明中国领导人充分肯定并将继承 50 年前中法携手反对世界霸权主义和强权政治的坚定意志。同时，也要告诉世界，中国永远不会忘记戴高乐将军领导下的法国顶住国际压力成为第一个同新中国建交的西方大国。

二是此访的现实意义在于，在世界仍不安宁的新形势下，中法作为安理会两个常任理事国加强沟通与合作，对维护世界和平、稳定与繁荣负有重大责任。中方愿意进一步推进和加深中法在各领域中的全面合作，以造福全世界。

从访问的结果上看，可以说，此将取得丰硕成果，将成为中法建交 50 周年庆祝活动的高潮与亮点，将是中法关系史上辉煌的一页。

问题 4：为什么要选择里昂作为首站？

答：习主席访法行程首站选择里昂并非偶然。我在法国工作时，经常听法国朋友骄傲地说，里昂是古代"丝绸之路"在西方的终点。的确，里昂作为法国著名的丝绸城很早就与中国有商贸往来。今天里昂与广州建立了友城关系，里昂所在的罗纳尔大区又与上海是友好省区关系。里昂在促进中法地方交流与合作中一直很积极。此外，20 世纪初，中国出现了留学法国热。周恩来、邓小平、陈毅等老一辈革命家在法国勤工俭学，留下许多动人故事。其中，里昂有一所中法大学，这是中国近代在法国、也是在海外设立的唯一一所大学。包括邓小平、陈毅等许多留法学生都在这所大学学习过。我在法国时曾多次访问过这所大学的旧址。这次习主席参观这所学校很有意义。今天，中国青年去法国留学已是平常事。据统计，目前在法有近 5 万名中国留学生，法方希望有更多中国青年选择法国留学。我想缅怀老一辈革命者留法故事，支持中法扩大教育交流和加强地方合作应当是习主席访问里昂的重要考虑。

问题5：去年四月到今年一月，法国总统奥朗德、总理艾罗、法国国民议会议长巴尔托洛内相继访华；中国外交部部长王毅、国务委员杨洁篪也分别于去年十月和今年二月访问法国。现在，习近平主席也在法国进行国事访问。两国高层之间如此频繁互访说明了什么？为什么中法都有着这么高的积极性？

答：中法高层互访频繁并不是近来才如此。我在法国当大使时，经历过 2004 年两国元首互访，2005 年两国总理互访，2006 年和 2007 年法两任总统又连续访华的频繁高层交往。中法间的频繁高访说明了中法关系的特殊性和亲密性。

为什么会这样？说到底，是因为中法友好都有共同的基础和愿望，符合两国和两国人民的利益。建交 50 年来，两国关系有很大发展。法国是欧盟内第二大对华技术出口国和第四大对华贸易伙伴。由于中法经贸关系长期落后于政治关系，可以说，中法合作的潜力很大。这应是中法高层互访频繁的重要原因。

问题6：您如何评价中法两国建交 50 年以来所取得的成果？如何定位当前的中法关系？

答：中法建交 50 年使中法关系成为中国最看重的双边关系之一。其主要特点是"特殊性、战略性、全面性和示范性"。法国占据了新中国外交史上的许多第一，除率先与新中国建交外，还是第一个与中国签订科技合作协定、航运海运协定、投资保护协定等众多国家级双边关系的西方大国。法国还是最早与中国建立战略磋商关系、带头拒绝联署美国反华人权提案、最早明确支持解除对华武器禁运的欧盟国家。实际上，法国在与中国的双边关系中创造的"第一"可以列出很长的单子，如第一个开放对华核电合作、开展卫星合作、创建第一家中外合资企业天津王朝葡萄酒、汽车在华设厂也是法国带头的，如在广州设立标致汽车厂（无非车型不对，未能做大）。

总之，中法建交 50 年取得的成果证明，中法有很多共同点，如悠久的历史和灿烂的文化，十分珍视本国的独立自主、支持世界政治多极化、经济区域化与文化多样性等等。可以说，两国的合作加强了各自在国际事务中的独特作用和影响。从国际上看，两国携手合作，对主持正义和维护世界和平与稳定发挥了重要作用。如2003 年，中法明确反对美英对伊拉克动武，为维护正义、反对霸权做出贡献。

问题7：您认为今后中法关系应该在哪些领域加大推进力度和实现突破？

答：应当说，中法增进合作及实现新突破的领域很多。当前，中国正在进行全面深化改革和扩大开放的新阶段。中国经济实现新的全面发展的前景是可以预期的。可以说，"全面深化改革"吹响了中国新一轮改革开放的号角。中国大力推进新型工业化、信息化、城镇化、农业现代化，为中法在这些领域开拓新的合作提供了良好机遇。考虑到法国在这些领域有许多成功的经验和知名品牌，可以成为今后中法扩大合作的重要领域。我们有理由期待未来的中法关系有更大的跃进。

问题8：近年来，中国的综合实力和国际影响力空前提高。而在金融危机、欧债危机持续冲击下，法国经济、社会出现重重困难，保护主义势力抬头，内顾增强，对法国外交及其影响力造成一定程度的负面影响。有专家认为，某些时期法国决策层对华政策稳定性有所下降。您对此作何解读？

答：任何一国的对外关系都必然服务于本国的利益。中法关系从大的方面讲符合中法各自的利益，这是没有疑问的。法国虽然左右两翼轮流执政，但在对华关系的主流认识上是共同的。当然，有时在做法上可能有所差异。这也是正常的。中法建交50年来两国关系虽有起伏，但法国对华友好政策总体上保持了连续性，中法关系的主流是好的，这是总的判断。

当然，回顾历史，九十年代初，法左翼社会党人密特朗任总统时曾售台武器，引发两国关系紧张；2008年右翼总统萨科齐曾容忍"藏独"冲击奥运圣火及会见达赖，导致中法关系下滑。但是，这些起伏和波动未长期左右中法关系，只是告诫后来的政治家不要重蹈覆辙。今天，中国已不是九十年代的中国，也不是六年前的中国，相信未来的中法关系一定会更好。

问题9：您认为中法两国应当如何进一步加深在文化、教育、科技等领域的交流和合作？同时您对两国间的人文外交有何期待？

答：中法两国是世界文化大国，分别是东方文化和西方文化的代表。因此，加强中法文化交流与教育合作，不仅对两国有利，而且有积极的世界意义。因此，中法两国在加强经济合作的同时，还应下大的力量深化两国在文化、教育和科技领域的交流与合作。我记得，2003～2005年，中法首次互办文化年，共举办了600多场活动，观众人数达到600多万人次，极大加深了中法两国人民间的相互了解与友谊。2011～2012年中法又互办语言年活动，也取得很好的效果。

目前，中国留法学生约5万人，法国在华留学生约8400人。中国在法开设了19所孔子学院和3所孔子学堂，法国法语联盟在华设立了16所教授法语的学校。但是，从两国的潜力上看，还有很大的合作空间需要开拓。我相信习主席访法将进一步推进中法在人文领域的密切合作。

问题10：习近平主席到访联合国教科文组织总部，是中国国家主席对这一组织的首次访问，您认为这一安排的深意何在？中国在与教科文组织的合作项目中将发挥哪些作用？

答：联合国教科文组织担负着在全球保护推动和发展人类在教科文领域一切有益活动的使命。习主席访问联合国教科文组织总部表明，中国重视、支持和赞赏教科文组织的活动宗旨和行为准则，同时也表明中国将更加积极、全面地参与教科文组织的国际多边治理与全球合作。去年，中国教育部副部长郝平被选为该组织的大会主席。迄今，中国被教科文组织评为世界文化遗产的数量仅次于意大利，居世界第二位。随着中国综合国力的提升，中国在教科文国际合作中将发挥更大作用。

问题11：我们知道 2003 年到 2008 年，您出任中国驻法国大使，在此期间，给您留下最深印象的是什么？

答：是的，我于 2003 年出任中国驻法大使。到任后我面临的最大挑战是如何搞好中法建交 40 周年纪念活动。我馆向国内建议，请胡锦涛主席在中法建交 40 周年纪念日之际正式访法并亲自参与有关纪念活动。同时，邀请希拉克总统在当年回访中国。令人高兴的是，这一建议获得国内批准和法方赞同，从而开创了两项先例：一是中国国家元首第一次在中法建交纪念日当天出席巴黎的庆祝活动；二是中法两国元首第一次在同一年内实现互访。这在当时是一特例。

令人难忘的还有，在胡锦涛主席抵达巴黎时，著名的埃菲尔铁塔变成中国红，香榭丽舍大街破例举行欢庆中国春节的大型群众性活动。而根据法国法律，在这条大街上只能举办法国的节庆活动。

问题12：除了前大使的身份之外，您现在是中国外交学院的院长，这两个头衔对于您来说各有什么意义？

答：离开大学后，我即进入了外交界，成为了职业外交官。2008 年行将退休之际，被任命为外交学院院长，这对我无疑是全新的领域和巨大的挑战。我十分珍视领导对我的信任，希望自己多年的外交经历和积累能够对外交人才的培训工作有所用场。对我来说，无论是当大使还是当院长，都是外交事业的需要和责任。我时刻提醒自己要不辱使命，尽最大努力做好工作。

问题13：您认为当代青年应该树立怎样的国际价值观？

答：在外交学院工作，使我有机会更多地接触青年人。随着中国的快速发展，中国从未像今天这样如此接近世界舞台的中心，这一新的形势使当代中国青年肩上的责任更重了。我希望当代青年能忠于祖国，献身中华民族的伟大复兴事业。为此，要有意识地加强业务学习，争取拥有战略思维和全球视野，更好地了解中国、了解世界，为中国同世界各国的友好合作与互利共赢贡献聪明才智。

（2014 年 3 月 27 日　北京）

就中法关系接受中新社采访

记者：您在北京外国语学院学习时的专业为法语。在求学过程中，是什么让您选择法语作为专业？

答：记得当年上中学时，我对学外语并无很大兴趣，我的俄语成绩平平。因此，在报考大学时，我并没有选择学法语的志向。但中学时，我阅读过不少西方文学作品，对法国的名著是有好感的，如《悲惨世界》、《巴黎圣母院》、《人间喜剧》等。我中学看过的第一部法国电影叫《勇士的奇遇》，尽管是黑白片，但影片展示的法国秀丽风景、豪华宫廷和引人入胜的故事情节，给我留下很深的印象。但这些并没有成为我高考选择学习法语的内在动力。

记者：那么，真正的动力是什么呢？

答：真正的动力是政治因素。1964 年 1 月 27 日，中法宣布建交，这是毛泽东主席和戴高乐将军冲破巨大阻力做出的历史性决定。周恩来总理敏锐地感受到中国外交将进入新的发展阶段。中央决定立即大幅增加那一年外语考生的录取人数。仅北外法语专业，即从过去每年招三、四十人，猛增到二百多人；北京还新创建了第二外国语学院。连续两年，中央的这一决定雷厉风行地在全国得到贯彻。我高三的班主任找我谈话，希望我报考北外，第一志愿就是法语。可以说，是中法建交决定了我一生的走向。今天，回过头来看，我很庆幸这一选择，从内心感谢中法建交这件政治大事改变了我人生的轨迹。同时，我也深刻感受和敬佩中国老一辈领导人的远见卓识和领导魄力。当年因这一原因有幸入学的北外同学，后来许多成为了我国外交战线上独当一面的骨干。

记者：在您担任驻法大使时想做一任怎样的大使？

答：我的外交生涯同法国紧密相连。我从 20 世纪 80 年代起，先后四次被派往驻法使馆常驻。从次数上讲，我大概是外交部干部中赴法工作最多的人之一。我还曾两次担任使馆的二把手，这使我对中法全面关系很熟悉。因此，当我 2003 年 7 月作为中国第九任特命全权大使赴法工作时，我内心除了充满对国家信任的感激之外，就是决心不辱使命，尽自己最大努力把工作干好，让中法关系迈上新的台阶。那一期间我内心时刻闪现的一句话就是"祖国高于一切、责任重于泰山"。

记者：您到任后面临什么样的挑战？

答：我到任后面临的最大挑战，就是如何借助中法建交 40 周年之机，把两国关系搞上去。我到任后不久即建议，请胡锦涛主席在中法建交 40 周年纪念日之际访问法国，并邀请希拉克总统在当年回访中国。很幸运，这一建议获得国内的批准和法方的赞同，并开创了两项先例：一是中国国家元首第一次在中法建交纪念日之际访法并出席巴黎的庆祝活动；二是中法两国元首第一次在同一年内实现互访。这在当时中国的对外关系中是罕见的。

胡主席访法期间还应邀到法国国民议会发表演讲。法国人说，只有民选的外国元首才能被邀请到法国民议会发表演讲，胡主席是亚洲各国第一位获此殊荣的国家元首。

谁都知道，国家元首的国事访问对推动双边关系的发展意义重大。此访中，双方同意将"全面伙伴关系"提升为"全面战略伙伴关系"，虽然只增加了"战略"两个字，但意义十分深远。这也是为什么在其后几年，中法两国在许多具有战略意义的领域达成了重大合作协议，如高铁、三代核电、空客 320 装配线、6 吨直升机、卫星合作等等。可以说，那时中法关系进入了历史最好时期。

值得一提的还有，2005 年中法两国总理又在同一年内实现了互访，这在两国关系中也是一项突破，同样大大推动了中法务实合作的全面深入发展。

记者：中法关系为什么会发展得这样顺利？

答：那几年，中法关系红红火火，归功于中央和外交部领导高度重视对法工作，同时大使馆全体同志兢兢业业、努力工作也是保障因素。此外，法国朝野发展对华关系的积极性也很高。我有幸在任内两次经历希拉克总统访华（第二次是 2006 年）和萨科奇作为新当选总统于 2007 年访华。在大使一任内，能亲身经历一次中国国家主席正式访法和三次法国总统对华国事访问，并亲眼目睹中法全面战略伙伴关系大步向前发展，我感到未辱使命，尽到了自己作为大使的职责。每当想到这一点，便深感欣慰。

记者：回顾您在法国的外交历程，您对哪些往事印象深刻？

答：我在法工作期间，令人感动的事很多。其中，我中国文化年活动最令我难忘。

2003 年 10 月，中国文化年在巴黎拉开序幕。这是新中国成立后，第一次用一年的时间在一个西方国家连续不断地举办文化活动。对我国而言，这是开创性的大文化交流。我国政府制定了一个 300 多项赴法宣展中国文化的规划，其中 60 多项是大型活动。如此规模的国际文化交流不仅精彩纷呈，让喜爱东方文化的法国人大饱眼福，而且也令旅法华侨华人倍感骄傲与自豪。

记者：中国文化年有让您感动或喜极而泣的故事吗？

答：我永远不会忘记，2004 年 1 月 24 日，那是一个周六。以华侨、华人为主体的旅法侨团将在巴黎号称世界第一街的香榭丽舍大街举行庆祝中国农历新年、纪念中法建交 40 周年和欢迎胡锦涛主席访法的大规模彩妆游行表演。

时任北京市长的王岐山同志亲率近千名由市民组成的民间文化团体也应邀来巴黎参加这一活动。记得那天从早晨开始就下雨，整个上午都未停。直到王市长应邀与法方主人共进午餐时，雨还在下。当时大家的心情很忧虑，而在凯旋门一带集结等候的7000多名盛装的华人华侨及来自北京的群众演员看着沥沥小雨也都忧心忡忡。

下午一点多钟，午宴还在进行，使馆同志悄声告诉我，外面的雨停了。我赶紧向岐山市长报告，他很高兴，说了一句"天无绝人之路"。那天的情况真的很奇特，等我们陪同王市长和时任文化部长的孙家正等并肩走在香街大道上为彩妆表演揭幕时，巴黎的天空完全放晴了，太阳神奇地冒了出来。看到雨后的太阳照耀着香街，所有等待演出的近万名中法演员及组织者都热泪盈眶，脸上洋溢着喜悦与激动。那天的活动非常成功，演员们舞龙舞狮、奏民乐、踩高跷、跳民族舞、练太极拳都十分投入，气氛特别热烈，围观的法国民众水泄不通，把中国文化年的热烈气氛推向了高潮。

活动结束了，许多华侨、华人和群众演员们久久不愿离去，眼神中充满了幸福与喜悦。我也同样特别高兴，因为很难想象如果雨不停，将会是什么样结果。当时，我的脑海中闪出"天佑中华"几个字，并流下了喜悦的泪水。

记者：这场活动为什么牵动那么多人的心灵？还有什么更深层的原因吗？

答：事后，希拉克总统热情称赞这次活动非常成功。他说，据巴黎警方统计，约70万观众在香街两旁观看了这一盛况。可以说，这场活动是我在巴黎经历过的最盛大、最成功的以中国为主宾的群众性活动。旅法所有爱国侨团和组织作为这场活动的主体，都对这一难得的机遇倾注了极大热情，他们出人、出力、出钱、出时间，全力以赴地投入到各项准备工作中，为活动的成功做出了不可磨灭的贡献。

同时，法国从上到下都对这场活动大开绿灯，给以特殊的关照。按照法方规定，只有为纪念或庆祝法国的节庆，才能被允许在香街上举办活动。而那天彩妆游行的正式由头，则是为庆祝中国的阴历新年——春节。法方作为特例，允许中国侨界在香街庆祝中国春节，这一特殊友好举动令人赞叹和感慨。

记者：这件事影响很大，很有意义。您能再举一个例子吗？

答：好吧。就在上述同一天的晚上，还有一件大事也值得一提。法国朋友为迎接中法建交40周年和胡主席访法，还专门设计了让铁塔变红。谁都知道，埃菲尔铁塔是巴黎和法国的地标性建筑。建塔一百多年来，夜间只有普通灯光照明。我大学同学曾写过赞铁塔的诗句，"白天是黑的，夜晚是白的。"白的，就是指普通灯的照明。而那一晚，在铁塔映红仪式上，当我和成千上万的巴黎人亲眼目睹铁塔瞬间变成中国红时，我深感国家的强大和中法友谊的深厚。我的心中充满对祖国的骄傲和民族的自豪。铁塔变红一共持续了一周，跨越了中法建交纪念和胡主席访法全过程。

当时希拉克总统夫妇还特意选择在闪耀中国红的铁塔上单独宴请胡锦涛主席夫妇。这一精心设计，具有很强的象征意义。法国《费加罗报》第二天在头版头条刊登了中法两国元首夫妇在映红的铁塔前合影的照片。这一照片集中反映出中法特殊友谊和中法文化年的盛况，这一幕永远留在了我的记忆中。

记者： 听了您的介绍我可以理解您为什么会时时回忆起这些往事。

答： 这也是为什么在巴黎期间，我会常常去铁塔周边的草地上散步，并从不同的角度去拍摄永恒的铁塔。因为在我心中始终忘不了在铁塔百年历史中发生过同中国有关的感人故事。

据说，在铁塔变红之后，法国人又仿照设计了铁塔变蓝，因为蓝色代表欧洲联盟，意在表明法国支持欧盟一体化。巧的是，红和蓝都是法国蓝白红三色国旗中的两种颜色，而如我同学所说，铁塔以前是"白的"，那么铁塔映出的正是法国国旗的完整三色。这是一种何等的奥妙！

记者： 您描绘了中法50年关系中最美好的时刻，很有意思。那么在中法新一届领导层当政后，你如何看今后的中法关系？

答： 的确，去年和今年，中法两国的最高领导层实现了更迭。令人高兴的是，今年四月奥朗德总统作为第一位西方国家元首访华，同新当选的习近平国家主席在北京举行了友好会谈。双方一致同意继续大力推动中法全面战略伙伴关系向前发展。明年上半年，习近平主席将回访法国，中法两国元首在短期内实现互访意义很大。

一是表明在新的起点上双方都高度重视重振两国全面战略伙伴关系。

二是深化中法传统友谊符合双方利益。从历史上看，中法加强合作有许多优势和共同点。政治上，两国都是安理会常任理事国，都主张世界多极化，反对单边主义；经济上，双方互补性强，在许多领域有着良好合作前景；文化上，中法都是有代表性的文化大国，都主张维护世界文化的多样性，倡导不同文明应相互借鉴、共同发展。

三是从时机上看，中方刚刚作出全面深化改革的重大战略决策。中国新一轮更全面更深刻的改革开放和社会与经济转型的大幕已经拉开。面对中国未来的发展前景，中法在城镇化、贸易投资、科技创新、绿色环保等许多领域有着巨大的合作潜力。作为一名曾长期从事中法关系的老外交，我深信，中法关系的未来一定会更加富有成果和更加美好！

记者： 在中法建交50周年之际，您是否愿意向旅法华侨华人说几句话？

答： 我在法国工作期间，同许多旅法华侨、华人结下了深厚的友情，我永远感谢旅法侨胞以及《欧洲时报》等各界朋友们对中法友好的无私奉献和对我本人工作的长期支持。在中法建交50周年之际，我身在北京，内心十分怀念旅法的侨胞朋友们，我最衷心地祝愿所有旅法侨胞永远发扬爱国爱乡的优良传统，继续为中华民族的伟大复兴和中法友谊的与日俱增，贡献才智和力量！

（2013年11月26日　外交学院）

就奥朗德访华接受新华社记者采访

记者：您如何评价当前状态下的中法关系？

答：奥朗德自去年五月当选法国总统后曾多次表示，中国对世界的平衡、稳定和发展发挥着重要作用，加强法中全面战略伙伴关系是法国外交的优先方向。奥朗德还做出一些旨在加强双边关系的举措，如当选后第二天即会见中国驻法大使，挑选"中国通"燕保罗为其外交顾问，任命重量级人物、社会党前第一书记奥布莱为总统的中国事务特别代表，并先后派财经部长、外贸部长和外交部部长等高官访华，向中方提出一些加强双边关系的具体建议。这些都表明了法方高度重视中法关系。

下周，奥朗德将以总统身份对我国进行国事访问，这将是中国政府换届后第一位正式访华的西方大国元首。可以说，奥朗德当选近一年来，中法关系开局良好，未来发展趋势也很看好。

记者：中法关系和其他大国间外交关系（如中美关系、中俄关系）相比，有什么特点？

答：关于中法关系的特点，可从两方面来说。

第一，从历史上看，中法从1964年建交时起就具有一种很特殊的性质，那时候拍板中法建交的是毛泽东主席和戴高乐将军这两位20世纪的伟人，他们两位都坚定主张执行独立自主的外交政策，都敢于对超级大国和霸权主义说不，都支持世界多极化。外交立场的相近是中法特殊关系的最大特点。当年法国是第一个同中国建立大使级外交关系的西方大国，也是第一个同中国建立全面战略伙伴关系，第一个同中国互办文化年的西方国家。而中国在开展对外合作时的首选西方国家往往也是法国。如科技合作、航运合作、投资保护、核能合作、空间合作等等都是最先同法国签订合作协定的。因此，中法合作有传统的开创性和战略性。

第二，从现实来看，中国改革开放取得了伟大成绩，中国在世界上的地位与影响力都大幅提升，国际形势出现了一些新特点、新变化，而中法关系的战略性内涵并无大的改变。作为安理会常任理事国，中法两国合作的领域更广泛了，特别是双方在涉及维护和平、主持公正等领域的合作更加重要。例如，2003年中法共同反对美英发动伊拉克战争；2008年金融危机爆发后，中法在改革不合理的国际政治与经济规则方面的共同点更加突出了；2011 年法国主办 20 国首脑会议，法国总统萨科齐多次来华与中国领导人交换意见，还破例把应由法总统主持的、筹备 20 国首脑会议的部长级预备会放在南京召开。这充分表明了中法关系有与其他双边关系所不同的特殊性和密切性。我相信，随着形势的发展，今后两国的合作还会更加紧密。

记者：奥朗德就任法国总统未满一年，习近平主席三月刚刚履新，奥朗德将成为习主席在京接见的首位西方总统，而且明年即是两国建交五十周年。在这样的大背景下，中法关系是否面临契机实现更大突破？

答：明年中法将共同纪念建交 50 周年。回顾半个世纪的中法关系，虽然也经历了许多坎坷与风雨，但总体来看，中法关系对世界及两国人民的重要性没有变。我相信，中法关系正在进入一个更加务实、更加平稳、战略意义更凸显的成熟期。也可以说，奥朗德这次访华将会推动中法关系有新的发展。

奥朗德多次表示，希望以其当选法国总统为新起点，争取法中关系能取得更大发展。奥朗德十分重视这次访华的时机，并特别委派法比尤斯外长来华打前站，向中方领导人转达奥朗德希望进一步加强两国的友好与合作的愿望。

从我方看，中国领导人也高度重视奥朗德总统此次访华，外交部正在做积极准备，相信在双方的共同努力下，奥朗德的首次访华将会获得圆满成功。

记者：法国是欧盟的核心成员国，奥朗德的访华对促进中欧关系发展有何积极意义？

答：考虑到法国在欧盟中的重要地位，相信此访也会对中欧关系产生积极影响。我在 2003 年至 2008 年担任驻法大使期间，常常感受到良好的中法关系对中欧关系可以起到非常正面的影响力。当年，我多次奉国内指示，与希拉克总统及其外交顾问和外交部官员等就要求欧方解除对华军售禁令进行商谈。对此，法方的态度很积极，并主动做欧盟各成员国及美国方面的工作。在法国的推动下，欧盟内部多次讨论这一问题。虽然因为美国的反对，最终禁令没能被解除，但仍可看出，中法关系的好坏对中欧关系是有影响力的。

法国是欧洲一体化的重要创始国，战后一直是西欧的政治带头羊。今天，虽然国际和欧洲形势都发生了深刻变化，但法国在欧盟中的地位和影响依然举足轻重。从这个意义上说，奥朗德访华对中欧关系将会有正面和积极影响。如果说，在这个世界上中法关系具有战略意义，那么中欧关系的战略意义则更大、涉及的范围也更广。

记者：目前欧盟多国深陷债务危机泥淖，法国也面临财政紧张局势，亟待重振国内经济，扭转就业局势。奥朗德此次访华，是否会重点促成两国签署经贸协议？

答：正如你所说，当前欧盟和法国都面临严峻的经济形势，困难很多。奥朗德上台后提出，外交要为振兴经济服务，要求法国外交部要充当"海外企业部"，并增设了"企业和国际经济司"，大力帮助法国企业开拓全球市场。这次奥朗德访华将有很多法国企业家随团。据说，奥朗德承诺访华期间将亲自出席中法商务论坛有关活动。很显然，进一步加强中法经贸关系将是奥朗德此访的一大重点，也是访问成果的重要标志。

去年，中法贸易额超过 510 亿美元，这个数额不算大，仅为中德贸易额的不到三分之一，中韩贸易额的不到四分之一。应当说，这与中法两国的总体经济实力很不协调。当然也可以换句话说，今后中法经贸关系持续增长的空间还很大。这是两国企业界可以大有作为的领域。

法国是世界第五大经济体，有许多高质量的产品，在高新技术、如核电、航空、生态环保、医药卫生以及农业和食品加工等许多领域中，法国都拥有优势产业。而中国经济快速发展，市场巨大，正在加速推进工业化、信息化、城镇化、农业现代化，生态环保化，中法加强务实合作的领域很广，潜力很大，这对双方都有利。中方对进一步扩大中法经贸关系持积极和促进态度，希望法方放宽高技术出口的限制，减少各种贸易壁垒，积极推动两国企业界签署更多互利合作协议。

记者：萨科齐任法国总统时，您担任中国驻法大使。据您观察，与萨科齐相比，奥朗德的对华政策有何不同之处？

答：奥朗德与萨科齐，分属不同政党，政治上十分对立，在个人性格和行为方式上也很不相同。奥相对低调沉稳，自称"普通人"。萨则较直白高调，遇事不服输。两人差别很大。但作为法国总统，他们在对华政策上有一个共同点，即维护法国的国家利益。两人深知，同中国保持和发展友好合作关系符合法国的国家利益。法国朋友在大选期间常常对中国外交人员说，别看两位总统候选人在辩论时十分激烈，立场不同，但当选后在对华政策上往往会惊人得一致。这话很有道理。

记者：在您任上，中法两国有没有什么重要的双边往来给您留下深刻的印象？

答：我在法国当大使时感受最深的事，莫过于 2004 年 1 月 26 日至 29 日胡锦涛主席对法国的国事访问。此访恰值中法建交 40 周年和新中国第一次在国外举办文化年之际，这一背景使此访增添了很多庄重喜庆的气氛。希拉克总统夫妇冒小雨亲自到机场迎候胡主席夫妇，这打破了法国由部长迎送贵宾的礼宾规则；法方在市中心荣军院组织了最高规格的欢迎仪式，胡主席夫妇在希拉克夫妇陪同下，由 160 多位身着礼服的共和国卫队骑马护送车队缓缓驶向总统府。动用如此多的欢迎马队在巴黎是十分少见的；胡主席作为中国国家元首在中法建交日（27 日）到法国国民议会发表演讲。按法方的说法，只有民选的外国元首才能被邀在法国民议会发表演讲，胡主席是亚洲第一人；希拉克总统夫妇除在总统府举行最盛大的欢迎国宴外，还选择在举世闻名的埃菲尔铁塔上与胡主席夫妇举行私人晚宴。当时正值中国文化年在法国举办，夜晚的铁塔被映成红色，十分醒目漂亮。这是铁塔建成一百多年来第一次为一个友邦改变颜色。这一对华友好的含义感动了许许多多的中国人与法国人。而当胡主席和希拉克夫妇在映红的铁塔前合影的照片次日出现在法最大的报纸《费加罗》首页时，立即成为中法互办文化年和中法建交 40 周年的最佳纪念；令人同样难忘的还有，在胡主席抵法之前的周末，巴黎的香榭丽舍大街举行了庆祝中国春节的大规模盛装表演活动。近千名北京市民文艺团体与数千名华人华侨及法国人组成的包括舞龙、花车及中国武术和太极拳在内的大规模中华文化的表演令巴黎人欢呼雀跃。这在法国历史上是第一次，体现出中法友谊的深厚民意基础和感人的亮点。法国华人华侨每每谈起总会激动不已，这已变成相距万里的两个伟大民族之间友谊的美好回忆。

（2013 年 4 月 19 日　外交学院）

评奥朗德当选法国总统及未来法国的内外政策走向

2012 年 5 月 7 日，法国社会党候选人奥朗德在总统大选中以 51.6% 的得票优势，击败在任总统萨科奇，登上法国总统宝座。这是法国政坛的一件"改朝换代"的大事。首先，标志着自 1995 年右翼领袖希拉克当选总统 17 年后，法国左翼重新执掌国家的大权，法内政将出现新的变化，令世界瞩目。其次，这一政权更迭对当前欧盟应对区内严重的主权债务危机，增添了不确定因素，对世界局势的影响也不容忽视。因此，奥朗德上台引发各方的高度关注和追踪研究。

本文尝试探讨以下几个问题：

一、法国左翼获胜的主要原因

奥朗德在国际上名不见经传，从未在政府中任过公职，可以说缺乏从政经验，奥本人对此也毫不掩饰，在竞选演说中常自称是"普通先生"；而萨科奇从政时间长，担当过多届政府中的多项部长职务，并几度出任国务部长（相当于副总理），从政经验十分丰富。加之萨是在职总统，掌握着国家的行政资源。然而，在竞选中这一看起来十分明显的差别，并未妨碍奥朗德获胜，甚至在选前相当长时间内奥朗德的民调都大幅领先萨科奇（最多时达 9～14 个百分点）。显然，奥朗德的获胜有着超越两人自身条件的特殊因素存在。细想一下，奥朗德能在自身条件并不占优的情况下获胜，其原因一定很多，主要有以下几点：

（一）根本原因是：近五年来法国经济不振，失业增加，老百姓怨声载道。萨科奇自 2007 年担任总统后，虽然承诺发展经济，减少债务，改善民众生活，但他没有料到，执政初期便遭遇美国次贷危机引发全球严重金融危机的影响，导致法国经济连续四年增长乏力，企业竞争力下降，民众生活水平下滑。特别是大选前法国的失业率已上升至 9.9%，是近 10 年来的最高点，而青年失业率更高达 23.8%。此外，法国的国债持续上升，已占 GDP 的 85%，大选前国际上对法国国家金融和银行的信誉评定等级由3A降为2A＋，严重挫伤了法国的国民自豪感。尽管萨科奇政府为应对金融危机做了许多工作，但经济持续低迷，国家信誉下滑，失业率不断上升，老百姓生活拮据，这是大选前法民调对萨科奇的不满意度高达68%的根本原因。

当然，任期内遭遇战后最严重的国际金融危机打击是不以人的意志为转移的客观现实，这是评价政治人物时不应当忽视的。无情的现实是，世界各国政府和当权派面对这一共同的严峻挑战，有的政府做得好些，而有的差些，其中反映出的问题令人深思。对萨科齐而言，他是自去年以来欧洲第11位选举失利的右翼领导人。有媒体称，从某种意义上，萨科奇是败给了金融危机和欧债危机。

从奥朗德方面看，作为反对党领袖，奥可以不受金融危机责任的困扰，他可以针对社会经济时弊和民众不满情绪，高举变革大旗，就选民最关心的经济增长、就业和家庭收入等问题提出不同于萨的改革主张，如提高最低工资，对大企业和富人增税；重新将退休年龄由62岁降至60岁等。可以说，奥朗德充分利用了民众近几年来的失望情绪和寻求变革的心理，以承诺革新赢得了大选。

（二）个人风格的因素起了重要倾斜作用。从表象上看，作为任上总统，萨科奇执政经验丰富，精力充沛，决断力强，理应占据竞选优势。但许多法国人却不喜欢萨的个人行事风格，批评他"盛气凌人"、"不拘小节"、"缺乏元首应有风范"。相比之下，奥朗德虽缺少行政经验，但为人低调，行事沉稳。当了11年社会党第一书记，每天坚持骑电动车上下班，竞选时还不乏幽默地表示，即便当选总统，也要继续保持做"普通人"的心态，并称当选总统后将自减薪水30%。这些都赢得了选民的好感。

法国内及国际评论家也一致认为，萨科奇的落选，确同他的个人言行风格有很大关联。很多选民投反萨票并不是针对萨的个人能力和政策，而是对其作为国家元首的个人言谈举止感到无法接受。西方的选举，本来就有既选政策，又选政治家的双重属性。当然，理论上应当是选政党和政策为首要，然后才是选与此相关的政治人物。但有时也会走样，对许多选民而言，"不是喜欢奥朗德，而是要惩罚萨科奇。"这就是西方选举政治的复杂性和特殊性。

（三）竞选策略的运用也起到了减分或加分的作用。从竞选过程上看，萨科奇争取连任的竞选活动起步较晚，提出的竞选口号是"一个强大的法国"，意在强调面对国际经济危机，法国需要一个强有力的政府，而其要害则在于影射奥朗德缺乏主政能力和国际经验，突出萨的从政优势。然而，民众从萨的口号中看不到眼前的自身利益，特别是萨把施政纲领的主轴放在紧缩财政上，要求国民继续勒紧裤腰带，这无法吸引更多选民的支持。

相比之下，奥朗德竞选起步早，施政纲领的核心放在注重社会公平和保护民众福利的基点上，明确反对紧缩，承诺当选后推进经济增长，实施有利于民众的改革，如增加公职岗位，扶持中小企业，对大企业和富人增税……，这些旨在提高社会服务和社会福利的主张赢得了民众的好感和支持。

其次，从竞选策略上看，奥朗德较注重团结左翼、极左翼，并努力争取右翼中间派。萨科奇在首轮投票后公开承认，大选形成了"10个总统候选人中有9人反对萨科奇"的局面，而这也正是萨选情困难的重要原因。西方各国选举的历史都说明，在多元化的社会中，仅靠一党之力单打独斗是难以获胜的。这次选举对萨尤为不利的是，执政右翼的传统盟友——右翼中间派法国民主联盟（在首轮投票中获9%选票）的领袖贝鲁在关键的第二轮投票前夕，公开表态支持奥朗德，这对萨无疑是最后一击。

现在，法国总统大选的帷幕已经落下。所有的一切都已成为过去和历史。萨科奇的败选还告诉人们，西方选举中总有一些是不以人的意志为转移的规律性东西，如法国右翼担任总统已17年，人心思变和政权轮替的规律不断释放着潜移默化的心理影响。也可以说，这是西方式选举的局限和特性。

二、今后法国内外政策将会出现哪些变化？

奥朗德获胜后，巴黎街头左翼民众一片欢腾，巨大的喜悦也洋溢在奥朗德的脸上。但其内心却并不轻松，奥公开表示"没有欢庆胜利的时间"。因为他知道，从5月6日投票结束到5月15日正式接管总统权力，只有短短的9天。而立即摆在他面前的却是一大堆亟须解决的棘手问题，如国内外经济形势可能出现新的不稳定或更加动荡，不断升高的失业率还可能愈演愈烈，投资可能减少，资金可能外逃，股市可能下跌，大企业及富人可能迁出……如何稳住局势，进而拉动经济，提高企业竞争力，改善民众生活，还要落实竞选承诺，这些都是奥朗德必须认真面对和立即着手解决或预防的难题。

很多人在想也在问，奥朗德上台，法国的内外政策会不会变化？会有什么样的变化？有这些想法是很正常的，因为从历史上看，战后法国第一位社会党总统密特朗在1981年上台后，曾大力推进改革，大幅度改变法国右翼执政时所形成的一些传统政策和既有作法，实行"法国式社会主义"。其主要改革是：

第一，在经济上实施大规模"国有化"措施，将一批大企业、大银行收归国有，其中包括9个大工业集团和39家银行和金融公司。这在法国内外都引起巨大反响。

第二，在内政上实施"权力下放"和"由人民治理国家"的改革。作法是，将法国本土划分成22个大区，由大区议会行使原属中央政府的某些权力，如大区内的中小学教育、地方行政事务、基础设施管理等。

第三，在外交上推行"第三世界主义"，即把印度、阿尔及利亚和墨西哥等三个第三世界国家列为法国在亚非拉的外交战略支点和盟友。

当时，除上述三大改革外，还有其他一些改革，如将退休年龄由62岁提前至

60 岁，对富人征收"巨富税"等等。在密特朗 14 年的总统任期内，又多次对上述改革进行调整和修正，例如，对部分银行和企业重新实施私有化等等。后来右翼重新掌权，除"权力下放"的改革仍大体维持外，其他改革基本又回到了原点。

现在，法国政局再次由右转左，法国的内外政策会不会再有新的大变动？对这个问题，可以用两层话来回答。首先，法兰西第五共和国在战后经历了多次左右翼政权更替，包括多次左右翼共治，即左翼总统＋右翼总理（共三次），右翼总统＋左翼总理（共一次），可以说，法国的国家政体和内外大政方针基本上已趋向稳定，在左右翼两大主流派政党，特别是戴党和社会党轮流执政的前提下，最高领导人或政府首脑的更迭，原则上不再会对法国内外政策的基本稳定和延续产生颠覆性影响。除非极右翼或极左翼上台，而这在可预见的将来暂无此可能。例如，2002年法总统选举进入第二轮的是右翼的希拉克和极右翼的勒庞，结果社会党破天荒地号召左翼选民投希拉克的票，结果形成了 82% 的选票支持希拉克当选连任的局面。其次，以谨慎平稳见长的奥朗德成为新总统不大可能再做密特朗式的大胆改革，但有可能在内外政策的某些具体做法和策略上进行某些调整或微改。

预计，奥朗德政府将在以下几个方面展示与萨科齐的不同：

（一）在紧迫的国内经济政策上，奥朗德将把施政重点放在"促增长、扩就业"上。从表面看，这与此前萨科齐大力主张的紧缩政策有较大不同，同欧盟在默克尔和萨科奇主导下批准的"欧盟财政契约"也有很人差别。但实际上，一旦进入总统角色，奥的思维可能会出现微妙变化，某些竞选中提出的主张也可能会有调整。例如：

1. 关于反对紧缩政策。奥的逻辑是，紧缩会削弱经济，导致失业增加和政府收入减少，并使国家赤字增加。而法国当前面临的重大挑战是，必须在 2013 年将公共赤字降到国内生产总值的 3%。为此，法国必须保持一定的经济增长，否则政府什么也干不成。奥将法今年的增长率定为 0.5%，并称这是实现其竞选中提出的 60 条施政纲领必不可少的条件。

据欧盟统计局最近公布，今年第一季度法国经济为零增长，全年增长前景不容乐观。但无论如何，奥将把确保今年 0.5% 以上的经济增长作为施政的核心。为此，奥接手政权的当天即访问德国，与默克尔总理会谈的主题就是如何推进欧元区的经济增长。5 月 18 日，奥出席八国集团峰会，与奥巴马总统举行首次双边会谈的主要议题也是促增长。奥朗德深知，增长的目标能否达到，不仅取决于新政府敢于坚持反对紧缩，还需依赖国际、特别是欧元区内有利的经济环境。

2. 关于提高就业。奥很清楚，就业是其获得国民支持的标志性指数。而实现这一点，也离不开经济增长。奥增加就业的承诺是：第一，在工业领域增加 15 万个工作岗位，这些岗位被奥称为"未来工作岗位"，因为主要受益者是社会中下层的年轻人。奥还提出签订"代际合同"，即让企业招聘年轻人的同时，也要留住老职工，以减少失业；第二，承诺保持公务人员总数的稳定，这也包括邮电、电力、铁路等国营企业的公务人员在内；第三，计划五年内在教育领域增加 6 万个工作岗位，主要是增加小学师资力量；第四，承诺将给所有失学的 16 ~ 18 岁之间的青年提供职业培训和进修的机会。

奥的上述主张用意很好，但难度很大，能否实现将取决于经济状况。如经济不好，增加就业的愿望和规划将很难实现。

3. 关于保障民众福利。奥朗德承诺采取措施保障民众福利，主要是：第一，保障所有法国人都能享受免费医疗和就近接受医务服务；第二，修改萨政府去年刚刚实施的新的退休制度改革，即将法定退休年龄再从 62 岁提前至 60 岁。同时将按照各行业工作性质的不同，逐行业谈判退休年龄及条件；第三，在五年内增建 250 万套社会住房，比前政府多增建 30 万套，并对建房不积极的地方政府实施处罚。改善民众福利需大量资金投入，这对赤字严重的法国来说，应是心有余而力不足。估计，执政后这些目标会长期化或逐渐淡化。

4. 关于对富人和大企业增税。具体做法是，年收入超过 15 万欧元将增设新的 45% 的征税档次；年收入超过 100 万欧元的超出税收部分加征 75% 的新税。同时，取消前政府对巨富税的减免优惠。其次，将按照企业的规模征税，大企业的征税率为 35%，中型企业为 30%，小企业为 15%。

鉴于上述征税涉及面较小，预计会很快通过立法推行，但前提是社会党必须在 6 月国民议会改选中获得多数席位。

5 月 15 日，奥朗德从萨科奇手中正式接掌总统大权，并于当日任命社会党议会党团主席、南特市长埃罗为总理。埃对中国很友好。2005 年，埃罗以南特市长名义邀请中国大使夫妇访问南特。埃全程陪同，参观了市政府、老城区以及中国皮影展，还在欢迎宴会上发表了非常友好的讲话，并从此成为中国大使的好朋友。可以说，这是一位在法国社会党内人缘和顺、处事沉稳、可以团结、协调和平衡党内各派力量的重量级人物。

5 月 17 日，新政府举行首次内阁会议并做出总统本人和全体 34 名政府部长（其中 17 人为女性）的工资均减少 30% 的决定。总统年薪由 22.8 万欧元减为 16 万欧元，部长年薪由 17 万欧元减为 12 万欧元。这是新政府亮相后向选民发出的第一个信号：兑现选举承诺，减少国家开支，并首先从总统和部长减薪做起，以表达与国民共渡难关的决心。奥还要求内阁成员签署"行为和伦理准则"，主要内容是：要求部长们必须倾听民众呼声，不对外表达与政令不同的意见；将个人不动产交给合法中介处理；不接受外国官方或私人企业提供的免费度假邀请；拒收价值超过 150 欧元的礼物；出差优先乘火车；出行不得要求警车开道等等。这一姿态与前政府形成很大反差。可以说，此举赢得了法国国民的好感，同时，这也是奥朗德着眼于 6 月份将举行国民议会选举，为争取更多选民支持，赢得议会多数，成为国民议会第一大党，以保障未来五年顺利执政和推行改革而做出的优雅政治姿态。

从目前情况看，新政权的起步较平稳，新内阁的组成既照顾到党内各派力量的平衡，也突出了女性在内阁中的对等权利，并体现出法海外领地的代表性。但不足的是，政府班子中富有行政经验的阁员比重太低，仅5名。其中，最有名气的是前总理法比尤斯，现出任外长。从以上可以看出，刚刚组成的奥朗德新政府施政的重点和着力点，在于理顺法国内事务，力求连续打赢6月16日的国民议会选举之战。而此前，新政府将尽力保持总统竞选期间奥朗德许下的变革诺言。

（二）在对外政策上，奥朗德与萨科齐也有许多分歧点。人们看到，萨科齐执政五年在外交上较侧重于修好对美关系，重返北约，拉住德国，在许多国际热点问题上采取西方一致的共同政策。而奥朗德在选战中则更多强调，应坚持法国独立自主的传统外交政策。有国际评价指出，"具有讽刺意味的是，奥朗德是社会党人，在意识形态上是戴高乐主义的敌人。但看起来，奥朗德将会非常缓慢地着手采取戴高乐式的行动。"然而，面对更紧迫的内政局势，奥朗德似暂不会将其主要精力用于国际事务，而是主要交由现任外长法比尤斯去处理和应对。

可以预测，在对外政策上，奥朗德会像大多数国家新上任的领导人一样，并不急于制定新的国家外交战略，而是会谨慎小心地试着调整现行的国家外交政策。例如，在处理对美关系时，奥将坚持其在大选中做出的关于提前在今年底而不是美国所希望的明年底把法作战部队从阿富汗撤出。奥朗德在上任后首次赴美出席八国首脑峰会时，将这一决定当面通知了奥巴马总统。法美首脑会晤后，法驻美使馆表示，"奥朗德采取了为世界代言的形式发言，因此，美将法作为例外的伙伴对待。"法一位接近奥的议员说，"法国是美国的朋友和盟国，但不是从属国。今后法将以欧洲一员的身份开展独立自主的外交。"这两段话清楚表明奥朗德确有与美拉开一些距离的考虑。预计萨科奇式的法美友好与全面合作将渐成过去。今后在与北约关系及在叙利亚、伊朗、朝核等热点问题上，法方的态度和立场会有所调整。法美关系将进入一个新阶段。

更值得注意的是，法德关系和法对欧盟应对主权债务危机的政策也会出现某种调整与变化。在竞选期间，奥朗德多次要求重新审视在萨科齐和默克尔主导下欧盟今年3月签署的"欧盟财政契约"，明确表示主张以促经济增长取代德国大力主张的长期紧缩。也可能由于与奥朗德话不投机，德国总理默克尔在法大选中罕见地明确表态支持萨科奇，同时，对奥朗德选举期间希望去德会见她表示拒绝。默克尔还针对奥公开表示，已获欧盟大多数成员国批准的"财政契约"不容重新谈判。应当说，上述情况，对奥上台后的法德关系投下了阴影。

国际舆论认为，奥朗德当选后如何处理与默克尔的关系将是未来欧盟内部关系，特别是法德关系中的一个微妙看点。然而，战后半个多世纪以来欧洲一体化不断发展的历史证明，离开了法德的一致与合作，欧洲一体化将难以前行。奥朗德反对欧盟应对欧债危机的"财政契约"，一方面同其反对萨科奇的竞选策略有关，另一方面也同奥所代表的社会党的意识形态主张有关。奥想在条约中加入以下条款：发行欧元债券，调整欧盟央行作用，透过欧盟投资银行或国际投资机构作为"项目担保"来资助欧盟内应对主权债务危机的举措，使欧盟各国朝着有利于经济增长的方向转变，而不是搞强制性的财政紧缩。奥还强调，市场在等待有关增长的强有力信号，没有这个信号，国际投资机构不会借钱给欧盟。

可以肯定，今后法德关系将经历一段新的磨合。这个磨合期不会很长，因为谁都知道竞选时的语言不等同于执政后的举措，最终起作用的是本国、本派的利益。人们注意到，奥当选总统后，默克尔在几次关于应对欧元债务危机的讲话中也强调了经济增长的重要性，但并未放弃要求执行"财政契约"的预算纪律。而现在，奥朗德也已不再坚持要求重新谈判"财政契约"。法德间的共同点再次呈现。这是令欧盟各国鼓舞的。

总体来看，欧洲一体化需要法德继续合作，随着希腊及西班牙等国主权债务危机仍在日益深化，欧盟的前途正面临着严峻挑战。如果法德再闹对立，欧盟前景堪忧，这对谁都不利。因此必须找到使法德双方立场趋于一致的妥协折中方案，才能重新发挥欧盟内法德联合发动机的推动作用。这也是法德双方的共同利益所在。

三、关于中法关系的前景

对于中国人来讲，与其说我们关注法国新总统，不如说更关注新总统的对华政策和未来五年的中法关系走向。今天的任何预测和研判都要靠两国关系今后的发展和变化来验证。

5月7日，奥朗德当选总统后的第二天会见了两个国家的大使，其一是中国驻法大使，其二是美国驻法大使。从这件事可以看出，在奥朗德的心目中，中国是与美国同等重要的国家。这是奥朗德做出的一个积极友好的对华姿态。奥在会见我大使时强调，法国重视中国在国际政治、经济领域的重要影响，希望两国友好合作关系取得新发展。法方愿进一步促进和加强双方在经贸投资以及在二十国集团内部和国际地区热点问题上的协调与合作。胡锦涛主席也在获悉奥当选总统后在第一时间发出贺电，表达了中方希望中法关系继续向前发展的良好愿望。

奥朗德在对华关系上做出的另一姿态是，他任命懂中文、曾在法国驻华大使馆工作过、此前任法外交部亚洲大洋洲司司长的"中国通"燕保罗为总统外事顾问。了解中法关系的人都知道，总统外事顾问在制定和实施法对外政策中发挥着极为重要的作用，同时也是中法战略磋商的法方牵头人。选择一位"中国通"担此要职，应当说，这对中法关系是一个积极正面的信号，至少表明，新总统意识到中法关系的重要性和他本人从未到过中国这一情况，因而，选择熟悉中国的外交专家充当其外事顾问，以协助他妥善处理好对华关系。

中欧论坛创始人戈塞特认为，奥朗德与中国关系的好坏将确定他总统任内的基本特征。他还指出，"5年前萨科奇当选总统时，法国内生产总值相当于中国的73%，而今天奥朗德就任总统，这一数字已降至33%，在力量对比如此迅速改变之际，法国领导人必须对优先考虑的问题进行重新评估。"其实，奥朗德在竞选中多次强调，中法保持稳定合作关系十分重要，他呼吁与中国形成更为平衡的经济合作关系，希望中国开放公共市场，实现人民币的自由兑换。

客观上说，社会党政府一向比右翼政府在对华政策上更强调人权、民主和自由，历史上也发生过多起因人权问题造成中法双边关系受损害的事例。不幸的是，直到现在，仍有一些社会党重要成员缺乏对中国现状的认识和了解，头脑中还存在着某些偏见和误解。据法国媒体报道，本次总统大选期间，奥朗德曾委派前总理法比尤斯作为其代表访华，向中方传递奥希望与中国"建立一种平衡的政治与经济关系"的信息。这本是一件好事，表明奥朗德对中国的重视。但据说由于礼宾上的原因，奥的代表提前离华转往日本。这件事也从一个侧面反映出，双方在相互了解和沟通方面还存在问题，而这正是新形势下需要尽快解决的。人们有理由相信，处事比较务实谨慎的奥朗德总统能够从两国友好关系的大局出发，推动中法全面战略伙伴关系不断向前发展。

其实，奥朗德在巴黎同中国驻法大使还是有过多次接触的。接触中，奥给中国大使留下了态度友善、反应敏捷、好学好问、善于交流的良好印象。2006年年底，当时的法国社会党总统候选人罗亚尔女士提出希望选前访问中国并获中方同意。行前，我大使邀请罗亚尔女士和其男友、时任社会党第一书记的奥朗德同赴大使官邸共进工作午餐，为罗亚尔访华钱行。罗亚尔与奥朗德均愉快地接受了中国大使的邀请。席间，奥朗德不停地就中国的历史和现状等方方面面的事情提出问题，同时，双方也谈及了民主和人权问题。我大使在回答了奥提出的许多问题后说，在中国悠久的文化中早就存在着民主与人权的思想。中国人的祖先在创造独特的中文方块字时，就在字中寓意着民主和人权的思想与追求。例如，近几年中国政府大力倡导建立"和谐社会"与"和谐世界"，而"和谐"这两个中文字的构成本身就有"人人有饭吃、人人有言论"的含义。说完后，我大使在一张白纸上书写下"和谐"两字，并将两字拆分，指出"和"字由禾和口组成，其含义是"人人有饭吃"，"谐"字由言和皆组成，其含义是"人人有言论"。这充分说明，中国古人在创造文字时就懂得了和谐就是保障人的生存权和言论自由，这是古人朴素的人权观和民主思想的写照。

奥朗德听后十分感兴趣并追问道，中国人发明文字是在什么时候？我大使回答，中国有五千年文字可考的历史，由早期甲骨文演变为现代文字，大约发生在四千年前后。奥大概觉得我大使的上述言论很不可思议，因为法国人自认为是民主的旗手，一向认为1789年法国大革命在世界上率先提出了"自由、平等、博爱"的口号，到现在才200多年。奥朗德把中国大使写在纸上的中文字要了过去，并标上法文后收了起来。中国大使说，纸上的字可以请法国的汉学家看一下，就可以对上述说法确认无误。

我大使随后又举一例说，中文的"饭"字也有"哲理"。"饭"字是由食物和造反两个看起来不相干的字组合而成的，意思是如果没有了食物老百姓就要反，而要想不让老百姓反就必须有粮食吃。人民有饭吃才有社会稳定，这是中国古人早就懂得的道理，并运用到了造字上。奥朗德觉得很新奇，显然增加了他对中国文化的兴趣和了解。可以说，这是奥朗德当选总统前不多的与中国人接触的花絮。人们可以从中感受到奥朗德的好学善问和对中国文化的浓厚兴趣。

今天，奥朗德的身份与过去大不相同了，人们希望奥朗德能够在法国总统的崇高岗位上，为中法关系的新发展做出贡献。当然，最重要的不是言论，而是行动。让我们怀着良好祝愿拭目以待。

当此中法关系出现新的磨合之际，人们愿寄托以下几点希望：

第一，考虑到元首外交，即领导人之间的相互了解和友谊，对推进国家间的合作具有重要和直接作用，希望两国最高领导人应尽快会见和结识，以便就重大问题深入沟通、交换看法，并争取达成共识和相互信任的共同行动。今年6月，将在墨西哥举行20国集团首脑会议，这是中法最高领导人之间首次见面会晤的有利时机，双方有关部门应及早着手进行充分的准备，争取双边会谈取得成果。特别是，应商定奥朗德总统对中国进行首次国事访问的有关事宜，这应当成为会晤成功与否的重要标志之一。需要回顾的是，萨科奇2007年5月当选总统半年后即于同年11月正式访华。

第二，当前世界很不安宁。政治上、经济上的热点问题很多、很棘手，对世界的和平、安全与发展构成极大挑战。中法同为联合国安理会常任理事国，有责任肩负起全球治理的共同责任，在世界事务中共同反对冷战思维，反对强权政治，改革不合理的国际政治经济旧秩序。

第三，作为世界第二和第五大经济体，中法在经济上互利合作的空间很大。双方在应对全球金融危机和欧洲主权债务危机方面有许多可以相互合作、共同开拓的新领域，两国主管部门应本着创新思维、努力开拓中法合作的新模式，大力支持和鼓励科研交流、促进相互投资和扩大企业间合作。中方期待法在欧盟内和国际场合支持中国的完全市场经济地位。

第四，中法都是世界上有代表性的文化大国，应继续全面加强和推动两国在文化教育等各领域中的相互交流与密切合作。今明年应全力办好中法语言年，并注意在中法人文交往中，应淡化意识形态差异，防止影响两国的正常交流。

世界在变化，人类在进步。我们祝愿中法关系在不断前行中变得更加美好和更加亲密。

（2012年5月16日　北京）

希拉克与中国的文化情缘

值此法国前总统希拉克的自传出版之际，作为中国前驻法大使（2003～2008年），我很高兴应译林出版社的邀请说几句心里话。

毫无疑问，希拉克的名字在中国几乎家喻户晓。他是法国著名政治活动家，是中国人民十分喜爱的老朋友。他为人热情豪爽，工作能力超强。年轻时出任农业部长、内政部长时，被誉为"推土机"，意在没有他摆不平的问题。他连任巴黎市长18年，两次出任政府总理，两度当选法国总统，书写下个人辉煌的政治篇章。

特别值得一提的是，他对中国和中国人民怀有真挚的友谊。1975年，他以总理身份热情接待邓小平副总理访法，书写了中法关系史上重要一页；1995年，希拉克首次当选总统之后，法国即根据他的指示，在日内瓦人权会上率先拒绝联署美国搞的反华提案，从而两年后结束了那一场折腾多年的反华闹剧；1997年希拉克访华，同江泽民主席一起建立了中法全面伙伴关系，成为西方第一个带头同我建立伙伴关系的大国；2004年胡锦涛主席访法，中法又确立了全面战略伙伴关系；从2003年10月至2005年9月，两国历史上首次互办中法文化年，其跨度之长，交流之广，气氛之热，成果之大都是中法关系史上从未有过的；这一期间，中法合作硕果累累：2004年签署高铁合作协议、预防新生疾病合作协议、6吨直升机合作协议；2005年签订卫星合作协议；2006年签订空客320在天津设组装生产线协议；2007年签署第三代核电合作协议；等等。可以说，希拉克任总统的这一期间是中法建交以来的最好时期。希拉克以总统身份先后对中国进行了四次国事访问，对提升中法关系做出了不可磨灭的重大贡献。

希拉克总统的可贵、可敬和可亲，特别是他一贯主张并最大限度地亲力亲为去推动对华友好不是偶然的。这源于他对中国古代文化与历史的广博了解和由衷喜爱，也源于他对现代中国的深刻理解和客观赞赏。我清楚记得，2004年在巴黎书展上，当我与他偶然谈及李白与杜甫时，他脱口而出地说，李白和杜甫的年龄相差11岁。一个外国国家元首对中国唐代两位最伟大诗人竟了解到如此地步，当时我感受到的巨大心灵冲击是永远难忘的。

2003年9月，在巴黎看完中国画展——《神圣的山峰》之后，希拉克随口问我喜欢中国古代哪位画家，我思考中未及回答，他便主动说他喜欢石涛，因为石涛作画不拘泥于前人，主张开拓创新。这一次的对话更加深了我对希拉克渊博知识的了解与钦佩。

2004 年 10 月，希拉克访华在成都停留时，四川省的同志精心挑选了 9 件三星堆的珍贵文物请希拉克观赏。希拉克一行抵达旅馆时已是晚上 11 点多，主人担心影响总统的休息，计划安排 15 分钟观赏文物，结果希拉克用了 40 多分钟拿着放大镜前后左右仔细观赏，还不时向专家提问。当时看到一个跪俑时说，"这是二号坑出土的吧？为什么跪的最终结论有了吗？"当时在场的陪同人员听后无不面露惊讶和赞佩。我在法国当大使近 5 年，这样的例子不胜枚举。

2003 年 7 月，我刚到巴黎履新，尚未递交国书，他便破格在总统府举行的国庆招待会上单独会见我和夫人，并预言中国经济总量将在 20 年后赶上美国。这一判断在今天已很平常。但在当时是极为罕见的，给我留下深刻印象。

2008 年 4 月，我作为胡锦涛主席的特别代表访法，拜会了已退休、但仍以"希拉克基金会"主席的身份为世界和平与摆脱贫困疾病而忙碌的希拉克总统。当时，我邀请其访问外交学院并提议授予其国家级外交学院名誉博士学位，他欣然同意。我知道，这是他退出公职后首次接受此类荣誉，充分显示出他对中国人民的深厚友情。2009 年 4 月 29 日，外交学院举行隆重学位授予仪式，我代表外交学院用这种方式向这位对华友好、博学多才的卓越政治家、中国人民的好朋友表达敬意，希拉克随即发表了热情演讲。

希拉克总统的一生是极不平凡的。2009 年底他的自传《每一步都应当有目标》出版，随即在法国内外引起巨大反响，受到国际媒体和全欧公众的高度关注。在译林出版社和我的外交学院同事李旦副教授的共同努力下，该书的中文译本在很短时间内面市，是值得称赞的。李旦老师在外交学院执教多年，具有丰富的法语教学和翻译经验，曾出版过国际政治类译著多部。相信这部《希拉克自传》的中译本一定会为中国读者深入了解希拉克的从政经历和人生观，了解法国的独特政治生活和社情民情提供生动线索和多彩画面。毫无疑问，这是一本展示现代法兰西重要政治人物生平的好书和译作精品。

（2010 年 9 月 13 日　北京）

两会期间接受《欧洲时报》社长采访

杨咏桔女士：赵大使您好！两会即将召开，您怎样评价中法关系对国际事务的影响和作用？

答：我始终认为，中法关系是中国在国际事务中最看重的双边关系之一。道理很简单，中法关系是两国老一辈领导人毛泽东、周恩来和戴高乐将军共同亲手缔造的。1964 年中法宣布建交是一件历史性大事，对当时美苏对抗的两极格局造成巨大冲击，震惊了全世界。

建交 48 年来的历史证明，中法有许多共同点，两国都是历史悠久和文化灿烂的大国，都是安理会常任理事国，在国际事务中都十分珍视独立自主，主张世界政治多极化和文化多样性。可以说，两国在国际事务中都发挥着各自独特的作用。同时，两国之间也有许多携手合作、共同维护世界和平与稳定的事例：如 2003 年，中法两国都坚定明确地反对美英对伊拉克动武，为维护正义，反对外部军事干预，做出应有贡献。再如，近两年来，面对全球经济与金融危机，在双方共同努力下，中法关系呈现快速发展的良好态势。两国高层交往频繁，经贸合作增长，人文交流活跃，双方在许多重大国际和地区问题上保持密切沟通和协调。这对今后中法关系的更大发展十分有利。

杨：您能否就当前形势再更具体评价一下中法关系？

答：好的。2008 年金融危机爆发后，世界出现了一些新的变化。一方面，美欧正在遭受主权债务危机的极大困扰，另一方面，以金砖五国为代表的新兴经济体在国际上的影响力上升。在这一背景下，中法都意识到，必须加强两国合作、努力改革不合理的国际经济与金融秩序。我们看到，去年在法国担任二十国集团主席和八国集团主席期间，萨科奇总统打破外交常规，两次技术性访问中国，与中国领导人多次会面，就主权债务危机、国际货币体系改革等议题进行坦率沟通，积极商议，展现了中法双方加强合作、共同应对世界性挑战的真诚愿望。毫无疑问，当前中法进一步加强合作对世界有重要影响和积极意义。

杨：您怎样分析目前法国在金融危机中的困难和前途？

答：的确，目前欧洲正面临着很大困难，矛盾的焦点是，高工资、高福利、高失业所造成的"寅吃卯粮"的不可持续现象到了必须改革的地步。很多人对欧盟的前途有疑虑，担心希腊、葡萄牙、甚至意大利等欧元区成员国陷入主权债务危机，有可能严重影响、甚至危及欧盟的存在与稳定。近期，国内的媒体非常关注这方面的形势发展。

法国作为欧洲一体化的创始国和主要发动机之一，也面临着失业增加、经济增长乏力、金融评级下滑等很大的压力。但是，从欧元区整体情况看，法国虽比不上德国，然而情况还是相对较好的。最近，欧盟接连采取了许多治理危机的紧急救助措施，欧盟形势有所趋缓。我相信，只要政策对头，注重依靠和发挥欧盟自身力量，法国是可以渡过难关的。历史一再证明，法国的发展离不开欧盟的发展，而欧盟一体化的进程从来都不是一帆风顺的，总是在不断克服各种困难和挑战的过程中前行。

杨：在克服自身困难中，欧盟期待着中国能施以援手，对此您如何看？

答：最近，在北京举行第十四次中欧领导人会晤时，中国领导人多次表示，中国支持欧洲应对主权债务危机，并且愿意加大参与解决欧债问题的力度。这是中欧关系中的好消息。但是我以为，欧盟面临的问题首先要靠自己去解决。当然，这可能需要比较长的时间，付出的代价也会是痛苦的。但一定会成功。

杨：您在法国担任大使期间与两届总统都有很多交往，能否讲一些有关他们中国文化情节的小故事？

答：我担任大使期间，曾有幸三次奉召回国参与接待法国总统对中国的国事访问，其中希拉克总统两次（2004 年，2006 年），萨科奇总统一次（2007 年）。此外，我与这两位总统均相识多年，在日常工作中有许多近距离的接触，建立并保持着很好的个人友谊。您提的问题使我回忆起，这两位法国总统有一个共同点，就是都对中华文化十分喜爱或很感兴趣，有几件事给我留下深刻印象。

往事之一，2003 年 9 月，中国文化年开幕之前，希拉克总统约我陪他去看文化年活动的重头戏——中国宋元明清精品画展——《神圣的山峰》。这是新中国成立以来，第一次在国外展出这么多幅最高水平的画作。观赏中，希拉克兴致勃勃地指着宋代那幅暗绿色的山峰之作说："这是当今世界最有价值的 10 幅艺术绘画之一。"当时，我微笑着点头表示赞同，但内心对希拉克总统的内行眼光感到惊叹。走出画展分手之前，希拉克又突然问我，你最喜欢展厅中的哪位画家？当我还在思考怎么回答时，希拉克又主动告诉我，他本人最喜欢石涛。我听后心中一颤，因为我虽然知道石涛的名字，但却不知道希拉克为何喜欢石涛。回到使馆一查资料才晓得，石涛作画不拘泥于前人的风格，而主张大胆开拓创新。

往事之二，2004 年 10 月，希拉克国事访华在成都停留，四川省的主人听说希拉克对中国传统青铜器和陶瓷器很有研究，便精心挑选了 9 件三星堆珍贵文物请希拉克观赏。希拉克一行抵达旅馆时已是晚上 11 点多，主人担心影响总统的休息，计划安排 15 分钟观赏文物，并认为时间足够了。结果谁都没有想到，希拉克竟用了 40 多分钟，拿着放大镜对文物前后左右、还蹲下来细细地观赏。当他看到一个跪俑时脱口便问："这是二号坑出土的吗？""为什么反绑跪着有结论了吗？"当时在场的陪同人员听到如此内行的问题，无不面露惊讶和赞佩。可以说，我与希拉克总统接触时，像这样的例子不胜枚举。这就是喜爱中国、研究中国文化并具有专家级鉴赏水平的真实的法国总统希拉克。

杨：希拉克总统如此喜爱中国文化确实令人感动。您与萨科齐总统有什么故事吗？

答：我认识萨科齐总统已有 20 多年。2007 年 5 月，萨当选法国总统后，我在第一时间向他发电表示祝贺，之后我又是第一个选后拜会总统外事顾问的大使。会见时总统顾问说，总统非常重视中法关系，希望进一步加强两国全面合作，并询问我有何建议。我说，中法建交以来，法国历任总统访华最早是在当选 2 年之后，例如希拉克总统和密特朗总统。我希望，萨科奇总统能打破这一传统，在当选的年内访问中国，以体现总统本人对发展中法关系的重视。几天后，顾问告诉我，总统愉快地接受了中国大使的建议，准备于 2007 年 11 月 25 日，即当选半年后对中国进行首次国事访问。这次访问还根据总统本人的意愿，第一站选择了西安。据总统身边的人说，这一选择的意图是要发出一个信号，即总统本人希望通过了解和认识中国古老的文化，以便更好地理解现代中国，从而更好地推动两国关系的发展。应当说，萨科齐总统的用意是好的，那次访问的准备很充分，成果也很多。双方均感到满意。萨科齐总统任期即将届满，五年间他 6 次访华，为历任总统之最，这也从一个侧面反映了他希望发展中法友好与合作。

杨：您怎样看待旅法华侨华人在发展中华文化中的新作用和新任务？

答：一百年前 14 万华工前往法国，帮助第一次世界大战中的英法盟军修筑工事，华工们在极其艰苦的条件下与法国人民并肩战斗，为结束那场浩劫做出巨大贡献。战后，约 3 千华工选择留在法国，开创了早期中法人民间的友好交往。其后，20 世纪 70 年代，由于红色高棉驱赶华侨，有大批印支华人来到法国避难谋生；中国改革开放后又有众多大陆同胞移居法国，形成了今天旅法华人华侨社会的多元结构。

不论旅法的华人华侨何时何处来到法国，他们的共同点是：吃苦耐劳，团结勤奋，遵纪守法，与当地人民友好相处，并成功融入法国社会。同时，还有一点最重要，他们身在异国不忘保持和弘扬博大精深的中华文化和中华传统，受到法国人民和主流社会的高度评价和肯定。

应当特别指出的是，旅法华人华侨中的年青一代，他们既受到法兰西文化的熏陶，又保留着中华的文化传统，凭借这种双重文化相结合的优势，他们比前辈们更好更深更广泛地融入法国社会，有的还成功地当选议员或地方官员，为东西文化的多元互补和增进中法文化交流做出很大贡献。

今天，随着中国改革开放的深入，国家越来越重视中华文化的大发展和大繁荣，其中包括将在全世界更好地传播中华文化，让世界人民更准确地了解一个真实的中国。这是中国发展到今天，必须全力做好的一件大事。旅法华人华侨一向有爱国爱乡的光荣传统，也有在当地积极弘扬中华文化的许多良好做法与经验。我记得2003年10月至2004年7月在法国举办中国文化年期间，全法华人华侨都动员起来，行动起来，为新中国在国外举办的第一个中国文化年的顺利成功作出了巨大贡献。我永远忘不了2004年1月巴黎香榭丽舍大街的彩妆游行！那是多么美好的回忆！多么精彩和激动人心的时刻，有多少感人的故事啊！连老天爷也帮忙让雨后天晴！……

我想，今天对许多旅法华人华侨而言，在法国积极弘扬中华文化已成为一项常态化的义务。令人高兴的是，旅法华人华侨成立了越来越多的文化协会和团体，这是传播中华文化、推动两国关系发展的重要载体和力量，值得充分肯定。我相信，旅法华人华侨有智慧有热情更有能力去创新中法两国人民之间的文化交流和友好往来，为推动中法在各个领域的务实合作和中法全面战略伙伴关系的发展做出更大的贡献。应当说，这是时代和历史赋予旅法华人华侨的光荣使命。

杨：谢谢赵大使用这样长的时间接受我的采访。

答： 借此机会，我愿通过著名的《欧洲时报》向一直以来热心支持和帮助过我工作的旅法华人华侨各社团和所有旅法华人华侨朋友们表示衷心的感谢和最美好的祝福！

（2012年12月27日　北京）

胡主席"战略之旅"为中法关系创造机遇

11月4日至6日，胡锦涛主席对法国进行了为期三天的国事访问，这是胡主席继2004年1月中法建交45周年之际成功访法六年后，对法国进行的第二次国事访问。此访是在国际形势发生复杂深刻变化，中法关系经历了风雨和曲折的背景下，中国最高领导人对法国和欧洲展开的一次重大外交行动。

由于历史、文化和民族特性所形成的原因，近半个世纪以来，特别是1964年中法建交以来，中法关系从来都是非比寻常的。此次也不例外。访问在许多重大关键问题上取得丰硕成果，引起全世界的广泛瞩目。其意义超越中法双边范畴，对经历金融危机后正在缓慢复苏的世界经济及未来国际政治格局的走向将产生重要影响。可以说，此访再次凸显了中法关系的独特战略意义。

一、法方高度重视，做出超规格的友好安排

国事访问是国家间最高级别的双边活动，其成功与否主要取决于访问成果，但热烈友好的气氛和超常的礼宾规格也是非常重要的，因为两者之间有内在的关联。从这一点来看，此访兼顾到了表里，体现出内容与形式的高度统一。

从三天的访问安排可以看出，法方极为重视胡主席的访问，采取了许多破格的礼宾措施，给予了胡主席以超高规格的接待。主要表现在：

第一，萨科齐总统夫妇亲自前往机场迎接胡主席和夫人，而按惯例则应由内阁部长前往。鉴于2004年1月26日，希拉克总统也曾与夫人亲往机场欢迎胡主席夫妇。这次，法方采取了增加机场欢迎仪式的礼兵人数，加长红地毯等新的破格措施。据说，颇为精通音乐的总统夫人布吕妮提议，将演奏国歌的军乐团人数由40人增至70人，主要增加管弦等音质厚重的铜管乐器手，以便更好地演奏出《义勇军进行曲》的激越高亢旋律；

第二，在入城抵达荣军院后，法方又把通常安排108名骑马护卫贵宾车辆的共

和国卫队增至 140 名，浩荡的礼仪马队前拥后呼地行进在巴黎市中心的大道上，进一步提升了欢迎仪式的庄严恢宏气势和热烈友好氛围；

第三，萨科齐总统亲自陪同胡主席到法国南部蓝色海岸名城——尼斯访问。这是非常少见的友好举动。只有 1979 年华国锋访法时，时任总统的德斯坦曾陪其到雷恩访问。在尼斯，萨科奇还同胡主席进行了小范围会谈，在一家萨科齐十分喜欢的特色餐馆与胡主席共进晚餐。这一系列的礼宾加码和特殊安排，反映出法方高度重视和希冀通过此访进一步加强加深中法两国及两国领导人之间的友好关系。中央电视台在新闻联播节目中播放了胡主席访法的一段感人画面：美丽的尼斯城街道上，萨科齐总统微笑着迎候胡主席。之后，两国元首一起走向小范围会谈地点，这时街道旁许多挥舞着中法两国国旗的留学生和当地老百姓向两国元首招手致意，并热情握手。画面自然、欢快、生动，充分展现出中法两国人民之间的传统深厚友好关系，给人留下十分深刻的印象；

三天的访问时间不长，但两国元首进行了五次富有成果的会谈与会面。其间，胡主席还分别会见了总理菲永、参议院议长拉尔歇、国民议会议长阿夸耶以及前总统希拉克等政要。在胡主席抵达当天的欢迎国宴上，萨科齐总统强调，中国不应被视作威胁，而应是机遇。法国愿同中国共同建立双赢的合作伙伴关系。当晚，法方邀请了 200 余名要客，包括几乎所有的政府部长和政经界要人、文化精英等出席，热烈友好的气氛把访问推向了高潮。

二、富有新意的中法联合声明是访问的最大亮点

此访双方达成了七、八项旨在加强中法在各方面合作的协议或备忘录，其中，《中法关于加强全面战略伙伴关系的联合声明》内容丰富，寓意深远，充分反映了中法进一步加强全方位合作的政治意愿，对未来双边关系具有重大指导意义。

《联合声明》涉及许多新提法、新思路，其中值得特别关注的有以下几点：

（一）《联合声明》强调："新兴国家的快速发展有利于国际关系向更加合理均衡的方向发展。"这句话道出了当前国际形势发展的一个重要特点，即新兴国家、或称发展中国家群体性崛起，这是人类近代史上从未有过的现象，必将对未来国际格局产生深远影响。《联合声明》正面肯定这一点，特别是作为西方重要成员的法国支持新兴国家的快速发展，具有积极意义，有利于维护世界和平，促进世界合理均衡发展。

（二）《联合声明》指出，中法双方"相互尊重对方独立自主选择发展道路。"应当说，这是法国第一次以正式文件的形式表述法国尊重中国独立自主选择的发展道路。这一点很重要，特别是在许多西方国家以不同形式质疑或指责中国的发展模式的时候，法国做出这一表态很难得，很公正，体现了法国传统的独立意识和不"人云亦云"的民族特性。历史会证明，在这一点上，法国的态度是正确客观的，

会对其他西方国家产生积极影响。

（三）《声明》中还有一句重要的话："应进一步推进国际货币与金融体系改革，应对原材料价格过度波动。"这句话重要，是因为它表明了两个在联合国负有特殊重要责任的安理会常任理事国对保障国际金融与原材料安全的关注。这两个问题是近几年来影响世界金融经济稳定的重要因素和难点。而中法强调应致力于改革国际货币金融体系和应对原材料价格过度波动，完全顺应了时代的要求和国际人心之所向。现在，越来越多的人认识到，2008年世界爆发"二战"后最严重的金融危机，其根本原因是"二战"后确立的国际经济与金融体制存在诸多不公平、不合理之处。正因如此，才会出现一家名叫雷曼兄弟的美国公司倒闭竟引发了全球性金融危机的怪事。中法共同表示应进一步推动国际金融体系的改革，这无疑是中法双边关系新的重大合作领域，关系世界各国利益，因而需要今后双方密切沟通，协调立场，相互支持，才能实现全球互利共赢。

（四）《声明》还列举了双方在以下问题上的共同立场：

——"在坎昆召开的联合国气候变化会议上，双方希望按照《联合国气候变化框架公约》及其《京都议定书》以及'巴厘路线图'的授权，达成能够应对挑战的协议。"这句话表明，两国支持联合国确立的"共同而有区别的责任观"，这一点很实质很重要。

——"欧盟应取消对华军售禁令，尽早承认中国的完全市场经济地位"。这句话可以理解为，法国承诺将继续在欧盟内就这两个问题做工作。这对中国很重要，对中欧关系的健康顺利发展更重要，是非常合情合理的。

——"中法在相互尊重和重视彼此主权和领土完整、根本利益的基础上，共同推动中法全面战略伙伴关系取得更大发展。"这句话，第一次把"重视彼此的根本利益"作为两国关系发展的基础，很有分量，很有针对性和现实意义。

毫无疑问，《中法联合声明》在上述这些重大问题上的清晰表述，使中法两国全面战略伙伴关系的内涵更加丰满、更具时代感、更加富有可操作性，将是具体指导今后两国关系健康平稳和可持续发展的纲领性文件，非常值得称赞。

三、回顾过去、展望未来，中法关系的重要性将长期存在

中法关系是中法双方均视为最重要的双边关系之一。之所以这样，是因为：

第一，中法关系具有独特的战略性特点。从历史上看，法国是最早承认新中国的西方大国。早在1964年，戴高乐将军就顶住美国的巨大压力，在西方大国中率先与中国建立了大使级外交关系。这是在中法关系46年历史上一直闪耀着夺目光彩的华章。中法两国能够走在一起不是偶然的，因为两国都奉行独立自主的外交政策，都不赞成两极或单极世界，都主张世界政治多极化、经济全球化、文化多样性。这就是为什么中法两国在许多重大国际问题上有着相同或相近的看法。这也是

中国能与一个西方大国在 1997 年最早建立全面伙伴关系的重要原因。也正是因为如此，法国 1997 年在联合国人权大会上带头拒绝联署美国炮制的反华提案，并最终联手欧盟国家反掉了美国的反华人权提案；2003 年，法国和中国一道坚决反对美国发动伊拉克战争；2008 年，法国和中国一样在世界经历金融危机中明确主张加强金融监管，改革不合理的世界金融体制。应当说，历史一再表明了中法关系具有的战略性特点。而且，这一特点还将长期存在。

第二，中法关系也具有鲜明的时代性特点。胡主席与萨科齐总统在两次会谈中全面商讨了新时期进一步推进两国关系的新举措。双方签署了经贸、能源、航空、金融、电信、环保等金额高达 200 多亿美元的多项合作协议，并提出在今年双边贸易将达 400 亿美元的基础上，未来 5 年再翻一番，到 2015 年增至 800 亿美元。同时，双方还承诺为对方投资者提供更加便捷、更具吸引力的投资环境。过去，中国在改革开放之初，为法国赴华投资提供了便利。现在，法方也承诺为中方投资提供便利，这体现了时代的巨变和中国快速发展对国际关系的重大影响。时代在发展，情况在变化，但中法的共同点没有减少，还将进一步增多。此次，双方除商定继续推进传统的核电、航空等领域的合作外，还将大力在节能、环保、新能源、新材料、电动汽车和信息通信、高端设备制造、金融等新的领域挖掘合作潜力，打造中法合作新支柱，使两国在新世纪、新时期成为更紧密和可持续发展的经贸合作好伙伴，以体现中法关系与时俱进的时代性。

第三，中法关系一向具有全球性影响力的特点。随着国际形势的发展变化，这一特点还将进一步增强。这与两国在世界政治、经济、文化、科技、军事等领域所拥有的实力、地位与国际影响力密切关联。今天的中国，经济平稳快速增长，国家综合实力和国际影响力大幅提升。与昨天相比，今天的中国已不可同日而语。今年，中国的经济总量将跃居世界第二位。中国在世界银行的投票权和在国际货币组织的份额则同步由第六位上升为第三位，使中国在重要的国际金融机构改革中的话语权和决策权增大。而法国作为西方有独立自主传统的大国和欧盟在政治方面的"带头羊"，一向具有法国特色的国际影响力。今年年底至明年，法将担任 20 国集团主席国，萨科齐总统明年将在巴黎主持明年 20 国集团第六次首脑会。法方非常重视明年法国的这一重要角色，并决心做出成绩。在法看来，加强中法关系，在一些重大国际问题上得到中国的支持与合作，有利于法国发挥其全球影响力。对中方而言，道理也是同样的。因而，从长远看，进一步加强中法关系，不仅对两国有利，而且也符合世界各国的广泛利益。

综上所述，中法两国是东西方具有悠久历史和灿烂文化的大国，双方都十分珍视各自民族的宝贵遗产和精神财富，都奉行独立自主的外交政策，这是中法构建全面战略伙伴关系的重要基石。胡主席对法国的成功访问极大地巩固和推动了中法全面战略伙伴关系的发展，把两国关系恢复到新的应有高度。因此，这是一次里程碑式的访问，将给历史留下许多反思和回味。其中最重要之点是：国与国只有相互尊重、平等相待，切实尊重彼此的核心利益和重大关切，才能使不同的意识形态、不同的政治体制、不同的文化背景的国家在平等互利基础上开展国与国之间的全面合作，并实现有利于全世界的繁荣共赢。

作为本文的结束语，可以说，中法间的故事很精彩，不但有特殊性，更有共同性，对世界各国都有参考和借鉴意义，这正是中法关系所具有的独特魅力。

（此文载于《中国政协报》）（2010 年 11 月 18 日　北京）

能源与国际关系
——在中法暑期研讨会（丹东）的讲话

本届研讨会以"能源与国际关系"为主题很有现实意义。能源是人类社会赖以生存和发展的物质基础。人类文明的每一次重大进步都伴随着能源的改进和更替。能源是人类发展的动力。

今天能源问题再度成为全球关注的焦点之一。回顾历史，过去的几百年间，西方发达国家先行完成了工业化，但代价是消耗了地球上大量的自然资源，同时也以累积方式引发了环境问题和气候变暖，成为令全球头疼的大问题。

今天，中国作为占世界人口五分之一的最大发展中国家，面临发展经济、摆脱贫困的重任。近30年来，中国经济实现了年均增长9.8%，取得了举世瞩目的进步。同时，中国能源消费年均增长5.4%，成为世界最大能源生产和消费国之一，承受着环保的巨大压力。

煤炭占中国能源生产总量的75%，其中一半以上用于发电，煤电占总发电量的84%。而法国电力生产的80%来自核电。这是中国不同于欧洲的能源国情，也是短时间内无法根本改变的。

地球是人类唯一的共同家园。国际社会有责任携手合作，共同应对能源危机和气候变化带来的挑战。

中国主张以能源的可持续发展支持经济社会的可持续发展，坚持节约资源和保护环境并重的发展战略，并在2005年制定了到2010年，5年内实现国内生产总值单位能源消耗降低20%、主要污染物排放总量减少10%、森林覆盖率从18%提高到20%、可再生能源在一次性能源中的比例从7.5%提高到10%等量化目标。为此，中国关闭了一大批能耗高、污染重的各类小企业，并大力发展高铁、地铁等公共交通，努力开发水电、风电、核电及太阳能等清洁能源。目前，中国已投产核电装机容量约900万千瓦，占总电力的1.3%，2020年将占5%以上。当然，这同世界各国核电平均比例16%相比，我国核电发展仍然滞后。今天，中国的太阳能板产量居世界第一，风能发电居世界第二。各种清洁和可再生新能源技术的研发和应用也有很大进展。中国将继续为实现能源可持续发展而不懈努力。

在国际上，中国支持《京都议定书》确定的"共同但有区别的责任"的原则，赞成发达国家应率先承担减排责任，并向发展中国家转让环保节能技术和提供资金支持，帮助发展中国家提高能源利用率，增强应对气候变暖的能力。中国反对借口环保，实施贸易保护主义。

各位朋友，辽宁省是我国老工业基地，曾经是能源消耗大、环境污染严重的省份。近些年来，辽宁省采取一系列环保措施，加强污染控制、环境监管，取得显著成效。不久前，辽宁省省会沈阳成为亚洲三个、中国唯一被联合国环境署确定的"联合国生态示范城"。2005年4月，我作为驻法大使曾陪同拉法兰总理访问沈阳。拉法兰说，1976年"文革"中他曾去过沈阳，他对沈阳30年来的巨大变化感到惊讶。现在，辽宁省与法国奥弗涅大区和北方—加莱大区建立了友好合作关系。我希望有更多的法国朋友知道辽宁、喜欢辽宁、踊跃到辽宁寻求合作。

今天我们在丹东开会，鸭绿江对岸就是朝鲜。朝鲜半岛的局势牵动着世界的目光。人们在问，朝鲜半岛急剧恶化的形势还将会如何演变？我认为，这是一个需要国际社会共同努力、妥善解决的问题。中国致力于维护朝鲜半岛无核化，坚决反对朝鲜进行核试验，主张有关各方采取冷静和克制态度，以对话和谈判，解决分歧。为确保实现东北亚地区的和平、合作与稳定，中国绝不会放弃自己的责任和努力。

当前，国际金融危机仍在蔓延，中欧关系处于关键时期。面对全球性挑战，中欧之间，没有根本利害冲突，相反，欧盟是中国第一大贸易伙伴，双方有许多共同利益，维护中欧全面战略伙伴关系，进一步加强和发展中欧关系和中法关系，符合双方利益，有重大现实意义，对世界多极化趋势有利。我希望，中欧双方的研究机构和智库应发挥积极作用，共克时艰，推动中欧、中法关系不断发展。

外交学院一向重视与法国的合作。今年4月，希拉克前总统来我院演讲，并被授予外交学院名誉博士学位；5月，德斯坦前总统访问我院并发表演讲。此前，苏和大使也来我院为学生们举办讲座。我院还与法国多所高校建立了合作关系。我院决心继续深化和发展与法方的各项交流与合作，为中法两国人民之间的伟大传统友谊贡献力量！

（2009 年 7 月 29 日　辽宁丹东）

能源与可持续发展
——在中法暑期研讨会（烟台）的讲话

金融危机和气候变化是当前人类面临的两大全球性挑战。为应对这两大危机，各国都在深刻反思，并提出各种解决方案。这是值得称赞的。

对中国而言，如何抓住世界经济企稳回升的机遇，寻求符合中国实际的可持续发展之路，具体来说，就是如何在保增长、保稳定的同时，加快转变经济增长方式，已成为中国的当务之急。这同本次研讨会确定的主题"哥本哈根峰会后续行动与可持续发展"是完全吻合的。因此，这次研讨会很有现实意义。

去年哥本哈根峰会有超过 85 个国家的元首或政府首脑、192 个国家的环境部长出席，显示了各国对气候变化问题的高度重视。尽管最终达成的《哥本哈根协议》不具有法律约束力，但它坚持了《联合国气候变化框架公约》和《京都议定书》的基本框架，重申了"共同但有区别的责任"原则，会议的结果还是很有积极意义的，得到多数国家的肯定和支持。当然，一些国家对会议也有不同看法，甚至是批评意见。这也是正常的，可以理解的。因为各国在应对气候变化问题上的思考和立场是同本国的国情，特别是同经济发展阶段的不同相联系的，对会议的期望值也不同。中国一贯主张各国应相互理解、相互尊重、加强合作，携起手来共同应对气候变化。

中国自古就有"天人合一"、尊重自然的理念。但中国今天的国情与欧美发达国家很不相同。例如，高能耗、高污染的煤炭是中国的最主要能源，占能源总量的75%，其中一半以上用于发电，占中国总发电量的84%。同时，能源消耗年均增长 5.4%，使中国承受着巨大的环保压力。这种状况短时间内无法根本改变。而欧美国家基本上已不再使用煤炭作为能源，法国在 2005 年关闭了最后一座煤矿。法电力生产的80%来自核电。而核电是清洁能源。这就是中国与欧美发达国家的巨大不同。

改革开放 30 多年来，中国经济实现了年均增长 9.8%，取得了很大的进步。但同时，中国人均仅 3600 美元，排在世界人均一百位之后。因此，历届中国政府都把增长经济、消除贫困，作为执政的第一要务。

由于上述特殊国情，中国在消除贫困、实现可持续发展和治理环境等方面遇到的困难要远远多于和远远大于欧美发达国家。但中国政府有决心、有措施把消除贫困、可持续发展和环境保护有机结合起来。中国政府曾决定从 2005 年到 2010 年，5 年内实现国内生产总值单位能源消耗降低 20%、主要污染物排放总量减少 10%、森林覆盖率从 18% 提高到 20%、可再生能源在一次性能源中的比例从 7.5% 提高到 10% 等量化目标。这些目标今年年底将基本实现。

在哥本哈根会议上，温家宝总理宣布，到 2020 年中国单位国内生产总值二氧化碳排放将比 2005 年下降 40%～45%。这是一个非常困难的指标。为此，中国关闭了一大批能耗高、污染重的各类小企业，并着手大力发展高铁、地铁等公共交通，努力开发水电、风电、核电及太阳能等清洁能源。一切不怀偏见的人都可以看到，中国政府是说到做到的。北京在短短几年内修建了十几条地铁线，增购大量零排放的清洁公交车。为鼓励乘坐公交，北京的公交票仅为 0.4 元，地铁票 2 元，是世界之最低。

中国鼓励使用节能灯具。在距此不远的德州，有全国首条接受阳光照射 8 小时可以使用 7 天的长达 10 公里的太阳能路灯街道。有完全依赖太阳能供热、制冷、照明的"零排放"建筑群，有全国最大的光伏设备生产基地，德州因此被称为"太阳城"。从德州的例子可以看出，中国各省市重视发展清洁能源的大趋势。这是令人鼓舞的。

中国的风能利用发展迅速，西北酒泉正在建设世界最大风力发电站，总装机容量为 1000 万千瓦，现已建成一期 360 万千瓦并投入运行。江苏和上海建造的海上风力发电机群也非常壮观。

人类只有一个地球，需要全世界人民共同呵护。今年以来，中国和世界许多地方频遭各种严重自然灾害，更加证明环保的重要性和迫切性。可以说，地球在向人类呼唤，呼唤环保、呼唤国际合作。而中法作为全面战略合作伙伴，应当在国际环保合作中发挥带头作用。

中法科技合作一向有良好的传统。1978 年，法国成为与中国签订政府间科技合作的第一个西方国家。30 多年来，科技合作对中法关系起到了十分重大的推动作用。20 多年前，中法在核电领域开展了成功的合作。2007 年 11 月，法国阿海珐集团与中国广东核电集团在北京签订价值 80 亿欧元的民用核能合作协议。核能是清洁能源。中法核合作本身就是两国携手应对气候变化作出的贡献。我希望面对全球气候变化，中法能够进一步发挥科技合作的榜样作用，推动全球在治理气候变化方面的合作向前迈进，例如共同推动发达国家向发展中国家无偿转让环保技术。这是《联合国气候变化框架公约》对发达国家规定的国际义务，理应得到落实。中国愿意在应对气候变化方面做出自己应有的贡献。

此次我们在烟台讨论世界环保问题很有意义。因为烟台过去并不是现在的样子。环境问题也曾困扰过烟台。但经过全市人民的不懈努力，今天的烟台是一座非常美丽的海滨城市，曾荣获中国人居环境范例奖、中国人居环境奖和联合国人居奖等荣誉。我们祝贺烟台在"可持续发展"方面做出的巨大努力和取得的卓越成就。烟台的故事说明，世界上所有的城市经过努力都可以在应对气候变化方面做出各自的贡献。我们感谢山东人民和烟台人民的环保意识和环保行动，并祝愿他们在未来取得更大成就！

（2010 年 7 月 21 日　山东烟台）

新兴大国崛起及其战略影响
——中法暑期研讨会（承德）讲话

本次研讨选择了"新兴大国的崛起及其战略影响"这一具有重大现实和深远战略意义的主题。对此，我有以下看法：

一、新兴大国的崛起是当今世界最新的时代特征

进入21世纪，国际格局的一个重大变化是，以发展中国家为主体的一批新兴国家在经济上迅速崛起，并形成了群体性崛起的势头，"金砖国家"的称谓应运而生，成为新世纪国际关系中既突出又耀眼的新特点。

2008年美国引发的国际金融危机加速了这一势头的发展。谁也未曾想到，在危机中，以巴西、印度、中国和南非等为代表的新兴国家虽然也受到危机的很大冲击，但总体上成功地应对了金融危机的严峻挑战，保持了连续增长的态势，并率先走出危机，为拉动世界经济复苏做出重要贡献。这在之前是难以想象的。

今年四月，金砖国家领导人第三次会晤在我国海南岛三亚举行，再次向全世界展示了新兴发展中国家已成为国际舞台上推动世界经济朝着更均衡方向发展的一支重要力量。

与此同时，人们看到，在金融危机的打击下，西方发达国家几乎无一例外地陷入经济衰退，某些国家至今仍受主权债务危机的严重困扰，仍未摆脱失业率居高不下、经济低迷、复苏乏力的困境。

国际金融危机全面爆发已近三年。总体来看，世界经济正在缓慢复苏，但危机深层次的负面影响还在持续。这场危机不仅是金融危机，也是国际体系危机和金融制度危机，给全世界敲响了警钟。危机对国际政经格局影响深远，值得深入研究和认真探讨。

二、新兴大国的群体性崛起提升了新兴经济体在全球治理中的地位、作用和影响

最近，人们对以下数字深感兴趣：

"金砖国家"国土面积占世界的近30%，人口占世界的43%，国内生产总值约占世界总量的20%，贸易额约占全球的15%，小麦产量占近40%。据联合国粮农组织预测，未来10年"金砖国家"有望取代美国和法国成为新的"世界粮仓"。数据还显示，2010年巴西、俄罗斯、印度和中国的GDP增速分别为7.5%、4%、8.6%和10.3%，四国对世界经济增长的贡献率已达46.3%。

可以说，新兴国家的崛起已经成为当今世界经济发展的重要拉动力，是国际政治与经济变革、国际政治民主化和世界多极化的支持者，也是维护世界和平、稳定的积极参与者。

人们注意到，近年来全球治理出现一些新的动向：

一是"二十国集团首脑会议"（即G20）正在悄然平衡"八国集团"（G8）的作用，成为全球治理的新的平台。当然，G8依然存在，也不会轻易消失。但其代表性不足的弊处早已显现，发生变化是迟早的事。G20也不是新事物，十年前就有了，但一直未受重视。金融危机促使全世界对新兴经济体刮目相看，在这种情况下，新兴经济体占据半壁江山的20国集团很自然地脱颖而出，成为参与全球治理的新的重要机构。这是"二战"后发展中国家首次跻身世界经济金融决策的核心机制，具有划时代意义。

二是世界银行投票权改革。2010年世界银行通过了投票权改革方案，决定发展中国家和转轨国家（DTC）的投票权整体增加3.13%，达到13.1%，尽管比重依然很低，但这是世界银行投票权改革迈出的重要一步。其中，中国的投票权升至4.42%，由世行第六大股东国升至仅次于美、日的第三大股东国。世行成立60多年来，这是首次向发展中国家整体转移投票权，尽管增加的幅度还不够理想，但表明了发展中国家在世界经济中的发言权和代表性出现标志性提升。

三是去年11月国际货币基金组织（IMF）实施份额改革。改革后"金砖四国"均成为该组织决策机构——执行董事会的核心成员，其在国际货币基金组织的份额升至14.81%，从而拥有了较前更大的发言权。其中，中国所占份额由原3.72%升至6.39%，排名从第六升至第三，仅次于美、日两国。7月12日，新任国际货币基金组织（IMF）总裁拉加德女士提名中国人民银行前副行长朱民先生任该组织副总裁，这进一步表明新兴国家在该组织中将会有更大发言权。

毫无疑问，上述改革体现了国际经济形势出现的新变化，有利于发展中国家更好地维护自身利益，也有助于改善国际经济与金融领域的有效治理。

三、新兴国家的崛起仍面临多重挑战

新兴国家社会体制、文化传统、发展阶段不同，但都面临着保增长、保稳定、保民生的艰巨任务，也都遇到经济结构调整、环境保护、可持续发展等重大挑战。可以肯定的是，新兴国家的未来发展之路还很长很长，困难还会很多很多。

以中国为例，目前我们正在尽最大努力应对以下重大挑战：

第一，解决经济发展不平衡问题。改革开放三十年来，中国经济高速发展，但发展的不平衡也日益突出。沿海与内地，东部与西部，城市与农村之间的发展水平与收入差距在拉大。邓小平先生三十多年前在阐述"让一部分人先富起来"政策时，已经预见到会出现这种情况。

对此，中国做出巨大努力加以应对。措施包括：

自20世纪80年代至2010年，中央政府投入专项财政扶贫资金2139亿元，贴息贷款2603亿元用于农村扶贫开发，使农村最贫困人口从1978年的2.5亿人减少到目前1000万人以下，受到联合国秘书长和负责全球减贫项目官员的高度评价。

其次，中国还制定了西部大开发、振兴东北老工业基地、促进中部崛起等区域发展大战略，推动东部带动中西部、先发地区牵手后发地区、全国一盘棋走共同富裕之路。这些做法对改变落后地区面貌取得显著成果。今后仍会继续坚持下去。

今年三月，全国人大批准第"十二五规划"又出台关于进一步改善民生、实现社会公平、公正的更加具体的目标。如加快医保改革，并初步实现了基本医保全覆盖的目标。

由此人们可以相信，尽管今天的中国依然问题很多、困难很大，但中国的未来发展一定会更平衡、更公正、更合理、更加体现"以人为本"的执政理念。

第二，尽快调整经济结构、改变经济发展方式、实现科学发展。这是今后五年中国的重大改革目标，从宏观和根本上为中国经济的长久、可持续和健康发展确定了方向。

但是，在中国这样一个人口众多、人均收入低下、经济基础脆弱、地区与社会差异很大的国家，要完成这样重大和根本性的改革，其难度之大、需费时之长是可想而知的。而面对同样形势，世界各国也都在下大力气调整经济结构，走绿色发展之路，未来的国际竞争将十分激烈。

中国主张地球村中的各国要同舟共济、互利合作，争取共赢。我们不赞成短视的贸易战和货币战，也不赞成放任"反全球化情绪"泛滥。新兴国家和发达国家应携手合作，加强互信与沟通，以建立新型合作伙伴关系。总之，新形势下，我们主张新型的南北对话与合作，反对冷战思维下的大国对抗或由少数国家垄断国际事务。

第三，中国既是地球村的一员，更是中国人的美丽家园。中国既要为本国人民谋福祉，也要对世界承担力所能及的应尽责任与义务。

中国自古就是一个爱好和平、讲究诚信、对外友好的国家。今天，中国的经济、社会取得很大进步，但发展经济、维护和平、构建和谐世界是中国坚定不移的国策。我们主张和包括新兴发展中国家在内的世界上所有国家在和平共处五项原则的基础上发展全面友好合作关系。

中国支持在现有基础上有序推进国际力量均衡化、国际关系民主化、国际秩序合理化。我们不赞成脱离现实、从根本上改变现行的国际格局和世界政治经济秩序。中国是国际关系稳定与合理发展的积极力量。

最后，作为中国前驻法国大使，我愿再次强调，中国一贯重视维护和发展与欧盟、特别是与法国的友好合作关系。今年，法国是 G8 与 G20 的双主席国。作为最大的新兴发展中国家，中国坚定支持法国主持召开的 G20 戛纳峰会取得成功。胡锦涛主席，温家宝总理及杨洁篪外长多次明确表示，中国支持法国主持好这次重要峰会，推动二十国集团从短期应对危机的机制向全球治理的长效机制转化，为更好应对重大国际经济金融风险，推动国际金融体系的公正合理改革做出贡献。同时，中国也希望发达国家加大在支持、帮助发展中国家方面的投入，把解决南北失衡问题作为解决世界经济失衡的根本出路。

这次中法暑期研讨班确定的主题很好、很现实、很重要。衷心预祝研讨会畅所欲言、集思广益，取得圆满成功，为加强中法两个伟大国家的全面战略伙伴关系多做贡献！

（2011 年 7 月 21 日　河北承德）

自主创新与中国的可持续发展
——在中法暑期研讨会（弥勒）的讲话

本次研讨以"创新让生活更美好"为主题，完全符合时代要求，很有现实意义，对中国尤为重要。因为在日益激烈的国际竞争中，任何民族、任何国家都需要通过不断创新，走创新国家之路，才能在这个世界享有受人尊敬的一席之地。希望与会的专家学者与同事们各抒己见，畅所欲言，坦率进行深层次和高质量的交流与观点碰撞，从而为中法和中欧友好合作服务。

一、创新对中国的未来发展意义重大

中国改革开放 30 多年来，取得了举世公认的伟大成就。一是经济总量大幅提升，去年已跃居世界第二大经济体；二是人民生活得到很大改善。人均收入由改革开放前的 200 美元增加到去年的 5000 多美元。尽管距离法国的人均收入（2 万多欧元）还相差很远，但人民的生活改善还是很大的。特别是贫困人口已减少到 1.2 亿；三是中国的科技创新能力有了很大提高。不久前，中国发射的神舟九号与天宫一号实现了空中对接。与此同时，中国研制的蛟龙号深海载人潜水器创造了下潜 7060 米的世界新纪录。这两项成就表明，中国的科技水平有了很大进步。也可以说，中国 30 多年来取得的一切发展成就，无不与创新密切相连。邓小平先生强调，"要善于学习，更要善于创新。"因为创新是一个民族进步的灵魂，也是一个国家兴旺发达的强大动力。因此，中国历届政府都十分重视创新，提倡"科教兴国"，把科技创新摆在国家发展的重要位置上。

2002 年，中国第一次把"自主创新能力、建设创新型国家"作为国家发展战略的核心，并强调要走有中国特色的自主创新道路。

2006 年，中国召开全国科技大会，通过了《国家中长期科学与技术发展规划纲要》，明确提出"到 2020 年进入世界创新型国家行列"的目标。今天，"自主创新"作为科学发展的核心，已成为中国的国家意志和时代主题。20 天前，中国又

召开了"科技创新大会"为迈向创新国家吹响了新的奋斗号角。

二、什么是今天中国自主创新的内涵与途径

一提到创新，人们很自然地会马上想到科技方面的重大成就。然而，创新这个概念的涵盖面很广。我认为，中国把"调整经济结构、转变增长方式"确定为今年开始执行的第12个五年计划的重要指标，这本身就体现了一种制度创新的精神。

中国30多年来依靠改革开放的新体制取得了了不起的成就，但是那是一种依靠廉价劳动力产生的"比较优势"，使中国在全球化的产业价值链上处于低端，即凭借大量消耗原材料和能源来大量生产和出口低价产品，从而使中国的经济增长付出沉重的资源消耗与环境污染的代价。与此同时，由于核心技术掌握在别人手中，使得中国的关键技术和设备大部分严重依赖进口。很显然，这样的增长模式是不可持续的。中国已痛下决心，下大力气调整经济结构，转变增长方式。毫无疑问，这本身就是一个艰难的创新过程。

2008年，突发的国际金融危机对中国经济的冲击是很大的，当时国外订单急剧减少，许多企业陷入困境，形势十分严峻。中国政府迅速采取了扩内需、保增长，大力支持和提高企业自主创新能力的措施。例如，金融危机期间，组织了11万余名科研院所和高校科技人员主动下厂服务企业，帮助它们应对危机、走出困境。有这样一个小故事，广东的一家加工制造低端玩具的工厂，危机一来，订单锐减，受到很大冲击。然而一位入驻工厂的科技人员将玩具加上一个"电子芯"，使玩具变成小型机器人，价格提高了10倍，还供不应求。这一创新做法验证了"危中有机"和"危机往往孕育着新的科技革命"这一真理。或者说，谁能在科技创新方面占据先机，谁就能掌握经济发展的主动权。

中国应对国际金融危机的故事说明，中国不仅有成本低的优势，而且也应当有质量好、效率高、创新快的技术优势。可以预计，今后随着中国更广泛地开展大规模的各类自主科技创新活动，一定会为中国带来新的更大发展与滚滚财源。

当然，我们永远不应忘记，科技创新的最终目的，是让生活更美好，让所有的中国国民都过上幸福美满和有尊严的高质量生活。提到美好生活，中国与欧洲国家的国情有很大不同。中国是世界上人口最多的国家，经济底子又很薄弱。中国发展经济遇到的困难要远远超出许多国家的想象。例如中国是用占世界9%的耕地和占世界人均28%的淡水，养活了占世界20%的人口。这是一项对任何政府都非常艰巨的任务。对中国而言，创新让生活更美好，其中有一条就是要充分运用科技创新手段，科学合理地使用有限的水资源和耕地资源。众所周知，世界越发展，就越离不开水、土地和森林等大自然的资源。因此，中国提出了要确保18亿亩耕地不得减少的刚性规定，并通过卫星监督和行政处罚加以确保。中国还在粮食生产方面采取了许多创新做法，中国的农业育种技术已达到世界领先水平，良种覆盖率为

95％以上，中国已创历史纪录地连续 9 年获得粮食丰收。最新培育的超级杂交稻亩产突破了 900 公斤，即每公顷可生产 13.5 吨稻米。中国还大规模整治水利。明年和后年，中国南水北调东线和中线工程将从一千多公里之外大规模人工导流长江水补济北京、河北、山东等广大北方缺水地区。这也是让人民的生活更美好的伟大创新之举。

总而言之，中国改善人民生活有三大任务：一是科学发展经济。解决 13 亿人民的就业和生活问题。二是实现脱贫目标。去年中国制定了新的扶贫标准，按照新标准，中国还有 1.2 亿人生活在贫困线以下。对中国来说，缩小城乡和地区差别任重而道远。在改善城市人口生活水平的同时，绝不可忽视改善 7 亿农民的生活，也绝不允许在中国出现印度式的贫民窟。三是实现绿色和可持续发展。在发展经济和改善人民生活的同时，还要加大节能环保力度，真正在中国各地实现绿色环保和可持续发展。

毫无疑问，在完成上述任务的过程中，中国要认真借鉴和学习包括法国和瑞士在内的欧洲国家的先进经验。欧洲在其工业发展的漫长过程中也曾面临过类似今天中国碰到的问题。不同的是，你们在几百年中碰到的问题，我们在几十年中都碰到了。今天的欧洲在发展经济、脱贫和环保等许多方面都有可让中国学习与借鉴的经验和教训。我们希望向欧洲和所有先进国家学习好的东西。例如，在欧盟"地平线 2020"科研规划中，把应对"社会挑战"的投入放在重要位置，占据了 800 亿欧元总预算中的最大份额，即 317 亿欧元，主要用于解决健康、人口、社会福利、粮食安全、生物经济、清洁能源、智能交通、气候变化等社会性问题。应当说，在这些方面中国的投入比重不如欧盟。欧盟的做法告诉我们，"科研创新"与"社会管理创新"之间有着非常密切的联系。在创新实践中，绝不能忽视社会管理的创新。去年，中国政府已将创新社会管理纳入国家创新工作的重要内容。这是非常及时的，也完全符合"创新让生活更美好"的理念。我们还应继续在这方面下大的工夫，如果老百姓的健康、食品和福利等社会问题解决得好，对扩大内需，转变经济增长方式也将会产生十分积极的影响。

三、自主创新是摆在中国面前的巨大挑战

创新意味着改变，而改变则需要智慧、勇气和魄力。改革开放 30 多年来，可以说中国在不断创新、也在不断改变国家的面貌。总体上看，中国的变化很大、也很快，而且正变得越来越接近世界先进水平。这是很令人振奋的。

十年前，中国的制造业严重依赖从国外进口，而且价格一涨再涨，交货期一拖再拖。十年后，中国系统地攻克了核电、水电、火电、高铁、船用柴油机等一批大型设备的关键制造技术，打破了完全依赖进口的局面，实现了产业的自主创新发展。

五年前，中国在集成电路领域还是空白，进口芯片比进口石油花的钱还要多得多。现在我国已形成了生产集成电路的产业链，一批核心技术和关键设备取得突破性发展，并进入国际先进水平。

我记得，2004 年我作为中国驻法大使陪同法国总统希拉克正式访华时，双方签订了高铁合作协议。这是中国签订的第一个对外高铁合作协议。到今天刚刚过去 8 年，中国就建成了世界规模最大、速度最快、线路最长、也最舒适的高铁网络，从北京到上海 1300 多公里，只需要 4 个多小时。中国还创造了每小时 486.1 公里的运营列车试验速度。

2006 年，我再次陪同希拉克总统国事访华，双方签署了空客 320 客机生产线的合作协议。2008 年第一架天津装配的空客 320 飞机下线，至今已生产了一百多架。

2007 年，我陪同萨科奇总统正式访华，双方签署了第三代核电（EPR）的合作协定，这是八十年代中法开展核电合作以来，技术含量最高的核电合作协议，对中国掌握和创新世界最高水平的核电技术意义重大。

我列举这几个亲身经历过的中法合作事例说明，中国极其重视提高本国的科技进步和有志于在技术创新领域赶超世界先进水平。

可以说，中国的努力已经取得了很多进展。2010 年，中国的科技人力资源总量已达 280 万人年，居世界第一位；中国的国际科技论文数量升至世界第二位；本国公民的发明专利授权量居世界第三位；国际专利申请量居世界第四位；用于研究与开发的经费达 8610 亿元人民币，居世界第三位；在欧洲工商管理学院和世界知识产权组织公布的 2011 年全球创新指数排名中，中国名列第 29 位，是全球排名前 30 个国家中唯一的发展中国家。

的确，我们对国家已取得的成绩感到自豪，同时，我们也十分清醒地看到，中国在科技创新领域还有很多很多的不足和欠缺。主要是：

（一）科技投入的总量仍然不足，仅占 GDP 的 1.7%，低于"十一五"规划确定的 2% 目标，更低于发达国家平均 2.5% 的水平。这与我国的经济规模很不相称。同时，科技创新的管理结构也不尽合理，效益尚不高，表现在国家级重大科技项目的资金投入没有稳定的渠道。由于资金来自不同部门，经常会出现项目重复或支持不足，从而造成浪费。总的来说，国家的经济社会发展尚未完成从要素驱动向创新驱动的质变。

（二）原始创新能力偏低，重点产业的核心技术仍需依靠进口，我国还缺乏高层次科技创新的领军人物，这与先进国家的差距很大。例如，美国、日本拥有的高技术专利占世界总量的 90% 左右，而包括中国在内的其他国家仅占 10% 左右。这是很大的差距。

（三）科技研究与经济生产的结合还不够紧密，产学尚未形成统一完整和高效率的创新链条。例如，每年多达数万件的科研成果仅 25% 得到转化，其中真正实现产业化的只有 5%，而发达国家却高达 85%。

（四）创新的商业化严重滞后，难以体现创新的商业价值与商业支撑。美国的苹果公司把创新的价值集中体现在其产品的商业运作上，十分注重创新的商业化并由此成为全球最大的市值公司。而中国对产品商业化模式的创新还不熟悉或缺乏经验。

此外，在构建以研究机构和大学为主体的知识创新机制，以及在促进军民两用科技资源的统筹与产品的有效共享等方面，都有许多必须加以改进和提高的地方。总之，今后中国还需要在创新方面继续加大努力，才能真正赶超世界先进水平。

最后，我想说说云南。改革开放以来，云南的经济发展迅猛，在全国也很突出。多年来，云南的 GDP 一直保持 10% 以上的增长，即使在发生国际金融危机的 2008 年，云南依然保持了 11% 的增长率，高于全国平均水平。除了传统的烟草等优势产业外，云南的生物、旅游、矿产、电力等产业的发展很快，形成了省内五大支柱产业。令人高兴的是，云南省政府已经把提升产业的核心竞争力和全面实施"创新型云南"，作为经济社会工作的重中之重。我们相信，勤劳、聪明、实干的云南各族人民，一定能早日实现"创新型云南"的宏伟目标！预祝本次研讨会一如既往取得圆满成功！

（2012 年 7 月 18 日　云南红河州）

中法伙伴关系 50 年——回忆与前瞻
——中法暑期研讨会（哈尔滨）讲话

我们的研讨会已经举行过六次，应当说每次会议的主题不同，但都开得很好。可以说，既是思想的碰撞，也是友谊的升华。我认为，我们每次研讨会的成功举办都离不开中法双方的共同努力。实际上，在每次研讨会的筹备过程中，我们都会面临这样或那样的困难，但每次都由我们双方共同携手予以解决。

我们本次研讨会的主题是《中法伙伴关系 50 年——回忆与前瞻》，主要是考虑到去年中法两国分别产生了新的领导班子，而明年将是中法建交 50 周年，此刻我们潜下心来研讨这样一个主题很有现实和长远意义。实际上，今天研讨会的每一位出席者都十分关心中法关系，熟悉中法关系，甚至每天都在为中法关系而工作，因此探讨、回顾、反思、展望中法关系成为本次研讨会的主题也是很自然和正常的。对于会议主题，我想谈以下几点看法：

第一，中法关系是中国在欧洲的最重要双边关系。

我提出这个观点是基于历史和事实，20 世纪 60 年代，法国是第一个与新中国建立大使级外交关系的西方大国。当时中法关系不仅在欧洲，而且在整个世界上都是中国最重要的双边关系。再比如，在 21 世纪之初，中法在伊拉克问题上立场一致，双方建立了全面战略伙伴关系，并互办文化年使双边关系进入历史最好时期。后来，虽因北京圣火在巴黎受冲击等问题而使中法关系一时受挫。但在双方共同努力下，近几年来中法关系又有新的发展。不久前，奥朗德总统访华取得成功，两国关系正在向着更加积极的方向发展。

中法建交 50 年来，两国关系有高有低，总体来看，处于波浪式向前发展之中。这是在国家关系中很正常和难以避免的。对中法关系的未来，我一贯抱有乐观态度和很大信心。50 年来，概括中法关系的主要特点是，具有"特殊性、战略性、全面性、示范性和成熟性"，这是不同于中国与其他西方国家关系的特点，非常引人瞩目。法国曾经占据过许多新中国外交史上的第一，如法国率先与新中国建交，是第一个与中国签订科技合作、航运海运、投资保护等众多国家级协定的西方大国。

也是最早与中国建立战略磋商关系、最先拒绝联署美国反华人权提案、最早支持对华解除武器禁运的欧盟国家。实际上，法国在与中国的双边关系中创造的"第一"还可以列出很长的清单。那么，中法关系为什么曾这样夺目？主要原因是什么？我想主要是：

一是在第一次和第二次世界大战后，中法作为安理会常任理事国均执行独立自主的外交政策，均反对超级大国主宰世界，反对强权政治，主张世界多极化。这是两国在许多重大国际问题上有战略共同点并采取相同或相近立场的重要政治基础。

二是两国在经济上互补性很强，都有相对完整的独立的工业与科研体系，两国具备开展国家级重大合作的物质条件和政治意愿。这是为什么中法建交 50 年来，支撑双边经贸关系的主要是大项目合作，如 1974 年蓬皮杜作为第一位访华的法国总统与中方签署的辽阳化纤厂项目，是新中国与西方国家签订的第一个工业合作项目，当时在很长时间内影响很大。再如，30 年前，中法率先开始了敏感的核电合作，这在当时西方国家中唯有法国这样做了。而 2003 年至 2008 年我在法国当大使期间，中法签署了高铁、6 吨直升机、空客 320 天津组装线、三代核电站、P4、太空及海洋观测卫星等许多重大合作协议。其中，中法"海豚式"直升机合作就在哈尔滨，已经 30 多年了，已成为中国直升机生产的最主要基地。上述大项目，特别是高铁、航空、核电三大领域的长期合作构成中法半个世纪经贸关系的核心。这是双方经济上互有诚意、互通有无和相互需要的结果。

三是中法都是世界上享有盛名的文化大国。加强中法文化交流与教育合作，符合两国人民的意愿与需求。我们两国都主张在全球范围内保护文化的多样性。2004 年，中法在北京联手签署保护世界文化多样性公约，体现了中法在世界文化领域中的重要共识与追求。

总之，近 50 年来中法关系取得很多重要成果的根本原因是，两国和两国人民拥有许多共同利益，也坚守相同或相近的原则与理念。当然，两国也有许多不同，例如在意识形态、社会体制、历史与文化传统等方面都存在很大差异。因此，双边关系中对一些问题有不同理念和看法，甚至出现分歧或对立都是正常和难以避免的。中方一贯主张，不同社会制度和不同文化传统的国家应当在相互尊重、互不干涉内政等原则基础上发展互利共赢的友好合作关系。这符合中法两国的共同利益，也是中法关系成为最重要的双边关系之一的最根本原因。

第二，中法关系面临新的机遇。

当前，中国新一届政府刚刚组成，改革创新的决心很大。习近平主席十分熟悉国际问题，对中法关系很了解，他主张进一步"推动中法新型全面战略伙伴关系"。从法方看，法总统奥朗德四月份刚刚访华，与习近平主席多次会晤，他高度重视和热烈希望加强中法友好合作关系。最近，奥朗德总统又在巴黎接见了中国民企代表团，强调法欢迎中国民企赴法投资，并表示将派法国总理埃罗今秋访华，以进一步加强法中战略伙伴关系。

上述情况表明，中法两国最高领导人都有进一步深化双边务实合作的政治决断，而两国在经济上有很强的互补性，在许多领域都有扩大合作的巨大潜力与空间。从中国方面看，中国经济正处于大力优化结构、实施深入改革宏观经济的阶段，几天前，中国政府决定放开对信贷利息的控制，这是实施金融改革的重要一环，受到各方关注和好评。未来中国经济的发展仍将看好。这是两国关系发展的重要保障和难得机遇。

当然，中法双方应妥善处理现存的一些麻烦和问题，例如中法贸易长期增长缓慢，去年仅510亿美元，仅为中德贸易的三分之一还不到。这与中法关系很不相称。此外，贸易不平衡问题突出，法方意见较大。而近来在中欧光伏产品贸易争端中，法方的态度在中国企业界和民众中产生了不小的负面影响。尽管中国政府多次做工作，但中欧贸易战仍有升级的危险。这一问题如果处理不好，势必会影响中欧及中法经贸关系的正常发展，进而也会影响中法全面战略伙伴关系。因此，中法两国应妥善化解经贸分歧，努力寻求新的合作领域，以积极务实的新姿态迎接中法建交50周年，这是十分重要的。

第三，继承好的传统，开创新的合作领域。

作为长期从事中法双边关系的老外交，我认为，过去已被历史和实践证明对中法两国关系有益的一些做法应继续坚持。如两国最高领导人应创造机会经常见面，以推动落实两国重大合作事项。我在法国当大使的近五年中，希拉克总统曾两次正式访华（2004年和2006年），萨科奇总统一次正式访华（2007年），拉法兰总理两次访华（2003年和2005年）；胡锦涛主席和温家宝总理也分别于2004年和2005年访法，从而实现了两国元首和两国总理在同一年内互访，这在中国对西方国家外交关系史上是绝无仅有的。这样频密的高层互访有效地推动了中法全方位的合作，使两国能够就一些重大敏感合作项目较快达成一致。

其次，为保障最高领导人的相互访问富有成果，预先在技术层面上做好认真细致的准备至关重要。我记得，当年中方负责大项目合作的曾培炎副总理曾二次访法、一次路过法国，就高铁、核电、飞机等重大项目与法方进行了富有成效的商谈；戴秉国副部长当时作为中法战略磋商的中方牵头人几乎每年访法，每次都受到希拉克总统或萨科奇总统的接见。中法战略磋商的议题囊括了政治、经济、能源、军事等诸多领域，对推动中法全面合作发挥了重要作用。

我认为，对过去的一些好做法，一定要很好地继承和发扬。在此基础上，还应有所创新和发展。当然，两国大使和各级外交官的作用也非常重要，应充分调动他们的积极性，鼓励他们发挥主观能动性，多提建议，多做工作，推动两国在各领域中的互利合作不断落实并取得成功。

关于中法传统的经贸合作，我刚才曾提到核能合作，我想再多说几句。法国是西方国家中最早主动和中国开展核合作的国家，当年法国的合作诚意曾感动了中国很多核科学家。有一次，我的朋友、原核物理学者、后成为国家新闻办主任的赵启正先生曾对我说，改革开放之初，当许多国家对中国关闭核电合作之门时，法国却毫无保留地让中国核科学家参观法国的核电站，并表达了与中方开展合作的态度。这是为什么从 20 世纪 80 年代初开始，中法即成为核电合作的伙伴，至今已 30 年了。我记得，2006 年中法商谈引进法国第三代核电（EPR）时，法方表示，如中方引进 EPR，法国将向中方转让核废料的后处理技术。2007 年，中法正式签订了引进法国三代核电的协议，但关于核废料后处理方面的合作却停滞了好几年，至今进展缓慢。在这方面，我希望法方能采取更积极态度，包括在技术转让上更加灵活合理，使标志性的中法核合作可以走得更远，继续在中法关系中发挥引领作用。

关于如何开辟两国新的合作领域，我首先想到的是，应进一步加强中法在投资和金融领域的合作。

中法建交 50 年来最大的变化是，中国的改革开放取得了巨大进步，经济总量快速增长，已排名世界第二。当初谁也不会想到，中国吸引的外国直接投资连续多年超过了 1000 亿美元，去年仅次于美国，居世界第二位。而中国的对外投资也增长迅速，去年已达 850 亿美元，居世界第三位。我在想，如何使这样巨大的经济与资本能量成为中法合作新的推动力将是一篇大文章。当前，某些国家以各种理由阻挠中国企业的对外投资活动，这是短视的。我希望法国能在鼓励和保护中方赴法投资的合法权益方面做出努力。最近，中国与美国在战略经济对话中达成了 91 项协议，其中也包括商签对等保护投资的协议。这是一个好的信号。事实将会证明，对等保护双向投资对各方都是有利的。

此外，中法还应加强在金融货币方面的合作。近年来，人民币加快走向世界。为避免由于美元货币波动引起汇率损失，世界上已有十几个国家同中国签订了使用本国货币结算双边贸易的协定。在欧洲，已有冰岛和瑞士同中国签订了建立自由贸易区协定。这是很好的进展。法国是欧元区国家，地位较特殊，但法方如能在中欧贸易框架内推动双方以各自货币结算，无疑将有利于双边关系的深化。中国政府已决定在深圳和上海建立人民币离岸金融业务的自由贸易区，实行特殊优惠政策。希望法方密切关注中方的这一重大改革举措，并尽可能参与合作，这对未来的双边关系将很重要。最近，奥朗德总统表示，法政府将加大同伦敦的竞争，把巴黎培育成为人民币在欧洲的离岸中心，我对此很高兴。

当前，中国正在大力实施工业化、信息化、城镇化、生态化的发展战略，这是中国未来可持续发展的大战略。由此带来中法之间合作的新机遇和新空间是非常大的。两国有关方面应积极商谈并紧紧抓住包括农业食品加工产业、文化教育产业等一切新的商机，创新两国的合作模式，中法未来合作肯定是可以大有作为的。

第四，中法关系的未来是美好的。

展望未来，我认为中法友好合作关系的前景会越来越好。因为随着国际形势的发展变化，连接中法友谊的各种元素会越来越多，两国的共同利益也会越来越大。这也是为什么今年四月中法两国元首在北京会晤并能够达成了一系列重要共识，为未来中法关系的更大发展指明了方向。

中法关系的前景看好，首先是因为中法两国在坚定维护各自国家主权和独立方面的立场不会改变。中法友好既是维护两国的国家利益，也是对世界和平与繁荣的责任。在这方面，应当说两国有着高度的一致性和共同利益。

其次，未来中法双方在相互尊重、平等互利的原则基础上，将不断增强互信，深化互利合作，大力加强在经济、科技、人文等各个领域的交流与合作，而在这些方面双方互利合作的潜力非常大。几天前，我看到世界贸易组织 2013 年的报告，指出中国在世界贸易出口中的份额，从 1980 年的 1% 上升到 2011 年的 11%；2012 年中国商品贸易出口达到 2 万多亿美元，成为世界第一大商品出口国。中国与法国经济实力的不断增强，应是中法开展全方位互利合作的良好物质基础。

此外，世界多极化、经济全球化、区域一体化、文化多样化正在深入发展，这一趋势势不可挡。中法是世界大国，更是亚欧最重要的国家之一。当年希拉克总统曾积极倡议和推动建立起亚欧首脑会晤的机制。今天，两国应站在世纪的高度，继续发扬和展示出勇气、前瞻和创新精神，共同推动亚欧合作向着更深、更广、更务实的方向发展，为构筑亚欧互利双赢的洲际合作模式而努力。这是中法对亚欧大陆合作应尽的国际主义责任，也是对人类和平事业的贡献。

这次中法暑期研讨班确定的主题很好，抓住了中法建交 50 周年这一重大历史节点，研讨会既应贴近现实、又要展望未来、并提出具体建议。总之，应尽到我们双方学者、专家和智库的责任。外交学院为有法国战略学会这样长期忠实的国际学术研究伙伴而感到高兴与自豪。我们希望这一国际性学术研讨活动能够延续下去，为中法关系的深入发展持久不懈地提供学术与智力支持。

七届中法夏季研讨会的举办表明，我们都是中法友谊的支持者、维护者和推动者。我们的努力不会白费，我们对两国长期友谊与务实合作的美好祝愿一定会实现！

（2013 年 7 月 24 日　黑龙江哈尔滨）

中法梦与和谐世界

——在中法暑期研讨会（张家口）的讲话

今天，由外交学院与法国战略学会联合举办的第八期中法暑期研讨班在历史悠久的中国北方名城张家口市正式开幕。请允许我代表外交学院向出席本次会议的张家口市领导、各位法国来宾和所有中方专家学者表示欢迎！

中法暑期研讨班自 2004 年启动以来，已历时 10 年、共举办了 8 次。自我任外交学院院长六年来每年都举办，受到与会学员的欢迎，这是令人高兴的。可以说，中法暑期研讨班已成为法国战略协会与中国外交学院共同创立和主办的一个研讨品牌，也是中国政府各部委及公立机构中法语干部和同事们以法文为工作语言进行研讨的一个年度交流平台。10 年来，这个平台对中法关系的发展与深化是有积极影响的，其间有许多年轻的法语官员和学者不断加入进来，这是一件好事。

今年是中法建交 50 周年。为纪念这一重要历史事件，奥朗德总统去年对中国进行正式访问。今年 3 月，习近平主席回访法国。舆论界注意到，在这两次国事访问中，"中法梦"这一概念被首次提及。奥朗德总统和习近平主席都表态支持两国努力实现"中法梦"，这是今年暑期班确定"中法梦"为主题的缘由。应当说，这一主题很有时代性和指导意义。

下面，我想围绕这一主题谈几点感想。

一、"中国梦"意味着什么？

习近平主席访法时指出，"中国人民正在为实现中华民族伟大复兴的中国梦而奋斗"。还说"中国梦是追求和平的梦，追求幸福的梦，奉献世界的梦"。习主席的话清晰点明了中国梦的目标和实质。这是中国人民的心声。中国梦的提出，不是偶然的。这是以习近平为首的中国政府向 13 亿中国人民发出实现民族伟大复兴的号召，也是向全世界发出和平、合作、和谐的信号。

众所周知，中国是拥有五千年灿烂文化的文明古国，历史上曾长期在科技、文化与经济、社会领域居于世界前列。然而，中国在近代落后了。1840 年英国发动侵华的鸦片战争，打破了中国的闭关自守。其后，西方列强群起侵华，推行炮舰政策，迫使中国丧权辱国、割地赔款，沦为落后挨打的半殖民地半封建社会。这一悲惨的状况一直延续到第二次世界大战。

一周前，习近平主席在出席中国人民抗日战争爆发 77 周年纪念大会上指出，1937 年 7 月 7 日，日本侵略者为了达到以武力吞并全中国的罪恶野心，悍然炮轰宛平城，制造了震惊中外的卢沟桥事变，标志着日本全面侵华战争的开始。这是当年世界上第一个反法西斯的战场。这场战争以日本军国主义的彻底失败和中国抗日战争取得伟大胜利而告结束。

回溯 1840 年之后中华民族的屈辱历史，直接原因是国家积贫积弱，根本原因是没有找到一条强国富民的发展道路。今天，中国在共产党领导下选择了有中国特色的社会主义道路，并取得举世瞩目的发展成就。现实告诉中国人民，这是一条通向繁荣幸福的正确之路，也是实现中华民族伟大复兴中国梦的必由之路。这是中国人民做出的历史性选择。

习近平主席用和平、幸福和奉献三个词来概括中国梦的内涵。历经百年苦难的中国人民珍惜和平，真诚希望同世界各国一道共谋和平、共护和平、共享和平。然而，令人遗憾的是，在世界反法西斯战争胜利近 70 年后的今天，在"二战"的罪魁祸首日本，有人公然无视铁的历史事实，逆世界潮流而动，一再否认、甚至美化日本的二战侵略历史，并不断制造地区紧张，引起中国人民的强烈愤慨和谴责。无情的现实告诉我们，"树欲静而风不止"。要实现中华民族的伟大复兴，必须保卫亚洲的和平发展，绝不允许开历史倒车。这是实现中国梦所回避不了的。

历史将证明，实现中国梦给亚洲和世界带来的是机遇不是威胁，是和平不是动荡，是进步不是倒退；中国梦既是中华民族的复兴梦，也是每个中国人的幸福梦；与此同时，中国梦也是奉献世界的繁荣梦。随着中国的日益发展，中国将尽其所能，为维护世界和平与发展做出贡献。毛泽东主席曾说过，中国应当对人类做出更大贡献。这已被中国民众所认同。

今天，当我们提及中国梦时，有两个具体奋斗目标：一是到 2020 年中国共产党成立一百周年时，要实现国内生产总值和城乡居民人均收入比 2010 年翻一番，实现全面小康；二是到 2050 年中华人民共和国成立一百周年时，要建成富强民主文明和谐的社会主义现代化国家，从而实现中华民族的伟大复兴。

实现上述两大目标的有利条件是，两年前中国已成为世界第二大经济体；去年中国的经济总量已达 9.2 万亿美元；成为世界第一大商品进出口国；外贸总额超过 4 万亿美元；外汇储备达 4 万亿美元；财政收入 2 万亿美元。可以说，近代以来中国人从来没有距离民族复兴的目标如此之近。我们有理由相信，上述两个伟大目标一定能如期实现。

当然，也要清醒地看到，当前中国的发展依然存在许多不足和挑战。例如，经济总量上去了，但人均收入依然很低，仅为 6800 美元，排在世界 80 多位；高科技和创新意识仍存在很多短板；节能环保差距很大；社会公正性和城镇化水平还较低……等等，也正因为如此，中国更加需要万众一心，继续奋斗，不断进步，才能实现我们的中国梦。

二、中国梦和法国梦是两国共同的机遇

去年 8 月，法国总统奥朗德主持内阁会议，对法国未来 10 年进行战略规划和思考，并勾画出至 2025 年的"法国梦"。其目标主要围绕"主权"、"卓越"和"团结" 3 个关键词展开。

"主权"是指法国在政治、外交和军事上的独立，旨在保证法国的世界话语权、维护法国利益和捍卫法兰西价值观。同时寻求法国在经济和能源上的独立；"卓越"是指在经济上力求卓越地发挥法国的传统优势，提高国际竞争力；"团结"是指促进公民的平等融合，保持法国的生活模式和文化品质，使法兰西成为一个团结的整体。

作为法国的朋友，我们真诚地祝愿这一"法国梦"能如期实现。在中国人看来，法国是一个伟大的国家、伟大的民族，在很多领域都有独特优势，是国际事务中的重要力量，也是中国全面战略合作伙伴。因此，"法国梦"对中国和中法关系是好事，对维护世界和平与繁荣也有积极意义。

习近平主席访法时曾说："万物并育而不相害，道并行而不相悖。"这句话的意思是，中国的机遇，也是法国的机遇。同样，法国梦是法国的机遇，也应是中国的机遇。这是习主席访法时同奥朗德总统达成的一项共识。共识的基础是，中法两国都奉行独立自主的外交政策，都积极倡导和致力于多边主义和世界多极化。可以说，中法两国致力于相互理解、相互支持、追求合作共赢。这是中国梦与法国梦互为机遇的前提，也是两国可以携手共同实现"中法梦"的基础。

实现"中法梦"，关键在行动。首先双方应为中法全面战略伙伴关系注入新的内容。例如，应进一步加强中法在重大国际问题和涉及双方核心利益问题上的沟通、支持和相互配合，以展现中法全面战略伙伴关系的生命力。我在前面曾提及日本领导人逆历史潮流而动，一再否认、甚至美化日本在"二战"中的野蛮侵略罪行，例如，公然参拜甲级战犯亡灵，否认南京大屠杀和慰安妇问题，悍然解禁集体自卫权，架空和平宪法，图谋改变"二战"战后秩序，并使日本重新成为可以对外开战的国家。这一切表明，尽管"二战"结束已 70 年，但日本右翼势力大有泛滥之势，日本军国主义大有死灰复燃的危险。我们希望，法国作为反法西斯侵略的战胜国，应当同中国和亚洲人民一道谴责这种公然蔑视"二战"历史和美化法西斯侵略的倒行逆施行径。

中国学者注意到，德国是同日本一样的战败国，却采取了同日本完全不同的

"二战"历史观和认罪态度。默克尔总理选择 7 月 7 日中国全面抗战 77 周年之际访华的含义不言而喻。默克尔在清华大学演讲回答问题时说，"德国正视历史的做法是对的，可以让后代不要重蹈覆辙。"这句话无疑是对日本的间接警告。还有四个月前，习主席访德时默克尔赠送的礼物是 1735 年德国绘制的一幅中国地图，图中清楚无误地标明钓鱼岛和西沙群岛、南沙群岛都在这幅 280 年前的中国版图之中。很显然，这是德国在当前中日关系严峻形势下对中国的含蓄支持，完全符合德国人的性格，也是中德全方位战略伙伴关系在涉及中国核心利益问题上对伙伴的一种支持。我们希望法国朋友也能以法国的方式，在维护亚洲"二战"成果和战后秩序方面支持中国。我们更希望法国的智库、学者和舆论界也能如此行事。

其次，中法应聚焦深耕经贸合作，积极拓展大项目合作，扩大中法互利共赢。应当看到，中法经济互补性强，合作潜力很大。中国是世界上经济发展最迅速，工业生产能力很强的最大发展中国家，拥有丰富的劳动力资源和广阔的市场。法国是科技发达的工业国，在核电、航空、铁路、汽车、农业、服务业和环保等许多领域拥有优势。

从历史上看，中法有以大项目合作拉动经贸关系的传统。20 世纪 80 年代，中国改革开放之初，法国是最早与中国开展核电、铁路、直升机、汽车以及海上石油风险勘探等大项目合作的西方国家。2003 年我赴法国当大使后，双方就高铁、三代核电、卫星合作、六吨直升机、空客 320 在华总装厂、共建中法生物研究实验室等许多大项目达成合作协议，有力地推动了双边关系的全面发展。当前，中国正着力加大对外开放、推进全面深化改革和调整经济结构。目前总的情况良好，各项指标进展顺利。可以预计，未来几年中国经济将迎来更大提升和更健康发展的新时期。这对中法经贸合作将是很好的机遇。

在中法建交 50 周年之际，我们衷心希望两国经贸关系，特别是大项目合作，能有更广更深和更富有成果的新发展。至于选择什么样的合作项目和合作领域，相信法国有关方面会做出判断和决策。顺便说一句，去年以来我们感受到英国在推动对华大项目合作方面正在做很大努力，如高铁、核电、城市基础设施建设等许多大项目已初见成效。我们希望法国朋友也能关注这一新的动向，并采取行动。

除上述外，中国政府近期还提出了"两带一路"建设规划，为中法进一步扩大经贸合作提供了新的思考和机遇。所谓"两带一路"指的是：丝绸之路经济带、长江流域经济带和 21 世纪海上丝绸之路。

第一，关于丝绸之路经济带。历史上这里是东西文化的重要发祥地和经贸交汇地，如今这一连接亚欧大陆的新丝绸之路，正在重新形成有吸引力的新经济区域。一些重大合作项目正在规划与实施中。据报道，中国成都和重庆已开通穿越古丝绸之路至波兰罗兹和德国杜伊斯堡的定期铁路集装箱货运线，有力地加强了欧盟同中国西部的经贸联系；默克尔总理此次访华第一站选择成都不是偶然的，这表明德国对借助丝绸之路加强同中国发展经贸关系的高度重视。我相信，只要法国朋友也能善加利用，特别是法国有被称为"丝绸之路终点"的丝绸之城里昂，因而更有资格积极参与和开拓"新丝绸之路经济带"。而这将构成联通"中法梦"的新的合作机遇。

第二，关于21世纪海上丝绸之路。这是去年习近平主席访印尼时提出的一个构想，旨在使古老的海上丝绸之路获得新生。这一构想已在亚、欧、非许多国家，如泰国、缅甸、斯里兰卡、沙特、阿联酋、肯尼亚等获得积极响应。希腊朋友认为，希腊是中国从海上进入欧洲的最理想门户。中国企业在雅典的比雷埃夫斯港的业务正在迅速增多，并使双方受益。那么，法国的马赛港和勒阿弗港是否也能在这方面有所行动？

第三，关于长江流域经济带。这是指东起上海、西至云南的广大长江流域，涉及43个地市和上海、重庆、武汉三大航运中心，是长江流域最发达的地区和全国高密度的经济走廊。未来国家将重点成片开发这一地带，使长江流域经济带成为中国对外开放和中外合作的重中之重。希望法国朋友们也能更多关注这一经济带的发展，积极寻找在那里的大项目合作商机。

三、"中法梦"的世界意义

我们相信实现"中法梦"具有世界意义。这是因为中法是有世界影响的重要国家，而中法梦的目标是与建设一个"和谐世界"的美好愿望完全契合的。

中国主张建立"和谐世界"，其核心是构建公正、合理、平等的国际政治、经济新秩序，其内涵是实现不同文明的和谐共处，即构建一个和睦、包容的世界。而这同中国人的文化理念是一致的。

中国传统文化强调"和合"的理念。无论是"和"还是"合"，都不强调绝对的"同一"，而是主张"和而不同"、"和为贵"，或者说，不同的文明应"求同存异"，在容许文明有差异和不同特性的同时，实现和平共处。这里举一个小例子，中方习惯把"和谐世界"这个概念翻译成 le monde harmonieux，但这次法方使用的却是 la cohérence mondiale。用词不同，体现了双方对这一概念在理解上存在细微、但有趣的差异。正因为如此，我们才有必要在这里对不同议题进行研讨和交流。通过交流加深双方的理解和认识。不久前，我们在北京纪念和平共处五项原则发表六十周年。这一处理国家关系的著名主张，是周恩来总理1953年接见印度代表团时第一次提出的，其内容是："互相尊重主权和领土完整、互不侵犯、互不干涉内政、平等互利、和平共处。"后来由中、印、缅三国在1954年万隆亚非会议上共同倡导。应该说，这一主张充分体现了中国传统文化对建立国家间正常关系应遵循原则的影响。历史将证明，和平共处五项原则是正确的，是有强大生命力的。

中法两国作为安理会常任理事国对建立国际政治、经济新秩序负有不可推卸的重要责任。习近平主席说，独立自主，是中华民族和法兰西民族的共有禀赋；相互理解，是中法关系发展的重要基石；高瞻远瞩是中法关系发展的根本保证；互利共赢，是中法关系持续发展的强大动力。而两国在许多重大国际问题上有相同或相近的主张，为中法两国在 21 世纪新形势下携手合作、共同实现"中法梦"奠定了良好的基础。这对维护世界和平、稳定与繁荣以及推动建设和谐世界都有重要意义。这是不难理解的。

（2014 年 7 月 14 日　张家口）

法国的科技政策及中法科技合作

一、法国的科技政策

去年，法国 GDP 为 28919.48 亿美元，仅次于美、日、中、德，居世界第五位。回顾战后的历史，可以说，法国在世界上获得的地位，是与其重视科技，实施以高科技推动国家发展的大政方针分不开的。

法国本来就是一个重视科技的欧洲老牌资本主义强国。"二战"后，法国为了摆脱美国的控制，更加重视科技立国的政策。1959 年 1 月 8 日，戴高乐就任法兰西第五共和国总统后，采取了退出北约，不接受美国核保护伞，拒绝签署禁止核试验条约，与中国建交等独立外交政策，使法国的国际地位和影响大幅上升，成为冷战时期夹在美苏之间左右逢源的重要平衡力量。法的这一独特地位是英、德、日、意等其他西方阵营国家所没有的。

为什么法国以二流国家的实力发挥出超实力的影响？为什么法国敢于对美说不？原因就在于法国重视发展自身的科技力量，特别是拥有独立的核力量和完整的工业体系，包括完整的军工体系，可以不依赖美国、也不怕国际封锁，能够自主生产包括核武、航母、卫星、飞机、火箭、导弹、潜艇等在内的各种先进武器，从而可以有效地维护法主权、保持法国独立的外交政策和执行有别于美的政治理念。

从国内因素看，法国不是一个自然资源丰富的国家。铁矿藏量约 10 亿吨，但品位低、开采成本高，1997 年关闭最后一座铁矿。2004 年又关闭了最后一座煤矿。法有色金属储量很少，石油、天然气等重要资源全部依赖进口。德斯坦曾对我说，法国只有两种资源丰富，一是水，二是人的大脑。因此，法国只能走依靠科技，依靠人的智慧，大力研发高科技、新能源之路。

依靠科技立国的思路得到法历届政府的支持。也可以说，是用法律来支持和确保科技事业的发展。除戴高乐大力支持国家发展科技外，1983 年，密特朗政府制定了《科研规划与指导法》；2004 年希拉克政府制定新的《科研规划与指导法》，规定由总统亲自主持"国家科研与技术高级理事会"（HCST）、国家科研署（ANR）和国家工业创新署（AII）等国家级科技管理与协调机构，从而确保法国科技受到最高重视。在国家的主导下，法国的科研机构与企业互动密切。政府鼓励科研机构和大学与企业签订合同，开展全方位的合作研究，使新技术能较快地转化为应用技术并进入实用领域。

同时，国家还优先增加科研经费投入。法国提出，到 2010 年科研与开发经费要占 GDP 的 3%。法国研究与发展预算从 2003 年的 390 亿美元增加到 2007 年的 538 亿美元，已占 GDP 的 2.08%。

法国还积极倡导和推进欧洲科技合作，与德、英、西共同研发空客大型客机、推动欧洲伽利略卫星定位技术研发等。与此同时，法也注重加强与中、美、日、印等国家的国际科技合作。

总体来看，法国是实施科技立国政策比较有特色和取得很大成果的国家。有一个数字可以说明问题：自 1901 年以来，共有 43 名法国人获得过诺贝尔奖，平均两年多出一个诺贝尔奖获得者。

今天，法国有优势的产业主要是：

（一）航空。法国拥有完整的航空工业，可生产高性能的民用客机、军用战斗机、直升机及各类飞机发动机。达索公司研制的幻影和阵风系列战斗机出口到许多国家；总部设在图鲁兹的空客飞机闻名世界；法国欧洲直升机公司占世界市场 50% 的份额。

（二）航天。法国的航天工业领先于欧洲各国。阿丽亚娜火箭技术很成熟，并拥有一箭多星发射技术。法研制的卫星观测精确度高，同许多国家有合作。

（三）民用核能。法国民用核电技术从美国引进，但后来居上。拥有从铀矿开采、提炼、核电站整体设计、建造，到核废料处理等全程系统技术，产业化能力很强。现法电力生产的约 80% 来自核电，居世界首位。法核电汽轮发电机位居世界第一。法还积极研发快中子增殖核反应堆，旨在将铀资源的利用率从目前的 1% ~ 2% 提高到 60% ~70%，这是未来核电的发展方向，法已走在前面。

（四）高速铁路。法国在传统道砟式铁路上发展 TGV 高速列车技术，里程达 1554 公里，技术居世界领先地位。商业运行速度达 350 公里每小时。2007 年实验时速度达 574.8 公里，创下世界纪录。

（五）汽车。雪铁龙、雷诺和标致是世界知名的法国汽车品牌。这三大车厂同我国均有合作。

此外，法国也非常重视在农业、医药、环保等领域的高科技研发，并在世界上占有重要地位。法国作为一个西方资本主义国家，它高度重视科技的政策和经验值得我们借鉴和参考。

二、关于中法科技合作

谈到中法科技合作，不应忘记法是西方国家中同我高科技合作开展最早、态度最开放、敏感合作项目最多并最守合同的国家。当然，法方有其政治和战略考虑，也有经济利益的需求。但无论如何对双方都是有利的。

1978年，中法签订《政府科技合作协定》，这是中国与西方签订的第一个政府间科技合作协定。30年来，中法科技合作已形成多领域、多层次、多学科全面交流与合作的良好局面。不仅政府层面的战略合作、重大项目多，而且两国各省市、大学、研究院所也都建立了形式不同的合作关系，人员往来密切，双边交流频繁。法国是我主要技术引进来源国之一。截止到2009年6月底，我自法国引进技术3798项，合同金额为187.4亿美元。

当前，中法科技合作情况良好：

（一）中法先进研究计划（PRA）。两国政府于1991年签署的"中法先进研究计划"，已举行了10次会议，共确定382个合作项目。1998年成立的中法联合实验室，已形成有5国13家科研单位组成的100余人的科研团队，影响很大。

（二）核电合作。中法民用核合作密切。我改革开放后不久，法即主动表示愿与我开展核能合作，这在当时是非常难得的，因为核合作不同于一般合作。自20世纪80年代以来，我国大亚湾核电站、岭澳核电站及我国自主研发的秦山核电站的建设都与法有密切合作。我国还在更先进的第三代核电站和核废料处理等领域同法开展互利合作。

（三）参与国际新能源研发。2006年我国成为总部设在法国的"国际热核聚变实验堆"（ITER）计划创始国。这是我国第一次以创始国身份并担任副总干事长参与新能源重大国际合作项目，意义十分重大。

（四）汽车合作。改革开放初期，法国是最早同我国开展汽车合作的国家，起了带头作用。中国二汽与雪铁龙在武汉合资生产轿车，是中国汽车发展史上"高起点、大规模、专业化"的成功之例。中法两国还签署《中法电动汽车合作项目备忘录》，万钢部长几年前曾率同济大学研发团队在巴黎清洁汽车国际大赛中获第一名。

（五）医疗合作。2003年"非典"后，中法两国决定在应对新生疾病领域开展合作。2004年10月，在两国元首支持下，双方决定在武汉共建P4实验室，这是两国在敏感的生物安全领域最重要的合作项目，对国家安全具有战略意义。这是美俄都未同意与我合作的领域。

（六）航空合作。我国与空中客车公司已有20多年的合作历史。这是我航空工业融入世界航空产业链的重要契机。目前，我承包生产的零件涉及机头、机翼、舱门、机身、尾段等，尤为重要的是，空客唯一在欧洲之外的一条空客A320生产线设在了天津。今年六月第一架组装机已下线，这标志着双方合作进入新阶段，对我自主研发大飞机也有重大意义。此外，法国也是最早同我国开展合作生产直升机的西方国家。海豚直升机20世纪80年代即落户哈尔滨。2004年，双方又签署6吨直升机合作协议，执行情况良好。

（七）高铁合作。2004 年，中国长春机车车辆厂同法国阿尔斯通公司在长春组建合资公司，为中方提供 260 公里/小时至 350 公里的动车组。阿尔斯通已将 7 项关键技术转让给中方。法与日、德、加是我国在高铁领域的四个重要合作伙伴国。

（八）卫星合作。中法在卫星领域的合作日益密切，包括商业卫星发射。中法还启动了合作减灾项目，我国可利用法国 Spot 资源卫星遥感监测和预警自然灾害。

三、中法科技合作的前景和建议

新中国成立的 60 年是中国科学技术事业蓬勃发展的 60 年。毛主席建国初期发出"向科学进军"的号召；改革开放伊始，小平同志强调"科学技术是第一生产力"；之后，中央又先后提出"科教兴国"战略、"建设创新型国家"目标和深入贯彻"科学发展观"的决策。实践告诉我们，中国科学技术不断大发展，为推动我国现代化建设，改善人民生活，维护国家安全，做出了重大贡献。

国庆前，科技部长万钢在接受新华社采访时说，我国 2020 年将实现创新型国家的目标，其中一个重要指标是，科技对经济发展的贡献率要达到 60% 以上，而目前是 40% 左右。因此，进一步提高我国科学技术对经济发展的拉动力和影响力，仍然任重道远，我们还要继续付出极大努力。其中，重要的一环是，在全球化的背景下，如何进一步加强同世界各国、特别是同科技发达国家的合作。中法作为有传统友好关系的大国，双方在高科技领域的合作有着良好的基础，尽管目前中法关系存在某些困难（原因不在中方），但从长远看，中法加强全面科技合作对双方均有利。不久前，胡主席在美国匹兹堡 20 国峰会期间会见了法总统萨科齐，中法关系出现转圜和改善。可以预计，中法科技合作的发展前景是十分广阔和美好的。为此，建议：

第一，大项目涉及国家重大经济命脉和主权安全利益，具有战略意义，建议继续大力搞好同法国已有的重大合作项目，继续发挥国家主导作用，争取在为我所用、技术转让、掌握自主知识产权方面有更大进展。

第二，进一步推动中法分布甚广的高新区、科技工业园区等创新机构间的交流与合作，支持企业参与双边科研和创新合作计划。法国在全国确定了 67 个科技竞争力创新区，双方应在"产学研"领域加大合作创新的力度，进一步扩大中法科技合作的基础。

第三，大力支持两国优秀科研院所、著名大学和有实力的企业成立联合实验室，利用民间力量搭建新型科研平台，建立对口单位间长期稳定的合作机制，进一步调动和深化两国民间科技合作的积极性。

第四，要重视和鼓励两国科研人员积极参与欧盟框架下的国际科技合作项目，利用欧盟的资金和政策优惠，扩展中法科技合作的范围和形式。

总之，一定要千方百计地调动、团结和利用一切可以调动、团结和利用的人群和力量，加快实现我国未来发展的总体目标。我们深信，科学技术是第一生产力，是时代的旗帜。

（2009 年 10 月 26 日　广东东莞）

从法国引进人才的做法及启示

今年 5 月，中央召开全国人才工作会议。胡锦涛主席在会上强调，"人才资源是第一资源"，"人才问题是关系党和国家事业发展的关键"。温家宝总理也指出，"当今时代，科技是关键，教育是基础，人才是根本。"习近平副主席要求"抓紧实施重大人才政策和重大人才工程"。中央领导的指示表明，随着经济全球化和我国加快转变经济增长方式，人才强国战略已上升为我国的国家级战略，成为新形势下我国赢得新一轮竞争优势的核心和焦点。

一、回顾历史，新中国 60 年取得的伟大成就，与我国始终高度重视人才引进是分不开的

50 年代初，周恩来总理曾亲自过问和处理为我国"两弹一星"事业做出卓越贡献的钱学森博士回国问题。据说，美国人当时认为，年轻的华人科学家钱学森博士头脑中的先进动力学知识，顶得上三个精锐师。这就是人才的价值。

我曾经长期在法国工作，深切感受到在中法关系中，引进人才的极端重要性。20 世纪之初，一大批有志青年怀抱"科学救国"的理想到海外，特别是到欧美国家求学。今天回头看，这批学生中最优秀、最杰出、对现代中国的命运影响最大的是一批留法学生。其代表人物是周恩来、邓小平、陈毅、李富春、聂荣臻等老一辈无产阶级革命家。许多人不理解为什么是邓小平，而不是别人提出了改革开放的伟大战略。其实，这同邓小平 16 岁留学法国，在法勤工俭学五年零四个月从而具备了国际视野是分不开的。1975 年，"四人帮"夸大我建造万吨级巨轮的意义。邓小平说，他当年留学时乘坐的邮轮就是万吨级的。是经历使邓小平头脑清晰，目光远大。

改革开放后在邓小平同志的支持下，1978 年法国成为第一个同我签订科技合作协议的西方国家。中法在许多重要领域开展合作，不仅填补了我工业技术上的许多空白，而且为中国造就了一大批专业人才。例如，80 年代初开始的中法核电合作，首先在广东大亚湾开始中法合作的第一座核电站。一大批法国技术专家和熟练

工人来到中国，一大批中国核电技术人员赴法培训。经过 20 多年的中法核电合作，今天中国已建立起有自主知识产权的二代半核电产业，形成了独立建造百万千瓦级核电站的能力和技术力量，并正大力研发第三代核电，向着"青出于蓝而胜于蓝"的方向前进。

法国是西方科技大国，每年科研投入占国内生产总值的 1.2% 以上。法国的巴斯德研究所、居里实验室、欧洲癌症研究中心等是世界顶尖的科研机构，为法国培养出大批优秀科研人才。迄今，法国已有 25 名科学家获诺贝尔奖（不含文学奖、和平奖）。

2003～2008 年，我在担任驻法大使期间更深切感受到，科技合作、人才引进一直是中法关系中的重要组成。例如，法国八十年代初修造第一条高铁，是欧洲高铁运行里程最多的国家。2004 年中法签署了高铁合作协议。短短几年后，中国就拥有了自主知识产权的和谐号动车组，其技术、速度、稳定性等指标已超越法国。不久前，在沙特高铁项目招标中，中铁夺标，法方失标，就是最好的证据。法国许多来访的代表团乘坐了京津高铁，每小时 350 公里的速度使法国人大为赞叹。而 10 天前刚刚开通的沪宁城际高铁，全长 301 公里，72 分钟可由南京抵达上海。而工期仅两年，创造了世界高铁史上新的纪录。

2006 年，总部设在法国的欧洲空客公司历史上第一次将空客 A320 中程客机组装厂建在中国天津。许多欧洲航空制造专家和技术人员来华工作，去年六月第一架飞机下线，今年生产了 11 架客机，供不应求。这对我国航空事业发展，特别是带动大飞机制造有重要作用。2008 年 5 月，中国商飞公司成立，着手中国 C919 大型客机的研制。目前已引进海外高层次人才 30 多人。大飞机项目承载着国家的意志和民族的梦想，我们中国人有勇气、有办法一定能够成功造出更安全、更经济、更舒适、更环保的大飞机。

这些例子有力地说明，通过签署和执行国际大型合作项目，根据国际规则，顺其自然地引进国外先进技术和专门人才为我所用，同时在这个过程中培养和造就我们自己的人才队伍，这是非常有效和成功的人才引进途径。我们应继续根据国家发展的需要，继续大力推进对外重大科技项目合作，不仅在国家层面，而且要调动各方积极性，在省市和企业层面上加强对外重大科技合作，这是科学引进和成就人才的好办法。

二、做好我国海外留学生优秀华人科技人才的引进工作也非常重要

改革开放以来，中国出现了新的出国留学热，规模要比 20 世纪之初大得多。目前在法国的留学生约三万五千余人。驻法使馆一直非常重视对高层次留学人才的引进工作。我知道，驻法使馆建有留学人才信息库，想尽办法积极鼓励留法学生回国创业。目前，在法高校任副教授以上、在科研机构任研究员以上和在大企业任中

高级主管的留学生和华人学者高层次人才很多。经使馆多年工作，他们大多与国内高校和科研机构有合作关系。近年来，已有数十名留法学者获得国家杰出青年基金奖，成为"长江学者"特聘教授或入选中科院"百人计划"、中组部"千人计划"。

在这些学者中，我同叫王肇中的博士接触较多。他是法国科研中心光子与纳米结构实验室主任研究员。纳米是重要的高新技术，各国投入很大力量进行研究。王肇中博士在纳米物理、固体实验物理，低温高真空扫描等领域很有研究。我参观过他在法国的实验室。他发表的三项实验成果解决了固体物理理论界争论了20多年的三个重要问题。目前，王博士已成为中国国家纳米科学中心的首席科学家。我对纳米技术很好奇。据说，纳米技术理论上可预防和治疗人体内一切病状，从根本上解决医疗难题，大大延长人类寿命。纳米技术还可根据物质的分子排列原则生产任何商品。这是一项可以改变世界的新技术。因此可以看出，引进高端科技领军人才回国，意义非常重大。

在法国还有许多优秀的留学人员已经回国或有回国工作的意愿，如中科院遥感应用研究所所长顾行发博士，还有微电子学专家，现任清华大学教授的刘泽文。还有法国生物学、遗传学专家沈文辉博士，现在是中国国家自然科学基金海外特邀评委。

当然，还有更优秀的学者，如现任卫生部部长陈竺博士。他是留法归来的医学博士，血液病领域的权威专家。还有前国家航天局局长孙来燕，是留法力学博士，现担任国有重点大型企业监事会主席。这些具有代表性的留法专家学者都对国家做出了重大贡献。

除引进留学生外，我们还引进过许多法国的科技专才。如20世纪辽宁省本溪市曾引进法国环境治理专家贝泽荣（Bergezon），他成功地使污染严重的辽宁省本溪市恢复了蓝天、白云和绿水青山，摘掉了联合国通报的"卫星看不见的城市"的帽子；还有法国人皮尔·罗斯受聘在济南平阴县改进玫瑰精油提取技术取得成功；另一位法国专家阿尔诺在辽宁指导玉米和向日葵杂交技术，促进了当地粮油产量；法国专家吉思在陕西帮助攻克空间材料技术难关取得成功。上述四名法国专家均获得中国政府友谊奖。

三、今天，中国正在加快转变经济增长方式，使中国经济由"中国制造"向"中国创造"转变，这是一项科技含量非常高的重大任务

回顾西方几百年的经济发展史，许多国家也经历了大体相同的发展阶段。他们在引进人才方面有些经验和做法，特别是近几年的做法，值得我们借鉴和参考。像法国这样的科技发达国家，至今仍十分重视从国外引进高端科技人才。

例子一，2006年，法国通过了关于鼓励外国优秀人才融入本国的新法律，允

许向所有非欧盟国家的高水平留学生和研究人员发放"优秀人才居留证"，使其获得在法工作和居留的机会，出类拔萃者将较容易获得法国国籍。

例子二，2008 年，法国驻华使馆先后向 100 多位中国各类人才发放"优秀人才居留证"，他们将自动获得在法国居留 3 年的权利。为了吸引外来人才，法政府还规定，外籍科研人员与法国本土同级研究人员薪酬一致，待遇相同。法政府希望在未来两至三年内，将外来移民中的专业人才比例，从目前的 7% 增至 50%。

例子三，2007 年，法国成立国家科研署，并设立国家级海外研究人员归国奖励基金，对顶尖学科带头人回到法国，给予 20 万欧元的特别奖，并同时解决家属的工作和保险等事宜。2009 年，法又宣布对法国海外优秀科研人员归国的报酬提高 12%～25%。由此我们可以看出，21 世纪的国际人才竞争是多么激烈。

四、后金融危机时代，各国都在探索变革，寻找新技术、新能源、新材料和新的发展模式

今天，绿色经济、低碳经济已成为新的经济发展趋势。今年两会期间，中国政府提出将加快转变经济增长方式，大力发展绿色环保产业，积极推动国内产业的转型和升级。在这一新的形势下，苏州面临着新的发展机遇。苏州是我国著名园林城市，也是全国经济发展最快的明星城市。2009 年，全市国内生产总值 7400 亿元，一座城市超过 11 个省份的经济总量，这是非常了不起的成就。今天，苏州面临着产业结构转型升级的挑战，转型升级说到底要靠高端人才来推动，要靠有针对性地引进国内和国外的高端人才来实现。我想，苏州在主要依靠自己力量的同时，也可以借助外交部和驻外使领馆开展相关人才引进工作。新世纪新时期，中国外交的重要任务就是要全力服务国内经济社会发展。当然也包括为人才强国战略服务，为企业走出去服务。中国的外交官都明白"弱国无外交"、"只有国家强大外交才有坚强后盾"的道理。因此，"外交源于发展，依靠发展，服务发展，促进发展"，这是今天外交与发展之间相互关系的定位。从根本上说，外交工作要为国家的总体发展战略服好务，这是外交的着力点。我们相信，在统筹国内国外两个大局的互动中，苏州的人才引进和产业结构转型一定会取得圆满成功。

（2010 年 7 月 11 日　江苏苏州）

为温明登《昨天和今天的真实中国》撰序

听说我的朋友温明登先生（Jacque Van Minden）写了一本书《Le vrai visage de la Chine d'hier et d'aujourd'hui：1956－2014》，我很高兴。

我是在中国驻法国大使馆工作期间认识温先生的。他留给我的印象是，这是一个不知疲倦地为中法友好奔走出力的朋友。许多年来，他以各种方式在法国社会各阶层中介绍中国、传播中法友好，为增进中法两国人民之间的相互了解与友好合作做了很多工作。我感觉他待人很诚恳，话语很平和，总是面带微笑，是有感染力的一个人。

我当大使期间，几乎每年都要接受温先生的邀请，到法国不同的城市去演讲和回答提问。无论在大使馆举行的活动中，还是在法国官方或议会组织的中法友好活动中几乎都能看到他的身影。这就是我印象中的温明登先生。

中国人常说，一个人做点好事并不难，难的是一辈子做好事不做坏事。温明登先生自 1956 年第一次踏上中国的土地，从此与中国结下了不解之缘。半个多世纪来，他走遍了中国各个省份，用心去了解和体察中国的社会、文化和风土人情。作为法国法中友好协会的创始人之一，他是中国改革开放和伟大变迁的见证者，也是中法民间友好的支持者和推动者。

我认为，温明登先生是有资格和有丰富经历来写这样一本名叫"中国昨天与今天的真实面貌"《Le vrai visage de la Chine d'hier et d'aujourd'hui：1956－2014》一书的，因为他善于从法国人的视角，深入观察当代中国的各种变迁和发展轨迹，这为法国读者了解和认识今天的中国提供了一个很好的窗口，尤其对涉世未深的法国年轻人，这本书更值得一读。

我们永远不会忘记，1964 年 1 月 27 日，毛泽东主席和戴高乐将军两位时代伟人共同作出中法建交的历史性决定，开创了中法关系的新纪元。在中法两国即将迎来建交五十周年之际，这部著作的问世恰逢其时，令人期盼。

（2013 年 11 月 23 日　北京）

法文翻译版:

Avant propos

C'est avec un réel plaisir que j'ai appris la publication prochaine d'un livre intitulé 《Le vrai visage de la Chine d'hier et d'aujourd'hui: 1956 – 2014》, dont l'auteur est Jacques Van Minden, un ami à moi.

J'ai fait sa connaissance lorsque je travaillais à l'Ambassade de Chine en France. L'image que je garde de lui, c'est celle d'un ami qui, infatigablement, se livre avec toute son énergie aux multiples activités visant à promouvoir l'amitié sino-française. Durant de longues années, il s'efforce, par ces activités qu'il anime sous formes variées, de faire connaître la Chine aux Français de tous les milieux sociaux et de favoriser toujours davantage le resserrement des liens amicaux qui unissent nos deux pays. Ses efforts ont largement contribué à l'approfondissement de la compréhension mutuelle entre nos deux peuples et au renforcement de notre coopération amicale. A mes yeux, Monsieur Van Minden est un homme qui vous fascine aussitôt, avec sa sincérité, sa voix douce et son sourire constant.

Au cours de mon mandat en France, en tant qu'Ambassadeur de Chine, je me rendais pratiquement tous les ans dans des villes de province à l'invitation de Monsieur Van Minden, pour donner des conférences et répondre aux questions posées par l'auditoire. J'avais l'impression de pouvoir le trouver partout: il assistait presque à tous les évènements amicaux concernant nos deux pays, qu'ils soient organisés par l'Ambassade, ou par des institutions françaises, aussi bien gouvernementales que parlementaires.

En Chine on dit ceci: il n'est pas difficile pour quelqu'un d'accomplir quelques bienfaits; ce qui est difficile, c'est de faire des actes de bonté toute sa vie, et de ne jamais commettre une action nuisible aux autres. Monsieur Van Minden a effectué sa première visite en Chine en 1956. Depuis lors, un lien indéfectible fait d'une forte 《affinité》, je dirais, le lie à mon pays. Pendant toute cette période qui couvre plus d'un demi-siècle, il a fait de nombreux voyages qui le conduisaient dans les différentes provinces chinoises. Il observait consciencieusement, cherchant à bien comprendre la Chine: sa société, sa culture, ses us et coutumes... Témoin de la formidable évolution de la Chine qui applique depuis ces dernières décennies une politique de réforme et d'ouverture, et l'un des fondateurs de l'Association des Amitiés Franco-Chinoises, Monsieur Van Minden reste toujours un fervent partisan et un artisan actif du développement des relations amicales entre les peuples chinois et français.

Evidemment, je pense que Monsieur Van Minden est bien placé, avec toutes ses connaissances sur mon pays, pour rédiger un tel livre, puisque son titre est justement 《Le vrai visage de la Chine d'hier et d'aujourd'hui: 1956 – 2014》. Comme il a suivi attentivement, avec le regard d'un Français, le parcours de la transformation profonde de mon pays et de sa modernisation, il est en mesure d'ouvrir une excellente fenêtre par laquelle les lecteurs français peuvent bien découvrir la nouvelle Chine ou acquérir plus d'informations sur elle. Pour les jeunes lecteurs qui ne disposent pas encore suffisamment d'outils permettant de déchiffrer notre monde, ce livre méritera certainement une bonne lecture.

Le 27 janvier 1964 est une date gravée dans notre mémoire. Ce jour là, le Président Mao Zedong et le Général De Gaule, deux grands hommes de notre époque, ont pris ensemble une décision historique: établir des relations diplomatiques entre la Chine et la France, ce qui marque l'ouverture d'un nouvel ère pour nos relations bilatérales. En ce moment propice où nos deux pays s'apprêtent à célébrer le 50ème anniversaire de cet heureux évènement, la parution de cet ouvrage est sans aucun doute bien attendue.

Zhao Jinjun

Président de l'Institut de Diplomatie de Chine

Ancien Ambassadeur de Chine en France

Beijing, le 28 novembre 2013

第三部分

阐释中国和平外交

为《中国外交官与改革开放》撰序

今天，全世界都公认，30 多年前中国实行的改革开放政策是一项伟大创举，也是人类史上的一个奇迹。

中国的经济总量跃居世界第二位，13 亿国民的人均收入，由改革开放前的 200 美元增加到 5432 美元，近 4 亿人告别贫困；中国的科技创新能力大幅提升，航天、潜海和信息等高端技术进入世界一流水平；北京奥运、上海世博成功举办，举世瞩目；中国的世界影响力快速上升，已成为维护世界和平、促进共同发展的重要国家。

中国的改革开放和经济发展取得如此伟大成就，源于共产党的英明领导，源于中国政府制定的正确发展战略和方针政策，源于 13 亿人民的开拓创新和艰苦奋斗。

当我们为国家在短短三十年间所取得的惊人成就感到自豪时，我们应当了解，外交工作对改革开放和良好国际环境所起的重大作用。

我们不会忘记，改革开放以来国际风云一直复杂多变，敌对势力从未停止对我国的攻击、反对和遏制，无论东欧剧变、"六四"风波、炸馆撞机，还是席卷全球的金融危机，都对我国造成前所未有的严峻考验和巨大挑战。然而，所有这些都未能阻挡住中国改革开放和经济全面增长的前进步伐。

人们看到，我们这个古老而又年青的国家在国际上坚持独立自主的和平外交政策，积极与各国发展互利共赢的友好合作关系。在对外交往中，坚持原则，顶住压力，坚定地维护国家的主权、安全与和平发展利益。外交工作取得的成绩是巨大的。

然而，国人对工作在外交战线上的外交官却并不很了解。这是一个活跃在外交一线，以维护和体现国家利益为使命的一个特殊群体。30 多年来，他们认真贯彻落实外交为改革开放和发展经济服务的理念和责任，在国内与国际之间穿针引线、铺路搭桥，积极稳妥地处理伴随着中国快速发展而产生的各种复杂多边关系和多重双边矛盾，同时为吸收和借鉴国际先进的生产技术和管理经验，为国家的科学发展默默地做出贡献。

2008 年 4 月，我从外交一线转到外交学院工作。回到国内的这几年，我在同各方面朋友的接触和交谈中发现，许多同胞对外交和外交官的工作很感兴趣，但真正了解的却很有限，或者说大多数人对外交和外交官工作并不很了解。许多人一提到外交官，总有一种很神秘的感觉。他们脑海中浮现的是西装革履、衣着鲜亮，是宴会、握手和干杯，却想不到我国大多数外交官是工作和生活在亚非拉发展中国家，那里的生活环境和工作条件是很艰苦的，甚至不如国内一些城市的条件好。而那些在战乱或高危地区工作的外交官时刻都面临着患病或可能失去生命的危险。据不完全统计，30多年来已有××外交人员患病或受伤，××外交人员失去宝贵的生命。西方有人把大使和外交官岗位列为高危职业不无道理。

我还发现，当国内许多同胞谈及改革开放以来中国取得的伟大成就时，很少有人将这些成就与外交工作和外交官这个特殊群体相联系。他们会很自然地去想，外交就是外交，它同国内的经济增长、科技进步、农业发展、教育交流、军力提升等没有直接的关联。但实际上改革开放以来，中国所取得的一切成就无不同外交工作紧密相连。

今天，随着国际、国内形势不断发生深刻变化，中国和世界越来越紧密地联系在一起，"国内问题国际化、国际问题国内化"已成为常态。与此同时，外交工作和外交官群体的神秘色彩正在逐渐消退。外交工作和外交官的真实面目和所发挥的巨大影响和作用正越来越被更多的民众所了解和认可。

但总体上看，我国国内对外交官同改革开放关系的系统性研究和推介还很不够。基于这一考虑，外交学院提出了"中国外交官与改革开放"这一研究课题，并获得北京市教委的认可和支持。应当说，这是一个新课题，也是一个很大的科研挑战，需要从理论和实践这两个层面进行全面观察、系统剖析和深入研究，才能梳理清楚中国外交官与波澜壮阔的改革开放大潮之间的内在联系，从而使读者能更好地认清，外交官群体在我国改革开放以及国家现代化建设中所发挥的鲜为人知的重要影响和巨大作用。

本书还将回答，为什么外交官这个特殊群体能够为中国的改革开放和国家建设做出历史性贡献。从理论上说，外交官的工作主要是通过主体性、策略性和位置性来发挥能动作用，这种个体的能动性体现在日常持续的外交实践中，而外交实践又不断深化外交官与国家发展之间的相互关联和相互作用，并在外交日常实践中实现统一性。

外交官代表国家，因此必须忠诚国家，必须切实履行维护国家利益的职责，但外交官也不应是国家外交政策的机械执行者，需要通过创新性的外交实践来贯彻落实国家的外交政策。外交官的能动性与工作职责应是相辅相成的，既不可夸大能动性的主观主义倾向，也要避免结构限制下的静态主义。外交官的能动性不是绝对的，而是受到"位置"的限制。外交官的作用也不是万能的，并非有了外交官的斡旋，一切外交冲突都可以解决，因为国际和国内政治结构的存在，也在一定程度上影响和制约着外交官能动性的发挥。

外交官作为结构化了的有机体，被赋予某种结构性精神的支配，几乎所有的外交"游戏"都是在一定关系和某种规则结构中展开的。但是，一个出色的外交官依然能够展示出独具特色的主体性和有效的策略性，他们在日常外交实践中能够主动创新，能够因时因地因人而异地依据事态的发展变化去寻求某种突破，以化解矛盾和危机，同时实现结构的创新性发展。

可以说，中国自改革开放以来所发生的一系列重大变化和所取得的伟大成就，都有外交官这个群体所做出的积极努力和创新奉献。本书以突出外交官主体性和能动性的角度，通过分析在政治、经济和文化三个领域中的外交实践，探讨和归纳改革开放30多年来外交官在中国各领域的变化中表现出的精神力量和所发挥的巨大能动作用。

从政治层面看，1978年中国确立了以经济建设为中心、实施改革开放的政策。对于刚刚经历过文化大革命的中国，这是一个重大政策性转折。中国外交也由过去高举反霸反修的革命旗帜进入到为改革开放和创造和平友好的国际环境服务的新时期。中国外交官积极工作，努力让外部世界了解中国改革开放的伟大意义，特别是利用多年来在驻在国建立起来的友好信任关系，通过报告会、研讨会、发表文章和广泛交友，让世界更加关注和积极参与中国正在发生的伟大变化和巨大的发展潜力。

而改革开放初期，对参与中国经济建设与合作最积极的是欧洲。例如，当中国表示希望与外国合作生产小轿车时，美、日拒绝。日本人说，你们可以买我的整车，但不会对华转让生产技术。而法国和德国则率先同意在华设厂并与我开展生产合作。这里面有经济利益的驱动和政治方面的考量，也是长期形成的不同外交关系的反映。法国是西方大国中最早与中国建立大使级外交关系的西方大国。两国外交官之间长期形成的密切沟通和相互了解，在双方合作中发挥了重要作用。这也是为什么在改革开放之初，只有法国在敏感的核电领域向中国开放。今天中法在核电领域的合作成果累累，其意义远远超出核电本身。也可以说，在中国的改革开放中政治因素如影随形从未离开。而这一点同我国各驻外使馆和广大外交外事人员在本职岗位上的努力工作也是分不开的。

再如，20世纪80年代末发生的政治风波，曾使中国外交面临西方的激烈围攻和全面制裁。有人预言，其负面影响将持续10年，甚至更长。然而，在中央的领导下，外交战线的全体外交官行动起来，开展全方位和卓有成效的工作，做各国政要、议员、企业家和媒体工作，努力突破西方的制裁和围堵。短短时间，就实现了同所有周边国家关系的全面改善和发展，同第三世界国家关系也有新进展，有的西方国家对中国实施所谓"制裁"不到一年就开始松动。日本首相海部俊树于1991年8月访问北京，成为"政治风波"后第一位访华的政府首脑。中国同西欧的双边关系也从1991年起开始恢复正常，这一切大大出乎西方某些人的预料。中美关系虽然跌入低谷，但两国在各个层面上保持接触，驻美的中国外交官依然活跃，广泛开展工作。美国对华最惠国待遇没有中断。1993年11月，在西雅图举行的亚太经合组织领导人非正式会议上，克林顿总统和江泽民主席举行了正式会晤，标志着西方对华全面制裁的失败。中国全体外交官在中央直接领导下勤奋敬业、积极进取的精神和务实的工作作风值得称赞。欧美日对华全面制裁的迅速失败，对我国坚持改革开放航向，维护良好国际环境意义重大。

从经济层面看，伴随改革开放不断深入，中国外交官的视野更加关注于如何加强同驻在国在经济、贸易、金融、科技等领域的对外合作。除驻各国大使外，各使馆商务处、科技处的外交官对驻在国积极展开经贸科技调研，广泛接触，向国内提出加强双边合作的各种具体方案与建议，使我国大大增强了同各国的对外经贸、金融与科技合作，这些合作的成功使我国的整体经济科技实力获得迅速提升。我作为中国驻法大使曾直接参与并见证了中法达成高铁合作的全过程。这一合作经历了复杂艰苦的谈判，是中国签订的第一个对外高铁合作协议。为此，我和使馆商务处的同事多次访问法国阿尔斯通公司，与公司领导人深入商谈，有交锋有吵架。最终，在两国政府支持下于2004年达成了协议。此外，我驻德国、日本和加拿大使馆也积极协助国内有关部门同上述三国分别达成高铁合作协议。今天，中国已建成世界上规模最大、速度最快、线路最长、条件最舒适的高铁网络。

在我任内，中法还就在天津建立空客320客机生产线和6吨直升机等项目达成合作协议。这是空客首次在欧洲以外生产大型客机，是中欧航空合作的大事。对这个项目，我驻法使馆的外交官在国内指示下，对法政府和空客公司做了大量工作，起到穿针引线和沟通配合的作用。2008年第一架天津装配的空客320飞机下线，至今已生产了一百多架。

此类例子很多。比如，中国驻俄罗斯大使馆积极工作，协助国内与俄罗斯在能源、航天、军工等很多领域开展密切合作，对我国在经济和科技领域的进步推动很大。20世纪90年代，当中国企业购买的"瓦良格"号航母平台从乌克兰回国途中，在土耳其博斯普鲁斯海峡受阻。经过国内和有关使馆的大量外交斡旋和多方面工作，克服了重重困难，历时4年最终抵达中国大连港。可以说，这是中国外交官持续开展大量艰苦幕后工作的结果。这艘当年的空壳航母在不久前成为令中国人骄傲的真正航空母舰，其背后有中国外交官的功劳。

从文化层面看，在中国改革开放的进程中，中华文化的国际影响和作用越来越大。中华民族有五千年文字可考的历史，中国人创造了世界最古老、最文明、最独特的东方文化。而中华文化的核心是一个"和"字，即和睦、和平、和谐的"和"，"和而不同"的"和"，这个"和"字从字面组成看，是人人有饭吃的意思，是民以食为天的意思。可以说，这一质朴思想和追求贯穿在中华文化发展的始终。今天，中国的改革开放和中国特色社会主义道路，其实也是同这个"和"字的广博含义是一脉相承的。

如何让世界人民更准确地透过文化了解一个古老而又真实的中国。这是中国发展到今天，必须倾力做好的一件大事。特别是，当今世界以意识形态划界的现象比比皆是。许多人罔顾事实、故意渲染所谓"中国威胁论"、"中国霸权论"、"中国崩溃论"等等，而其背后的真实意图是遏制中国、阻碍和牵制中国的和平发展。

因此，改革开放大潮中的中国外交官积极开展人文外交，大力推动中外文化合作与交流，实践文化"走出去"战略，不断增强中华文化的国际影响力，向世界展示一个主张和平、合作、和谐的真实中国，一个坚持改革开放、人民的精神面貌昂扬向上的现代中国形象，这是非常重要和具有战略意义的。

30多年来，中国外交官在促进中外文化交流方面开展的工作有目共睹。以法国为例，改革开放以来，中国在巴黎举办过中国文化日、文化周、文化月、文化季，最后从2003年10月开始举办中国文化年。换句话说，就是在一年的时间里在法国各地不停歇地举办有关介绍中国的各种文化活动，这在中国与外国关系史上还是第一次。而且，在中国文化年之后，紧接着在华举办法国文化年，两项活动跨越三个年头，如此密集地与一个西方国家举办大规模文化交流，这对增强中法两国人民间的相互了解和友谊非常重要，令人难忘。

为使中法互办文化年活动圆满成功，除国内主管部门重视，有关文化单位积极筹备外，我驻法使馆的全体外交官都动员起来，积极行动，与法方密切配合、相互协作，为新中国在国外举办的第一个中国文化年的顺利成功做出贡献。很显然，这些文化交流对提升中国在世界上的形象和影响力，起到了潜移默化的良好推动作用。截至目前，中国已在世界上许多国家中举办过例如文化年、交流年、语言年等各类文化交流活动，极大地拉近了中国与世界各国的友好情感与合作交流，这对构建一个和平、合作、和谐的未来世界有着深远意义。

此外，近年来，孔子学院在全世界如雨后春笋般的大量出现。这也真实反映出中华文化的巨大国际魅力和汉语广泛传播的勃勃生机。可以说，中国软实力的巨大提升，也浸透着中国外交官群体的辛劳与心血。

综上所述，在中国三十多年对外开放进程中，数以万计的中国外交官在各自岗位上忠诚祖国，勤奋工作，坚定不移地维护着国家的主权和安全，为改革开放政策的顺利实施和确保以经济建设为中心的大局不受干扰，做了大量工作，发挥了重要作用。

中国改革开放以来外交官的精神与实践，或者说外交官这个特殊群体的特殊故事为本课题提供了丰富的案例和资料。我衷心希望，这项创新性课题的研究能够系统化和理论化，从而增进我国社会各界对中国外交官群体的了解、理解和信赖。同时，这一课题也应当成为对我国外交实践的案例研究，并争取从某种角度上对中国外交有一定的实体记录和历史借鉴意义。当然，研究中国外交官这一特殊群体与改革开放的关系是一个比较新的课题，愿此书的出版能够在这方面做出有益的尝试和探索。

（2012年11月20日　北京）

外交人员心中的"中国梦"

习近平总书记近来多次指出,"中国梦"就是中华民族的伟大复兴。一时间,"中国梦"引发了13亿中国人的强烈共鸣与深层思考。

一个国家、一个民族需要有梦想。中国的外交人员也有自己心中的梦想。我于20世纪70年代初进入外交战线已经四十年了。我深知,外交官在对外交往中代表国家,他们心中的梦是与国家、民族的梦紧密相连的。

外交人员最清楚中国的历史,特别是1840年鸦片战争后中华民族所经历的那段不堪回首、落后挨打、丧权辱国、割地赔款、民不聊生的惨痛近代史。100多年来,有多少爱国志士前赴后继、视死如归,用青春、生命和满腔热血去实现中华民族复兴之梦。

1949年新中国成立,中国人民从此站立了起来。改革开放30多年,中国人民又富裕了起来。今天,中国取得了历史上前所未有的快速发展,已成为世界第二大经济体。中国的综合国力与世界影响力显著提升,中华民族的伟大复兴正在向前迈出更加坚定有力的步伐。

然而,由于人口众多,底子太薄,我国仍是世界上最大的发展中国家,还将长期处于社会主义初级阶段。今天,这个世界仍很不安宁,也不公平,霸权主义与强权政治依然横行。纵观世界,中国的现实生存与未来发展还有许许多多的困难与挑战,处理不好,仍有亡党亡国的危险。面对这一严峻的国内与国际环境,要完全实现中华民族伟大复兴的梦想,我们还有很长很长的路要走。

外交人员很清楚,只有在党的领导下,以经济建设为中心,坚持改革开放,坚定不移地走中国特色社会主义道路,中国梦才会早日实现。这是被中国近代史一再证明了的真理。

外交人员还深知,中国梦的实现除了众多国内因素外,也离不开有利的国际环境。中国几代领导人郑重向世界宣告,中国绝不谋求霸权,将始终不渝走和平发展之路,始终不渝奉行互利共赢的开放战略。中国的和平发展,完全符合中华文化几千年形成的民族精神与理想追求。这也是中国"应当对人类有较大贡献"应尽的国际责任。

因此，实现中国梦也有世界意义。这首先要在国际上广泛传播和践行中华文化的理念，例如，传播中国古代思想家凝练的"和而不同"的思想。2003～2008 年，我在法国当大使，曾同法国总统希拉克及许多法方官员，多次讨论过中法签署支持"世界文化多样性"文件的重要意义。这一文件是中法在美英发动伊拉克战争后针对当时国际关系中存在的严重扭曲而共同倡议的，既有时代性，又体现出中国古老的"和而不同"的理念。

中国人所主张的"和而不同"，就是指不同文化应和谐共存，互不冲突。这如同自然界是多姿多彩一样，人类社会也应当是千姿百态、各有特色的。这一理念符合人类共同利益的价值取向，展示出未来世界应有的和平、合作、和谐的景象。可以说，中法签署支持世界文化多样性文件表明，"和而不同"的理念既是传统的，也是现代的，既是中国的梦，也是世界的梦。

总之，"中国梦"内涵丰富，也含有深刻世界意义。实现中国梦，有利于引领世界走向和平、发展、合作与共赢。在这样一个未来世界中，所有国家不分大小、贫富和强弱都应相互尊重，一律平等。这应是"中国梦"中的理想世界。而理想世界，要靠国家的强盛和一代又一代的外交人员努力工作，去积极争取。

（2013 年 4 月 10 日　北京）

2010 年的国际形势

——在中国国际关系学会年会（北京）讲话

今年上半年学会的主要工作是筹备并成功召开了年会且顺利完成了换届工作。根据学会章程，学会理事会每一个任期为五年。第七届理事会从 2004 年开始工作到 2009 年年底已经圆满完成了它的各项使命。今年上半年，我们集中力量办理理事会的换届工作。学会秘书处在三月份向各会员单位党委办公室或二级学院院长办公室发出换届通知，要求各单位尽快向学会推荐新一届理事、常务理事人选。这项工作得到了各会员单位党委的高度重视，理事和常务理事候选人的推荐工作进展顺利。之后，今年 4 月我们在兰州大学召开了 2010 年国关学会年会。在大会上，各单位代表除就会前拟定的议题进行发言和热烈讨论外，还批准通过了新的理事和常务理事候选人名单，使第八届理事会顺利组成。之后，学会秘书处又通过通信联络方式请各位新当选的第八届理事会理事书面选举产生了学会第八届理事会副会长和秘书长人选，由此新一届理事会的领导集体在今年 5 月底正式产生了。可以说，新一届理事会和领导集体的人员组成更年轻、更具有活力和代表性。这反映了我国国际关系和外交学学科可持续发展的一个现实。

近年来，拥有国际关系、国际政治、外交学和国际问题研究的大专院校和研究机构大量增多。根据国务院学位办的统计，目前我国大陆地区设置国际政治本科专业的高校共有 49 所，设置外交学本科专业的有 9 所，还有一些高校根据自身科研工作的需要主动设置了其他国际政治类本科专业，如国际事务、国际政治经济学和国际文化交流等。获得一个以上国际政治类二级学科点博士学位授权的单位大约有 20 家，获得一个以上国际政治类二级学科硕士学位授权的单位有 75 家。这样一种国际政治学科快速发展的良好势头，在第八届理事会的组成中都有反映。这是令人高兴的。我们希望新一届理事会在新的一年取得新的更大成绩。

即将过去的 2010 年对我国外交工作是不平静的一年，特别是周边形势波澜起伏，有惊有险，挑战不断。面对危机与困难，中国外交在中央和国家总体外交方针的指导下，把握时机，沉着应对，有效化解挑战，为确保中国的和平发展有一个和平稳定的外部环境做出了重要贡献。同时，我们国际关系学会的许多会员单位想国家之所想、急国家之所急，努力发挥二轨和智库作用，也为国家的外交事业做出了自身的贡献。这是令人高兴的。

现在，我代表国际关系学会理事会结合当前国际形势，向理事们报告学会明年的研究方向与工作重点。

第一，我们要紧密跟踪国际形势及国际体系的演变。

今年，国际形势继续发生着复杂深刻变化。国际金融危机虽然总体上呈现出企稳回升，但其不利影响仍在继续，余波还在不断显现。从深层次上看，这场危机不只是金融和经济危机，更是美国等西方国家所导致的深刻政治危机、思想危机和体制危机，是资本主义政治、经济与社会矛盾长期积累的结果。

在这一背景下，新兴大国、特别是中国持续快速发展，国际力量重心由西向东转移的趋势显现。也有人说，西方垄断国际事务的中心地位开始动摇，可以说，这是当今世界的一件影响深远的大事。今年第二季度中国经济总量超过日本，成为全球第二大经济体，同时，今年中国在世界银行和国际货币基金组织的地位分别获得提升，均由第六位上升为第三位，从而有力折射出我国在国际舞台上的地位和影响力不断上升。刚才，张部长提到对我们的经济总量要客观地看，总量超日本，但我人均仅为日本的十分之一和在全球排名 100 位左右，因此一定要客观冷静对待，要防范未富先骄的现象。张部长的这番话值得我们重视。

今年还有其他一些值得关注的重要现象：一是其他发展中大国也在经济危机中逆势发展，形成发展中国家群体性崛起的势头。二是 G20 成为国际经济治理中的最受关注、最有代表性的重要国际机制，这也是今年国际多边合作中的最大亮点，是我们观察形势、研究趋势所必须把握的要素。

我们的研究工作必须紧紧围绕国际体系的新变化、新格局和新趋势展开，积极跟踪研究国际力量消长和中国如何参与全球治理机制等问题，例如，应继续加大对 G20 的运作及其制度建设问题的研究，并回答如何进一步扩大我国在国际体系和制定新的游戏规则中的话语权和影响力，从而有利于为我国营造更加有利的国际制度环境。为此，新的一年我们要继续重点研究大国关系，要特别关注中美关系。关于中美关系，张部长说，要全面客观地看待中美关系，指出中美关系是我对外关系的重中之重。目前中美关系基本稳定。把握这几点看法很重要。明年一月上旬美国国防部长访华，1 月 19 日胡锦涛主席访美，这是全面观察研究中美关系的关键时机，我们各会员单位都要紧紧抓住。

第二，要特别重视并加强研究周边形势。

今年周边形势发生了较大变化，直接牵动大国及周边国家相互关系的微妙互动。这一新动向对我关系重大。因此，我们必须进一步加大对周边复杂形势和东亚地区秩序演变的研究。张部长在报告中结合陪同我领导人出访的感受指出，尽管今年周边形势动荡，但我国在周边国家的有利地位并未发生重大变化，这一判断对我们研究东亚形势有着重要的指导意义。

回顾今年东亚地区形势，可以看出，东亚矛盾多发、集中显现，重新成为世界瞩目的焦点。在东亚内外各种因素的作用下，一年来从东北亚到东南亚弧形地带的热点问题急剧升温。从天安号事件到黄海军演，再到南海风波，还有近期的延坪岛炮击事件及美韩、美日持续进行大规模联合军演，一时间朝鲜半岛战云密布，形势一触即发，形成停战后五十多年来半岛最严峻的火药味和大国关系危险联动效应。而这一切就发生在我们的家门口，弄得不好，将直接影响我国的主权、安全与和平发展，对我关系重大。

新的一年，我们必须十分重视对东亚地区形势变化的研究，要特别重视对美国亚洲战略调整背景和演变趋势的研究，同时重视国家对危机处理能力、应急机制和化危为机等问题的研究；也要重视对传统安全问题如领土问题、资源问题、跨境安全等问题的全方位研究。张部长刚才特别提出，我国的发展面临三大瓶颈：一是能源，二是资源，三是水的安全。这三大瓶颈今后还将长期困扰我们的发展，必须找出妥善应对之策。此外，明年我们还要重视我与东盟关系的研究，积极推动中国与东盟、即"10＋1"合作在新形势下如何更好更快更深地向前推进。我们要发挥好二轨与智库作用，多提建设性意见和务实建议。

从长远看，我们还应围绕未来的亚洲、特别是东亚区域合作问题进行长线研究。当前则要特别重视研究如何更好地利用亚太经合组织、上合组织、东亚峰会和东亚领导人系列会议等重大外交场合和多边外交，提出符合中国利益和全亚洲利益的区域合作设想和方案，探讨加速亚洲区域合作的长远规划，积极稳妥地塑造亚洲、特别是东亚地区得以开展和平、合作与发展的秩序建设。

第三，进一步重视国家软实力建设和对公共外交的研究。

今年上半年的"谷歌事件"以及最近的"维基解密"事件表明，互联网时代网络对传统外交正在形成很大冲击。西方某些反华组织和团体，包括所谓的"诺贝尔和平奖"委员会，仍在不遗余力地就民主、体制和人权等问题干涉我国内政、破坏我国稳定。张部长也提到一些非政府组织、跨国机构和某些个人的能量很大，我们不能掉以轻心。随着中国综合实力不断上升，西方舆论中的"中国威胁论"、"中国责任论"，以及所谓中国"新殖民主义"论都有所抬头，我们必须重视这一动向，努力争取对我更友善的国际舆论环境。

面对新形势，我们要加强对互联网与外交运行关系的研究，重视对公共外交理论、任务、指导原则、实施方法等内容的研究，进一步加强关于信息化时代如何增强国家软实力的研究；还要研究如何利用首脑外交、多边外交、民间外交、城市外交以及各种会议外交等，推进中国公共外交理论和实践的创新，逐步形成具有中国特色的国际话语权，提升我国公共外交的水平。

近几年来，中央领导和外交部领导十分重视开展公共外交，这是新时期中国外交必须积极开拓的重要新领域。我们国际关系学会必须深刻领会、紧紧抓好对公共外交的研究。这是提升中国外交在世界上的影响力、亲和力和感召力，创立具有中国特色、反映中国实际、能够被国际社会认可的外交理论的重要方面。我们希望，新的一年各会员单位都能大力加强对公共外交理论的关注与研究。

第四，从全局和大局高度及时总结中国外交的成就与经验，为谋划长远的中国外交战略提供坚实的学术支撑。

今年，中国外交的确面临严峻挑战，但是在中央的正确领导下，我国沉着应对，化解矛盾，准确把握外交大方向，努力维护世界和平稳定的大局。可以说，今年中国全方位外交显示出成熟、灵活和力度。特别是，今年我国综合运用包括首脑外交、峰会外交、战略伙伴关系、战略对话机制、六方会谈机制、经济外交、安全外交、人文外交、绿色外交等多方面的资源，建设性参与各类国际活动和国际机制的建设，有力有效地维护了国家的主权、安全和根本利益，促进了国内经济社会建设的持续较好较快发展。

今年的世博外交、亚运外交得到了世界各国的积极参与和高度评价。中央刚刚召开上海世博总结表彰大会，形成许多宝贵经验，这些值得我们认真学习，并灵活运用到学术研究之中，使我们在今后的工作中能够对一些新生事物及时做出反应、系统梳理，通过总结上升到理论和全局的高度，这对于我们国关学会在新世纪、新时代进一步改进工作具有重要意义。

（2010 年 12 月 28 日　北京钓鱼台大酒店）

2011 年国际形势

——中国国际关系学会年会（北京）讲话

今年 4 月，我会在四川大学举行年度会，主题是《十二五的中国外交：创新与发展》；6 月，在上海举行了第 6 届博士生论坛，主要讨论中国国际关系理论建设中的借鉴与创新。一年来各理事单位还就"中国与东盟关系"、"中美关系"、"中国加入世贸组织十周年"、"上合组织成立十周年"、"9·11 事件十周年"等重要议题举办了不同形式的座谈会和研讨会，取得很好效果。可以说，一年来我们新一届学会理事会的各项工作都在稳步推进。下面，我主要讲两部分内容。一是今年国际形势的一些新变化；二是对学会明年的工作谈几点意见。

今年国际政治、经济和金融形势复杂多变，出现许多新的热点和敏感问题，可以说是多事之年。主要表现在：

一是今年年初以来，西亚北非政局出现连锁大动荡，其影响深远，至今余波未平，乱局仍在蔓延或处在新的酝酿之中。这场突如其来、席卷西亚北非的政治大动荡终结了突尼斯、埃及、利比亚和也门长期的强人统治，并迅速波及巴林、叙利亚等国，使中东及周边形势陷入持续动荡，并牵动美、欧、俄等大国以不同方式和程度卷入，由此引发西亚北非这一世界上具有重要战略与地缘政治利害关系的地区，政局起伏跌宕、经济停滞低迷、社会与宗教矛盾更趋激化，特别是宗教激进主义力量异军突起，更增添了地区形势的复杂与未来前景的变数。同时，作为世界最重要的产油区，西亚北非局势的动荡不已和前景未卜使国际油价在高位震荡，对世界经济的负面影响十分深远。值得注意的是，在这一动荡局势的背后是西方国家赤裸裸的军事干预和利用互联网在舆论上的推波助澜。西方的这一双刃战略在利比亚得手后，又剑指叙利亚和伊朗。当前中东地区战云密布，战争与制裁的两手交替使用，局势持续升温，前景扑朔迷离。鉴于西亚北非战略地位重要，上述乱局不仅对伊斯兰世界造成直接、广泛和严峻冲击，而且对世界格局也将产生重大而深远的影响，值得我们密切关注。

二是世界经济复苏乏力，国际金融危机二次探底的风险加大，发展问题成为全球各种力量博弈的焦点。继 2008 年美国爆发金融风暴后，今年欧盟国家主权债务危机迅猛升级，极大地冲击着全球的金融与经济。葡萄牙、意大利、爱尔兰、希腊、西班牙被称为"欧猪五国"（五国英文首字母合起来为 PIGS）。五国经济不振，赤字严重，失业增加，处于偿债高峰期，而债务偿付违约的可能性增大，国家破产的风险在上升。欧元区内部在救助希腊和意大利方式上出现分歧，欧盟主权债务危机有可能扩大化和长期化。从而使欧元区甚至欧盟存在解体的风险，这对世界金融体系将是沉重打击。加之，当前美国经济总体不好，增长乏力，失业率居高不下，美推行量化宽松的货币政策效果有限，难以从根本上解决长期积累的经济与社会矛盾。美国主权信用评级自 1917 年以来首次遭到下调。一场被称为"无组织、无领导、无纲领"的"占领华尔街运动"在美国各地蔓延，并在西方许多国家形成"溢出效应"。为摆脱困境，欧美相互转嫁危机，同时也极力向新兴经济体转嫁危机，国际经济金融体制中的不合理性进一步显现。这对中国和世界各国都构成极大的挑战和警示。

三是世界唯一超级大国——美国加快调整其全球战略布局，调整的动静很大，战略重心东移的态势很明显。9·11 以来，持续八年多的反恐战争消耗了美国大量的人力、物力和财力，却事与愿违，出现越反越恐的尴尬局面。美国急于卸掉反恐战争的包袱，这是美调整全球战略部署的大背景。值得注意的是，美国将亚太定位为美全球战略的枢纽，提出二十一世纪是"美国的太平洋世纪"等口号。在军事上，美进一步加强与日本、澳大利亚、韩国的军事与战略协调，并引人注意地在澳大利亚建立新的军事基地，同时还加强了同印度、菲律宾甚至越南等国的海军合作；在经济上，美倚重日、韩、澳等盟国，鼓动签署跨太平洋伙伴关系、即自贸区协议（TPP）；美还首次参加东亚峰会，并力图发挥"领导"角色，同时高调关注南海争端，企图激化地区矛盾。

总体来看，美国在东亚地区动作频频，旨在将军事力量和战略优势，转化为在东亚事务上的主动权及区域主导权，其战略意图中遏制我的一面十分明显。对此，我们一定要保持清醒头脑。

当然，也应看到，虽然美国实力超群，但是否有能力主导亚太事务，还要冷静观察。另外，当前中美关系中的基本面并没有发生根本性变化。尽管双方存在着分歧、矛盾甚至摩擦，但中美关系中相互依存的一面不断加深，对双方而言，在解决自身和全球性问题上中美还需要相互借重。一句话"增进互信、化解分歧、推进合作"仍然是中美关系中的主流，这符合两国的根本利益，也有利于世界的和平与发展。

四是新兴大国保持群体性崛起的势头，国际力量对比总体朝着渐趋均衡的方向发展，但外部世界对我的责任期许、战略防范和借力牵制还将长期存在。2008 年国际金融危机爆发以来，新兴经济体一直维持强劲增长，成为推动世界经济复苏的重要引擎。去年新兴经济体在世界银行的股权和国际货币基金组织的投票权均有增加。而发展中大国与发达国家各占一半的"二十国集团"作为全球经济治理主渠道的地位日益突出。"金砖五国"会晤机制在国际事务中的影响力增强。

今年，我国克服了许多困难，实现了社会稳定和经济持续增长，综合国力不断提升。当然，也必须看到，世界在惊叹中国取得巨大成就的同时，各国特别是西方舆论高度关注和聚焦中国。从周边领海主权之争、欧洲主权债务危机、到国际气候变化谈判，从中国模式、中国责任、到中国威胁等等，涉及中国的议题无时无处不在，中国的一举一动无不成为各方关注和评论的焦点。也反映出，中国的外部挑战依然严峻。面对这一形势，今年9月6日中国发布了《中国的和平发展》白皮书，详细阐述了中国所选择的和平发展道路及其内涵，回答了"中国是怎样一个国家？""为什么选择和平发展道路？""中国的和平发展对世界意味着什么？"等一系列国际舆论关注的问题，是一份纲领性文献。我们国关学会应认真学习领会，并在学术研究中加以宣传和体现。

综上所述，我们要充分认清形势，看到世界力量的对比、国际体系的变革以及中国与世界的关系，整体上还处于量变积蓄的过程之中，当然不排除也会有局部激烈调整的特殊阶段。我们相信，随着中国综合国力的持续增长，下一个或下两个十年，"中国因素"有可能成为世界形势发展变化的核心变量。这对我们既是机遇，更是挑战。根据辩证法，机遇和挑战是可以相互转化的，如何转化，向什么方向转化，主要看我们如何"审时度势"和"顺时作势"。这是当前和今后一个长时期中国国关学者面临的战略性思考。

下面，我想就学会明年的工作谈几点意见。

明年是世界大选之年。许多国家，包括五个安理会常任理事国中的四国，除英国外，都将进行重要选举。中国也面临着召开十八大，迎接承前启后、继往开来的新形势和新任务，这要求我们一定要紧紧围绕党和国家的中心任务，不断深化对国别、区域、多边、双边及各领域外交工作的研究，切实加强战略性、前瞻性和对策性调研，以更好地服务于我国的总体外交需要。本着这一精神，我就明年学会的研究工作提几点看法：

第一，结合国际形势新情况、新变化和新发展，深入分析国际关系发展的中长期趋势，做到"心中有数"，提出符合国家长远利益和可操作性的看法与建议。当前要继续密切追踪研究中东局势的演变、走向及可能产生的战略影响；关注发展中国家的政治、经济局势变化以及深化同我合作所面临的新情况、新任务和新举措；加强对全球治理的深入研究。要看清全球化在促进世界合作发展的同时，也带来一些新的政治、经济和社会问题，美欧面临的经济危机，其实质是一场深刻的制度危机、社会危机和全球治理危机，我们需要对此进行深入持续的研究、判断并把握其未来走向，使我国未雨绸缪，在未来更加激烈复杂的国际竞争中立于不败之地。

第二，要进一步加强对国际体系、国际机制和国际制度的研究，为国家多出谋献策、多提供新的参与思路。中国综合国力大幅提升使中国与外部世界的联系更加紧密，中国的利益遍及全球。可以说，当今的世界几乎在所有问题上都希望听到中国的声音、了解中国的想法、得到中国的支持或积极参与。毫无疑问，中国外交已进入一个外部挑战多样化、常态化的新阶段。这是新中国成立以来从未遇到的新问题、新形势。当然，作为安理会五个常任理事国之一，我国也的确对世界事务负有特殊重要的责任。因此，我们要加强对国际体系和国际制度的系统研判，密切关注国际力量对比的变化，研究并妥善运筹一个总体稳定、动态平衡、互利共赢的大国关系和周边关系；我们要特别关注国际秩序、制度和机制的演变，加强对联合国改革动向的跟踪分析，深入探讨"二十国集团"、"金砖五国"在维护国际经济和金融改革与稳定方面的功能、态势和作用，积极推进"10＋1"、"10＋3"、中日韩及上海合作组织等多种地区性合作的新形式。研究的重心应当是，充分利用、适当参与，全面维护我国的国家利益。

第三，坚持统筹国际国内两个大局，自觉地把研究国际问题与国内事务紧密联系起来，适应"国际问题国内化、国内问题国际化"的新形势和新特点。中国的发展离不开世界，世界的繁荣稳定也离不开中国。当前世界经济复苏艰难，美国及欧日的主权债务危机呈现蔓延与恶化之势、日本遭受地震海啸和核泄漏的多重打击，新兴经济体也面临高通胀、国外市场萎缩和国际大宗商品价格剧烈波动的冲击。国际上以我为敌的势力依然存在，并毫不掩饰地假手互联网，推动所谓"茉莉花革命"，以颠覆他国政权。对此，我们绝不可掉以轻心。我们的研究一定要紧紧统筹国内国外两个大局，着力于构建互利和谐的中国与外部关系，着力于有效服务国内的政治稳定、经济结构调整和提高人民的生活水平。

第四，要进一步加强外交理论的研究，努力提高我会研究成果的理论性、战略性和前瞻性。伟人说，没有革命的理论，就没有革命的实践。今天中国外交取得的巨大成就来源于马克思主义、毛泽东思想、邓小平理论、"三个代表"和落实科学发展观的正确指导。我们一定要高度重视理论学习，提高自身理论修养，这是我们的研究工作能够取得成绩的根本。在此基础上，我们还要切实贯彻十七届六中全会精神，深入挖掘中国的传统文化，加强国家软实力建设，拓展公共外交战略的研究；要加强对我国和平发展规律和外交阶段性特征的研究，丰富中国和平发展道路的理论内涵和对外影响力，努力创建有中国特色的外交理论体系，更好地服务中国外交的开拓与创新实践。

2012 年即将到来，在新的一年里，国际关系学会将进一步顺应国家外交工作大发展的要求，解放思想、与时俱进，积极推进对国际关系和中国外交的全方位研究。中央领导对国关学术界一直寄予很高的期望，我们一定要认真落实中央领导同志的要求和期望，在踏实务实研究中开辟新思路，提出新建议，凝练新理论，争取为我国的外交事业做出更多贡献。

（2011 年 12 月 26 日　北京钓鱼台大酒店）

2013 年国际形势
——中国国际关系学会年会（北京）讲话

过去一年，学会各项工作继续稳步推进。学会举行了三次重要活动，一是 5 月在外交学院举行了第 8 届博士生论坛；二是 7 月在云南大学举行了理事会会议和国际形势座谈讨论会；三是今天在钓鱼台大酒店举行年会。我们感到特别高兴的是，学会的活动不仅得到了各成员单位的积极参与，更得到了国务院领导和外交部领导的热情鼓励和支持。

根据中央求真务实，反对形式主义的要求，今年的年会既要抓重点，请国务院和外交部领导讲形势、提要求，又要简化程序，确保效率和使大家有足够的时间进行思考和专题讨论。据此精神，我的例行工作报告也进行了简化。

一，现在我讲第一部分，对国际形势的几点看法。

看法一，今年全球经济呈现出温和回升，美欧日三大块正逐步走出谷底，虽然新兴经济体的增长有所放缓，但增长率依然高于发达经济体。国际力量的对比继续朝着"东升西降"和有利于改革不公正不合理的国际政治经济秩序的方向发展。与此同时，国际政治中仍存在许多不确定因素，霸权主义、强权政治依然存在，意识形态的对立、冷战思维和各种冲突依然时起时伏。总体来看，这个世界依旧很不安宁。旧的热点问题没有解决，新的矛盾不断出现，局部动荡、恐怖活动、网络安全、贫困、疾病、环境等问题日益突出。

看法二，世界政治格局加速调整，大国关系依然左右着世界局势的走向。中美俄欧在国际事务中的地位和作用突出，是主导当今世界主要矛盾的四大决定性力量。俄罗斯今年的表现格外抢眼，普京连任后频频挑战美国霸权，展现出俄罗斯的强势外交，这有利于世界力量的均衡。

看法三，世界大国聚焦亚太、运作亚太，亚太地区在世界政治、经济和安全版图上的地位和影响日渐突出。

主要看点有三，一是美国搞战略东移，意在遏制中国，重点是强化军力投入、加紧对亚太盟国控制；与此同时，美也寻求与我商谈"新型大国关系"，反映出当今美全球战略的矛盾与无奈。

二是俄罗斯与欧盟竞相展开对亚太的魅力攻势，试图加强各自在亚太的存在。俄欧此举主要着眼于拉住中国，搭上中国经济增长的快车。俄欧对华示好，在客观上有利于平衡美国的亚太战略。

三是日本安倍政权加大军国主义和右倾化举措，安倍倒行逆施公然参拜靖国神社，并采取一系列剑指中国的扩军措施，反映出日本试图充当亚太地区的反华急先锋。钓鱼岛之争是中日力量对比出现转折后，日本内心充满失落和焦虑的反映，本质上是中日两国国家意志的较量，短期内不会改变。

看法四，中东地区依然是牵动世界目光和各方重大利益的热点地区。各种矛盾犬牙交错，各种势力激烈较量，半个世纪以来那里的战火从未间断。中东的矛盾与争斗，主要是在美欧俄三方及其地区代理人之间展开，矛盾尖锐复杂，难以调和。预计，中东局势的发展变化还将长期影响世界和平与稳定。不排除那里的乱局持续恶化、矛盾失控或动乱长期化。而这将不可避免地影响和牵动美国的全球战略。

看法五，中国因素日益突出，我影响空前增大，综合国力大幅上升，有利于更好地维护我自身利益。这是我国近代以来从未有过的机遇期。我们应善于把握好机遇、运筹好国力，坚定维护好我核心利益，确保"两个百年目标"如期实现。这是历史性使命。

回顾 2013 年的中国外交，可以概括为，开局精彩，成就瞩目。

一是中俄全面战略协作伙伴关系提升到新高度。中俄关系是我对外关系中层次最高、合作最广、意义最大和最稳定的战略关系。

二是中美进入共同构建"新型大国关系"的新时期。其内涵是：不冲突不对抗，相互尊重，合作共赢。这一关系符合中美两国的根本利益和世界人民的期望。但说起来容易，做起来难，会有摩擦、有斗争、有妥协、有曲折、甚至有反复，政策性和策略性很强，前景有很大不确定性。

三是大周边在我外交布局中更加重要和突出。尽管有困难、有矛盾、也有暗斗，但我与周边国家的共同利益是主流，未来趋势总体平稳，友好与合作仍将是主流。

四是中国同全球发展中国家、特别是同金砖国家的友好合作关系不断深化，不断迈上新台阶。我们的朋友遍天下。

总之，国际形势的发展与趋势，对中国既是机遇，又是挑战。机遇大于挑战。

以上是对国际形势的简要看法，希望出席年会的各位专家学者在专题座谈中敞开思想，各抒己见，并以自己喜欢的方式为国家的外交战略建言献策，多做贡献。

二，下面，我要讲讲学会的工作。

今年，关系学会的一件大事是，习近平主席就"如何加强中国特色的新型智库建设"做出重要批示。此后，刘延东副总理专门主持召开了高校校长会议听取意见，指出"建设中国特色的新型智库，是服务党和政府科学民主决策、破解发展难题的迫切需要，对提升国家软实力、全面建成小康社会具有重要意义。"中央领导的上述指示，对我会找准加强"新型智库建设"的方向具有指导意义。

中国国际关系学会是以外交和国际关系研究为导向的国家一级学会，在我们的会员单位中聚集了全国从事国际关系教学和研究的一流专家和学者。我们学习、贯彻中央领导的指示，就是要充分利用我会的现有平台，努力改革，锐意进取，合力打造一流的中国智库。希望在本次会议上，各位理事、专家和学者能够就中央高度重视的"新型智库建设"问题多发表意见、看法和提出具体建议。这是本次年会的一项重要议题。

长期以来，我们学会十分重视"聚焦重大问题，服务国家战略"的办会方针，要求各成员单位从各自实际出发，多出具有前瞻性、战略性、针对性和可操作性的研究成果，为党和政府的科学决策提供高质量的智库支持，从而当好改革的建言者、政策的评估者和社会舆论的引导者。

应当说，到目前为止，我会各理事单位既有成绩、也有不足。面对复杂深刻多变的国际新形势和中央与外交部对我们的更高要求，学会建议：各成员单位应紧密结合国家外交发展的新形势、新任务，密切跟踪研究全球及各地区形势的新变化、新特点，紧紧抓住一个新字，尽可能多地开展战略性、前瞻性和务实性研究，体现对形势和问题的新认识，包括对工作思路的新思考。

例如，应进一步重点加强对中美构建新型大国关系的研究；也包括对中俄、中欧关系的良性互动、战略考量和更好发展提出具体思路和相关建议。

我们还要抓紧研究和落实中央关于周边外交工作座谈会的新精神，并提出如何进一步构筑稳定、友好、繁荣、活跃的大周边合作网络，并把重点放在我与东盟、南盟、上合组织的关系以及如何化解朝鲜半岛安全、中日关系恶化、南海争端等问题。

我们还要结合服务"企业走出去"战略，深入研究如何落实"外交服务经济，外交促进经济的方针"，为进一步深化我国同广大发展中国家和世界各国的经贸金融合作关系提供智力服务。

总体来说，一年来，中国外交在以习近平同志为总书记的党中央领导下，既保持了连续性和稳定性，又在理论和实践创新方面取得了丰硕成果，开创了外交工作的新局面、新风貌。我们的研究工作一定要跟上这一新的形势，努力领会好十八届三中全会确定的全面深化改革的大方针、大趋势，为确保如期实现国家的"两个百年目标"创造良好国际环境贡献力量。

此外，鉴于国内民众对我国的外交政策、对外关系和某些热点问题十分关心，各种看法、观点和建议不断涌现，甚至极端性批评和偏执的主张也日益增多，如果任其发展，对国家利益将会造成损害。我们学会的专家学者应义不容辞地积极出席各类研讨会、形势报告会，主动发出声音或发表文章、接受媒体采访。总之，要有意识地以公共外交为武器和平台，全面准确地介绍我国的外交政策和主张，使民众更好地了解和支持中央确定的外交大政方针，使我国的外交工作建立在国内深厚的民意支持基础上，得到民众的广泛支持和理解。换句话说，我会会员应积极参与公共外交活动，这一点意义很大，而且会越来越重要。

我们学会各会员单位的研究领域和侧重点并不完全一致，希望大家都能从自身研究工作的实际出发，着力于更好地为中央确定的外交大政方针服好务。为此，应进一步加强领导，增强协同创新，深化对外交流，以实际行动和良好业绩，使各会员单位在外交学与国际关系学的研究和理论与实践的结合方面更上一层楼，不辜负中央对建设中国特色新型智库提出的要求与期待。

借此机会，我向同志们通报，明年夏天，学会将在上海复旦大学举行理事会会议，希望各会员单位踊跃报名出席，会议的具体题目和有关要求，将由学会秘书处在明年适当时候通报大家。

（2013 年 12 月 27 日　钓鱼台大酒店）

2012 年国际形势与学会工作

——中国国际关系学会理事会（长春）讲话

本次理事会是换届以来的第二次，一年多来学会各项工作继续稳步推进。去年学会举行了三次重要活动，一是 4 月我们在四川大学举行了理事会会议；二是 6 月在上海举行了第 6 届博士论坛；三是 12 月在北京举行了学会年会。我们感到高兴的是，学会活动一向得到学会各成员单位的大力支持，也得到了国务院领导和外交部领导有力支持。

今天我想讲两点：一是就国际形势谈些看法；二是就当前学会的研究工作同大家交换意见。

关于国际形势，应当说当前在世界大的形势，或大的趋势持续发展的过程中，也出现了一些新的，或局部的变化，并引发国民的热议和关切，也很值得我们对此加以关注和把握。但是看形势，首先要看大局、看全局，看总的趋势，或者说要看形势中的主流和主导面。这是最重要的，也是最核心的。是我们必须牢牢把握的。国际形势概括起来依然可以说，当今世界正处在大调整、大变革、大发展的时期，其主要特点是：

第一，国际经济力量对比正在发生缓慢、然而十分重要的变化。

所有不带偏见的人都会看到，美欧等西方国家的金融和债务危机呈现出扩大化和长期化趋势，并且短期内难以走出困境。当前作为全球最大的经济体，欧盟国家的主权债务危机持续恶化，极大地冲击着全球经济的安全。希腊、西班牙、意大利等国相继陷入困境，令欧盟一体化进程遭遇从未有过的重创。欧元大幅贬值，其前景受到质疑。欧洲的这场危机既是严重的经济金融危机，更是深刻的政治社会危机。自这场危机爆发以来，已经有包括英国首相布朗、意大利总理贝卢斯科尼、法国总统萨科奇在内的 11 个欧盟成员国领导人下台。面对如何救助希腊等成员国，欧盟虽然暂时取得了一致，但德国与其他国家的分歧和矛盾在增大，欧洲和世界部分舆论认为，欧元区乃至欧盟解体的风险不能排除。与此同时，美国、日本也经济增长乏力，股市下跌，失业率居高不下，社会内部分歧加大，短期内也难以摆脱所面临的政治与经济危机，欧美日的综合国力同时出现下降之势，这是第二次世界大战之后从未有过的。从某种意义上说，这是国际政治经济体系行将发生变化的一种先兆，并引发全世界的关注。

与此同时，以金砖五国为代表的新兴发展中国家则呈现出加速发展和群体性崛起之势，特别是从 2008 年美国雷曼兄弟公司破产引发全球金融危机以来，新兴发展中国家经济体已经连续多年成为世界经济的引擎，并在客观上成为推动国际体系变革的积极力量。从经济上看，中国已超越日本成为世界第二大经济体。巴西则超过英国和意大利成为世界第六大经济体。印度、俄罗斯、南非以及印尼、土耳其等国的经济增长也十分引人注目，总体来看，新兴市场和发展中国家的经济增长已占到当年全球增量的 3/4。这是过去几百年来从未有过的现象。同时，2011 年新兴市场和发展中国家吸收外国直接投资占全球总量的 52%，首次超过了发达国家。IMF预计，按汇率计算，2015 年新兴市场和发展中国家的 GDP 将占世界的 43%，2020年将与发达国家平分秋色。据说，为了适应国际经济力量的这种变化，世界银行和IMF 都着手实施改革，提升新兴市场国家的国际话语权。与此相关联的是，在人文领域，继北京成功举办奥运会后，巴西将举办世界杯和奥运会，俄罗斯也将举办冬奥会和世界杯，这些都体现出新兴市场国家在世界上影响力的提升。

可以预见，未来 10 ~ 20 年，南北差距会进一步缩小，国际力量对比将较前有所平衡。这是当前国际形势中的积极变化。当然，我们必须清醒地看到，美欧等西方国家综合实力仍远远领先，目前和长时期内仍将在世界上居于主导地位，新兴市场国家地位上升是不争的事实，但是要超过或取代西方国家的地位仍有很长很长的路要走。当然也要看到，在新兴国家中，中国的发展最迅速、力量增长也最快，中国是推动改革不合理的国际政治经济秩序的重要力量，但不是唯一力量。中国坚定不移地与新兴发展中国家站在一起，以金砖五国为核心，对国际事务的影响力越来越大，这是好事，应继续予以推动。

国际形势的第二个特点是，世界政治格局也在加速调整。

一年来，随着大国博弈深化，国际力量此消彼长，促使地区政治动荡加剧。其中，具有重要地缘和能源战略意义的西亚北非局势动荡范围之广、持续时间之长，对有关国家和地区秩序冲击之大为战后所罕见。美欧等西方国家以大规模政治和军事干预为手段强力推动改变突尼斯、埃及、利比亚、也门等国的强人政治，试图将中东纳入西方所希望的政治轨道。然而与西方希望的相反，这些国家的经济持续低迷，社会矛盾进一步激化，特别是宗教激进主义势力获得增强甚至接掌了政权，地区政治动荡难将长期化。目前围绕叙利亚问题，西方又加大了政治经济甚至军事干预的力度，力图按西方的意图改变叙利亚政权性质。这使叙国内冲突日益加剧，而且冲突的性质已经发生了变化。阿拉伯世界中的教派冲突、"真君主"与"假共和"的矛盾，以及西方与俄罗斯之间的争斗，在叙利亚问题上集中体现，地区形势剑拔弩张。与此同时，伊朗核问题也在持续发酵。美国和欧洲联手对伊朗采取政治高压和石油禁运等制裁措施，而俄罗斯和中国坚定反对外部势力干预主权国家的内政，在安理会五常中形成三比二的对峙。目前西亚北非传统的巴以矛盾与现实的"伊核"、"叙利亚"等新老问题相互交织，斗争激烈，不仅加剧了中东地区形势的动荡，而且也将对未来整个世界的政治格局变化产生长期和深远影响。

此外，值得注意的是，大国博弈也在亚太地区愈演愈烈。这主要表现在：美国战略调整正在加快，其核心是战略重心向亚太东移。做法是美国在政治、经济、安全、军事等许多方面加大了对亚太地区的投入。美国将亚太定位其全球战略的枢纽。在军事上采取措施，到2020年派驻亚太的海军舰只升至占60%，其间将进一步加强与日本、澳大利亚、韩国等传统盟友的军事同盟关系，还将扩大同印度、菲律宾、越南等国的军事合作，增加在亚太地区的各类军事演习；在经济上，提出了TPP计划，排挤中国，力图主导亚太经济合作进程；还通过挤入东亚峰会，提出"领导亚洲"，并高调关注南海问题，企图挑拨和鼓动某些地区国家同中国闹矛盾。这表明，美国试图以东亚峰会为抓手，以TPP为诱饵，以加大美军前沿部署和密切军事同盟为威慑，力图使21世纪继续成为"美国的世纪"。这就是美国追求的亚太政治经济和安全的新格局。

其实，在世界政治格局加强调整之际，新兴市场国家的协作也在不断加强。今年3月，金砖五国领导人在印度举行第四次峰会，提出共同建立合作开发银行等实质性合作的议题。今年6月，上海合作组织在北京举行领导人峰会，共有包括成员国、观察员国及成员国客人在内的11位国家领导人与会，会议通过了《上海合作组织中期发展战略规划》及《上海合作组织成员国关于打击恐怖主义、分裂主义和极端主义2013至2015年合作纲要》等文件。明确提出维护地区和平与稳定，反对使用武力解决国际问题等主张。

透过上述现象可以看出，这个世界今天还很不安宁。霸权主义，强权政治依然是世界和平的主要威胁。然而，反对霸权主义和强权政治的力量也在发展。世界政治格局的演变将是一个长期曲折过程。

第三，当前，围绕中国快速发展形成的利益追求和实力碰撞形成新的关注点。而中国的周边压力正在加大。这是新形势下的新问题。

可以说中国与世界的关系正进入一个复杂、敏感的调整期。人们看到，一些国家在希望与中国加强合作，以获取经济利益的同时，要求中国承担更多的不切实际的国际责任，甚至已加强了对中国的防范、戒备和牵制。近一时期在我周边地区尤为明显，围绕钓鱼岛、黄岩岛和南沙诸岛的争端，中国维权和维稳的压力前所未有的增大。如何处理好这一问题，关系到中国与亚太地区的未来与发展。对此一定要在中央的正确领导下，以战略高度和长远角度出发妥善加以应对。

在审视周边问题时，一方面要看清，美国的全球战略是防止任何国家在任何地区对美国的全球主导地位构成挑战。美国加大对亚太地区的投入，要点是应对和遏制中国的发展，防范未来的强力对手快速崛起。美国的遏华举措，看起来其势汹洇，实际上是以攻为守、内心虚弱的一种反应。从 1993 年克林顿上台至今不到 20 年间，中国的 GDP 由占美国的 7% 上升到超过 40%，而且这一趋势仍在加速发展。面对中美力量对比的此消彼长，美国的焦虑感、失落感和危机感均在上升。2008 年美陷入金融危机后，这种心态更加明显和难以掩饰。因此美国在东亚、东南亚动作频频，挑动和鼓励某些亚洲国家挑起反华事端，甚至呼应它们"拉美制华"以制约中国的和平发展。

当然，我们也要看到，虽然美国在我周边煽风点火，强化对我的防范和遏制，但中美关系的基本面并没有发生根本性变化。变化的是，中国的综合国力和应变能力更加强大了。美国深知中国绝不是软柿子。而在中美相互依存不断加深的过程中，美国在经济和金融领域对中国的借重和依赖更大、更深了。在解决全球性问题上对中国的借重也更多了。因此努力维持中美间积极有利的合作关系，对双方都有利。至于美国加大对亚太投入，我们也要心中有数。要看到，这些年来，中国的周边政策是有成效的。中国在亚太地区拥有天时、地利与人和的有利条件，中国在亚太地区的影响力、亲和力不断增强。以"10＋1"、"10＋3"为地区合作的基础，以中韩、中日韩自贸区谈判为着力点，以东亚峰会和亚太经合组织为运筹平台，中国正在亚太地区、特别是周边平衡地推进多层次的区域合作、包括互联互通，推动中国与地区国家间建立起政治互信、经济共赢、安全共商、文化互鉴的新格局。因此，我们有信心、有能力、有办法妥善处理好与周边的关系及中美关系。

可以说，改革开放以来，我们所主张的"求和平、促发展、谋合作"的战略思路是完全符合时代潮流的。当前，国际形势的发展变化，对我们既是机遇，也是挑战。总体来看，依然是机遇大于挑战。如何把握住机遇，关键要看我们能否头脑清醒、坚定不移地按照中央确定的外交总方针和总战略努力工作，绝不动摇。例如，继续坚定不移地贯彻执行"坚持韬光养晦、积极有所作为"的方针，坚定不移地执行"大小国一律平等"、"不干涉别国内政"，以及"谦虚谨慎"、"反对大国沙文主义"等政策。这是中国外交当前面临的战略性思考。

下面，我想谈谈学会的研究工作。

今年下半年十八大将在北京召开，这是全中国政治生活中的一件大事。在这一背景下，我们国际关系学会今年的主要工作和任务是，紧紧围绕党和国家中心任务及外交工作的实际需要，不断深化对国际关系全局性问题及区域、多边和各领域外交工作及任务的研究，切实加强战略性、前瞻性和对策性调研，更好地服务于党和国家中心工作和我外交的大局。

为此，首先要重点研究我同主要大国间的关系，因为这关系到我国和平发展的伟大战略使命会不会被中断、会不会取得成功的关键之所在。目前，中美关系正处在重要敏感期。尽管美国遇到一些困难，但今后相当长时期内，美国仍然是威胁我主权、安全与和平发展的最大外部因素。在今年大选之年，美国两党出于各自竞选需要，都会在对华政策上大做文章，可以肯定，美国的对华施压今年会有所增大，这是客观现实，涉华信息会大量增多，甚至出现"信息大爆炸"，我们正好可善加利用，加大对美国的全面研究，趋利避害，提出对策建议；今年也是欧洲很困难的一年。欧洲国家普遍看好中国的发展前景，对华倚重增加、政策也更加务实。据美国皮尤研究所调查，多数欧洲国家已将中国视为世界经济的领导力量，这对我们研究如何进一步发展和加强中欧关系提供了有利条件，我们应乘势而上，加大对欧洲及中欧关系的务实研究；今年是中日邦交正常化四十周年，尽管当前中日关系存在困难，"钓鱼岛事件"及余波使中日关系波涛不断，然而从长远看，不管日本右翼的感受如何，中国的发展和强大，是任何力量都难以阻挡的。随着时间的流逝，日本那种想与中国竞争并取胜的心理会逐渐发生变化。越来越多的日本有识之士认识到，对日本而言，只有加大对华在各领域的务实合作，扩大中日共同利益才是日本的唯一正确选择。毫无疑问，今后进一步加大我会对日本问题的全面研究是十分重要的。

其次，结合国际形势的新变化，加强对国际制度建设的研究，为中国外交出谋献策，提供新的思路越来越重要。随着我国综合国力和国际影响力的提升，我与外部世界的互动更加复杂、相互磨合更加深入，由此我面临的外部压力也显著增大，我们正在进入了一个外部挑战多样化、麻烦常态化、两者相互交织的特殊阶段。而我国的内政和外交也日益相互交织，国内和国际两个大局相互统筹的需要更加迫切。中国的一举一动，特别是在经济和金融领域的举措与立场、都会影响国际制度与秩序的稳定与必要改革。因此，我们要适应形势的变化，努力加强对新鲜国际形势的研究，密切关注国际力量对比的变化，研究如何运筹一个总体稳定、动态平衡的国际关系，避免西方大国联手对我发难局面的出现。国际金融危机爆发以来，在IMF和世界银行的改革中已经出现了某些良性动向，如中国在世行和IMF中的投票权已分别上升至第三位。西方国家一方面被迫象征性让出一小部分权力，同时也试图让新兴经济体承担更多的国际责任。我们要与时俱进，更加重视对国际制度性权力改革的研究，破解西方国家试图炮制新议题、新理念、新机制、新规则的用心和目的，使新兴经济体在新形势下防范不合理的规范、约束和限制，避免使国际机制建设成为国际矛盾的新焦点。我们还要继续关注和研究联合国改革问题，系统研究国际经济、金融机制的改革，深入探讨"二十国集团"、"金砖五国"可以发挥什么样更大作用和功能以及中国如何充分利用和参与国际经济领域的机制改革和新机制构建，更好地维护我及广大发展中国家的经济和发展利益。

第三，面对国际形势处在大动荡、大变革、大调整的新时期，新的问题不断出现、层出不穷。这就要求我们的调研工作要突出重点，紧密结合国家外交全局的需要，密切跟踪研究全球及各地区形势的新变化、新特点；例如，要有重点地研究非传统安全问题的新动向和新趋势，深入认识我所面临的反渗透、反分裂，反恐怖任务的严峻性，加强对恐怖主义包括我周边地带"三股势力"的研究；还要密切关注网络安全、能源安全、粮食安全、水安全等新问题和新情况；要加强全球性领事问题的研究，研究在新形势下如何有效保护我日益增多的海外利益的方法和途径等。

调研既是调查情况，更是研究问题。中国国际关系学会各理事单位各有专长，代表着中国国际关系研究的最高水平，希望大家能够发挥所长，利用各自的条件，以实事求是的精神开展调研，不唯上、不为书、只为实，以战略思维、辩证思维和创新思维为国家提出更多"既符合政策，又具有可操作性"的"管用的"政策建议。

第四，应加强对和平发展规律和中国外交阶段性特征的研究。党的十六大以来，面对国家发展的新情况、新问题和迅速变化的国际形势，中国外交稳中求进，科学地提出了"和平发展"、"和谐世界"、"互利共赢"等一系列新思想和新理念，为维护国家的发展、稳定，推动和谐世界建设发挥了重要作用。外交工作的成就离不开外交思想、理论的创新。我们还要继续加强国际关系和外交理论的研究，大力开展战略性、全局性和前瞻性问题的研究。要科学研判世界大势，高度重视国际形势、国际政治思潮和我外部环境的新趋势、新苗头。只有更好地把握全局性和理论性问题，我们的外交才能更有针对性，更有前瞻性，更有底气和更少失误。这样，我们的研究成果才能更好地转化为影响力、亲和力与创新力，从而更好地为中国外交和中国的长远发展做出贡献。

在未来一年里，学会将进一步顺应外交工作大发展的形势要求，坚持解放思想、与时俱进，积极推进我会各成员单位对国际关系和中国外交的深入研究。中国国际关系学会的目标是，立足做一流智库，勇于和善于承担责任，把研究的关注点和主攻方向放在如何破解和应对国家在对外关系方面的重大现实问题和难题上，多提有针对性、可操作性、务实管用的政策建议和学术研究。

新的时代赋予我们新的历史使命。让我们共同努力，为中国外交多做贡献。

（2012 年 7 月 23 日　吉林长春）

2013 年国际形势与学会工作

——中国国际关系学会理事会（昆明）讲话

中国国际关系学会先后在武汉大学、兰州大学、四川大学、吉林大学举办过理事会会议，这对充分发挥会员单位的积极性、能动性和创新性以及扩大国际关系学会在各地的影响，起到了很好效果。近年来，中国国际关系学会成员理事单位数量在增多，这是很好的现象，表明对国际关系的研究正受到越来越多的关注，也可以说，随着我国国际影响的扩大，对国际关系的研究正迎来新的春天。这正契合了昆明作为"春城"的美誉。

今天我主要讲两点。先谈谈对当前国际形势的看法，再就学会工作同大家简要交换一下意见。

一、关于国际形势

总体来看，我们这个世界大的趋势是，随着发展中国家整体实力的增强，国际力量对比继续朝着"东升西降"和有利于维护世界和平的方向发展。去年发展中国家接受的外来投资占全球52%，首次超越发达国家。邓小平当年指出，和平与发展是当今世界的主题，这一论断今天依然有效。全球合作向着多层次全方位拓展。当然，仍存在许多不确定因素。特别是霸权主义、强权政治和新干涉主义动向有所上升，局部动荡、网络安全等问题日益突出。

再细一些看，当前形势的主要特点可不可以归纳成三条：

第一条，世界经济出现复苏迹象。

首先是，美国的财政悬崖危机得到暂时缓解，全球最大经济体美国的经济出现好转，并呈现恢复性增长态势。预计美经济今年将增长2.5%，明年可能增长3.5%，当前美元强势增值，股市连创新高，美国内消费趋于活跃。应当说，美经济的复苏有利于世界经济向好；其次，为应对主权债务危机，欧盟采取了一些强制性救助措施，欧盟金融市场形势略有好转。欧盟内最大经济体德国今年上半年经济重回上升轨道，预计今年增长 0.6%、明年将增长 1.9%。第二大经济体法国的企业信心指数今年上半年也略有回升；再次，日本强力实施刺激经济的量化宽松财政政策，日元加速贬值，日出口大幅增加，股市上扬，日经济界重拾信心。这是当前美欧日的总体经济态势。

与此同时，世界主要新兴经济体的增长明显放缓，国内社会矛盾上升。巴西、埃及、土耳其等国政局出现大的动荡，社会矛盾激化。但总体来看，新兴国家的经济仍保持一定的活力。

总之，由于美欧日经济有所好转，世界经济大的趋势较前改善，特别是西方国家正在逐步走出 2008 年金融危机以来经济的低迷与不振。

但是，世界经济的前景仍然存在着某些消极因素和不确定性。主要表现在：

一是，全球经济增长的动力尚不足。发达经济体 5 年来的总体经济处境低迷，目前的失业率和负债水平仍然处于高位，从而抑制着居民收入的增长和消费信心。而新兴经济体受制于自身结构性矛盾，经济增速出现放缓，难以像前几年那样拉动全球经济的增长。国际货币基金组织预计，2013 年世界经济增速较 2012 年仅能提高 0.1 个百分点。

二是，美日放手推行宽松的货币政策隐藏着诸多风险。2008 年以来，美联储已出台四轮量化宽松措施。去年欧洲央行也出台了不设上限的新购债计划。去年年底，日本加大推行宽松货币政策，人为推高通胀、强力刺激经济增长。日本有学者发表文章，批评安倍晋三的经济学是"泡沫经济学"或"糊涂经济学"。而美欧日皆推行非常规货币政策，实际上有对外转嫁危机的考虑，其潜在风险不可低估。

三是，欧债危机远未解决，而根除危机需要加快结构改革、深入推进一体化。但欧盟成员国各有打算、推进改革困难重重。当前，欧元区经济仍不容乐观，28 个成员国中有近 20 个存在赤字和债务过高问题。欧债危机尚未解除，对世界经济的消极影响依然很大。

四是，当前各国的贸易保护主义有所抬头，特别是涉华贸易争端有所增多。不久前，欧盟对中国光伏产品征收临时反倾销税，美国则对中国的光伏及混凝土用钢筋征收高额反倾销税。由此可能引发的全球贸易战不利于世界经济的复苏和维护世界贸易自由化的原则。这一领域的摩擦像是定时炸弹不会轻易解决。

国际形势特点的第二条是，世界政治格局加速调整，大国博弈持续深化，国际政治力量对比此消彼长，地区政治性动荡明显加剧。

主要表现在三个方面：

（一）亚太地区构成当前大国博弈的焦点地带

由于近年来亚太经济增长最快、活力最大，在世界经济中所占比重和总量均持续上升。各国都越来越认识到，亚太是未来世界经济的重中之重。美国、俄罗斯、印度、欧盟等大国均聚焦亚太、运作亚太，使亚太地区在世界政治、经济、安全等领域的战略地位日益突出。

首先是美国实施战略东移的决心很大，宣称要把其海军力量的 60% 投放到亚太，近来又强调要在亚太实现"再平衡"，其实质都是要保住美国在世界和亚太的主导地位。伴随着这一政策的实施，美国以军事力量为后盾，进一步加大了在政治、经济与安全上对亚太的投入，强化其对亚太盟国如日、韩、澳、菲等国的控制，美主导下的各种军事演习在亚太地区连绵不断，美国在亚太的军事部署呈现日益增强之势。

再看区域内的日本，安倍晋三上台后，集中采取了一系列右倾化的重大举措，试图通过修改和平宪法，重建日本在亚太的强势地位，同时煽动更加右倾化的民族情绪，在钓鱼岛和"二战"侵略责任等问题上更是明目张胆地篡改历史，公然挑衅中国和亚洲各国，军事上则加大军备，更进一步投靠美国，还借南海问题挑拨东盟与中国关系。总之，日本的右倾化和军国主义思潮抬头是对亚太甚至世界安全的威胁，值得亚太与世界各国密切注意。

印度近年来奉行"向东看"政策，不断加强其在亚太的存在。

俄罗斯也越来越重视发展对亚太、特别是对华全面战略协作关系。中俄除在政治、经济、科技等方面加强务实互利合作外，近来还在日本海举行大规模高水平海军联合演习，这对平衡新形势下的亚太局势有象征意义。

（二）叙利亚内战是当前世界形势中的主要热点问题

这一问题还在持续升温之中。以美欧和部分中东国家为一方，以俄罗斯、伊朗等为另一方，在叙利亚内战问题上形成尖锐对立局面，这反映出中东地区依然是世界各种力量博弈的重要战场。围绕叙利亚问题的斗争，表面上是要不要遵守公认的国际关系准则，实质上是美俄在中东这一重要地缘政治的战略地带双方核心利益的争夺和博弈。俄罗斯绝不会轻易放弃在叙经营数十年的势力范围，势必与美抗争到底。美欧则试图将俄挤出中东。双方及其代理人的战争还将持续，不排除叙形势进一步恶化，矛盾失控，形成内战国际化和长期化的局面。

叙问题也牵动着伊朗的未来安全形势，不排除伊朗更多地卷入叙冲突的可能。

最近，邻近叙的土耳其和埃及国内矛盾激化。但不会减弱世界舆论对叙利亚问题的关注。叙问题的走向值得很好研判。

（三）新兴市场国家正面临新的挑战和内外矛盾激化的压力

今年，新兴市场国家的经济增长明显放慢，各国内部矛盾有所上升。特别令人瞩目的是，巴西发生民众大规模抗议示威浪潮，表面上看是反对公交涨价，实则反映出民众对经济增长与个人受益出现反差的一种抗拒心态；而最近埃及爆发了更大规模的社会动荡，导致军方出手干预和穆尔西总统下台。埃及动荡的局势仍在发展之中，各种矛盾有可能更加激化，不排除引发更大规模的内乱甚至内战的前景。土耳其国内政局也动荡不宁。这一连串的现象在发展中国家集中出现不是偶然的，也不完全是国内因素所决定的。国际因素、特别是西方媒体及网络的煽动和影响不可低估。这是当前国际形势充满变数和地区动荡的外部因素。

从大的方面看，这也是在国际力量对比发生渐进变化的大背景下的产物。值得新兴力量国家认真反思和警惕，争取避免或减缓此类内部矛盾的发生与激化。

总体来看，代表世界人口大多数的发展中国家力量的兴起是不可阻挡的历史潮流。今天新兴市场国家内部遇到某些困难，包括中国正在进行法制建设和深层次的经济改革与调整，各种社会矛盾也会有所发展。但只要采取正确的有针对性的措施，就一定会克服眼前的暂时困难，并最终取得成功。

国际形势特点的第三条是，中国综合国力继续提升、国际影响力日益增大。

今天中国因素已成为世界各国、特别是所有大国在处理国际、甚至国内事务时不能不重视和顾及的重要因素。但是，许多国家尚不适应这一变化，对中国迅速崛起的思想准备还不足，有的国家甚至千方百计地试图拉帮结派包围和遏制中国的发展。可以说，中国与世界的关系正在进入一个更加复杂、更加敏感的调整期，而这个调整期也可能会持续较长的时期。在一定意义上说，调整期的长短既取决于中国综合国力能否不断壮大，也取决于我们外交政策的正确把握和灵活运用，而核心则是我们能不能最广泛地争取人心、树立我和平发展与负责任大国的形象。

当前，一些国家的对华政策呈现两面性，一方面他们希望加强与中国的合作，搭上中国快速发展的顺风车，以获取自身利益；另一方面又不断采取措施，加大对中国的防范、戒备和牵制。总体来看，世界头号强国美国的全球战略不会改变，而其全球战略的核心是，防止任何国家在任何地区对美国的全球霸主地位构成挑战。最近，美中央情报局雇员斯诺登揭发美国对欧盟主要国家、也包括俄罗斯和中国、甚至日本、韩国等在内的几乎所有重要国家进行大规模网络入侵和全面窃听监控，这从一个侧面验证了美国为试图维护其全球霸主地位而不择手段的一种心态和行径。

而美国持续加大对亚太地区的政治、经济和军事投入，其重点则毫无疑问主要是，应对和遏制中国的快速发展及对美地位构成的全面挑战。但从目前看，美国表面上不认为中国的发展在可预见的期间内能动摇美国的霸主地位，称亚太形势仍在美国的可控之下。因此，美公开表态愿与中国开展"建设性直接对话"，对"亚太再平衡"政策的解释也较前有微妙调整，强调"不排除同中国在亚太进行合作"，包括在 TPP 和联合军演等方面。

正是在这一背景下，不久前奥巴马总统邀请习近平主席到美国加州安纳伯格庄园举行形式特殊、姿态友好的非正式会晤。两国最高领导人在两天时间内进行了长达 8 小时的单独交谈，就建立中美新型大国关系达成一系列共识。应当说，这一次的会晤非常成功。奥巴马总统还说："中国走在一条成功的道路上，符合美国的利益。"有舆论认为，只要中美双方信守承诺，共同携手构建新型大国关系，这对世界的和平与繁荣将是福音。就在几天前，中美在华盛顿举行战略与经济对话中，气氛活跃，交谈深入，共达成 91 项合作意向，包括中美将对等保护两国的双向投资。可以肯定，习奥会晤的重大意义还将在未来岁月中逐渐更多地显现出来。

总体来看，习奥会晤反映出中国国际地位的极其重要性及美国对中国的高度重视与另眼相待。美的一些盟国也感到了失落，甚至嫉妒。从深层次上讲，这是美国几年前提出的两国集团（G2）概念的一种体现。在尊重实力的美国看来，中国是美国继续管控世界所绕不开的国家。美国目前的这种对华两手政策，在一定程度上至少反映出美国默认了"中国不是前苏联"的说法，而这是我方多年来与美有效沟通的结果，得来不易。

对中国而言，当前国际形势的发展和变化，既是机遇，又是挑战。机遇依然大于挑战。中央几年前做出的这个判断依然是正确的。我们一定要坚定不移地按照中央确定的外交总方针和总战略去努力工作，绝不动摇。

习近平总书记指出，"实现中华民族的伟大复兴，就是中华民族近代以来最伟大的梦想。"从外交角度看，"中国梦"具有鲜明的中国特色和时代特征，但在世界多极化、经济全球化深入发展的大背景下，"中国梦"离不开世界，离不开各国的共同利益。坚持"中国梦"就要努力争取更长久的和平国际环境发展自己，反过来又以自身的发展和强大，维护和促进世界和平，实现共同繁荣。这正是中国外交人、包括一切从事国际关系研究的学者为实现中国梦应尽的责任。

二、关于学会的工作

最近，习近平主席就"如何加强中国特色的新型智库建设"做出批示，之后刘延东副总理又专门主持高校校长会议听取意见，并指出"建设中国特色的新型智库，是服务党和政府科学民主决策、破解发展难题的迫切需要，对提升国家软实力、全面建成小康社会具有重要意义。"中央领导的指示，是对智库工作的崇高定位。

我们中国国际关系学会是以外交和国际关系研究为导向的国家一级学会，我会聚集了全国从事国际关系教学和研究的一流专家和学者。如何利用好我会的现有平台，努力打造一流的中国国际关系研究智库是我们学会的责任。我希望在本次会议上，各位理事、专家和学者能够就中央高度重视的"新型智库建设"问题多发表意见、阐述看法并能提出具体建议，为贯彻落实中央的指示多做贡献。

长期以来，我们学会十分重视落实"聚焦重大问题，服务国家战略"的办会方针，坚持要求各成员单位从各自实际出发，多出具有前瞻性、战略性、针对性和可操作性的研究成果，为党和政府科学决策提供高质量的智力支持，当好改革建言者、政策评估者和社会舆论引导者。应当说，我会的各理事单位既有成绩、也有不足。面对新的形势和新的更高要求，我们应多下工夫、多出成果、争取成为"有中国特色的新型智库"，为国家的发展和外交大局献计献策。

为此，学会建议各成员单位应紧密结合国家外交全局的需要，密切跟踪研究全球及各地区形势的新变化、新特点，尽可能多地开展战略性、前瞻性和务实性研究。紧紧围绕我外部压力增大、国际性挑战多样化、各类麻烦常态化、内政与外交相互交织、国内和国际两个大局更需统筹等紧迫的任务加大研究力度，尽快适应形势的发展变化，努力加强对新形势新问题的研究；特别要重视和加强对国际制度性权力改革的研究，深入探讨如何充分利用和参与国际经济领域的机制改革和新机制的构建；还要重点研究中美新型大国关系的内涵及实践途径，以及我国如何在国际事务和世界治理中有效承担起大国责任。

此外，鉴于国内民众对我国的外交政策、对外关系和某些热点问题的关注越来越热，各种看法、观点、建议、包括批评都很多。某些观点和看法虽不够全面、准确，但影响很大、流传很广，不利于贯彻中央的决策和国家的长远利益。建议我们学会的专家学者应更多出席研讨会、报告会，更多发表文章、或接受媒体采访，更多运用公共外交的平台，以全面准确地介绍我国的外交政策和主张，使广大人民群众更紧密地团结在中央确定的外交大政方针的周围，无疑这将有助于使我国的外交工作取得更大成绩。

今后，学会将顺应外交工作大局的要求，进一步加强领导，密切内部沟通，坚持解放思想、与时俱进，积极推进学会各成员单位对国际关系和中国外交的深入研究，协同创新，增强内生动力。特别是应深化对外交流，实施国际关系研究"走出去"战略，积极参与全球外交学与国际关系学的研究，加强国际人才培养，切实提升中国在国际事务中的话语权和影响力。

（2013 年 7 月 15 日　云南昆明）

2014 年国际形势与学院工作
——中国国际关系学会理事会（上海）讲话

近年来，中国国际关系学会在各大学成员单位举办理事会已成为很好的传统，甚至品牌。今天，我们又来到在国际关系研究领域享有盛名的复旦大学召开本年度理事会，我相信本次会议一定会办出特色和成果。

我们高兴地看到，国关学会成员单位数量不断增多，已达78家，很明显，我们国关学会是一支研究国际关系问题的重要力量。各成员单位不懈努力，各自的研究水平不断提高，越来越多的研究成果为国家所采用，培养的优秀人才活跃在国家外交外事的各种重要岗位上。令人高兴的是，昨天在复旦，我会又成功举办了第九届博士生论坛，效果很好，展现出中国的国际关系研究后继有人。

按惯例，我的开幕式讲话是要讲讲我对国际形势的看法，作为抛砖引玉，希望在之后的分组研讨中，大家都能踊跃发表各自的高见，以活跃我们学会内部讨论的气氛。总之要各抒己见，鼓励不同观点争鸣。

说到今年的国际形势真是复杂多变，甚至可以说惊心动魄，牵动了世界格局的变化。其中最引人注目的，就是乌克兰危机。乌克兰危机始于今年2月，起因是乌克兰总统宣布暂停与欧盟签署伙伴关系协议，并转而与俄签署伙伴关系，由此引发乌国内亲西方势力的围攻和聚众造反，结果乌议会改选，总统遭罢免，政府被解散，并宣布五月举行新的总统大选。乌国内形势的这一突变，引起欧美的欢呼和赞扬。认为民众起来造反武力推翻政府是反映民意、自由和民主的合法举动。乌国内政局的这一突变，自然受到俄罗斯的强烈谴责与反对。正是在这一背景下，具有重要战略地位的克里米亚，如法炮制，宣布公投脱离乌克兰，申请加入俄罗斯。并立即获得俄总统与议会的批准。新政权的成立引发了乌国内更大的连锁反应，乌克兰东部讲俄语的顿涅茨克、甚至奥德萨等六、七个地区纷纷以同样的造反方式要求独立并加入俄罗斯。乌克兰国内形势进一步恶化，对立加剧、冲突升级。与此同时，以俄罗斯为一方，美国和欧盟为另一方的对抗也逐步升级。乌克兰国内乱局仍在发展，各种不确定因素错综复杂地交织在一起；前景扑朔迷离，尚难有定论。然而，围绕乌政局变化的大国博弈、特别是美俄关系及其带来的前景更加引人关注。从目前看，悲观的看法和评论居多。普遍认为，美俄关系正处在苏联解体以来的最低点。美欧日已经挥舞起对俄好几轮制裁的大棒。这是冷战结束后从未有过的。俄罗斯也毫不示弱，除已将克里米亚纳入俄领土外，不排除俄还将在乌采取进一步行动的可能。有人说，俄现暗中支持乌克兰东部地区独立倾向，必要时也可能出兵乌东部地区，以影响乌东部对俄有利走向。也有人说，俄会屯兵边界，但不会出兵。因为代价会太大，不能排除引发大规模区域战争甚至世界性战争的可能。而几乎所有人都认为，普京的俄罗斯不同于以往的俄罗斯，这是一个敢于同美叫板的俄罗斯，并认为世界格局将由此发生新的重大变化。有评论说，国际形势将进入新的冷战时期。也有评论说，以美俄为首的两大军事集团政治有可能恢复。世界将进入新的核恐怖时代。

那么，对乌克兰局势及其发展，我们应当怎么看？我们的对策和立场是什么？这是值得我们本次理事会好好讨论的。

我个人认为，乌克兰局势发展到今天不是偶然的，而美俄关系的突变也是冰冻三尺非一日之寒。想当年，冷战结束后，苏联在戈尔巴乔夫领导下缴械投降解体，俄曾憧憬会变成西方一员。国家普选了，华约也解散了，俄罗斯高高兴兴成了八国集团成员和北约的联系伙伴。然而，好景不长，俄越来越看清楚了，西方始终将其视作潜在的对手。北约搞了三轮东扩，其目的就是要压缩俄罗斯的战略空间。而碍于君子协定，西方不能直接吸收独联体成员国乌克兰、格鲁吉亚等国，西方则通过"颜色革命"，步步紧逼，直至把这些国家变成"西方领地"，以此挤压俄罗斯的战略空间。2008 年 2 月 18 日科索沃宣布独立的第二天，美欧就迫不及待地正式承认科索沃独立，今年则又重演了对乌克兰亲西方反对派造反夺权的支持。而轮到克里米亚如法炮制时，美欧却指责公投非法。道理很简单，因为科索沃倒向了西方，而克里米亚"回归"了俄方。美欧的这种双重政治标准，反映的是美欧自身的国家利益。

看清了这一切的普京，从俄自身利益出发，决心有限反击美欧的霸道行径，这就是为什么俄在叙利亚问题和乌克兰危机等一系列冲突中保持强势抗衡美欧的立场。当然，最重要的，也是因为普京看清了美国在打了 10 年伊拉克战争和阿富汗战争之后，其国力下降，对同俄硬碰硬，美国有顾虑，心有余而力不足。乌克兰危机爆发后，奥巴马总统公开表示美不会在军事上介入乌克兰，但将对俄采取严厉的、全面的经济制裁措施。而这是俄罗斯所不惧怕的。因为俄国土辽阔，军事力量强、战略回旋余地大，是能源、资源和粮食出口大国，不但自给自足能力强，而且在天然气等能源领域控制着欧洲的命脉。因此，俄不惧怕制裁，认为西方的制裁是有限和可承受的。从目前看，俄美双方对抗的局面还将持续，短时间内难以发生改变。尤其是在经济复苏尚不稳定的情况下，美国无力在东欧和亚太两线作战。这是一种判断，形势具体如何发展还要看。对美国，我们要实事求是地看到其"一超"

的地位没有改变。应看到，俄罗斯挑战美国也是有限度的。俄获取克里米亚已是最大成功。当前，在乌克兰东部冲突中，俄还保持大的军事压力，但不会轻易出兵。乌国内分治局面仍将是俄近期主要目标。

至于谈到世界格局的变化，我们应看到，当今世界从战略上看，存在四大主导力量，即美、俄、中、欧。发展中国家正在成长壮大，但尚未成为统一力量。基于这种判断，我们要继续妥善处理好对美和对俄关系，还要争取欧盟，坚定不移地走我们自己的路，牢记两个百年目标，为中华民族的伟大复兴努力创造良好国际环境。这是我讲的第一点。

第二点简要谈一下大周边外交。

我们说，要搞好自己的事，首先是指搞好国内的事。同时，从某种意义上说，搞好大周边也属于搞好自己的事的一部分。中央领导说："周边动荡，国无宁日。"一语道破了周边对我的极端重要性。

也可以说，周边是中国安身立命之所、发展繁荣之基。这也是为什么中国新一届政府把周边外交放在外交布局中更加突出的位置。一年来，中国同周边 21 个国家开展了国家元首和政府首脑间的交流与互访，基本实现了高层交往全覆盖。在周边关系中，中俄全面战略协作伙伴关系占有重要位置。2013 年，中俄元首进行了 5 次会面，习主席首访就选择了俄罗斯，这绝不是偶然的。中俄两国在政治、经济、能源、人文、军工等各领域合作提升到新水平，特别是从战略上看，中俄关系已成为我对外关系中层次最高、合作最深、影响最大的双边关系。中俄关系的紧密发展对我与上合组织国家合作有很大推动。

其次，中印关系日趋稳定，两国在各领域的合作都有新的进展，特别是边界问题降温，两国管控突发风险的意愿明显增强。当然，还需要时间来更快发展双边关系。

最后，东盟是我集中连片做工作的重点。在中国周边外交的蓝图上，中国与东盟正朝着建设命运共同体、利益共同体和责任共同体的方向发展。中国东盟自贸区升级版、中国东盟互联互通规划积极推进，中国东盟投资银行的建立，双边贸易正朝着 1 万亿美元的大关迈进，都是闪光的合作亮点。当然，也要看到南海争端是中国与东盟某几国关系中的难点，需要在维护我主权的前提下妥善处理。

此外，中日关系面临严重困难。安倍政府否认历史问题，参拜靖国神社、在钓鱼岛问题上侵犯我主权，同时公然以中国为敌推行右倾化政策是中日关系恶化的主要原因。对日本我们必须坚持原则，进行针锋相对的斗争。要做好长期斗争的各种准备。

在朝鲜半岛问题上，当前也遇到难解困局。朝鲜半岛问题涉及我重大核心利益，在任何时候、任何情况下我都决不能撒手不管。当前我们要坚持半岛无核化立场，推动通过和谈解决矛盾，并坚定维护半岛和平稳定。

乍看起来，我周边形势有热点和紧张点，特别是美国公然插手拉偏架，形势有不利的一面。但总体上看，我周边形势是好的。中国从来没有像今天这样不仅有掌控周边的能力，而且也有主导和塑造周边的能量。我同周边国家的政治、经济、文化和安全关系都是新中国历史上最好和最稳定时期之一。例如，历史上我同前苏联的关系起伏多大啊，那时的军事对峙是百万大军压境的形势，还打了珍宝岛一仗。我在朝鲜、越南、印度和南海打过好几仗。两岸关系也从未像现在这样好过。此外，过去我们和周边谈友好，因自身实力不够，真正的周边实质性经贸金融合作很少很少。因此，以历史的眼光、客观全面地看今天的周边形势，就不难得出上述的结论。这应是我们看问题的出发点。

我现在谈第三个问题，就中国一年来的外交风格谈一点看法。我觉得，这一年来中国外交风格概括起来是，在继承中有发展、有创新，展现出新理念、新政策和新风格。

2013 年，习近平主席的出访几乎遍布全球：从俄罗斯到非洲，从拉美到中美首脑庄园会晤，从陆上丝绸之路的中亚到海上丝绸之路的东南亚，从金砖国家峰会、20 国集团峰会、上合组织峰会、再到 APEC 峰会，主席与 70 多位国家的领导人进行了接触和晤谈，给全世界留下了深刻印象。特别是提出了中美构建新型大国关系的基本点，即不冲突、不对抗、相互尊重、合作共赢十四字方针；在对发展中国家关系上，提出了正确的义利观概念，已成为新时期中国外交的一面旗帜；还提出了"丝绸之路经济带和海上丝绸之路"的合作设想；国内和国际上许多评论家已对 2013 年的中国外交做了准确和恰当的评价。这里我就不展开了。

我只想对今年三月习近平主席首次以国家元首身份访问欧洲四国（荷兰、法国、德国、比利时）和联合国教科文组织与欧盟总部，谈一点看法。

这次访欧十分重要，不仅是因为时间长，前后 11 天；活动多，共出席了 84 场活动，平均每天约 8 场；成果丰，共签署了 120 多项合作协议，更重要的是，此访体现了 2014 年中国外交布局的重点是欧洲，即要多做欧洲工作，这体现出中国外交的战略考虑，和争取一切可以争取的力量。此访亮点很多，主要有以下几点：

一是以新的战略目光定位中欧双边关系，提出打造"和平、增长、改革、文明"四大伙伴关系的新概念，旨在把占全世界面积十分之一、人口四分之一、经济总量三分之一的中欧两大力量、两大市场和两大文明连接起来，在国际事务中发挥引领作用。

访法正值中法建交五十周年，习主席亲切地把法国称为"特殊的朋友"，并提出"双方要始终视对方为优先战略伙伴"，共同开创"紧密持久的中法全面战略伙伴关系新时代"。这样的提法颇具新意；

在德国，首次确立了"中德全方位战略伙伴关系"，使中德关系上了一个新的台阶。默克尔总理表示，"德国愿做欧中关系的发动机"。

访荷、比体现了中国关于大小国一律平等的外交理念。

二是中欧经济合作达成许多重要共识：如商谈中欧投资协定；条件成熟时签订

中欧自贸协定；探讨在丝绸之路经济带沿线开展合作；加强中欧在人民币领域的合作；达成东风汽车集团注资 8 亿欧元，收购标致－雪铁龙集团 14％ 的股份，使中国企业成为法重要企业的并列第一大股东；达成了在空客 A320 最新机型方面的新合作，并探索将技术合作扩至空客 A330 远程大型客机及上海 C919 大飞机；在核电合作方面也有新发展。总之，习主席此访对全面推进中欧经济合作由数量型向质量型跨越带来新的气象。

三是中欧文化教育合作前景喜人。访问中，习主席站在世界和谐与人类进步的高度，多次阐述不同文明、不同民族之间开展人文交流和文明互鉴的重要性。他指出，文明是多彩的、平等的，也是包容的。只要有包容精神，就不存在"文明冲突"。还从不同角度阐述，中国为什么走和平发展道路和中国梦的内涵，指出中国走和平发展道路，不是权宜之计，更不是外交辞令，而是从历史、现实以及对未来的客观判断中得出的结论。例如，习主席说，"中国历史上曾经是世界上最强大的国家之一，但没有留下殖民和侵略他国的记录，"并强调"中国不走'国强必霸'的老路，将始终坚持和平发展。"还多次指出，中国梦是追求和平的梦，追求幸福的梦，也是奉献世界的梦，希望欧洲与世界能正确观察和认识中国。习主席在各国的讲话都受到热烈回应，人们相信中欧人文交流将会有更大发展。

当然，也要看到中欧关系中依然存在着许多挑战。例如，25 年前欧盟制定的对华军售禁令和对华高技术产品与技术设限问题至今未解决。这是政治性歧视。欧盟也一直未承认中国的完全市场经济地位，而同时却承认一些比中国经济市场化水平低许多的国家。这也是一种不公平。欧盟还时而发生在涉及西藏、人权等问题上干涉中国内政和司法主权等情况。这些不利于中欧关系发展的因素，还需要通过多做工作争取能早日消除，从而使中欧关系有更大发展。

总之，透过习主席做欧盟各国首脑及民众工作可以看出，中国外交自信、自主和开拓创新的内涵，展现出坚定维护国家主权、推动与各国友好互利合作，争取世界和平的大国外交风范。可以肯定，中国外交正进入新的更大发展时期。我们对此充满信心。

同志们，中国外交展现出喜人的局面，同时总是难以避免会出现这样或那样的问题和矛盾。中国国关学会将顺应外交工作大发展的形势和要求，坚持解放思想、与时俱进，积极推进我会各成员单位对国际关系和中国外交的深入研究，特别是还要进一步加强与国外智库开展学术与战略对话。今年，中国外交很忙，其一大特点或突出的亮点是"主场外交"多，我们将分别在上海和北京举办两场大型的国际会议。一是，几天后即 5 月 20～21 日，将在上海举办亚信峰会，这是涉及亚洲十分重要的安全合作论坛，将有 12 位国家元首、2 位政府首脑、10 个国际组织的代表出席会议。这也是亚信成立 22 年来最大规模的首脑峰会；其二是今年 10 月将在北京举办亚太经贸合作（APEC）峰会。两大首脑会议一个聚焦安全，一个聚焦经济，都是各国十分关注的重头戏。作为东道国，中国将发挥主场优势，提出中国主张，汇聚亚洲智慧。我们国关学会是中国的一流智库，我们要勇于和善于承担责任，面对今年的国际形势和变化，把研究的关注点和主攻方向，放在如何破解和应对国家在对外关系方面的重大现实问题和难题上，多提有针对性的、具有可操作性的、务实管用的政策建议和学术研究。

新的时代赋予我们新的历史使命。让我们共同努力，为中国外交的理论创新和实践发展，为全人类的和平与发展事业，做出我们的贡献。

（2014 年 5 月 6 日　上海复旦大学）

"新中国 60 年外交理论研讨会" 闭幕式讲话

我们举办这次研讨会的大背景是为庆祝中华人民共和国成立 60 周年,仅这一点会议就具有非常重要的政治意义。对本学会而言,自 1980 年成立近 30 年来,筹备、召开这样大规模、全国性、高规格的重要研讨会,在国关学会历史上还是第一次,无疑这对中国国际关系学会的发展具有里程碑式的意义。

这次会议从今年 3 月份开始筹备部署,经过将近半年的准备,成立了筹备工作领导小组、专家小组、秘书班子等,先后召开了 6 次筹备会。今年 4 月在武汉大学召开的学会第七届理事会第五次会议上,向参会的各位理事和会员单位部署、下达了研讨的各项议题和要求。8 月中旬,专家组对论文进行了审阅和评估,并将研讨会的各项议程最后确定下来,可以说这次大会凝聚着学会很多同志大量的辛勤劳动和爱国情怀,这是国关学会及全体会员为新中国 60 周年华诞作出的一份献礼。

我们研讨会的重点是,系统总结和梳理我国 60 年的伟大外交实践和珍贵经验,推动中国特色外交理论的建设和发展,同时,研讨会对更好地促进国关学会工作的发展,推动国家级智库的建设,也具有重要意义。从这个意义上讲,这次会议的一项重要任务,就是使我们学会的每一位会员都更加清楚新形势下我们国关学会肩负的使命,更加明确我们的任务和职责,更加自觉地服务于国家外交工作的大局。有了这种自觉,我们的研究水平就可以不断提高,中国国际关系学会这个国家一级学会就能更好地为中国的总体外交服务,真正成为享有盛誉的国家级智库。

我们高兴地看到,来自中国国际关系学会各会员单位和中央外办、外交部、国防部、发改委、中联部、商务部、文化部等涉外部门和机构的代表共一百多人参加了会议,有 7 人做了大会主旨发言,28 人在分组讨论中发言。总体来看,为期两天的研讨会,达到了预期目的。

这次大会有三个特点:

第一,会议规格高,层次高,出席踊跃。除杨洁篪外长出席开幕式并做重要讲话外,全国政协外委会主任赵启正、国防部外办副主任关友飞少将以及中外办、外交部等有关部委的领导和国关学会的主要领导均出席了会议。闭幕式后，戴国委还要来看望大家，并将和代表们合影留念，共进晚餐。这样高的规模是我们会议的殊荣，也是国关学会所有成员的殊荣。

第二，发言质量好，领域广，准备充分。35 位在大会和分组会议上的发言都有已完成的论文作为基础，因而发言有内容、有观点、有分析、有建议。这同各理事单位认真部署准备，成立课题组，指定专人负责，向大会提交了高水平的论文是分不开的。

第三，论文观点鲜明，内容扎实，有创新、有发展、有思想火花。35 位同志的发言，从不同角度和侧面论述中国的和平发展道路、独立自主和平外交政策、和谐世界理念、主权观的发展、韬光养晦和有所作为、多边主义、公共外交和大周边等外交思想和理念，有的发言还从大国关系、从经济、军事、政党、科技、文化等方面系统梳理了新中国成立以来中国对外关系的发展，受到参会代表的关注、讨论和思考。这种全方位的互动思考和研究成果的深入交流，对各单位学者的后续研究一定会有很多启发、启示和启迪，从而带来更深的思考和更活跃的学术研究及理论创新。

第四，会议气氛热烈，讨论深入，反映出国关学会学者们的历史感、责任感和使命感。这是本次会议取得很好成果的关键。会后，大会秘书处将把各位学者的论文整理成册出版。论文如有修改和完善，请作者及时同大会秘书处联系。

当前国际形势正在发生深刻的变化，中国外交面临着前所未有的新的挑战。中央对于学术界寄予很高的期望，我们学会的各理事单位要能够成为"想国家之所想，急国家之所急"的智库，要加强研究的政治性、战略性和针对性。学会今后还将一如既往紧紧围绕国家总体外交，更加重视外交理论和外交实践的研究，不断挖掘新启示，开拓新思路，提出新建议，凝练新理论，争取为祖国的外交事业做出更大贡献。

（2009 年 9 月 19 日　北京）

"世界粮食安全"国际研讨会开幕式致辞

中国有一句古训"国以民为本，民以食为天"，讲的是粮食的极端重要性。20世纪80年代，邓小平指出，"世界上真正大的问题，一是和平，二是发展"。而没有粮食安全既谈不上和平，也不会有发展，甚至会引发动荡、冲突和战乱。因此，我们的研讨会突出粮食安全是很有意义的。

20世纪70年代之初，世界爆发粮食危机，联合国首次提出粮食安全的概念。2000年联合国千年峰会要求到2015年将世界饥饿人口减少一半，然而15年过去了，全球饥饿人口有增无减。2000年全球8亿人处于饥饿状态，2007年上升为9.23亿，2009年又突破10亿大关。粮食问题如此严峻，一方面同世界人口快速增长、粮食需求剧增有关，另一方面也由于一些国家陷入动荡、战乱，加之全球气候变化，水旱灾害频繁，以及金融危机的爆发都严重冲击着全球的粮食生产。许多发展中国家、特别是非洲国家面临严峻的缺粮灾难和人道主义危机，目前全世界有100多个国家依赖粮食进口。

中国是世界上人口最多的国家，人多地少，自然条件恶劣，历史上曾长期遭受灾害与饥荒之苦。但是，改革开放30年来，中国政府依靠自己的力量，努力发展粮食生产。2010年粮食产量达到5.46亿吨，创历史最高水平，并实现了新中国成立以来粮食产量连续七年增长，有效稳定了中国的粮食供应。1990年以来，中国的粮食自给率一直保持在98%～99%以上。粮食储备超过1亿吨，占全年消费量的20%左右，高于粮农组织提出的18%的粮食安全标准。但中国的人均粮食占有量仍低于400公斤。今后，由于人口增长和气候条件变化，中国的粮食生产仍具有不确定性，粮食安全压力将会不断增大。

总体来看，中国用世界9%的耕地解决了世界20%人口的粮食问题，这是中国对世界粮食安全的重大贡献。设想一下，如果中国需要大量进口粮食，那么全球粮食净出口要增加1.7倍才能满足中国13.4亿人的需求，那将是一种什么样的可怕情景？今天，中国不但基本上解决了自身粮食供求，还在力所能及的范围内向发展中国家、特别是非洲国家提供各种农业帮助，解决当地的粮食问题。据统计，中国为50多个国家举办了近30期传授超级杂交水稻技术培训班，累计出口5万吨杂交水稻种子，培养了 2000 多名各国农业技术人员，还向发展中国家提供紧急粮食出口援助。这是中国为落实联合国千年发展目标所做的贡献。

今天的中国处在自身发展的重要历史时期。这几天，中国全国人大和政协会议正在北京举行，主题是商讨"十二五"规划。可以肯定，中国将坚持改革开放，走科学发展和转变经济增长方式之路。中国将继续全面发展同世界各国的友好关系，为争取世界和平、发展、合作和互利共赢而不懈努力。

我和我的同事很高兴这次以"世界粮食安全"为主题的国际研讨会能在外交学院举行，衷心希望在座的各位专家学者凝聚共识，展现才智，以国际大视野和战略眼光看待粮食问题，分析全球粮食安全存在的问题，提出符合实际和可操作的解决办法，为建立世界粮食安全体系，促进中国与法语国家、特别是非洲法语国家在粮食安全方面的相互了解与合作做出贡献。

（2011 年 3 月 10 日　北京）

国际关系新格局与中国特色世界城市建设

——在"2011年世界城市建设国际论坛"的演讲

首先祝贺北京市人民政府外事办公室和北京市朝阳区人民政府共同主办的"第二届中国特色世界城市论坛"隆重举行。

北京本月的一件大事是，一年一度的"两会"批准了我国的"十二五"规划。"两会"认为，今后五年，我国的经济社会发展仍处于可以大有作为的重要战略机遇期。这是一个很重要的判断，指明了我国当前的战略方位和未来的前进方向。

机遇难得，需要我们紧紧抓住，同时，也要看到我国面临着后金融危机时期世界政治经济的许多新变化、新风险和新挑战。形势依然是，机遇与挑战共存，机遇大于挑战。这一特点曾经贯穿于中国改革开放的前三十年，如果处理得当，也同样会贯穿中国未来的发展之路。

只要我们以科学发展观为指导，坚持改革开放和开拓创新，我们就能够牢牢把握重要战略机遇期，如期实现我们已经确定的各项目标，包括使北京早日成为有中国特色的世界城市，使朝阳区成为世界城市北京开展对外国际交往的重要平台。

在这里，我想讲两个问题。

第一个问题，清醒认识国际形势和正在发生的复杂深刻变化。

当前，世界经济正逐步走出金融危机的阴影，但系统性和结构性风险依然存在。欧洲债务危机尚未得到有效遏制，世界范围内保护主义加剧，货币战、贸易战不断，国际金融危机的深层次影响仍不时显现。主要大国围绕地缘、安全、经贸、资源和国际事务主导权的国际竞争更加激烈。最近日本发生最强度9级地震和面临福岛严重的核事故危机，对日本和世界经济复苏造成严重影响。西亚北非一些国家近来相继爆发严重局势动荡，法英美等西方大国军事卷入利比亚内部冲突，表明国际政治中意识形态和价值观的较量十分激烈，国际形势出现新的动荡和不确定因素，其后果不容低估。

总体来看，2008年爆发的国际金融危机影响深远。也有人说，其影响可能不亚于一场世界战争。今天国际关系、世界格局以及国际政治经济秩序处在新的调整变化之中，如何演变还需进一步观察。从深层次和大的方面看，当前国际形势有以下特点：

（一）新兴发展中大国群体性崛起正在成为影响当今世界发展的重要力量。中国、印度、巴西、南非、印尼等发展中国家在国际金融危机中表现良好，经济持续增长，赢得世界称赞。由此引发的一个进步是，2009 年由发展中国家占据半数席位的 20 国集团取代 8 国集团，成为全球经济金融治理的新的重要平台，这表明国际力量对比正在逐步向着相对均衡的方向发展。去年发展中国家对世界经济增长的贡献率高达 70%，金砖四国在世界银行和国际货币基金组织中所占的份额分别得到提升，国际话语权增大，这在战后历史上是从未有过的。因而，意义重大。

但是，也应看到，发达国家的综合国力和核心竞争力依然大幅领先的世界格局并没有改变。发达国家竭力维护有利于己的国际政治经济秩序，并在新形势下继续千方百计谋求自身更大利益。从长远看，发展中国家维护自身权益和争取建立公正合理的国际政治经济新秩序的呼声，是任何力量都阻止不了的。然而，鉴于西方国家在经济科技军事等领域所占有的巨大优势，在国际事务中仍将处于主导地位的格局短期内不会改变。

然而，面对后危机时代的复杂形势，特别是围绕气候变化、环境污染、能源资源短缺以及核安全失控等全球性紧迫问题，不管是发达国家，还是发展中国家，任何国家都难以单独应对，客观上要求世界各国跨越差异，不论大小、贫富、强弱，必须同舟共济、协调行动、加强合作，争取互利共赢。这是中国的主张，也是时代发展的要求，符合全人类的根本利益。

（二）经济全球化是世界发展的重要推力。地球正变得越来越小，各国间的联系越来越紧密。尽管国际金融危机对经济全球化有负面影响，一些国家的贸易保护主义和内顾倾向有所抬头。但并没有、也不会改变经济全球化在曲折中发展的大趋势。原因是：

第一，各国经济比以往任何时候都更加紧密地联系在一起，国际分工、相互依存、利益交融已经发展到较高的水平，全球经济已经成为一个有机互动的整体，国际市场更为开放，科技创新成果和资金人才等生产要素的全球流动更加广泛迅速，新技术、新市场、全球投资、跨国并购推动全球化呈现上升势头。

第二个原因是，区域经济一体化的发展更加迅猛。加强区域经济合作，突出了文化相通、交通便捷、易于实施等区位优势，符合各国利益。据世贸组织统计，到 2010 年年底，包括欧盟、北美和拉美自贸区在内的全球各类自由贸易协定已达 400 个。区域合作有力地促进全球生产要素在区域范围内自由流动，从而为经济全球化注入新的活力。去年 1 月 1 日，中国与东盟 10 国自由贸易协定正式生效。这是一个全部由发展中国家组成的世界最大自贸区，拥有 19 亿人口，国内生产总值接近 6 万亿美元，贸易总额达 4.5 万亿美元。可以说，中国—东盟自贸区是发展中国家最大的区域经济联合体，是推动经济全球化进程的具有重要意义的一件大事。最近，东盟最大的国家——印尼驻华大使易慕龙说，印尼正享受着中国——东盟自贸区合作带来的互利共赢。去年中国与东盟 10 国贸易额达到 2927 亿美元新高，较前一年增长 37%，其中印尼对华贸易达 425 亿美元，增长 30%。

令人期待的是，目前中日韩与东盟 10 国正在酝酿建立东亚自贸区。美国、澳大利亚提出建立更广阔范围的亚太自贸区倡议。放眼未来，经济全球化、区域一体化是时代的旗帜，但不会一蹴而就，仍将在曲折中稳步前行。

（三）世界科技创新孕育新的突破。中国古代辩证法相信，危中有机。世界近代史表明，经济危机常常会催生新一轮科技革命。

后金融危机时期，美、欧、俄、日等国纷纷出台经济发展的新战略，共同之点是，都把科技创新和加快发展方式转变放在重要位置，目的是抢占后危机时期的发展制高点。发达国家科技实力雄厚，占据国际产业分工的高端，企业创新能力和全球资源配置能力强，市场机制比较完善，技术成果与产业化、商业化衔接密切，因而在技术创新领域处于领先地位。

另外，包括中国在内的发展中国家和新兴经济体市场的规模越来越大，低成本优势明显，先进适用技术的应用和推广很快，并在某些产业领域和技术环节上有可能取得跨越式发展。例如，中国在高速火车、三代核电以及超级高性能计算机等高科技领域已经后来居上，取得了世界领先地位。几天前，中国"新一代宽带无线移动通信网络"技术又取得突破性进展，人民日报刊登的标题是"4G 时代，中国有望领跑世界"。这是令人鼓舞和振奋的。

国际科技创新的竞争日趋激烈，谁抓得紧、上得快，谁就会在未来新一轮科技革命中占据主动有利地位。毫无疑问，以绿色、智能和可持续为特征，以信息技术和新能源革命为主导的科技创新及产业发展，将成为推动世界经济的强有力引擎。而信息技术潜力巨大，将会引领世界科技创新的方向。在这里，我们衷心祝愿中国高科技研发取得更大成就，对世界产业革命做出应有的贡献。

在谈论国际形势时，摆在中国人和外国人面前的一个共同的话题是，应当如何客观公正地看待中国已经取得的成就。新中国成立 60 多年来，特别是经过改革开放 30 多年的快速发展，毫无疑问，中国取得了举世瞩目的伟大成就。社会生产力和综合国力大幅提升，社会事业全面进步，人民生活明显改善，中国的国际地位和对外影响力显著上升。2010 年，中国国内生产总值达 39.8 万亿元人民币，约合 5.8 万亿美元，经济总量跃居世界第二位。这是中国摆脱几百年来的国力衰落、自豪地立于世界民族之林的最新发展。但是，必须看到，中国依然是发展中国家，人口多，人均收入排在世界很后。发展中的不平衡、不协调和不可持续等问题很突出，摆在中国政府面前的困难成堆，今后的路还很长很长。对此，我们必须保持清醒认识、增强忧患意识和继续发扬艰苦奋斗的精神，继续在战胜挑战中促发展、在开拓创新中求进步，准确把握科学发展与和平发展的互动关系，只有创造一个良好的国际和平环境，才能实现科学发展。而只有实现科学发展，才能使和平发展之路越走越宽。

同时我们也要看到，随着中国的快速发展，国际社会对中国的特别关注和各种期待也在上升，我们的国际压力越来越大。所谓"中国不是发展中国家论"、"中国强硬论"、"中国责任论"、"中国傲慢论"等等言论表明，中国与外部世界关系已经进入利益碰撞和矛盾多发期。这在今后可能会成为一种常态。我们必须对此有充分的思想准备，要以更广阔的视野，冷静观察，沉着应对，更好地统筹国内国际两个大局，准确把握世界经济结构进入调整期、国际经济治理进入变革期、全球科技创新和产业转型处于孕育期、新兴市场国家步入上升期等特点，不断深化与各国的互利合作，做大共同利益的蛋糕，使我国的科学发展有更稳固的运行基础和更广阔的回旋空间，以造福中国人民和世界人民。

第二个大问题。对北京建设世界城市提几点看法。

北京提出建设世界城市的目标明确、时机成熟、意义重大。从世界范围看，许多世界城市都是首都，如伦敦、巴黎、东京等。对北京而言，作为世界人口最多、经济增长最快、文化底蕴深厚国家的首都，城市发展取得了全面而又巨大的成就，特别是 2008 年成功举办了奥运史上最辉煌的盛会，美好的北京给全世界留下极为深刻的印象。可以说，北京建设世界城市的目标，承载着中华民族的热切期盼和21 世纪的世界呼唤。

但是必须承认，建设世界城市是一个复杂艰辛的奋斗历程，为了做到心中有数和少走弯路，北京应当密切关注当前其他世界城市的未来发展趋势，主要是：

第一，更加注重经济社会的协调发展。

举伦敦为例，伦敦是世界三大金融中心之一，有世界最大的外汇市场、保险市场、外国证券市场和最大黄金市场。服务全球的金融业十分发达，这是伦敦作为世界城市的重要特色。近年来，伦敦更加重视经济与社会的协调发展，2004 年颁布法规提出，将伦敦建成更适宜居住的绿色城市，并拥有多样化的经济增长，推进社会融合，消除社会隔离和歧视，更加重视商业和住宅开发，推进更便捷的交通和通讯基础设施建设。伦敦申办 2012 年奥运会成功后，要求新建筑必须使用太阳能、风能，必须全部低碳，到 2016 年实现全伦敦零排放的目标。

第二，更加注重人与自然的和谐发展。

举巴黎为例，巴黎是世界名城，巴黎的城建和管理贯穿了崇尚自然、人与自然和谐相处的理念。巴黎的许多公园都注重大众艺术与田园风光相结合，尤其巴黎城区东西各有十平方公里左右的两大森林公园，犹如原始林区，被称为巴黎的肺叶，体现了城市回归自然、返璞归真的追求。近几年每到夏季，巴黎还在市中心的塞纳河畔修建人造沙滩供市民休闲和沐浴阳光。总之，巴黎人把加强环境保护、改善市民生活质量放在优先位置，并提出"低碳城市"概念，受到老百姓的欢迎。

第三，更加注重城市文化品质的提升。

文化在人类社会发展中的地位和作用越来越受到各国的高度重视，文化与经济、与政治相互交融愈来愈深入。几乎所有世界城市都对城市文化的品质与发展提出新的要求和更高目标。

例如，纽约是世界金融中心，但同时也被打造成新的国际文化中心。民族的多样性与纽约文化的包容性和创新与追求，造就了纽约"文化之都"的地位，并形成城市的核心魅力。纽约当代文化产业的蓬勃发展，不但提升了纽约的总体文化品位和文化魅力，繁荣了城市文化的发展，也带动了博物馆业、新闻媒体、广播业、电影电视动漫等相关文化产业的发展。纽约不断追求对全球文化有重大影响力并取得成效。

第四、更加注重核心竞争地位的增强。

以东京为例，东京是第一个非西方的世界城市，它经历了从政治首都向经济中心和区域中心城市转变的过程。为了保持东京在尖端科学和应用技术领域中的核心竞争优势，2006年东京制定了未来十年发展规划。明确指出，将利用日本所拥有的最先进的尖端科学技术应用于社会，如节能、医疗、信息、机器人、咨询网络等尖端技术，目标是让东京成为"向世界传播最尖端技术之地"和"21世纪世界的楷模城市"。东京的雄心壮志启示我们，一定要加大投入，把中关村等高新科技园建设好，使北京成为全中国、全亚洲乃至全世界的尖端科技创新之源。

我们高兴地注意到，北京在提出建设世界城市的同时，还明确提出北京必须成为体现中国特色的世界城市，这是完全正确的。但是，究竟北京"特"在什么地方？

首先是，特在发展阶段不同。纽约、伦敦、巴黎、东京等世界城市都是在国家工业化、城市化完成后，乘势演进成为世界城市的。与这些城市不同，北京是在中国尚未完成工业化和尚未实现城市化的情况下建设世界城市的。因此，北京面临的任务更重，困难更多，需要付出更多更大的努力。

其次，特在发展路径不同。现有世界城市本质上是靠掌控资本，主导全球资源和市场配置，而北京提升资源和市场配置能力不能简单照搬这种模式，更多需要依靠自身独特资源和创新优势，从自身具体情况出发，瞄准世界最先进水平，从制度、科技、发展方式、政策、功能等层面进行科学创新，走出一条以民生为本、面向未来、低碳、绿色、环保的新型世界城市之路。

再次，特在资源优势不同。与现有世界城市相比，北京最大的特点是背靠中国几千年的古老文化，并拥有独特丰富的地域文化遗产。因此，加强文化建设并围绕文化体现城市的功能，应成为北京建设世界城市的特色。我们相信，北京可以走出一条既拥有城市经济功能又不单纯依赖经济功能、依托文化功能又放大文化功能的中国特色的文化与经济双向互动的世界城市崛起之路。可否用"文化中心＋科技创新中心＋国内外重要机构总部＋金融管理中心＋政治中心"来描绘未来北京的有中国特色的世界城市的功能和定位呢？

除上述外，北京还特在理想境界不同。在中国社会主义市场经济条件下，在以公有制为主体、多种所有制经济共同发展的国情下，北京建设世界城市追求的不是满足垄断资本集团的私有利益，不是形成两极分化、社会矛盾加剧的畸形城市格局，而是促进社会和谐、公民全面发展的新型世界城市，是追求大多数民众得到公平和更多实惠的城市品质的提升。

在结束发言前，对北京建设中国特色世界城市提几点建议：

一是积极吸引国际高端要素向北京聚集，大力提升北京国际化氛围。国际高端要素中最重要的是，全球性国际组织是否聚集城内。例如，纽约是联合国总部、安理会、联合国托管理事会、联合国儿童基金会等国际组织所在地，因此，纽约是全球讨论世界大事的最重要城市。在那里，有192个国家的大使级使团常驻，各国元首、政府首脑或外长每年都要赴纽约出席联合国大会并发言。这一切使纽约毫无争议地成为万国瞩目的世界城市。再如，巴黎有联合国教科文组织、国际经合组织、国际展览局、国际铁路联盟、国际能源机构等众多国际组织。伦敦则有国际海事组织、世界能源理事会、国际捕鲸委员会、欧洲复兴与开发银行等国际常设机构。

而北京除区域性的上合组织秘书处、博鳌论坛秘书处设在京城外，尚无全球性的国际组织。因此，吸引重要国际组织到北京落户，这应当是北京建设世界城市规划中需要妥加谋划、多做工作的一件大事。

北京朝阳区素有"中国涉外第一区"的称号，几乎全部外国驻华使馆、90%的国际传媒机构、80%的国际商会、65%的外资金融机构设在朝阳。朝阳精心打造的中央商务区，已成为北京国际交往的重要区域。中央商务区的龙头和地标建筑，就是我们今天会议所在的北京最高建筑——漂亮高档的北京国贸大酒店。考虑到未来北京在世界事务中的地位，建议在朝阳中央商务区这一带预留建设国际组织大厦的地皮与配套空间，为今后吸引重要国际组织、包括亚洲的国际组织向北京聚集，创造良好条件。我们祝愿北京早日成为国际活动聚集之都、世界重要组织和高端企业总部聚集之都、世界高端人才聚集之都。

二是发挥首都文化的独特优势，让世界更加喜爱北京。北京是元、明、清及新中国的都城，拥有近千年的古都文化资源和丰厚人文历史遗产，特别是北京承载着新中国宝贵的政治、经济、文化和社会史实，这是北京取之不尽的文化历史财富。北京在推进世界城市建设过程中一定要下大力气保护、培育和用好有北京特色的文化软实力。这也是全国和全世界人民对北京的期望。我在巴黎中国大使馆工作期间，亲眼目睹了法国用数吨黄金维修著名的拿破仑墓和亚历山大桥，用轻质合金钢全部更换铁塔一百多年前的旧铸铁以及用十八世纪的路灯样式和当年的石块铺路方式改造著名的香榭丽舍大街，使巴黎保持着独特浓郁的法兰西历史文化风貌。这也是为什么法国至今一直是世界第一大旅游国的重要原因。

三是继续重视完善城市综合功能，不断地改进城市的基础设施建设。在这方面，北京已做出巨大努力，而且成绩显赫。但仍有不足。特别是城市地下工程欠账较多。例如，地铁网的建设密度不够，服务功能逊于伦敦、巴黎甚至莫斯科。而北京地下污水处理网络的建设滞后更多。在这方面，巴黎的下水道工程堪称世界第一。在中国驻法国大使馆附近有一处巴黎下水道工程参观点，展示了贯通巴黎全城的宏大下水道工程。《悲惨世界》这部经典影片中有主人公在巴黎四通八达的下水道中搀扶着逃生的镜头，看后令人难忘。巴黎的地下工程值得我们参考借鉴。只有建设好优质完善的城市地上和地下设施，才能确保城市的交通便捷，生活舒适，环境优美，服务一流，从而为北京的国际化交往创造更好的条件和提供优质的国际化服务。

（2011 年 3 月 29 日　北京）

"加入世界贸易组织 10 周年：中国与国际体系" 研讨会致辞

本次研讨会在中国加入世界贸易组织 10 周年之际，以中国与国际体系的关系为主题很有意义。因为今天的中国与 10 年前的中国已大不一样。今天的中国已经成为经济总量全球第二、出口额第一、进口额第二、外汇储备第一的经贸大国。毋庸置疑，中国的巨大变化同中国加入世贸组织是有关联的。研讨会有意义还因为，当前国际金融市场动荡不安，世界经济的不稳定和不确定性明显上升，当此关键时刻，我们希望看到国际社会能够携起手来，以同舟共济的精神，尽快驱散国际金融危机二次探底的风险，理性和妥善处理国际贸易摩擦。

本着这一愿望和以史为鉴、展望未来的考虑，我认为，回顾中国加入世贸组织的历史可以得出以下看法：

第一，中国加入世贸组织是认真严肃和负责任的。艰苦的入世谈判持续了 15 年之久这一点，就是一个证明。而更重要的是，从 2001 年中国正式成为世贸组织一员后，中国守信义讲原则，兑现了入世前所作的各项承诺。10 年来，关税总水平由 15.3% 降至 9.8%，远远低于发展中国家的平均水平；开放了 100 个服务贸易部门，接近发达国家的水平；10 年来共清理各种国家法律法规 2300 多件，地方性政策和法规 19 万多件，使之符合中国入世的承诺。事实证明，中国说话算数，勇于承担自己应尽的国际责任。

第二，中国入世不但有利于中国自身的大发展，而且也对世界的大发展带来很多好处。10 年来，中国平均每年进口 7500 亿美元的商品，相当于为贸易伙伴创造 1400 多万个就业岗位；物美价廉的中国商品为美国消费者过去 10 年共节省开支 6000 多亿美元，欧盟每个家庭每年多节省开支 300 欧元。而中国作为世界上最大的发展中国家在使本国人民摆脱贫困的同时，也为其他发展中国家的脱贫事业做出了贡献。近 10 年，中国累计对外提供各类援款 1700 多亿元人民币，免除 50 个重债务国近 300 亿元人民币的到期债务，并承诺对最不发达国家 95% 以上的输华产品实行零关税。

第三，可以预测，未来的中国将会坚定不移地继续实施已被历史证明是正确的对外开放的基本国策。中国的发展是和平的发展、开放的发展，也是与世界合作共赢的发展。中国刚刚制定的"十二五"规划明确提出将实行更加积极主动的互利共赢的开放战略，这当然包括中国将进一步加强与世界贸易组织和其他国际组织的合作。中国坚定主张在全球和区域范围内扩大贸易与投资的自由化和便利化，坚定支持世界贸易组织多哈回合谈判，积极参与20国集团等全球治理机制的建设与完善，包括推动国际金融体系改革，以实际行动反对贸易保护主义等。

应指出的是，2008年国际金融危机爆发后，中国为应对危机采取了一系列重大举措，从而率先走出危机，并对推动世界经济复苏做出重要贡献。可以说，中国是国际体系正常运转或更好运转的参与者、建设者和贡献者。中国无意挑战现有的国际体系。相反，中国积极参与国际事务，推动国际关系民主化，主张顺应潮流，扩大发展中国家在国际事务中的代表性和发言权，促进国际体系更加公正有效地应对各种全球性挑战。

然而，今天令人忧虑的是，国际经济与金融形势中不利的因素仍在增多，特别是主权债务危机四伏，贸易与投资保护主义明显抬头，反倾销反补贴等贸易救济措施屡遭滥用，贸易摩擦政治化倾向日益突出，有的国家试图以国内法代替国际法来解决贸易问题，所有这一切给世界经济复苏蒙上厚厚阴影。

今天我们回顾中国入世10周年的历史之所以有意义，还因为它证明了，只有不断扩大市场开放，坚决抵制各种保护主义，妥善处理国际贸易摩擦，才能实现世界经济的可持续和平衡增长，也才能让关乎地球村70亿人民福祉的国际体系得以公平合理地正常运转。

从这个意义上说，这次研讨会确定的主题很好、很现实、也很及时。

（2011年10月22日　北京香山饭店）

国民应该向世界展示真实的中国

——接受人民网记者采访

人民网记者：9 月 10 日，温家宝总理在位于昌平区的外交学院新校区演讲时强调，我们要积极、主动、客观地向世界介绍中国，吸收借鉴人类一切优秀文明成果，尊重和维护文明多样性，扩大同各国的友好交往，增进相互理解。您作为前任外交官、现在外交学院的院长，您觉得这句话应该怎么理解？我们应该怎么向世界介绍中国？

答：今天的中国确实跟过去不太一样了。尤其 2008 年金融危机以来，每一个人都会明显地感觉到，中国的国际地位提升了，国际影响力扩大了。各国都在注视着中国，其中大部分人感到很钦佩、很感慨、很惊叹。同时，不可避免地各种声音都会出来。也有一些敌对势力，无论中国实力上升、发展迅速，还是困难时期，都会起劲地诋毁和污蔑中国。其实这也很正常，这是意识形态不同的一种反应。

今年我国的经济增长放慢了，大概是 7.5%，而欧盟今年可能是零增长或负增长，美国可能增长 1% ~2% 之间。如果中国能保持 7% 左右的增长，10 年产值就可翻一番。2010 年，中国国民生产总值超过日本，折合成美元后大概是 5 万 7 千亿美元，日本是 5 万 4 千亿美元，只多了 3 千多亿美元。而一年后的 2011 年，中国已是 7 万 3 千亿美元，而日本是 5 万 8 千多亿美元。中国一年就增长 1.5 万亿美元的产值，这是很了不起的。中国人看到这些数字很振奋。但也有人很不舒服，甚至感到担忧和恐慌。因为你发展得太快了，甚至直接威胁到美国的霸权地位。因此，最近美国国务卿希拉里·克林顿访华时说，她来华是要解决一个世纪难题，即如何处理一个原有超级大国与一个新兴超级大国之间的关系，她认为这关系到世界的未来。

对中国人而言，我们是发展中国家，也永远不会谋求霸权。当前最重要的，是如何把自己国内的事情办好，经济要增长，国内要稳定，人民生活要提高。换句话说，不管别人说什么，我们都要坚定不移地按照被实践证明是正确的方针办事，走有中国特色的社会主义和平发展道路。因此，今天中国特别需要向世界说明一个真实的中国。中国希望大家都能和平发展，都能过上好日子。

为此，积极开展公共外交很重要。公共外交首先需要政府主导，其次还要广泛调动公民的参与意识，才能更好更广地向世界展示一个文明、进步、民主、和谐、和平的中国形象。可以说，公共外交是我国外交工作新的拓展方向，因而应当使公共外交深入到每个公民心中，成为自觉的意识和公民责任。中国现在跟世界的交往越来越密切。去年有7千多万人出境，如果每个人都是民间使者，都主动积极开展公共外交，那就是为国家富强、民族复兴贡献了一己之力。现在，来国内的外国人也很多，如果每个公民都有意识地用自己的言行去宣传和展示一个真实的中国，那该多好！

对有人妖魔化中国、抹黑或唱衰中国，也不要大惊小怪。其实，世界上每一个成功国家几乎都会经历一个受到外界质疑或批评的阶段。历史上德国是这样，日本是这样，美国也曾是这样过。美国独立后的很长时间内都被英国人所看不起和贬低。所以我们中国人一定要认准方向，在中央的领导下，团结起来，坚定不移地走自己的路，不断发展自己，完善自己，用事实向世界展现一个真实和进步的中国。我们的目标一定会实现。

人民网：2009年，温总理与欧盟委员会主席巴罗佐联合倡议举办"中欧青年交流年"，并在2011年举办了78项交流活动。您如何看待这些交流活动在公共外交中起到的作用？

答：中欧开展青年交流非常重要。因为青年是所有国家中最活跃的人群，有丰富的想象、充沛的活力、饱满的热情和很强的创新能力。因此，青年是世界的未来和希望，也应当成为开展公共外交的生力军。我们外交学院的学生有很好的素质，英语好，国际知识扎实全面，与外国人交流没有困难。因此更容易拉近中国与世界各国的距离，在增进相互理解方面发挥很好作用。近年来，我院学生参加过"中欧青年交流年"活动，也参加过"中日青少年文化交流年"活动。我们学校每年都为亚非拉各国青年外交官举办培训班，我们的学生跟他们也有许多直接的沟通。我想，如果一个人在青年时代对一个国家留下好的印象、对不同民族之间的交往产生兴趣，这对世界和平与合作是非常有利的。

（2012年9月12日　外交学院）

对欧洲经济有信心、欧盟不会解体

——接受人民网记者采访

人民网记者：欧债危机发生以后，欧洲需求不足直接导致中国出口减少，中国的经济放缓也影响到了日本和韩国等周边国家。您如何看待欧洲经济的发展以及对中国的影响？

答：欧盟 27 国去年是中国第一大贸易伙伴，去年的贸易数字是 5 千 3 百亿美元左右，其中，我最大的贸易伙伴是德国，约 1 千 8 百亿美元的双向贸易额。中国第二大贸易伙伴是美国，约 4 千 4 百亿美元。第三位是东盟 10 国共约 3 千 6 百亿美元。第四位是日本，约 3 千 3 百亿美元。第五是韩国，约 2 千亿美元。从以上可以看出，欧盟与我经贸关系的重要性。

现在欧洲的确遇到了很大困难。不仅希腊面临破产危险，西班牙、意大利、葡萄牙也遇到很大麻烦，主要是主权债务危机仍在发酵和深化。对此，我们的确很关注，因为欧盟不但与我们的贸易量是最大的，而且也是我们在科技输入方面的最重要合作伙伴。欧洲经济低迷当然对我不利。首先影响到我国的对外贸易总量，来自欧盟的订单明显减少。

此外，由于欧元是国际上唯一能与美元分庭抗礼的货币。因此，欧元汇率下滑，地位不稳，对世界多极化的发展不利。中国一贯支持欧洲一体化事业，我们不希望欧洲联合出现倒退。中国愿意在力所能及的情况下进一步加强与欧盟在各方面的互利合作，共同为世界的和平、发展、合作做出贡献。

我个人不认为欧盟会解体、欧元会崩盘。我在欧洲工作多年，我相信，欧洲会有办法渡过难关。欧洲是世界现代文明、现代科技、现代经济发展最早的地区之一，也是产生思想家的摇篮。在"二战"之前，"一体化"这个概念是没有的。"二战"后，欧洲的两个宿敌——法德决定永不再战，在反省如何避免战争悲剧重演时，提出了欧洲一体化建设的构想。1951 年，法国、西德、意大利、荷兰、比利时和卢森堡签订《欧洲煤钢联营条约》，并设计实现欧洲共同市场。1957 年签订《罗马条约》，正式宣布建立西欧共同体（简称欧共体）。1991 年签订《马斯特里赫特条约》即欧洲联盟条约。2002 年启用欧元取代 12 国货币。这是一个了不起的创举，可以说欧洲人对"经济一体化模式"的贡献很大，对经济全球化起到推动作用。可以说，欧洲模式的酝酿、产生与完善，对世界有参考与借鉴作用。由于是历史第一次，应允许欧洲联盟有曲折、有失误甚至有反复。但长远看，欧盟模式的生命力会很强。

人民网：目前，中国和中东欧的贸易额非常小。9 月 6 日，中国－中东欧国家合作秘书处成立大会暨首次国家协调员会议在北京举行，双方将在经贸、投资、文化、教育、旅游等领域加强合作。这是不是因为看到西欧经济的持续低迷，中国转而开始加大和中东欧国家的合作？

答：首先，中东欧都有同我进一步加强双边经贸关系的愿望和需要。目前，中东欧 16 个国家和中国的贸易总额才 530 亿美元，这个数字太小了。实际上，这些国家的经济基础、基础设施和人员素质是较好的。过去东欧国家与中国的交往很多，社会形态也有很多相像之处。因此，我与中东欧国家的合作是有基础的，前景很好，需要我们共同去拓展。

当前，西南欧国家受主权债务危机影响较大。我们正好可利用这一时机更加平衡地发展我们与中东欧国家的全面合作关系。原则上，我们对欧盟各成员国的政策是一致的，无非是当前发展同中东欧关系的时机很好，潜力很大，我们应紧紧抓住这一时机。今年 4 月，温总理访问波兰，16 个中东欧国家的 14 位总理和 2 位副总理同时飞到华沙排队与温总理进行一对一的会谈，效果非常好。那天总理从早八点不间断地一直同 16 国领导人会谈到晚九点。这件事本身就反映出中东欧国家对同我发展关系有强烈的愿望。

（2012 年 9 月 12 日　北京）

"2011 年中国外交回顾与展望" 研讨会致辞

时值年末，回首今年的国际形势，可以用复杂多变、动荡加剧来加以概括。世界新的热点问题不断涌现，尤其是西亚北非局势的大动荡牵动全球关注，今天形势发展的不确定性仍在演变之中；而在经济层面上，欧洲主权债务危机持续发酵，严重冲击着全球经济，新的国际金融危机风险增大，世界经济衰退势将长期化；美国加速战略调整，重心东移，我周边环境出现许多新的因素和挑战。

面对深刻复杂多变的国际形势，可以说世界各国无一例外均面临巨大挑战和不同困难。比较而言，2011 年的中国成功保持了经济的稳定增长，持续提升了综合国力，世界影响力也在进一步增强。毫无疑问，中国取得的巨大内外成就令全世界瞩目。

在这样的大形势下，作为一家外事单位，我们高兴地看到，在中央的领导下，中国外交妥善应对复杂多变的国际形势，积极统筹国际国内两个大局，为维护国家权益、促进经济发展和推动国际合作做出了大量卓有成效的工作，坚定维护了国家的根本和长远利益。

值得注意的是，当前国际舆论史无前例地高度关注和聚焦中国，从我国的国际关系到内政和体制，从国际气候变化谈判到周边海域争端，从中国政经模式和中国内外责任到"中国威胁论"、崩溃论等等，有关中国的话题几乎无处不在。可不可以说，新世纪新形势下外部世界需要真实了解和逐步适应一个快速发展的古老中国的新定位。而中国民众自身也需要在新形势下更加全面审慎地看待自己国家的成就、困难和挑战。今年 9 月 6 日中国发布了《中国的和平发展》白皮书，这是一份历史性文献，它详细阐述了中国所选择的和平发展道路及其内涵，纲领性地回答了国内外关注的一系列焦点问题。可以明确地说，中国的和平发展是中国坚定不移选择的未来发展之路。

我们本次研讨会的目的是，面对复杂多变的国际形势及国内民众愈来愈关心并以不同方式积极参与对国际形势的发展变化和中国对外政策的讨论、甚至辩论，旨在提供一个尽可能权威和宽阔的视角，争取把广大民众的爱国情怀和公民权利，更好地统一在着眼大局、谋划长远、切实维护国家和人民根本利益的共识上，使外交工作更好地被民众所了解、理解和支持，从而更有利于国家的和平发展和我们伟大民族的振兴。

希望各位学者与媒体代表能够畅所欲言，集思广益，更好地发挥引导舆论、团结民众、服务国家的社会责任，使本次研讨会取得积极成果。

（2011 年 12 月 18 日　北京皇冠假日酒店）

访问克罗地亚外交学院的演讲

我很高兴有机会到贵校访问，与在座的老师和学员们会见和交流看法。

去年影响世界的一条新闻是，中国的 GDP 超过了日本，成为全球第二大经济体。围绕中国的快速发展，有越来越多的人对中国感兴趣，对华的看法从总体上看是积极正面的。但也有许多负面的议论。例如，"中国威胁论"、"中国崩溃论"、"中国傲慢论"等等。作为中国人，我认为这些负面看法不能反映中国的实际情况。那么，真实的中国是怎样的？应当如何认识和看待中国？这就是今天我要讲的主题，并愿意回答学员们的问题。

我讲的第一个问题是，中国是一个什么样的国家？

根据最新统计，中国有 13.7 亿人口，是世界人口最多的国家。中国有五千年的灿烂文化，是世界四大文明古国之一。然而，1840 年英国发动鸦片战争，打破了中国的闭关锁国，其后法、德、美、俄、日等西方列强争相入侵和瓜分中国，使中国逐步沦为半封建半殖民地的国家，落后、挨打、割地、赔款、受欺辱成为近代中国人永远难忘的国耻。

1949 年新中国成立后，特别是 1978 年中国实行改革开放以来，中国的经济社会发展很快，国内生产总值年均增长 9.8%，人民的生活明显提高，与外部世界的联系越来越紧密，国家开始走上了伟大复兴之路。2008 年世界金融危机爆发后，中国应对得当，并率先走出危机的影响，为全球复苏做出贡献。

面对中国已经取得的成绩，有人认为，中国已经是发达国家了，甚至可以与美国平起平坐了。这种看法显然是不准确的，说明对中国的发展状况缺乏全面深入的了解。

确实，中国的经济总量增大了，去年达到 5.8 万亿美元，但人均只有 4300 美元，在世界排名 100 位左右。而且，中国的城乡和地区发展不平衡，产业结构还不合理，低端产品众多，表明生产力不发达状况并没有根本改变。中国人口多、底子薄、资源少、各种自然灾害频繁是基本国情。中国的耕地只占世界的 9%，淡水资源只占 6.5%，然而却要养活占人类 21% 的人口。

可以说，中国遇到的经济、社会问题是世界上最大、最难解决的挑战。今天中国刚刚解决了温饱，国家要真正发展起来，人民真正富裕起来，还有很长很长的路要走。邓小平先生说，要几代人甚至十几代人的不懈努力。因此，中国没有任何骄傲自大的理由。中国在很长时间内仍将是一个发展中国家，这一点没有变。

第二个问题，为什么中国能够取得快速发展？

这些年中国经济建设的确取得了巨大成就。2005年至2010年第十一个五年计划期间，中国的年均增长为11.2%，这是相当快的增速。期间，中国还战胜了汶川、玉树两次特大地震和舟曲严重泥石流等重大自然灾害造成的损失，并成功举办了北京奥运会和上海世博会，这一切都给世界留下了深刻印象。

中国能够取得这样的成就，原因很多，关键是：

第一，中国坚持走自己的路，开创出有中国特色的社会主义发展道路，这是一条中国人民在长期实践中经过艰辛探索而逐步形成的独特社会主义政治体制。世界上主张实行社会主义的政党和国家有很多，在欧洲就有北欧模式的社会主义，东欧和南欧模式的社会主义以及前苏联模式的社会主义等等。20世纪80年代之初，法国社会党人密特朗当选总统后，对大企业、大银行采取了大规模国有化的措施，影响很大。但是不久后又倒退回去，重新实行私有化。而中国实行的社会主义体制与别国的社会主义不同，主要不同是这一有中国特色的社会主义体制完全符合中国的国情，得到人民的衷心拥护和支持，有很深厚的社会和民意基础，因而能够生存、发展并取得成功。

第二，我们有一个经受长期历史考验的执政党——中国共产党的领导。这是中国能够取得革命胜利和建设成功的重要保障。中国共产党的宗旨是为人民服务，在人民群众中有崇高威信，只有肯于为人民利益牺牲自己的人才可以入党。今天，中共的党员人数为7800万，是由各行各业富有自我牺牲精神的优秀人才所组成。中国人民在长期革命和建设中认识到，没有共产党就没有新中国，只有在共产党领导下，实行有中国特色的社会主义，新中国才有美好前途，才能创造一个又一个的人间奇迹。

西方有人批评中国是"一党专制"，这是不符合历史事实的。在中国除中共外，还有8个民主党派参与联合执政。今天包括科技部长、卫生部长及许多省长、全国人大常委会副委员长、全国政协副主席等重要领导岗位都是由其他民主党派或非中共党员担任的。当然，中国共产党承担着领导国家的最重要的责任，这是中国革命的历史和人民以及宪法赋予中共的责任。在中国没有任何政党和派别可以取代中共的历史地位和领导责任。

还有人说，"中国缺乏民主"，这也是一种片面认识。中国革命自始至终主张民主、追求民主、实践民主。中国妇女从1949年新中国成立之始就有了与男人一样的投票权，而法国妇女在1789年大革命一百多年后，即1945年才拥有投票权。当然，中国的民主也是有中国特色的民主，是一种经过最广泛的民主协商决定重大事项的民主形式。例如，全国政协就是集合各行各业的精英讨论国家大事的民主协商机构，发挥着政治协商、参政议政、民主监督的重要作用。

第三，中国有一个被全国人民认同的、长期坚持、不受选举影响的非常明确的发展战略。这就是改革开放的和平发展战略。这是 1978 年邓小平提出的发展战略，30 多年来从未中断。今后也不会中断。发展战略的坚定性、连续性是中国不同于西方国家的一大政治优势。

也有人担心，中国强大之后会不会在世界上争霸。这种担心是没有必要的。从历史上看，中国没有对外扩张的文化和传统。当中国在几百年前，国内生产总值占世界 30% 的时候，也没有对外扩张和侵略别国。今天，中国在国外没有军事基地，没有一兵一卒。毛泽东、邓小平强调，中国永远不称霸。反对霸权主义已经写进了中国的宪法，也写进了中共党章。这在世界上是独一无二的。可以说，和平发展是中国坚定不移的基本国策。

这一国策概括起来包括四个要点：

一是强调发展的和平性。中国不会像历史上西方列强那样，经济发展强大了，就对外侵略、掠夺、扩张、甚至不惜发动战争。中国主张将发展与和平统一起来，把发展增强的力量用于为世界和平服务。

二是强调发展的自主性。中国主张和世界上所有国家发展友好合作，"所有国家"就是指国家不分大小、强弱、贫富，不论政治体制和意识形态有无差异，中国都会积极发展与各国的友好合作。

三是强调发展的科学性，主张以人为本，保护环境，推动经济可持续发展。

四是强调发展的共同性。中国在争取自己和平发展的同时，将努力与世界各国实现共同发展。

新中国成立后，当中国自身还面临很多困难的时候，中国就尽自己所能，积极援助其他发展中国家。截至 2009 年年底，中国累计对外提供援助金额达 2562 亿元人民币，约合 390 亿美元。而在过去两年里，中国向发展中国家提供的贷款已经超过了世界银行。同时，中国还积极参与联合国维和行动，是五个常任理事国中派出维和人员最多的国家。

总之，中国主张的和平发展，就是对内求和谐、求发展，对外求和平、求合作。再具体讲，和平发展就是使 13.7 亿中国人民能够彻底摆脱贫穷，过上有尊严的幸福生活。

第三个问题是，中国如何处理对外关系？

中国执行独立自主的和平外交政策，主张和世界上所有国家在和平共处五项原则基础上发展友好合作关系。中国在对外关系中不以政治体制、意识形态和宗教取向的不同画线。同时，中国作为主权国家也不容别国欺侮。中国选择和平发展道路不能以牺牲国家重要利益，特别是核心利益为代价。

那么，什么是中国的核心利益？个人认为，一是中国的国体、政体和政治稳定，即共产党的领导、社会主义制度的稳定不容破坏；二是中国的主权、安全、领土完整和国家统一不容侵犯；三是中国的发展权益不容阻拦。

对历史遗留问题，如领土、领海争端等，中国主张在平等基础上通过谈判与协商寻求和平解决，反对使用武力和以武力相威胁。对一时解决不了的问题，可以在"搁置争议、共同开发"的原则下留给后代去解决。

中国是负责任的国家，是国际体系正常运转的参与者、建设者和贡献者。中国无意挑战现有的国际体系。相反，中国积极参与国际事务，推动国际关系民主化，主张扩大发展中国家在国际事务的代表性和发言权，促进国际体系更加有效地应对各种全球性挑战。

可以说，中国的发展离不开世界，世界的繁荣、稳定也离不开中国。中国越发展，对世界和平、合作、和谐的贡献就越大，给世界带来的机遇也越多。

今天，世界正处在大发展大变革大调整的新时期，国际形势复杂多变，国际与地区热点问题此起彼伏，国际金融危机的影响犹存，世界经济复苏缓慢，保护主义加剧，发展问题更加突出。

摆在中国人民面前的重要任务是，以科学发展观统领中国的和平发展，加快转变经济发展方式，扩大国内市场在经济中所占的比重，维护好中国的环境质量，使中国经济呈现出又好又快的、可持续发展态势。这是一项极大的挑战，需要全体人民继续发奋图强，谦虚谨慎，苦干实干加巧干，才能实现上述目标。

中国有句古话，"百闻不如一见"，希望在座的老师和同学们有机会到中国去看一看，用自己的眼光和判断力去了解和认识一个真实的中国。我感到高兴的是，中克两国关系很好，我们两国外交学院都是为本国培养外交精英、追踪和研究国际问题的重要学府，两校之间有着很好的合作关系。我希望，我的访问能够进一步推动两校的务实合作和交流，为中克两国的传统友谊做出贡献。

（2011 年 5 月 10 日　萨格勒布）

访问美国北卡罗来纳大学的演讲

感谢北卡罗来纳大学的盛情邀请，使我有机会访问你们美丽而又历史悠久的校园。我知道北卡大学是北卡罗来纳州最早的大学，也是美国第一所授予学位的公立大学，在长达222年的历史中，为美国培养了许多著名学者和知名人物，包括篮球飞人迈克尔·乔丹。我上大学的时候是篮球校队，因此十分崇拜迈克尔·乔丹，今天能够来到与乔丹的名字连在一起的北卡大学，我感到高兴和荣幸。

在2008年担任外交学院院长之前，我是一名职业外交官，对大学的工作不是很熟悉。但是，到外交学院工作后，很快我就喜欢上了教育工作。这不仅因为每年有两个假期，可以劳逸结合，更重要的是，我们外交学院被称为新中国外交官的摇篮，建校56年来，培养出了30多位部长以上干部，数以百计的大使和数千名优秀的外交官，为中国与包括美国在内的世界各国的相互了解和友好合作努力工作着。从这个意义上说，今天的访问，不仅有助于加强我们两所大学之间的交流与合作，而且对于促进我们两国人民之间的友谊与合作也是有益的。

我过去长期在欧洲工作，这是我第一次访问美国，对这里的一切都感到很好奇、很新鲜。因为不了解，我希望多看看，多听听。一个总的想法是，希望中美这两个伟大国家、两个伟大人民能够相互了解，善意理解，友好相处，共同合作，为世界和平、合作与繁荣做出贡献。

我这样想，还因为美国和中国，一个是世界上最大的发达国家，一个是世界上最大的发展中国家，两国都是联合国安理会常任理事国，都肩负着维护世界和平和发展的重要责任。

从这样一个更高的角度出发，我对今天与同学们见面感到特别高兴。

来到美国，我想起了今年上半年影响世界的一条新闻，说中国2010年的GDP超过了日本，成为仅次于美国的全球第二大经济体。围绕中国的快速发展，世界上有越来越多的人开始对中国感兴趣，并大量发表各种评论。作为外交官，我认为这是一件好事。而且应当说，世界对华的看法总体上是积极和正面的。奥巴马总统称赞中国取得的成就是"人类历史上史无前例的"，又说"中美相互尊重就能有成就"。我相信他是真诚的。

当然，也有许多对华负面的议论。例如，"中国威胁论"、"中国崩溃论"、"中国傲慢论"、"中国谋霸论"等等。我不知道北卡大学的同学们是如何看中国的，我想说的是，上述对华负面看法没有反映中国的实际情况，同时也表明有那种看法的人还不了解中国，我相信其中许多人从未去过中国。

最近，我读到拜登副总统访华后发表的文章，他不赞成"一些人将中国的发展视为威胁"，他认为，"中国的崛起并不是美国的覆灭"。那么，真实的中国是怎样的？应当如何全面认识和客观看待中国？这是今天我想向同学们讲的一个主题。

首先，中国是一个什么样的国家？

根据今年的最新统计，中国有13.7亿人口（包括港澳台），是世界人口最多的国家，有五千年的灿烂文化，是世界四大文明古国中唯一文化没有中断的国家。然而，1840年英国发动鸦片战争，打破了中国的闭关锁国，其后英、法、德、俄、日等西方列强争相入侵和瓜分中国，特别是英法联军和八国联军两次攻占北京、焚烧中国的文化瑰宝——圆明园、颐和园，使中国逐步沦为半封建半殖民地的国家，落后、挨打、割地、赔款、受欺辱成为近代中国人永远难忘的国耻。

1949年新中国成立后，特别是1978年中国实行改革开放以来，中国的经济和社会发展很快，人民的收入水平和生活质量明显提高，与外部世界的联系也越来越紧密。中国的GDP在很短时间内上升为世界第二，充分表明国家发展的大方向是对的，可以说已经走上了真正的民族复兴之路。

面对中国已经取得的成绩，有人认为，中国已经是发达国家了，甚至可以与美国相比美了。这种看法显然是不准确的，是对中国的国情和发展状况缺乏深入了解。

确实，中国的综合国力30多年来实现了大幅度提升，经济总量从1978年到2010年翻了四番多，去年达到5.8万亿美元。占世界GDP的比重从1.8%增加到9.3%，3亿多中国人摆脱了贫困，外汇储备超过了3.1万亿美元，人均国民总收入相当于世界平均水平的比例从2005年的24.9%提高到2010年的46.8%。

但是，中国的人均国内生产总值只有4400美元，仅为美国的1/10，在世界排名100位左右。而且，中国的城乡和区域发展很不平衡，经济社会发展的结构性矛盾很突出，资源缺乏，环境保护压力大，自主创新能力弱，低端产品多，这些都表明中国的生产力水平与美国及其他发达国家相比还有很大差距。

特别是，中国人口多、底子薄、自然环境恶劣、各种灾害十分频繁，这是基本国情。中国的可耕地只占世界的7.9%，淡水资源只占6.5%，然而却要养活占人类近20%的人口，经济社会发展的成果要由13亿多人共享。

毫无疑问，在中国让人民吃饱饭是一个头等重要的大事。中国的祖先在创造"饭"这个字时，把食物和造反放在一起。意思是没有食物人民就会造反。因此，中文这个"饭"字很有意思，其哲理含义十分深刻。令人高兴的是，今年中国农业又将获丰收，这是连续第8年丰收，在中国历史上创造了一个纪录。说明中国政府极为重视民生问题，休现了"民以食为天"这句古训的意义。任何人都不难懂得，不断满足 13 亿人口的生存和发展需求是一个多么巨大的难题，至少这肯定是世界上最大、最复杂难解的一个挑战。

我的结论是，刚刚解决了温饱的中国，要真正发展起来，人民真正富裕起来，还有很长很长的路要走。说"中国在不久的将来会超越美国"是不客观的。30 多年前邓小平先生就曾说过，中国要真正富起来需要几代人、甚至十几代、几十代人的不懈努力。因此，中国没有骄傲自大的理由。中国在很长时间内仍将是一个发展中国家，这一点不会变。

第二个问题，为什么中国能够取得快速发展？

最近 30 年，中国的年均增长为 9.6%。而最近五年，中国的年均增长为 11.2%。五年来，中国经历并克服了国际金融危机、两次特大地震、一次泥石流和旱涝冰冻等严重自然灾害的冲击，并在这样的条件下成功举办了北京奥运会和上海世博会，这一切给世界留下了深刻印象。

中国能够在如此困难的国内外条件下取得很大成功，原因很多，关键是：

第一，中国坚持走自己的路，开创出适合自己国情、有中国特色的社会主义发展道路。放眼世界，主张实行社会主义的政党和国家很多，在欧洲就有北欧模式的社会主义，东欧和南欧模式的社会主义以及前苏联模式的社会主义等等。20 世纪 80 年代之初，法国社会党人密特朗当选总统后，对大企业、大银行采取了大规模国有化的措施，当时影响很大。但是不久后又倒退回去，重新实行私有化。而中国实行的社会主义体制与别国的、特别是前苏联的社会主义不同，主要不同是，这一有中国特色的社会主义体制完全符合中国的国情，得到了人民的衷心拥护和支持，有深厚的社会和民意基础，因而这一体制能够很好地运转并取得成功。

第二，中国有一个经受长期历史考验的执政党——中国共产党的领导。这是近百年来中国能够取得民主革命胜利和国家建设成功的重要保障。中国共产党的宗旨是为人民服务，党在人民群众中有崇高威信，只有肯于为人民利益牺牲自己的人真诚申请，才能够被批准入党。今天，中共的党员人数约 8000 万，是由各行各业富有自我牺牲精神的优秀人才所组成。中国人民在长期革命和建设中认识到，没有共产党就没有新中国，只有在共产党领导下，实行有中国特色的社会主义，新中国才有美好前途，才能创造人间奇迹。

西方有人批评中国是"一党专制"，这是不符合历史事实的。在中国除中共外，还有 8 个民主党派参与联合执政。今天中国的科技部长、卫生部长、全国人大常委会副委员长、全国政协副主席以及许多副省部级官员等重要领导岗位都是由其他党派或非中共党员担任的。当然，中国共产党承担着领导国家的最重要的责任，这是中国革命的历史以及中国的宪法赋予中共的责任。在 13 亿人口的中国没有任何其他政党和派别可以取代中共的历史地位和领导责任。

还有人说，"中国缺乏民主"，这也是一种片面认识。中国现在的文字产生在三千多年前，我们的祖先在创造"和谐"这两个字时，就赋予了字面上有饭吃、有言论自由的意思。这说明中国人对民主的认识和追求要比许多国家久远很多。而中国共产党领导的革命自始至终主张民主、追求民主、实践民主。今天中国领导层是经由民主协商程序和投票选举产生的。中国 20 多年前取消了干部终身制，最高领导人的任职一般不会超过两任。其他各级领导的退休年限也有明确规定。例如，政府部长的退休年龄为 65 岁、副部长和驻外大使的退休年龄原则上为 60 岁。可以说中国的高级官员比西方许多国家的领导层都要更早退休，这完全符合时代要求和民主程序。中国妇女从 1949 年新中国成立之始就有了与男人一样的投票权，而法国妇女在 1789 年大革命一百多年后，到 1945 年才拥有投票权。当然，中国的民主也有中国特色，这是一种经过最广泛的民主协商决定重大事项的民主形式。例如，全国政协是中国独有的分为国家、省、市、县四级的一个政治协商机构，里面集合着各行各业的精英随时讨论国家和地方大事，发挥着政治协商、参政议政、民主监督的重要作用。

中国的成功还有第三个原因，即中国有一个被全国人民认同、不受选举影响的非常明确的长远发展战略。这就是改革开放的和平发展战略。这是 1978 年邓小平提出的"三步走"国家发展战略，第一步从 1980 年到 1990 年，目标是使人均 GDP 翻一番，由 200 美元提升到 400 美元；第二步，从 1990 年至 2000 年，目标是人均收入再翻一番，即从 400 美元提高到 800 美元；第三步是从 2000 年至 2050 年，目标是人均收入达到世界中等发达国家水平，人民生活比较富裕，基本实现现代化。

30 多年过去了，中国更迭了四届政府，但这一邓小平制定的长达 70 年的跨世纪战略从未中断，前 20 年的两步目标也都按时并提前实现了。由此可以看出，中国政府坚持和平发展战略的坚定性和连续性，这也是中国不同于西方国家的一大政体优势。我们看到，西方国家确定的发展政策总是随着不同政党执政和政府的不断更迭而改变。

有人担心，中国强大之后会不会在世界上争霸或称霸。我看这种担心是没有必要的。从历史上看，中国没有对外扩张的文化和传统。当中国在几百年前，国内生产总值曾占世界 30% 的时候，从没有对外扩张和侵略别国。今天，中国在国外没有驻军，没有军事基地。毛泽东、邓小平强调，中国永远不称霸。而且反对霸权主义已经写进了中国的宪法，也写进了中共党章。这在世界上是独一无二的。无论今天还是将来，和平发展是中国坚定不移的基本国策。

这一国策概括起来说，就是：既通过维护世界和平发展自己，又通过自身发展维护世界和平。其实，中国的和平发展也是科学发展、开放发展、合作发展、共同发展。

中国决不会像历史上西方列强那样"国强必霸"，经济强大了，就对外侵略、殖民、掠夺、扩张。中国主张将和平与发展统一起来，把发展增强的力量用于为世界和平服务，为积极发展中国与各国的友好合作服务，为世界各国实现共同发展服务。

1949 年新中国成立后，当中国自身还面临很多困难的时候，中国就尽自己所能，积极援助其他发展中国家。例如，中国在 20 世纪 60 年代为反对南非种族隔离政策，无偿援助修建了 1800 公里的坦赞铁路。截至 2009 年年底，中国累计向 161 个国家、30 多个国际和区域组织提供了 2563 亿元人民币的援助，约合 390 亿美元，减免了 50 个重债穷国和最不发达国家的债务 380 笔，为发展中国家培训人员 12 万人次，累计派出 2.4 万名援外医疗队和近 1 万名援外教师。中国还承诺对所有同中国建交的最不发达国家 95% 的输华产品给予零关税待遇。而在过去两年里，中国向发展中国家提供的贷款已经超过了世界银行。同时，中国还积极参与联合国维和行动，累计向 30 项维和行动派出 2.1 万人次，是五个常任理事国中派出维和人员最多的国家。最近，联合国向中国驻黎巴嫩维和部队授予了"和平荣誉勋章"，表彰中国军人对维和事业的贡献。

总之，中国主张的和平发展，就是对内求和谐、求发展，对外求和平、求合作。再具体讲，中国主张和平发展的总目标，就是要实现国家现代化，使 13 亿中国人民能够共同富裕、彻底摆脱贫穷，过上有尊严的幸福生活。

最后，作为外交学院院长，我还想介绍一下，中国如何处理对外关系？

中国执行独立自主的和平外交政策，主张和包括美国在内的世界上所有国家在和平共处五项原则基础上发展友好合作关系。中国在对外关系中不以政治体制、意识形态和宗教取向的不同画线。同时，中国作为主权国家不容别国欺侮，不会牺牲国家的核心利益。

那么，什么是中国的核心利益？应当说，一是中国宪法所确定的国体、政体和政治制度的稳定大局不容破坏；二是中国的主权、安全、领土完整和国家统一不容侵犯；三是中国的经济社会可持续发展的基本保障不容损害。

对历史遗留问题，如领土、领海争端等，中国主张在平等基础上通过谈判与协商寻求和平解决，反对动辄使用武力和以武力相威胁。战争和对抗只会导致以暴制暴的恶性循环，对话和谈判是解决国际争端的唯一有效和可靠途径。历史告诉我们，人类再也承受不起新的世界大战的代价，大国全面冲突或对抗，只会造成两败俱伤。我们主张，对一时解决不了的国际问题，可以在"搁置争议、共同开发"的原则下留给后代去解决。

中国是负责任的国家，是国际体系正常运转的参与者、建设者和贡献者。中国无意挑战现有的国际体系。相反，中国积极参与国际事务，推动国际关系民主化，主张扩大发展中国家在国际事务的代表性和发言权，促进国际体系更加有效地应对各种全球性挑战。

今天，世界正处在大发展大变革大调整的新时期，国际与地区热点问题此起彼伏，国际金融危机的影响犹存，世界经济复苏缓慢，不确定、不稳定的因素增多，世界经济金融危机是否会二次探底的危险更加突出。

摆在中国人民面前的重要任务是，以科学发展观统领中国的和平发展，加快转变经济发展方式，扩大国内市场在经济中所占的比重，维护好中国的社会稳定和环境保护，使中国经济呈现出又好又快、可持续发展态势。这是一项极大的挑战，需要全体13亿人民继续发奋图强，谦虚谨慎，苦干实干加巧干，才能实现上述目标。

总之，和平发展之路是中国这个世界上最大的发展中国家探索并选择的一条新型发展道路，必将打破"国强必霸"的大国崛起传统模式。同时，这条道路的成功，既需要中国人民坚定不移的努力，也需要外部世界的理解和支持。虽然，今天的美国和中国一样也面临着困难和挑战，例如，经济增长乏力、失业率居高不下、财政赤字较大等。但作为世界最大的发达国家，美国经济实力雄厚，科技发达，各类人才众多。我们相信，美国一定能克服目前的困难，实现经济持续复苏，为世界经济向好做出贡献。

中国有句古话，"百闻不如一见"，希望在座的老师和同学们有机会到中国去看一看，用自己的眼光和判断力去了解和认识一个真实的中国。

我感到高兴的是，今天中国与世界的联系越来越紧密。中美关系正处在建交以来的最好时期之一，并远远超出了双边范畴，其正面的国际影响日益凸显。可以说，尽管中美历史文化、社会制度和发展水平不同，两国在许多问题上还存在着不少分歧和不同看法，但中美两国从未像今天这样拥有如此广泛的共同利益，中美合作关系从未达到像今天这样的广度和深度。

今年4月胡锦涛主席访美期间，美方明确表示欢迎一个强大、繁荣、成功和在国际事务中发挥更大作用的中国。访问后发表的《中美联合声明》表示，双方将共同努力，建设相互尊重、互利共赢的合作伙伴关系。双方签署了十余项政府和部门间协议，两国企业签署了450亿美元采购协议和31亿美元投资协议。奥巴马总统还提出"十万美国青年留学中国计划"。这是令人鼓舞的。

今年7月，我在中国看到一个很特别的电视节目，介绍美国收养中国残疾儿童家庭的故事。这些普通的美国人家庭平时让中国孩子学中文、让他们了解中国历史、文化，过中国节日。但他们觉得这样还不够，暑假又带着一共150名中国残疾儿童返回中国寻根，这些家长陪着孩子登长城、游故宫，一路上有的孩子还带着中英文字典，以便尽量多讲中文。这个真实的故事感动了我和许多中国人，也从一个侧面反映了美国人民的善良和中美人民之间的深厚友谊。

中美关系的历史证明，两国利益共存、优势互补，一个友好稳定的中美关系，不仅将造福两国人民，也有利于亚太地区的和平稳定与繁荣。

我认为，从长远看，决定中美关系未来发展的是两国的青年。我希望，两国青年之间应增加交流和接触，更多了解彼此国情和发展目标，不断增进相互信任和友谊，为促进中美关系更稳定和健康发展发挥积极作用。

我们两校都有为本国培养外交精英、追踪和研究国际问题人才的重要使命。我希望，我的访问能够进一步推动两校的务实合作和人员交流，为21世纪中美友谊与合作做出贡献。

（2011年9月27日　美国北卡罗来纳州罗利市）

"中国与东亚合作：现状、前景与对策" 研讨会讲话

  当今世界正处在一个大冲击、大调整、大思考、大变革的重要时期。世界多极化、经济全球化深入发展，区域合作方兴未艾，世界这几大趋势浩荡向前，不可逆转。当前，国际金融危机和气候变化两大挑战牵动着国际大势的发展。国际金融危机时间短、危害大。欧美资产缩水 50 万亿美元，新增穷人 9000 万。目前危机虽得到一定遏制，呈现出企稳回升势头，但世界经济复苏进程仍有许多不稳定因素。不能乐观估计和轻言退出应对举措。气候变化问题持续升温，正在哥本哈根举行的联合国气候大会，成为当前国际社会关注的焦点。总体来看，围绕金融危机和气候变化展开的国际各种力量间的较量，对国际格局的演变和力量对比的变化带来前所未有的冲击。可以说，今天国际形势变化之大、国际关系演变之快，对国际格局影响之深，几乎超出所有预测。历史将证明，2008～2009 年既是危机之年，也是革新之年。在这一场意义深远的国际博弈中，中国应对得当，软硬实力大幅提高，对国际事务的影响力进一步增强，话语权增大，得分较多，中国正在走进世界舞台的中心，面临着前所未有的更大机遇。

  在这样的国际背景下，我们很多知名学者和专家坐下来共同研讨中国与东亚关系具有十分重要的现实意义。东亚作为全球最具活力的地区之一，在全球政治、经济和安全事务中的影响力日益上升，有人说，"世界发展的重心正在东移"，虽然这一观点尚需冷静观察，但也并非完全空穴来风。今天的东亚占世界经济总量的 1/4，是世界上经济最活跃、增长最快、外汇储备最多的地区，特别是在国际金融危机弥漫全球之际，东亚已成为世界经济在低迷中发展的重要引擎和推动全球复苏的重要力量。世界银行 11 月 4 日发布《东亚与太平洋地区经济半年报》预计，东亚发展中国家 2009 年 GDP 实际增长将为 6.7%，大大领先全球其他地区。

  提及东亚合作，首先映入人们脑海的是 "10＋3" 与 "10＋1" 两大合作机制。经过近十年来的磨合，"10＋1"、"10＋3" 合作机制以经济合作为起点、为重点，正逐渐向政治、文化、安全等领域拓展，已形成多层次、宽领域、全方位合作的良

好局面，构成了以东盟为主导、"10＋3"机制为主渠道，构建东亚共同体为长远目标的开放式区域合作模式。中国赞成、支持东亚合作，并从一开始就积极参与东亚合作，为逐步推进和进一步深化东亚合作做出了重要贡献。例如，中国在2007年亚洲金融危机中没有以邻为壑，没有自扫门前雪，而是在困难中坚持稳定人民币汇率、资助东亚国家尽快走出危机。又如，从2004年开始，中国给予东盟某些国家部分商品零关税的优惠，并提供了数目可观的基础设施建设援助。在2009年举行的东盟与中国领导人会议上，中国与东盟签署了投资协议。中国—东盟自贸区将于明年1月1日如期启动，7000多种商品将零关税进入中国。可以预计，今后中国与东盟之间的区内贸易和消费还将大幅提升。这将造福东亚各国。

令人鼓舞的是，东亚经济合作范围还在不断扩大，合作领域不断拓宽，合作层次不断提升，合作目标不断深化，从全球范围看，合作使东亚整体的竞争力提高了，地区一体化的意识增强了，国际地位提升了，发展前景更加美好。面对这样一个蓬勃发展、充满活力的东亚，中国将坚定不移地继续支持东亚合作，努力实践"睦邻、安邻、富邻"的既定方针，这不仅符合我国确定的"周边是首要"的外交政策，而且有利于亚洲与世界的和平稳定与共同发展。

21世纪是亚洲的世纪，更是东亚的世纪。我们在为中国与东亚合作日益取得的成果感到鼓舞的同时，也要清楚地认识到：当前东亚合作还处于起步阶段，或叫初级阶段，前边的路还很长，需要克服的障碍和困难还很多。如何做好东亚合作的下一个十年，如何走好未来东亚合作的漫漫长路，是摆在我们面前应该认真加以思考和谋划的重大问题。今年七月召开的驻外使节会议对加强周边、稳定周边进行了讨论并提出了更高要求。会议认为，周边是我国利益最集中的地区，周边的内部稳定与对华友善是保障我国内发展的重要外部条件。我们要推动建立以中国为中心的亚洲公路、铁路、航空交通网络和通讯网络，使我国和东亚各国互联、互通，形成联系密切、快捷的区域合作网络。这是中国与东亚合作的一个大目标，也是经过努力可以实现的目标。令人高兴的是，国内职能部门和有关省份已经动了起来，北部湾经济合作区、湄公河区域合作等规划正在实施中，并获得东盟国家的积极响应。近日，韩国媒体正在热议修建连接我国和日本的海底隧道。日本鸠山新政府明确提出建立"东亚共同体"的建议。总体来看，未来东亚合作的前景看好。

我们外交学院一向重视研究东亚合作。2003年以来，外交学院以"东亚思想库网络"为平台，做了大量有关政策研究和内外交流方面的工作。"东亚思想库网络"是2002年"10＋3"领导人会议批准建立的，任务是整合东亚地区的学术力量，为推动东亚合作提供智力支撑。具体来说，就是要在东亚国家之间形成官、产、学三方的网络化联系和互动，共同研究东亚合作面临的重大问题，形成推动东亚区域一体化的战略性思路和具体的政策建议，并向"10＋3"领导人会议报告研究成果。为完成好这项工作，外交学院专门成立了"东亚研究中心"，负责处理"东亚思想库网络"的日常事务，并集中了外交学院各相关专业的专家教授和优秀中青年骨干教师以及国内相关单位的专家学者，对东亚合作的相关问题进行系统深入研究。经过几年的努力，现在"东亚思想库网络"已经基本成型，我们建立了包括年会、国家协调员会议和工作组会议在内的较为完善的工作机制，秦亚青教授是机制内代表中国的国家协调员，负责主持、协调相关工作。几年来，东亚思想库网络召开了近30次地区工作组研讨会，成为"10＋3"机制下最活跃和有实效的二轨机制，我们提交和呈报的有关政策建议得到了国内主管部门和"10＋3"领导人会议的肯定。

作为"东亚思想库网络"中方的总协调单位，外交学院今后将根据我国外交战略需要，积极整合政府、企业和学术界的资源，深入研究东亚合作和未来方向的战略问题。例如，外交学院东亚研究中心拟于近期启动有关东亚地区合作的系列研究工作，包括定期召开东亚区域合作研讨会，编纂和出版年度《东亚区域合作研究报告》和《东亚区域合作进展报告》等，旨在把握东亚合作的最新进展，分析东亚合作的发展趋势，提出切实可行的政策研究报告，为我国制定下一步地区战略和对策提供智力支持。

中国是东亚大家庭中的一员，也是东亚和平、合作与发展的积极参与者和建设者。中国的发展离不开东亚，东亚的发展也需要中国。中国公开宣布奉行"与邻为善、以邻为伴"的周边外交方针，致力于发展同东亚国家全方位的友好合作关系，共同营造和平安宁的地区环境，促进整个东亚地区的共同发展。为此，我们应当集中各方面力量，调动各研究机构和诸多专家学者的积极性，进一步加强中国与东亚合作的相关研究，从各个角度深入探讨如何全面提升同东亚地区国家的关系，发挥我国独特的建设性作用？如何统筹国内经济社会发展与扩大与东亚的区域合作？如何更加主动积极参与制定东亚合作的议程、规则和机制建设？说到底是如何更好地赢得推动东亚合作的话语权，将我国日益增长的综合国力转化为国际影响力和制度化权力。而首要目标是在东亚合作框架内实现这一目标，从而使中国在政治上更有影响力、经济上更有竞争力、形象上更有亲和力、道义上更有感召力。

2010年即将到来，东亚合作面临着新的发展机遇。同时，我们也应当清醒地认识到，东亚合作还有很多难题与挑战。例如，我周边形势中的复杂和不稳定的一面仍在发展。不少东亚国家政治安全局势动荡，还有一些热点问题存在不确定性和失控危险。如何消除东亚、特别是东盟国家对中国快速崛起的疑虑和担忧？如何在区域合作中处理好与区域外大国的关系、特别是如何妥善处理好东亚合作同印、巴、澳、新及美、欧、俄等的关系？如何长期维持东盟在区域合作中的主导地位？解决这些问题政策性强，难度大，很不容易，更需要时间和实践。我希望，我们举办的本次研讨会能够在推动东亚合作研究、加强官方与学界沟通、更好地应对"后危机时代"以及为政府提供决策参考等方面发挥重要智库作用。

（2009 年 12 月 11 日　北京）

"东亚思想库网络金融合作会议"讲话

首先，请允许我代表本次会议的主办方——中国外交学院向前来参会的东盟国家、东盟秘书处、日本、韩国以及中国国内的专家学者表示欢迎和感谢。

本次会议的主题是"后危机时代的东亚金融合作"，我认为这次会议围绕这样一个主题展开讨论是很及时、很有必要的。因为金融危机爆发以来，全球形势发生了既复杂又深刻的急剧变化，出现了许多新问题、新困难、新反思。可以说，今天东亚金融合作面临着新的挑战和难得机遇，需要我们抓住时机，认真研究，提出切实可行的对策建议。

有人说，发端于美国的国际金融危机超出了金融和经济的范畴，促使世界进入了大调整、大转折和大变革的新时期。的确，从历史上看，大危机往往带来国际力量对比和国际格局的变化。今天美国和欧洲的综合实力相对有所削弱，特别是在经济、金融领域的影响力呈现下降趋势。最近希腊出现主权债务危机，也可能导致欧洲金融危机出现反弹。而与此同时，发展中的新兴大国出现群体性崛起之势，这两大趋势同时出现，是世界近代史上从未有过的现象。2009 年"金砖四国"对世界经济增长的贡献率超过了 50%，中国、印尼、韩国和新加坡四个亚洲经济体的GDP 平均年增长率在全球居领先地位。特别令人高兴的是，东亚各国在整体上保持着较强的经济活力，与新兴大国一道成为推动世界经济复苏的重要拉动力量。放眼世界，国际经济金融体系正进入一个改革期，或开始转型期。无疑，这是值得欢迎和肯定的发展趋势。

我认为，在这种新的形势下，东亚地区一体化进程应当继续保持向前推进的良好势头，力争使各领域、各层次的合作得到更好的推进和拓展，这完全符合东亚各国关于建设东亚共同体的共识，符合本地区的长远利益。为此，我们应继续大力推动东亚经济金融合作实现新的突破，进一步提升在能源、粮食安全领域的紧密合作，特别是不断拓展二轨道的务实合作，以利于东亚一体化不断深入发展。

值得称赞的是，2009 年以来，东亚金融合作取得了重大进展。一是清迈倡议多边化进程取得重大突破，东亚区域外汇储备库成功建立；二是建立了信用担保与投资机制，推动亚洲债券市场取得新进展；三是中日韩三国之间的金融合作与协调得到增强；与此同时，东亚区内双边金融合作也有新进展。上述合作成果对保持东亚金融体系相对稳定，推动东亚经济企稳回升发挥了重要作用。总体来看，后危机时代，东亚金融合作的机遇大于挑战，各国合作潜力巨大，前景光明。

面对这一形势，东亚思想库网络责任十分重大，使命非常光荣。东亚思想库网络是由东亚 13 国政府共同认可的第一个东亚学术联合研究合作机制，旨在推进联合研究东亚各领域的合作，为"10＋3"领导人建言献策，提供智力支撑。令人高兴的是，自 2005 年启动工作组机制以来，每年提交"10＋3"领导人会议的政策建议报告均得到各国领导的高度赞扬。去年"10＋3"领导人会议发表的主席声明，还特别肯定了东亚思想库网络的工作成绩，明确要求相关一轨认真研究东亚思想库网络的政策建议。这是对我们东亚思想库网络工作的充分肯定和极大激励。

中国外交学院 2003 年成为东亚思想库网络中国国家协调单位。在中国外交部的支持下，我们集合了学院中青年研究骨干，组建了东亚研究中心，专项从事东亚地区合作研究，并负责国内东亚合作研究的协调工作。自 2005 年以来，我院已经成功举办了 5 届东亚金融合作会议，紧跟地区金融合作形势，不断提出切实可行的政策建议，研究成果也得到了一轨的认可。

今天，我们非常高兴东亚金融领域的知名专家学者，如亚洲开发银行研究院院长和合正弘先生、菲律宾发展研究院院长约瑟夫·亚普先生、中国国务院发展研究中心对外经济研究部部长赵晋平先生，及东盟各成员国的知名专家学者出席今天的会议。我希望并相信，在大家的共同努力下，本次会议一定会为东亚经济和金融的稳定发展和各成员国的社会进步与繁荣做出贡献！

（2010 年 5 月 21 日　北京）

"东亚思想库网络贸易投资工作组会议"讲话

  本次会议的主题是"后金融危机时期东亚贸易投资便利化合作"。我认为,这个主题在当前很有现实意义和紧迫性。

  发端于美国的国际金融危机超出了金融和经济的范畴,在更广的领域内对世界各国、包括对中国造成很大冲击,同时也在更深层次上促使各国反省与思考如何改革现有的国际经济结构与世界经济的增长方式,以避免重蹈覆辙。在这种世界经济大动荡、大反思、大调整、大变革的时期,东亚各国面临着进一步加强战略合作与区域整合的重要使命和良好机遇。

  尽管仍存在许多不确定和不稳定因素,例如,欧元区经济受到希腊等国经济不振的很大拖累和影响,前景还要看。但世界经济总体上正处在企稳回升的复苏过程中。值得欣慰的是,当前东亚在整体上保持着相对较强的经济活力,特别是中国、印尼、韩国和新加坡等国的年增长率在全球居领先地位,成为后金融危机时期世界经济复苏的拉动力量。也因此,东亚在国际经济体系呼唤调整和变革之时,其在全球经济治理中的作用和影响正在上升。与此同时,也是我们更应关注的一点,即:在世界经济结构深刻调整中,东亚也同样面临转变经济增长方式等深层次的重大挑战。这也是今年中国政府为自己制定的一项最重要任务。我想,这是中国在经历世界重大金融经济危机之后,所总结出的一条重要经验和教训。对东亚而言,应对后危机时代各种挑战的最有效办法,应是进一步加强东亚区域内各国间的联合自强、互助互利、协同发展。

  我认为,进一步加强加深东亚区域合作完全符合世界发展潮流,也具备许多有利条件。我们高兴地看到,2009 年以来,东亚经济合作取得了许多新的成果。例如,东亚外汇储备库成功建立;东盟与中、韩、日三个"10＋1"自贸区分别顺利实施或即将建成;亚洲债券市场的信用担保与投资机得以确立,等等。所有这些成果反映了东亚合作势在必行、行之有效、完全符合各方利益。

  但是,目前东亚自贸区合作一分为三,毕竟是一种欠缺和遗憾。如果我们能实现整体性的东亚自贸区，则对拉动东亚区内需求、完成区域经济增长转变、实现后危机时期的东亚共同发展、特别是实现东亚区域内贸易与投资的便利化和一体化，具有不言而喻的重大意义。我想，今天的会议是个很好的时机，我们建议，是否可就这个话题展开深入透彻的探讨。

作为外交学院院长，我对东亚思想库网络委托我院在这个工作组中牵头就东亚合作的重要问题开展研究感到荣幸。我院自2003年担任东亚思想库网络中国协调单位以来，连续六年认领东亚金融和东亚投资工作组，使越来越多的中国专家、学者参与到东亚思想库网络的各项工作中，东亚合作研究议题在中国得到了广泛关注。

近几年来，东亚思想库网络向"10＋3"领导人会议提交的政策建议报告得到了各国领导的好评。去年"10＋3"领导人发表主席声明，其中肯定了东亚思想库网络的工作成绩，明确要求相关一轨认真研究东亚思想库网络的政策建议。这是对东亚思想库网络工作的极大支持，也是对各国家协调单位的鼓励。

今天，我们非常高兴地看到各国知名专家学者踊跃出席本次会议，如日本国际经济交流财团主席畠山襄先生、马来西亚战略与国际问题研究所所长马哈尼女士、东亚思想库网络印尼国家协调员特塔先生，在座的有不少是我院的老朋友。我希望并相信，在大家的共同努力下，本次会议一定会为东亚经济协调发展以及各成员国的社会进步与繁荣做出贡献！

(2010 年 6 月 25 日　北京)

"中日韩合作与威海蓝色产业论坛"
开幕式讲话

2005年和2006年，外交学院和中国国际关系学会曾经在威海举办过两届"东亚投资论坛"，取得了很好成效。回顾前两次威海"东亚投资论坛"以来的东亚合作形势，我们高兴地看到，东亚合作取得了实质性进展，尤其是中日韩合作呈现全方位展开、加速推进之势，并取得重要进展。可以说，中日韩合作对未来全亚洲合作的影响正日趋增大。对中国而言，积极参与并有效推进中日韩合作，具有十分重大和深远意义。

大家都知道，推动中日韩合作的主要动力是中日韩领导人会议。这一三国领导人会议机制启动于1999年。直到2007年，这一会议机制均在"10+3"领导人会议的间隙举行。而2008年12月，中日韩领导人会议首次在"10+3"框架之外独立举办，这是中日韩合作进入新时期新阶段的一个重要标志。之后，2009年10月和今年5月又分别举办了第二和第三届中日韩领导人单独会议，对推进和拓宽中日韩合作发挥了重大作用。表现在：迄今中日韩三国已建立外交、科技、信息通信、财政、人力资源、环保、运输及物流、经贸、文化、卫生、央行、海关、知识产权、旅游、地震、灾害管理等16个部长级会议机制，极大促进了中日韩之间全面经贸科技和人文关系的快速发展。今年上半年，中日韩三边贸易额达到了2776.54亿美元，比上年同期增长40.2%。今年全年三国的互访人数将达到1700万人。

总体来看，中日韩合作的深化，对东亚合作乃至全球格局影响重大。目前，中日韩三国经济实力均排在全球前20位，三国总体经济实力之和已与北美自贸区和欧盟相近。按国际货币基金组织预测，到2015年中日韩的总体经济实力将会超过美欧两大经济体。无疑，这将对全球政治经济格局产生深广影响。首先是有利于进一步提升东亚区域合作在全球中的地位，推动"10+3"合作向着更深更广更高的方向发展，特别是还将带动东北亚合作向前发展，从而使亚洲区域合作更加均衡发展。而这一形势也将有利于进一步优化中国的对外开放格局，深化中国与周边国家的经贸与人文合作关系。

目前，日本和韩国已是中国最大最重要的经贸伙伴。今年头 8 个月，中国对日韩两国贸易已达 3196 亿美元，占中国外贸总额的 17%，其比重超过了欧盟和美国，这意味着日韩相加已成为中国第一大经贸伙伴。这进一步体现了中日韩关系的重要性。当然，也应看到，中日韩关系中还存在着一些不确定、不稳定和不协调的因素，并有可能干扰和阻碍中日韩合作的健康稳定发展。近一时期中日在这方面出现的问题尤显突出。鉴于中日韩是近邻，在历史、安全、意识形态等问题上有不同看法，甚至出现争议和摩擦，也是正常的。我们希望各方能以大局为重，互相尊重、求同存异、互利互惠，继续排除干扰，努力发展中日韩友好互惠合作关系。这不但符合三国的根本利益，而且也有利于亚洲与世界的繁荣与稳定。

党的十七届五中全会刚刚开过，制定并执行好"十二五"规划是党和国家的中心工作。我们将继续坚定不移地深化改革，扩大对外开放，认真贯彻执行"十二五"规定的国民经济与社会发展的战略目标，包括继续坚定不移地积极参与和推进东亚区域合作，不断推进中日韩友好互利合作。

威海地处山东半岛之端，在中日韩合作中具有独特的地缘优势。去年，威海对韩日两国的出口占威海出口总额的 44.2%。同时，韩日也是威海外资的重要来源国。因此，进一步巩固和加强中日韩合作对威海的发展至关重要。这也是为什么我们要选择此时此地举办此次论坛的主要考虑。我们衷心希望这次研讨会能为继续推动中日韩合作建言献策，能为威海科学制定"十二五"规划、促进威海经济社会平稳较快发展做出贡献，也为威海企业能够抓住中日韩合作持续发展的历史机遇发展自己、壮大自己深入交换意见。

外交学院是外交部所属唯一一所高等学府，除承担正常的教学任务外，我院还承担着在国际上开展二轨交流，向中央和外交部提供外交决策的调研和智库咨询任务，当然也包括向国家提供有关东亚、东北亚区域合作的政策咨询。例如，"10 + 3"领导人会议确定的 17 项中期合作项目之一——东亚思想库网络（NEAT）的中方秘书处就设在外交学院，我们每年都要在我院举办两次由东亚 13 国学者参加的国际研讨会，并将研讨会在如何推进东亚合作方面提出的看法和建议直接报送"10 + 3"领导人会议。此外，中国东亚合作专家咨询小组的七名成员中有两名选自我院。年前，我院将安排国内著名专家学者在雅加达举办研讨培训班，向东盟秘书处、东盟各国外交官和其他国家驻印尼外交官介绍中国改革开放与经济社会发展的最新情况。

借此机会，我愿重申，外交学院和中国国际关系学会将一如既往、愿和威海市委、市政府及全国的专家学者携手合作，共同努力，为进一步推动中日韩合作持续发展做出贡献！衷心祝愿威海人民紧紧抓住、抓紧、抓牢中日韩及东北亚合作的历史机遇，努力发展威海的蓝色海洋经济和绿色环保经济，让来到威海的人都深深体验并认同"走遍四海，还是威海"这句名言。

（2010 年 10 月 31 日　山东省威海市）

访问东盟秘书处雅加达总部的讲话

第一次来到美丽的雅加达，与东盟秘书处的朋友们一道聚会，我感到非常高兴。

当我在中国驻法国大使馆工作时，我见证了欧洲一体化的历史性发展。现在在雅加达，我感觉正在亲身参与和见证亚洲特别是东亚团结与合作的历史进程。

东盟共同体预定将于 2015 年建成，这将是东盟一体化进程的重大成就，它标志着东盟十国合作的广度和深度将实现巨大的跨越。

这一前景不仅是东盟大家庭令人鼓舞的大事，也必将为东亚乃至未来亚洲一体化进程注入新的活力与动力。这是今天我来到推动上述理想和目标成为现实或终将成为现实的东盟秘书处的第一感受。

我们高兴地看到，随着东盟一体化的不断深入，中国—东盟（10＋1）合作也取得了令人鼓舞的新进展。今年是中国—东盟自贸区全面实施的开局之年，双方贸易额快速升高，1 月至 10 月，中国东盟进出口贸易总额达 2354 亿美元，同比增长42％。中国已成为东盟第一大贸易伙伴。这充分表明，中国东盟"10＋1"合作充满生机和活力，这为我们双方各自的更好更快发展提供了更广阔空间。

今天，中国和东盟关系已经站在新的历史起点上，双方合作面临新的挑战和新的目标。重要的是，只有不断努力，去实现新的跨越，才能更加深我们对彼此的了解和充分发挥双方的巨大发展潜力。

为此，我们应继续深化政治互信，建立更加密切的中国东盟在各领域的友好合作关系。可以肯定的是，我们的合作越往前走，中国和东盟之间的共同利益就越大，共同需求就越多，命运共同体就越紧密。中方愿意继续为此而不断努力。

我们始终不渝地视东盟为平等可靠的战略合作伙伴，支持东盟在区域合作中的主导地位。

中国愿在既有基础上，为东盟的可持续发展提供更多的有利条件，目标是争取互利共赢，谋求共同发展。任何好的合作只有符合双方的长远利益和实际需要，才是可持续的。

我认为，中国与东盟近年来在互联互通领域的合作是一个很好的例证。当中方了解到，互联互通是东盟共同休建设的重点后，主动调整了与东盟的合作规划，提出了一系列促进东亚基础设施发展的倡议，还设立了规模为 100 亿美元的"中国—东盟投资合作基金"，用于双方基础设施、能源资源、信息通信等领域的重大投资合作项目；中方承诺在 3～5 年内向东盟国家提供 150 亿美元的信贷；向东盟欠发达国家提供 2.7 亿元人民币特别援助；宣布将 150 亿美元信贷中的优惠性质贷款从 17 亿美元提高到 67 亿美元，并加大对中国与东盟基础设施建设合作的支持力度；加快 GMS 框架下缺失的交通连接的建设，等等。这些积极措施有力地支持了东盟国家的互联互通计划，也使双方合作得到进一步深化。

目前，为加强与东盟的沟通，中国正积极考虑设立常驻东盟机构。作为第一步，将在中国驻印尼使馆设立"东盟事务办公室"。此外，中国还加大了与东盟人员交流合作。中国向东盟基金提供 10 万美元，资助双边民间文化交流；中国启动了"双 10 万学生流动计划"，即到 2020 年实现东盟来华留学生和中国到东盟的留学生要达到 10 万人；未来 5 年，中国还将向东亚峰会中的发展中国家增加 2000 个政府奖学金和 200 个公共管理硕士奖学金名额。这是中国为推动双边合作主动承担的义务。

作为中国外交部唯一直属院校，外交学院愿尽自己的努力，推动中国与东盟之间的有效沟通与合作。我们深知人才培养是中国东盟合作的关键要组之一。早在 1999 年，外交学院就曾为东盟区域论坛国家外交官组织过中国安全政策培训班。2009 年和 2010 年，外交学院组织了两届东盟外交官培训班。

今天，我们又组织专家学者来东盟秘书处就中国东盟政策、发展道路和经济状况进行讲座。我们希望这些培训活动能为东盟各国外交官和东盟秘书处官员提供了解中国外交、经济、历史与文化情况的良好机会。

中国东盟合作给双方人民带来了福祉。中国与东盟国家山水相连，我们把东盟国家始终视为可以信赖的好邻居、好兄弟、好朋友、好伙伴，中国将一如既往地同东盟在相互尊重、平等相待、睦邻友好、互利合作的基础上发展睦邻友好合作关系。相信在双方的共同努力下，中国东盟关系一定会有新的更大发展。

(2010 年 11 月 26 日　印尼雅加达)

"中国—东盟互联互通战略"研讨会
开幕式致辞

东盟互联互通战略研讨会是外交学院与广西国际博览局共同举办的一次旨在促进东亚区域合作的盛会。20 年前，钱其琛国务委员兼外长应邀出席第 24 届东盟部长会议，从此开启了中国—东盟、或者说"10 + 1"的历史性对话与战略性合作的重大进程。

在纪念中国与东盟建立对话关系 20 周年之际，我们高兴地看到，双方的合作关系已进入令人鼓舞的新阶段。其重要标志是，中国—东盟自由贸易区去年成功启动，充分体现了双方建立更紧密合作关系的政治意愿。

2010 年，中国—东盟双边贸易额达 2927.8 亿美元，贸易规模较 20 年前扩大了 37 倍。这是多么大的进步！今年上半年，双边贸易额又同比增长 25%，达到 1711.2 亿美元。中国已成为东盟第一大贸易伙伴，东盟也超越日本、成为中国第三大贸易伙伴、仅次于美国和欧盟。

在这一新的形势下，去年温家宝总理在中国—东盟领导人会议上又倡议，双方建设中国与东盟互联互通网络，这是进一步深化中国—东盟全面合作关系的又一重要目标。

毫无疑问，要想中国与东盟区域经贸合作有更大发展，十分需要有一个涵盖交通、能源、信息等基础设施互联互通网络的强力支撑。特别是，在全球经济金融形势持续动荡、欧美等发达国家正面临债务危机困扰的背景下，促进本地区基础设施网络互联互通是推进区域经济一体化的必要条件，也是东亚国家发掘区内经济增长动力，通过扩大区内贸易与投资增长来摆脱对欧美市场的依赖，更好发展区内经济的现实需要。

值得高兴的是，2010 年 10 月第十七届东盟首脑会议通过了《东盟互联互通总体规划》，这是关系到 2015 年东盟共同体能否建成的重大而又明智的举措。

中国为支持东盟的互联互通建设，已经向东盟提供了 150 亿美元的信贷，并建立了总额为 100 亿美元的中国—东盟投资合作基金，用于桥梁、道路、电站和港口等基础设施建设。毫无疑问，这对打通和构建中国—东盟互联互通网络具有重要意义。

中国—东盟互联互通网络建设正处在一个关键时刻，如何尽善尽美地实现这一重要规划，应当是我们本次研讨会认真思考和务实讨论的重心。我们的研讨应是大概念下的互联互通，既包括物质上的互联互通，也应包括双方官、产、学人员之间思想上的互联互通。

外交学院作为外交部唯一的直属高校，不仅是培养中国外交官的摇篮，也是开展以外交外事为中心的国际教培合作、学术交流和政策研讨的积极参与者。

长期以来，中国外交学院与东盟国家的相关机构建立了密切的合作关系。自2003 年以来，作为中国东亚研究思想库的协调单位，外交学院一直积极参与东亚 "10＋3" 合作框架下最重要的二轨道机制之一东亚思想库网络的工作，与东盟 10 国的重要思想库一起密切合作，为推动东亚合作出谋划策；外交学院还是 "10＋3" 外交学院院长会议机制的创始成员，并两次主办 "10＋3" 外交学院院长会议，与东盟十国外交学院或外交培训中心开展交流与合作。

近年来，在外交学院所招收的留学生中，东盟学员一直占相当大的比例。外交学院所承担的面向东盟国家的培训也日益增多，来自东盟各国的学员通过在外交学院的培训加深了对中国的了解、增进了彼此的亲近与认同。

可以说，外交学院是促进和加深中国与东盟国家全面合作关系的坚定支持者。

东盟正在全力建设共同体，中国也在全力建设小康社会。实现可持续发展是我们的共同目标，建立中国—东盟全面战略合作伙伴关系完全符合双方的共同利益。

本着这一信念，我衷心希望本次研讨会能够展开热烈讨论，并提出富有建设性、前瞻性和可行性的政策建议。

（2011 年 8 月 23 日　广西南宁）

"东亚思想库网络（NEAT）国家协调员会议"晚宴讲话

今天的会议开得非常成功，大家充分交流了意见，达成了一些重要成果。今年是东亚"10+3"合作15周年。作为起步最早、机制建设最完善、合作领域最多、成果最显著的地区合作机制，"10+3"在东亚合作中发挥着主渠道作用，其地位也得到各国的普遍认可。目前，"10+3"合作继续保持发展势头，呈现出多领域、多层次共同推进的良好局面。

东亚思想库网络自2003年正式成立以来，一直是"10+3"合作进程的积极参与者和推动者。在各国的共同努力下，其政策建议报告越来越受到东亚各国领导人的重视，东亚思想库网络自身也成为"10+3"框架下最活跃、最具实效和影响力的二轨机制，为官方谋划未来地区合作蓝图提供了日益重要的智力支撑作用。

今年中方担任东亚思想库网络主席国，外交学院作为东亚思想库网络的中方协调单位，将主办一系列活动。对此，我既感到十分荣幸，又感到责任重大。我们将会加倍努力，办好各项活动，为推动东亚合作的发展贡献力量。

东亚合作一路走来，成果来之不易，我们应倍加珍惜。总结过去，展望未来，我们更应厘清和创新思路，未雨绸缪，不断推动东亚合作向前发展。在此，我愿意与各位分享我对于进一步推动东亚地区合作的几点想法。

第一，东亚合作应继续坚持东盟主导。我们相信，东盟能把握好区域合作的前进方向，维护东亚国家的共同利益，维护东亚国家通过多年努力赢得的良好合作局面。

第二，继续维护"10+3"机制的主渠道地位，同时尊重和支持地区架构和机制的多样性发展。东亚多种区域合作机制并行发展，各有所长，都为促进地区的和平、稳定与繁荣发挥着积极作用。

第三，东亚合作应坚持开放包容。多年来，中国在地区合作中一直坚持开放包容的原则。中方尊重域外国家在东亚地区的正当利益，欢迎有关各方在东亚事务中发挥建设性作用，共同促进东亚地区和平、互信、合作。

第四，东亚各国的首要任务仍是发展。我们应以共同发展为目标，继续大力推动各领域的务实合作。不断加强财金领域合作、加快启动东亚自贸区建设、加大对东亚互联互通建设的投入，与此同时，促进地区经济发展方式转变和可持续发展。

第五，加强政治安全合作，增进东亚各国之间互信。过去十多年的东亚合作主要以经济合作和功能领域合作为先导。最近这两年的地区形势使我们感受到，提升地区各国之间的政治互信对于深化地区一体化进程至关重要。未来，NEAT 作为"10＋3"框架下的重要二轨，可以在推动相关政治安全对话与合作、增进政治互信方面发挥积极作用。

最后，进一步加大对东亚思想库网络的投入，一方面我们要搞好各种功能领域的政策研究，另一方面要加强思想库网络自身的建设，比如加强与一轨的联系，建立与区内外其他二轨机制之间的交流机制等等。相信通过我们的共同努力，东亚思想库网络一定会取得更大的成绩，东亚地区合作一定有着更加美好的前景。

（2012 年 4 月 12 日　钓鱼台国宾馆）

中国—东盟思想库网络启动大会致辞

今天，我们十分高兴在钓鱼台大酒店召开构建中国—东盟命运共同体研讨会暨中国—东盟思想库网络启动大会，这是中国与东盟之间增进了解与加强合作的会议。

2003年，中国和东盟签署了具有重要历史意义的《面向和平与繁荣的战略伙伴关系联合宣言》。我们高兴地看到，当前中国与东盟在政治上友好交往，互尊互信；在经贸上合作紧密，成果丰硕；在文化上了解加深，认同增强。可以说，中国—东盟签署战略伙伴关系，不但大大加速了双方的共同繁荣，而且也推动了整个亚太地区的和平稳定与繁荣发展。

今年是中国与东盟战略伙伴关系定格"黄金十年"后的第一年，我们有理由期盼未来的十年应当是更加美好辉煌的"钻石十年"。

中国国家主席习近平去年十月在印尼提出了建设中国—东盟命运共同体的倡议。与此同时，李克强总理也在文莱第16次中国与东盟领导人会议上阐述了中国—东盟命运共同体"2+7"的战略设想。

"2"是指强化两点共识：一是推进合作的根本在深化战略互信，拓展睦邻友好；二是深化合作的关键在于聚焦经济发展，扩大互利共赢。

"7"的内容是：探讨签署中国—东盟睦邻友好合作条约、启动中国—东盟自贸区升级版谈判、加快互联互通基础设施建设、加强本地区金融合作和风险防范等七个领域的合作设想。

概括地说，这个"2+7合作框架"是中方对未来建设和落实中国—东盟命运共同体的具体政策宣示。

说到底，建设中国—东盟命运共同体就是要讲信修睦、合作共赢，使双方真正成为兴衰相伴、安危与共、同舟共济的好邻居、好朋友、好伙伴。

很显然，构建双方命运共同体将有利于维护双方自身的安全，或者说是以体系思维的方式制定地区安全的规则，确保地区的全面安全、共同安全和可持续安全；而构建双方命运共同体的核心是，各方共同参与区域经济一体化、实现合作发展、互利共赢；同时，命运共同体还意味着双方在文化方面的平等互信和包容互鉴。

总之，习主席关于命运共同体的倡议，为提升中国与东盟战略伙伴关系描绘了远景目标和美好蓝图。我们深信，这一蓝图完全符合中国与东盟的根本利益和长远发展。

今天，我们站在亚洲、放眼世界，可以看到，在欧洲、美洲和非洲都有构建区域一体化或政治共同体的不同规划或行动，并且有的已经取得了很大进展和成功。今天我们坐在一起，共同议论如何构建中国与东盟命运共同体时，不仅要总结成绩，看到光明，更要正视目前存在的困难、问题和挑战，应以坦诚、务实和创新的态度，认真探讨如何从政治安全、经济繁荣和人文交流三大领域推进中国—东盟命运共同体建设。毫无疑问，这是一件大事和好事，完全符合亚洲和世界历史发展的潮流。

外交学院长期以来与东盟各国的智库建立了友好合作关系。2003 年以来，我院作为东亚思想库网络的中方协调单位，一直积极参与"10＋3"合作框架下的东亚思想库网络工作，与框架内的许多智库和学者开展了卓有成效的联合研究，并每年向"10＋3"领导人提交年度政策建议报告，为推进东亚合作进程做出了应有的贡献。

去年，受政府委托，我院又承担了"10＋1"、即中国—东盟思想库网络的中方协调人工作。我院一方面联手国内知名智库和学者，就中国—东盟关系发展中的重大问题开展调研，另一方面也与东盟 10 国智库加强沟通与联络，为争取在今年内启动"10＋1"思想库网络做前期准备。

令我们十分高兴的是，今天的会议将确定正式启动中国—东盟、即"10＋1"思想库网络机制化活动。这是中国与东盟战略伙伴关系新的组成部分。我院将一如既往，积极发挥二轨对话的职能和责任，为扩大中国与东盟在各方面的共识和进一步深化双方战略合作伙伴关系而努力工作。

本着这一信念，我衷心希望代表们在本次会议上畅所欲言、深入探讨，提出有建设性、前瞻性和可行性的政策建议，以利于实现中国—东盟命运共同体的伟大理想和战略目标。

（2014 年 7 月 4 日　钓鱼台大酒店）

挑战之年　机遇之年　进取之年

——《中国经济外交年度报告：2009》序

2009 年是极不平凡的一年。中国经济既面临严峻挑战，也相逢难得机遇。呈现在读者面前的这本《中国经济外交年度报告：2010》，即展现出这一年的中国经济外交如何在党中央、国务院的英明决策和正确领导下，有关各方紧密合作、共同努力，使中国经济外交从容应对挑战，积极开拓进取，取得了举世瞩目的成效。

一、2009 年是中国经济外交的挑战之年。全球金融危机和经济衰退的进一步深化，导致国际经贸环境急剧恶化，给中国经济外交带来了严峻的挑战。

2007 年夏爆发的美国次贷危机到 2008 年夏开始演化为一场严重的全球金融危机和经济衰退。2009 年的世界经济依旧是在危机和衰退中度过的，且有多项重要指标都创了 20 世纪 30 年代大萧条以来的最坏纪录。尤其是出现了战后最严重的负增长。据国际货币基金组织最新测算，2009 年全球实际 GDP 增长率为 -0.8%，比上年下滑 3.8 个百分点之多。其中发达经济体的衰退更加严重，美国的实际 GDP 增长率为 -3.2%，日本为 -5.3%，英国为 -4.8%，欧元区为 -3.9%，发达经济体平均为 -3.2%。新兴市场和发展中经济体的经济增长也受到严重冲击，不少经济体出现了严重负增长，如俄罗斯的实际 GDP 增长率为 -9.0%，墨西哥为 -6.8%，新兴市场和发展中经济体整体为 2.1%，比上年下滑了 4 个百分点。[①]

经济衰退导致国际经济环境急剧恶化，从多层面对 2009 年的中国经济外交提出了严峻挑战。首先是，国际市场大幅萎缩与贸易保护主义抬头带来的挑战。2009 年世界贸易在 2008 年增速已经明显放慢的条件下，又出现了 12.3% 的负增长，其中发达经济体出口为 -12.1%，进口为 -12.2%，新兴市场和发展中经济体分别为 -11.7% 和 -13.5%。在全球贸易急剧萎缩的条件下，许多国家、特别是与中国贸易关系密切的国家为保护本国市场、产业和企业，出台了一系列贸易保护主义措施，对国际贸易的有序开展造成了严重干扰，对中国的对外贸易造成巨大冲击，许

---

① 国际货币基金组织官方网站：《世界经济展望》，2010 年 1 月号，第 2 页，http://www.imf.org/external/chinese/pubs/ft/weo/2010/update/01/pdf/0110c.pdf，2010 年 3 月 4 日登录。

多国家推出的贸易保护措施某种程度上是针对中国的，中国越来越成为危机背景下全球贸易保护主义的最大受害国。受此影响，中国对外贸易遇到了近些年来最严重威胁和挑战。2009 年 1～6 月，中国外贸增长率降至 -23.5%，其中进口增长率为 -25.4%，出口增长率为 -25.4%。①

其次是，国际投资剧烈波动和引资竞争急速加剧带来很大压力。衰退导致国际市场前景看淡，投资盈利预期恶化，致使国际直接投资出现剧烈波动。国际直接投资从 2004 年起进入新一轮增长周期，之后以年均 34.7% 的速度增长，2007 年达到创纪录的 19788 亿美元。但到 2008 年，伴随全球金融危机和经济衰退的深化，开始大幅萎缩，减少至 16974 亿美元，比 2007 年下降了 14.2%。2009 年萎缩态势更加严重，据联合国贸发会议估计将比 2008 年减少 29%，萎缩至 1.2 万亿美元。②国际投资剧烈波动导致引资竞争加剧，许多国家或出台产业回归政策，或加大引资政策力度，都不同程度地给中国引进外资带来严重困难。2009 年 1～6 月，中国引进外商直接投资项目数同比减少了 28.36%，实际使用金额同比减少了 17.9%。③

再次是，国际金融剧烈动荡和汇率调整压力增大带来冲击。此次全球经济衰退首先发端于金融领域，金融系统受害也最为严重。其主要表现是金融机构大面积亏损甚至破产倒闭、全球股市暴跌和汇市剧烈波动。如在 2009 年 3 月，美国道琼斯指数一度跌至 7235.46 美元，比一年前下跌了 41.7%；日本日经 225 平均股价一度跌至 7772.82 日元，比一年前下跌了 39.2%；欧元区综合指数一度跌至 1993.93 点，比一年前下跌了 44.4%；英国 FT100 指数一度跌至 3760.23 点，比一年前下跌了 33.6%；香港恒生指数一度跌至 12794.95 点，比一年前下跌了 43.0%。④ 而汇市波动主要表现为美元对其他主要货币大幅贬值，从而严重干扰了国际贸易和投资活动的正常开展。2009 年 3 月到 11 月美元对英镑贬值了 14.5%，2 月到 11 月对欧元贬值了 14.1%。⑤ 美元大幅度贬值对中国经济外交带来的挑战，一是如何妥善管理手中的巨额美元储备，尤其是如何管理所持巨额美国国债；二是如何应对来自国际社会，尤其是来自美国的对人民币升值的压力。

最后，金融危机和经济衰退的深化还导致了国际经济环境的恶化，也对中国经济外交形成很大压力，如穷国经济更加困难，国际援助需求增大，一些国家要求中国承担超出中国实际能力的更大的国际责任。再如围绕 2009 年年底召开的哥本哈

---

① 中国商务部官方网站：进出口统计，http：//zhs. mofcom. gov. cn/aarticle/Nocategory/200907/20090706 396877. html，2010 年 3 月 4 日登录。

② 联合国贸易与发展会议：《世界投资报告》，2009 年。转引自商务部官方网站：http：//fdi. gov. cn/ pub/FDI/wzyj/yjbg/sjtzbg/sjtzbg2009/t20090921_112192. htm，2010 年 2 月 20 日登录。

③ 中国商务部官方网站：中国投资指南，http：//www. fdi. gov. cn/pub/FDI/wztj/wstztj/lywztj/t20090715_ 108481. htm，2010 年 2 月 20 日登录。

④ ［日］外务省官方网站：《主要经济指标》，2009 年 1 月 13 日，http：//www. mofa. go. jp/mofaj/area/ ecodata/pdfs/k_shihyo. pdf；2010 年 2 月 20 日登录。

⑤ 同上。

根世界气候大会，一些西方国家利用气候变化问题向中国施加外交压力，一些大国内部政局发生变化带来对华经济政策的调整等。

二、2009 年也是中国经济外交的机遇之年。全球金融危机和经济衰退，客观上呼唤着国际社会加强协调合作，迅速采取有效措施，以便共同应对。2009 年中国紧紧抓住并有效利用了这一新机遇。

从多边层面看，传统的国际经济协调机制是由少数发达国家尤其是美欧主导的，包括中国在内的新兴市场和发展中经济体在其中的地位和影响力极为有限。此次全球金融危机和经济衰退充分暴露出传统国际经济协调机制的局限性，包括西方国家在内的国际社会不得不在传统国际经济协调机制之外探求新的国际协调机制，为此，20 国集团（G20）应运而生，成为取代"8＋5"机制的新的国际经济协调机制。由于 G20 中半数国家为发展中国家，能够有效反映出新兴国家的实力、地位、利益和要求，因此可以说，G20 机制的产生初步改变了南北经济不平等、不平衡的历史状况，也将对未来国际经济协调发展和改善不合理的国际经济秩序产生重大影响，特别是中国的经济外交影响力将从中获得重要提升。

从区域层面看，危机的深化增强了各区域的合作动力。正如 1997 年爆发的东亚金融危机直接启动和推进了东亚区域合作一样，目前的全球金融危机和经济衰退也促进了东亚区域合作的深化和扩展。尤其是中国倡导的以"10＋3"和"10＋1"为主渠道的东亚区域合作，在 2009 年取得了长足进展，构成深化东亚区域合作的新机遇。

在双边层面上，加强协调合作、共同应对危机，已成为 2009 年中国推进双边合作的核心议题。2009 年美日两国政权更迭，中美和中日关系面临许多不确定性。然而由于世界深陷危机，需要主要经贸伙伴之间保持良好关系，在双方的共同努力下，2009 年中美、中日、中欧关系都保持了相对稳定和发展。

2009 年中国经济外交取得成效还得益于中国率先实现了国内经济的企稳回升，并对全球经济走出危机发挥了重要拉动作用，从而进一步增强了中国在多边、区域、双边等关系领域中的影响力和话语权。人们看到，尽管 2009 年是中国经济最困难的一年，然而中国作为全球经济大国、贸易大国和外汇储备大国的地位得到巩固。如中国 GDP 总量在 2009 年达到 33.5 万亿元人民币，按年均汇率换算达到 4.9 万亿美元，几乎与第二位的日本持平；中国取代德国成为世界最大出口国，年出口额达 12016 亿美元；中国的外汇储备在年底达到 23992 亿美元，比第二位的日本多出一倍还多。取得这样成绩同中国政府果断采取正确应对危机的政策是分不开的。2009 年第一季度中国的实际 GDP 增长率一度下滑至 6.2%，比上年同期下降了 4.4 个百分点，但从第二季度起即开始强劲反弹，达到 7.9%，第三季度再升至 9.1%，第四季度更达到 10.7%，比第一季度提升了 4.5 个百分点，[①] 使中国成为 2009 年

---

① 马建堂：《2009 年国民经济总体回升向好》，国家统计局官方网站：http://www.stats.gov.cn/tjfx/jdfx/t20100121_402615506.htm，2010 年 2 月 21 日登录。

全球经济回升最快、增长最高的国家。无疑，这同中国早在 2008 年 11 月就果断推出规模达 4 万亿元人民币的应对危机计划并得到全面落实是分不开的。

三、2009 年还是中国经济外交的进取之年。2009 年中国在国际上展示了一个负责任大国的良好形象。通过与有关各方的共同努力，促使两次 G20 峰会取得成功，在宏观经济政策的国际协调和促进国际经济机制改革等方面达成多项国际共识，为衰退中的全球经济注入了活力，提振了信心，推动全球经济逐步回升，并为国际经济机构改革与机制创新指明了方向，夯实了基础，对全球经济的长期稳定和均衡发展做出贡献，赢得国际社会广泛关注和赞誉。

在区域经济合作方面，2009 年"10 ＋ 3"和"10 ＋ 1"两个框架下的东亚区域经济合作均取得重大进展，建成了区域外汇储备库（中国占基金总额的 32%），签署了投资协定，为 2010 年 1 月 1 日启动的"10 ＋ 1"中国东盟自贸区奠定了坚实基础。同时，中日韩第二次领导人会议于 2009 年 10 月在北京如期举行，达成多项共识，取得重大成果，扭转了东亚合作地域布局中的"南热北冷"局面，以中日韩为中心的东北亚合作成为东亚区域合作的新亮点。

在同大国关系方面，中国妥善应对奥巴马政府上台，促使中美关系平稳发展。双方提升了中美关系的战略定位，建立了中美对话的更高机制，拓宽了中美合作的经济领域，从而改变了历来美新政府上台后对华关系"低开低走"的局面。日本民主党上台执政后，中国加强做日本鸠山新政府工作，确保了中日经济关系的稳定和发展。2009 年，中欧、中俄、中印等大国经济关系也都有新的明显进展。

此外，伦敦 G20 峰会同意将国际货币基金增资 5000 亿美元，其中中国增资 400 亿美元，这是 2009 年中国多边经济外交取得进展的一个标志。中国还与马来西亚、白俄罗斯、印度尼西亚和阿根廷等四国签署了总额达 2700 亿元人民币的货币互换协议，直接推进了与有关四国的双边财经合作。

综上所述，2009 年中国在广阔的经济外交领域取得了来之不易的新成绩、新进展。这是在困难条件下取得的非常了不起的成就。

展望 2010 年，步入后危机时代的全球经济形势仍在继续发生全面、深刻变化，依然是挑战与机遇共存，机遇大于挑战。在此形势下，中国政府确定了加快转变经济发展方式和保持经济平稳较快发展，着眼改善民生和维护社会和谐与稳定，并将此作为 2010 年经济社会发展的主要目标和工作重点。毫无疑问，新的一年中国经济外交仍然任务艰巨、责任重大。我们相信，到明年这个时候，即我们编撰新的 2010 年中国经济外交年度报告时，我们将会看到，在中央的正确领导下，我国一定能够紧紧抓住新的发展机遇，努力奋发，战胜前进道路上的一切困难，续写新的更大辉煌！

（2010 年 3 月 1 日　外交学院）

步入后危机时代的中国经济外交

——《中国经济外交年度报告：2011》序

呈现在读者面前的这本《中国经济外交年度报告：2011》，是《中国经济外交年度报告：2010》的后续之篇。作为系列报告，两者自然会有诸多共同之处，包括理念、框架、体系、体例等等。但有一点却是不同的，那就是2010年报告的主题是"应对全球金融危机"，而2011年报告的主线则是"步入后危机时代"。两本年度报告的不同，主要是因为中国经济外交面临的世界大势发生了很大变化：如果说2009年世界经济是在危机中挣扎，那么2010年则是走出危机，企稳回升，从而迎来了后危机时代。

一、后危机时代的到来

根据《中国经济外交年度报告：2010》所述，2009年的全球经济总体上是在严重的衰退中度过的，许多重要指标都创下战后最差纪录。如国际货币基金组织（IMF）发布最新数据称，2009年全球实际GDP增长率为 -0.6%，其中发达经济体平均为 -3.4%，最严重的日本为 -6.3%，新兴市场和发展中经济体虽增长2.6%，也比2008年下降了3.4个百分点，且有许多新兴经济体也出现了负增长，如俄罗斯为 -7.9%。[①] 2009年第一季度是此次全球经济衰退的最严重时期，许多主要经济体的实际GDP增长率（换算成年率，下同）出现了战后最严重的季度负增长，如日本达 -16.4%，欧盟为 -9.5%，俄罗斯为 -9.3%。[②]

而在进入2009年第二季度之后，全球经济逐渐开始显现摆脱衰退、走向回升的迹象，包括衰退最严重的发达国家。如在第二季度日本的实际GDP增长率一举

---

① IMF《World Economic Outlook Update》，January 25，2011，Table 1，http：//www.imf.org/external/pubs/ft/weo/2011/update/01/index.htm，2011年3月22日登录。

② ［日］外务省《主要经济指标》，http：//www.mofa.go.jp/mofaj/area/ecodata/pdfs/k_shihyo.pdf，2010年11月27日登录。

跃升至 9.7%，第三季度出现轻度调整（-0.7%），之后回升势头逐步趋稳，第四季度为 3.4%；美国的实际 GDP 增长率在第二季度虽仍为 0.7% 的负增长，但降幅已比第一季度收窄了 4.2 个百分点，到第三季度开始出现 1.6% 的正增长，第四季度更提升至 5.0%；欧盟的实际 GDP 增长率在第二季度也仍为 1.2% 的负增长，但第三和第四季度也转为 1.3% 和 1.0% 的正增长。[①] 与此同时，中国、印度等新兴市场大国的经济增长也显现更加强劲的加速之势。

站在 2011 年岁首，回望 2010 年的全球经济，可以说总体上依然延续了 2009 年春夏开始的回升势头。2010 上半年全球实际 GDP 增长率达到 5.3%，已经恢复到衰退前的最好水平（2006 年 5.2%，2007 年 5.3%），其中发达经济体达到 3.3%，新兴市场和发展中经济体更达到 8%。据国际货币基金组织最新预计，2010 年全年全球实际 GDP 增长率将达到 5.0%，其中发达经济体为 3.0%，新兴市场与发展中经济体则为 7.1%。2011 年预计仍将达到 4.4%。[②] 分季度看，2010 年前三季度美国的实际 GDP 增长率分别为 3.7%、1.7% 和 2.0%，欧元区分别为 1.4%、3.9% 和 1.5%，日本分别为 1.6%、0.4% 和 0.9%。[③]

还应看到，2010 年的全球经济在增长势头逐步趋稳的同时，其他一些重要经济指标也总体保持向好之势。主要表现在以下方面：

首先是全球贸易持续增长，并成为新一轮全球经济稳步回升的主要支撑。据世界贸易组织（WTO）统计，2010 年上半年世界货物贸易额同比强劲增长 25%。其中，美国、欧盟、日本、中国和印度分别增长 25%、13%、41%、41% 和 32%。下半年增速略有放缓。据世界贸易组织（WTO）最新预测，2010 年全年世界贸易量将增长 13.5%，其中发达经济体增长 11.5%，新兴市场和发展中经济体增长 16.5%。

其次是国际直接投资开始恢复，并对全球经济回升形成直接推动。据联合国贸发会议估计，2010 年全球 FDI 流入量有望达到至 1.2 万亿美元，2011 年可能达到 1.3 万亿~1.5 万亿美元，2012 年有望恢复到金融危机爆发前 2 万亿美元的水平。[④]

第三是工矿业生产强劲回升，构成新一轮全球经济回升的实体经济基础。2009 年是此次衰退中实体经济受冲击最严重的时期，主要经济体的工矿业生产纷纷大幅度下降，尤其是在 2009 年第一季度。如 2009 年美国、日本和欧元区的工矿业生产指数在 2009 年第一季度分别出现了 -9.3%、-14.9% 和 -21.9% 的负增长。但在进入 2009 年第二季度之后，主要经济体的工矿业生产开始显现复苏势头，进入

---

① ［日］外务省：《主要经济指标》，http：//www.mofa.go.jp/mofaj/area/ecodata/pdfs/k_shihyo.pdf，2010 年 11 月 27 日登录。

② IMF《World Economic Outlook Update》，January 25，2011，Table 1。

③ ［日］内阁府：《月例经济报告主要经济指标》，2010 年 11 月 18 日，http：//www5.cao.go.jp/keizai3/getsurei/shihyo/1011getsurei/keizai-shihyou.html，2010 年 11 月 27 日登录。

④ 参见中国商务部《中国对外贸易形势报告（2010 年秋季）》，附件一：《世界经济贸易形势》。http：//zhs.mofcom.gov.cn/aarticle/Nocategory/201011/20101107219445.html，2010 年 11 月 27 日登录。

2010 年后这一势头又得到进一步强化。第一、第二和第三季度，美国的工矿业生产指数（环比增长）分别为 1.7%、1.7% 和 1.2%，日本分别为 7.0%、1.5% 和 -1.8%，欧元区分别为 2.3%、2.3% 和 0.8%。[①] 最后，民间消费需求和企业设备投资等项目在 2010 年也继续保持了向好之势。

二、新机遇与新挑战

后危机时代，既给中国经济外交带来了多方面新机遇，也给中国经济外交提出了一系列新挑战。2010 年的中国经济就是在这种机遇与挑战并存的大背景下展开的，所取得的成就和面临的问题也都与这一大背景有着直接联系。

后危机时代给中国经济外交所带来的新机遇，主要来自以下几大层面：

第一，国际经济地位更加凸显。金融危机已在客观上提升了中国的国际经济地位，而在目前的全球经济回升过程中，中国已成为举足轻重的引擎和支柱，其国际经济地位也因此而得到进一步凸显，且这一趋势在整个后危机时代还将得到进一步强化。据国际货币基金组织最新预测，2010、2011 和 2015 年，中国实际 GDP 增长率将分别达到 10.5%、9.6% 和 9.5%，明显高于 4.8%、4.2% 和 4.6% 的世界平均水平，更明显高于美国的 2.6%、2.3% 和 2.6%，日本的 2.8%、1.5% 和 1.7%，欧盟的 1.7%、1.7% 和 2.2%。[②] 在 2010 和 2011 年，中国将对全球实际 GDP 增长分别贡献 1.3 个百分点，贡献率则分别高达 30.95% 和 30.23%。[③] 以此为基础，中国在全球贸易增长、投资恢复和金融稳定中的地位继续快速提升。2010 年，中国对外贸易比上年增长 34.7%，其中进口更增长 38.7%，分别达到 29727.61 亿美元和 13948.29 亿美元；同期中国引进外资按实际使用金额计算同比也增长了 17.44%，达到 1057.35 亿美元。[④]

第二，贸易投资环境相对宽松。中国经济外交的主要目的之一，是为国内经济发展营造更加良好、宽松的外部贸易投资环境，其绩效如何，与全球经济形势决定的国际贸易投资环境有着直接关系。危机曾使国际贸易投资大幅下滑，回升又使国际贸易投资快速恢复，后危机时代的国际贸易投资环境在总体上将趋于宽松，从而为实现中国经济外交的上述目标提供了新的机遇。伴随后危机时代国际贸易投资环境的趋于改善，WTO 新一轮贸易谈判有望提速，IMF 改革已经取得重大进展，APEC、"10+3"、中日韩等多个框架下的贸易投资自由化已在全面推进，这些都

[①] ［日］内阁府：《月例经济报告主要经济指标》，2010 年 11 月 18 日，http://www5.cao.go.jp/keizai3/getsurei/shihyo/1011getsurei/keizai-shihyou.html，2010 年 11 月 29 日登录。

[②] IMF《World Economic Outlook》，October 2010，p177，182，http://www.imf.org/external/pubs/ft/weo/2010/02/index.htm。2010 年 12 月 13 日登录。

[③] ［日］日本贸易振兴机构：《世界贸易投资报告》，2010 年度，资料篇，第 4 页。

[④] 商务部官方网站：http://yzs.mofcom.gov.cn/aarticle/g/date/n/201101/20110107385479.html，http://www.fdi.gov.cn/pub/FDI/wztj/wstztj/lywztj/t20110117_130181.htm，2011 年 3 月 22 日登录。

为中国在国际贸易和国际投资领域的经济外交提供更加有利的平台。

第三，全球治理创新加速推进。全球经济衰退充分暴露出全球治理机制存在的深层问题，从而也推动了全球治理机制的革新。其结果之一是 G20 机制应运而生。与其他全球经济治理机制相比，G20 的明显优势是发展中国家占据半数席位，从而历史上第一次体现出代表性与效率性的平衡与统一；与 G7/8 相比，G20 具有更广泛的代表性，尤其是更能充分体现全球经济格局的最新变化，更能体现新兴市场经济和发展中国家整体崛起这一全球大势；而与联合国、WTO 等多边机制相比，又具有成员相对较少、便于形成共识、达成协议等优点。因而在此次全球金融危机和经济衰退最严重的时期，G20 通过协调宏观经济政策、推进国际金融改革、防止贸易保护主义等层面的努力，对缓解金融危机、促进经济回升发挥了重要作用，也奠定了其自身在全球经济治理中的重要地位。但在步入后危机时代，G20 机制化也面临着全新环境，经历着重大变革。其中最值得关注的变化包括：从应对危机为主到促进均衡为主，从全球问题优先到国内问题优先，从短期应急机制到长效治理机制转化等。总体来看，与其他全球经济治理机制相比，G20 最能体现中国与发展中国家的地位、从而最能发挥中国影响力的。可以预见，在后危机时代，伴随以 G20 机制化为代表的全球治理机制创新的加速推进，必将为中国通过有效的经济外交来积极参与这一进程提供难得的机遇。

第四，区域经济合作全面展开。后危机时代的区域经济合作展现出多层面全新态势，对中国身处其中的东亚或亚太而言，至少有如下几大态势值得关注：

（1）APEC 加速贸易投资自由化进程。这在 2010 年 11 月 11～14 日举行的 APEC 领导人非正式会上已得到证实。此次会议发表的《领导人宣言》明确指出，"将进一步推动区域经济一体化，共同合作，到 2020 年实现亚太经合组织的茂物目标，实现贸易和投资的自由化和便利化。"为此，作为一项重要的成果文件，会议还形成和发表了《领导人关于茂物目标审评的政治声明》，通过对各成员承诺的自身贸易投资自由化目标的实施状况，来监督和促进各成员履行承诺，确保 APEC 贸易投资自由化茂物目标的如期实现。同时《领导人宣言》还明确指出："将采取具体措施来实现亚太自由贸易区，这是亚太经合组织进一步实现区域一体化的主要目标。亚太自由贸易区应该签署全面的自由贸易协定"。①

（2）东亚峰会扩员势在必然。2010 年 10 月 30 日在越南河内举行的东亚峰会已决定，2011 年将正式吸收美国和俄罗斯加入东亚峰会。

（3）"10+3"框架下的东亚经济合作面临新的局面。这一局面具有双重性，一是区域外汇储备库建成标志着"10+3"经济合作发展到新阶段；二是其"主渠道"地位越来越面临新挑战。

（4）多个以东盟为中心的"10+1"自贸区建设相继进入实施阶段。

---

① 参见网易财经：http://money.163.com/special/apec2010/。

（5）加强中日韩经济合作提上日程，最新进展是已定于 2012 年启动官方正式谈判。

（6）东盟自身的经济一体化继续推进，目标是 2015 年建成经济共同体。

概括地说，积极参与和推进区域经济合作，是中国经济外交的重要方向，后危机时代区域经济合作的全面展开，无疑将对中国经济外交带来更多机遇。

后危机时代给中国经济外交带来的新挑战主要来自以下几大层面：

第一，再平衡压力。全球经济严重失衡，是此次全球金融危机和经济衰退的主要原因，而在目前的回升进程中，全球经济的失衡问题不仅未见改善，反而进一步恶化了。其主要表现是，主要经济体经常项目收支严重失衡，如美国的经常收支存有巨额逆差，而中国、德国和日本的经常收支存有巨额顺差。如在 2008 年，美国经常收支逆差曾达 6689 亿美元，而中国、德国和日本的顺差分别达到 2971 亿美元、2457 亿美元和 1571 亿美元。2009 年这一状况略有改观，美国逆差缩小至 3784 亿美元，中国、德国和日本的顺差也分别缩小至 2971 亿美元、1633 亿美元和 1418 亿美元。[①] 而在 2010 年的全球经济回升过程中，美国的经常收支状况又进一步恶化了，1～6 月的美国的贸易逆差总额达到 2942.26 亿美元，同比增长了 35.3%。其中，对华逆差所占比重达到 40.6%。[②] 这意味着，后危机时代全球经济再平衡所要解决的主要问题，就是要解决美国的经常收支逆差及与德国、日本尤其是中国的经常收支顺差间的矛盾问题。而美国大肆炒作这一问题，对中国外贸及经济的稳定造成巨大压力。如何化解这一再平衡压力及与贸易保护主义做斗争，是后危机时代摆在中国经济外交目前的重大挑战。

第二，汇率战风险。与上述经常收支严重失衡及由此引发的贸易保护主义直接相关的是，一些国家试图通过本币贬值来提升自己的贸易竞争力，甚至向主要逆差来源国施加压力，逼迫其货币升值。近年来，主要国家的汇率争端愈演愈烈，大有触发"汇率战"之势。与之相伴，世界主要货币汇率亦呈剧烈波动之势，尤其是美元、欧元大幅贬值、日元升值，人民币面临巨大升值压力。从 2010 年 4 月到 10 月，日元兑美元汇率由 93.38∶1 攀升至 81.59∶1，半年中攀升了 12.6%，期间曾一度升破 80∶1 大关，创下 1995 年以来近 15 年的新高。[③] 日元过速升值，对依赖出口支撑的日本经济回升造成了巨大冲击。对中国而言，如何化解人民币升值压力，确保对外贸易的稳定增长和经济稳定发展，也仍将是后危机时代中国经济外交面临的严峻挑战。

---

① ［日］外务省《主要经济指标》，http：//www.mofa.go.jp/mofaj/area/ecodata/pdfs/k_shihyo.pdf，2010 年 12 月 14 日登录。

② 商务部官方网站：《国别数据》。http：//countryreport.mofcom.gov.cn/record/view.asp？news_id = 20599，2010 年 12 月 13 日登录。

③ ［日］外务省：《主要经济指标》，http：//www.mofa.go.jp/mofaj/area/ecodata/pdfs/k_shihyo.pdf，2010 年 12 月 14 日登录。

第三，主权债务危机。欧洲主权债务危机，先是希腊，后有爱尔兰，已给回升中的世界经济造成了很大冲击。而希腊和爱尔兰还不过是目前全球主权债务链条上的两个薄弱环节，有些国家的问题甚至远比这两个国家更加严重，财政赤字和主权债务危机已成为世界主要经济体的带普遍性的问题。如 2010 年美国、英国和日本的财政赤字相当于 GDP 的比例分别达 11.6%、11.5% 和 8.0%，日本和意大利的政府债务余额相当于 GDP 的比例分别达到 199.2% 和 132.0%，而希腊和爱尔兰的相应数据分别仅为 124.9% 和 77.3%。① 由此可以看出，主权债务危机是后危机时代全球经济稳定运行所面临的最大风险，也从多层面给中国经济外交提出了许多严峻问题。首先是主权债务危机的恶化很可能导致全球经济回升的波折，如何在国际经济形势再度恶化的背景下，保持中国对外贸易投资关系的稳定，需要未雨绸缪，高度重视；其次，中国是许多国家尤其是美国的债权方，如何妥善运作外汇投资，既能规避风险，又不致引发主权债市场动荡，需要审慎思考和外交斡旋；最后，如何通过有效的宏观政策国际协调，来约束主要国家严格财政纪律，保证各国和国际金融市场稳定，也是中国经济外交面临的重大挑战。

第四，高油价冲击。经济回升带来石油需求扩大，国际油价开始转降为升，在此背景下，大量投机资金涌入油市，加之美元大幅贬值，国际油价开始呈现剧烈攀升之势。从 2010 年 5 月到 11 月，北海布伦特油价由每桶 74.55 美元攀升至 86.71 美元，半年中攀升了 16.3%。受此影响，国际市场大宗商品价格也呈快速攀升之势，尤其是金价更是跳跃式攀升，同期已由 2010 年 1 月的每盎司 1087.5 美元攀升至 1383.5 美元，上升了 27.2%。② 国际市场油价和大宗商品价格的急剧攀升，已对中国经济的稳定运行造成了巨大冲击，再次凸显出能源资源安全对中国的突出重要性。如何通过经济外交来确保能源与资源的稳定供应，也越来越成为中国经济外交面临的艰巨任务。

三、2010：中国经济外交的新进展

2010 年，中国经济外交是在后危机时代新机遇与新挑战并存的背景下展开的。在党中央、国务院的英明决策和正确领导下，通过有关各方的相互合作和共同努力，中国经济外交直面挑战，紧抓机遇，积极进取，在多边、区域、双边及各主要领域均取得了令人瞩目的新进展。

在多边层面，中国经济外交在 2010 年所取得的突出成就，主要表现在：积极参与联合国、WTO、IMF，尤其是 G20 等重要国际组织和机制的外交活动，既做出了应有贡献，承担了应有义务，也发挥了应有影响，赢得了应有权益。其中最显著

---

① ［日］财务省：《日本财政相关资料》，2010 年 8 月，第 12~13 页。

② ［日］日本银行官方网站：《经济统计月报》65 物价。http://www.boj.or.jp/type/release/teiki/sk/data/sk5.pdf，2010 年 1 月 14 日登录。

的成果，是通过在 G20 峰会等场合的不懈努力，在 IMF、世界银行两大国际金融机构中赢得了与我快速提升的经济金融实力相应的更多权益。2010 年 4 月，世界银行通过了投票权改革方案，中国的投票权升至 4.42%，由世行第六大股东国升至仅次于美日的第三大股东国。本次投票权改革是"二战"后世行成立 60 多年来，首次大规模向发展中国家整体转移投票权。2010 年 11 月，国际货币基金组织执行董事会通过份额改革方案，决定将中国所占份额由 3.72% 调升至 6.39%，一举提高了 2.67 个百分点，超越德、法、英成为仅次于美日的第三大份额持有国。中国在上述两大国际金融货币组织中增扩权益，大大提升了中国在全球金融领域的代表性和话语权，具有重要标志性意义。而在联合国千年发展目标高级别会议上，代表中国出席会议的温家宝总理再度重申，中国将进一步加大扶贫和对外援助力度，承担对实现这一目标应尽的义务和责任，赢得了国际社会的广泛好评。

在区域层面，2010 年中国面临的环境更加复杂：APEC 贸易投资自由化进一步提速，亚太自贸区建设有望启动；美国进一步加大了对东亚和亚太区域的投入，东亚峰会扩员已成事实；"10＋3"框架下的区域外汇储备库最终建成，而"10＋3"机制在东亚合作中的主渠道地位却面临挑战；中日韩合作出现新的契机，三方商定将于 2012 年启动官方自贸区谈判，然而钓鱼岛突发事件和朝鲜半岛危机急剧升级将直接或间接阻碍三方合作的深入发展；中国—东盟自贸区正式建成，为双方带来巨大好处，同时在运行过程中也出现了一些新的问题和阻力……如此复杂的局面无疑将给中国在区域合作领域的经济外交带来极大考验，当然，也会有新的机遇。相信中国有能力、有智慧寻找到妥善解决之道。只要坚持全面参与、重点投入、积极进取、沉着应对，不仅可以维护区域经济合作发展的大局，也会实现我在区域合作层面的外交诉求，确保中国与东亚贸易投资关系的稳定发展。2010 年，中国对东盟贸易达到 2927.76 亿美元，比上年增长了 37.5%，对日贸易达到 2977.69 亿美元，比上年增长了 30.2%，对韩贸易达到 2071.71 亿美元，比上年增长了 32.6%。①

在双边层面，2010 年中国对主要经济体尤其是对美和对日的经济外交经受了严峻考验。伴随全球经济走出衰退，奥巴马政府的对华经济政策进行了重大调整，中美贸易摩擦明显加剧，美方逼迫人民币升值的压力再度增大。日本政坛继续动荡，对华关系也出现重大调整，钓鱼岛事件导致中日关系再陷谷底。面对这一局面，中国政府在坚持原则、维护权益的前提下，通过中美战略与经济对话、中日高层经济对话、峰会外交等平台，积极应对，妥善处置，基本保证了中美、中日双边经贸关系的稳定与发展。2010 年中国对欧盟经济外交也有新进展。胡锦涛出席 11 月出访法国，签署了一系列经济合作文件，推动中法经济合作取得实质性新进展。

---

① 中国商务部官方网：http://yzs.mofcom.gov.cn/aarticle/g/date/n/201101/20110107385479.html，2011 年 3 月 22 日登录。

英国首相卡梅伦接踵访华，也达到了同样效果。此外，2010 年中国对其他大国的经济外交，尤其是对俄、对印经济外交也取得了不同程度的新进展。温家宝总理12 月访问印度，双方签署了许多重大经贸合作协议，引起世界瞩目。

此外，2010 年在国际贸易、国际投资、对外援助、财政金融、能源资源、气候环保等许多重要领域，中国经济外交同样取得了进展。中国积极参与各个层次的贸易投资自由化、对外援助扎实推进、财金外交积极进取、重塑能源资源新秩序、构建气候环保新机制，中国经济外交为营造良好宽松的国际环境，提升本国国际经济地位，增大影响力，提升话语权，做出了重大贡献，产生了显著效果。

2011 年是中国实施"十二五"计划的开局之年，后危机时代的国际环境如何，将对中国能否顺利实现"十二五"计划"开门红"产生直接影响。有党中央、国务院的英明决策和正确领导，有全国上下的精诚合作和共同努力，我们有理由相信，2011 年的中国经济外交仍将会紧抓机遇，战胜挑战，全面进取，再续辉煌！

（2011 年 2 月 29 日　外交学院）

开局之年，开创之年

——《中国经济外交报告：2012》序

2011 年是"十二五"规划的开局之年。

在这一年，国内经济转型步伐加速，国际经济环境复杂多变。

在这一年，中国经济外交积极服务国内经济转型，妥善应对国际环境变化，顺势而为，因势利导，开拓创新，积极进取，取得了多层面的新进展，既为"十二五"规划的顺利开局提供了有力保障，也为开创"十二五"时期中国经济外交的全新局面奠定了坚实基础。

呈现在读者面前的这本《中国经济外交年度报告：2012》，作为《中国经济外交年度报告》系列的第三本，即拟在总结"十一五"、规划"十二五"的大背景下，对 2011 年的中国经济外交进行初步梳理。

一、"十一五"成就斐然

"十一五"时期（2006～2010 年）是我国经济发展史上极不平凡的时期。在这一时期，世界经济经历了 20 世纪 30 年代以来最严重的衰退，迄今仍未根治衰退的后遗症，西方世界甚至仍陷在"财政—金融—经济""三重危机"的恶性循环之中；国际经济格局发生了显著变化，新兴市场和发展中国家经济整体崛起的步伐空前加快，但以美国为中心的发达经济体仍在其中占据主导和支配地位；全球经济治理加速了变革进程，G20 作为全新的全球经济治理机制应运而生，国际货币体系改革取得重大进展……面对复杂多变、险象环生的国际经济环境，党中央、国务院审时度势，及时、正确、有力地推行宏观经济调控，推进发展方式转型，取得了多层面重大成就：

（一）实现了经济快速增长和综合国力提升。2006～2010 年，中国实际 GDP 年均增长率高达 11.2%，远远高于全球平均水平，尤其是在国际金融危机最严重的 2009 年，全球经济出现了负增长，而中国经济却保持了 9.2% 的高增长。到

2010 年，中国 GDP 总量已达 39.8 万亿元，跃升为全球第二大经济体，更比"十一五"前的 2005 年翻了一番还多。与此同时，中国的财政实力、金融实力、科技实力等体现综合国力的重要指标都有显著提升。[①]

（二）加速了发展方式转型和产业结构优化。"十一五"时期，中国实现了经济快速增长与发展方式转型的有效结合和良性互动。经济结构调整步伐加快，农业特别是粮食生产连年获得好收成，产业结构优化升级取得积极进展，节能减排和生态环境保护扎实推进，控制温室气体排放取得积极成效，各具特色的区域发展格局初步形成。

（三）促进了收入水平提高和人民生活改善。"十一五"时期，是改革开放以来城乡居民收入增长最快的时期，城镇居民人均可支配收入由 2005 年的 10493 元猛增至 19109 元，年均增长率高达 9.7%，同期农村居民人均纯收入亦由 3255 元猛增至 5919 元，年均增长 8.9%。[②] 总体收入水平逐步进入中等收入国家行列。

（四）推进了经济体制改革和社会事业发展。"十一五"时期，以改革促发展仍是中国经济和社会事业的主旋律。体制改革有序推进，农村综合改革、医药卫生、财税金融、文化体制等改革取得新突破，发展活力不断显现……

二、"十二五"顺利开局

2011 年是"十二五"规划（2011～2015 年）的开局之年。制定和实施"十二五"规划，力促"十二五"规划顺利开局，构成 2011 年中国经济社会发展的主旋律，也是中国经济外交的主旋律。新春伊始，中央发布了《中华人民共和国国民经济和社会发展第十二个五年规划纲要》（以下简称《纲要》），对"十二五"时期的国民经济与社会发展的内外环境、指导思想、主要目标、政策导向、主要举措等进行了准确定位和系统规划。

（一）关于"十二五"时期的发展环境。《纲要》认为："我国发展仍处于可以大有作为的重要战略机遇期，既面临难得的历史机遇，也面对诸多可以预见和难以预见的风险挑战。……从国际看，和平、发展、合作仍是时代潮流，世界多极化、经济全球化深入发展，世界经济政治格局出现新变化，科技创新孕育新突破，国际环境总体上有利于我国和平发展。……从国内看，工业化、信息化、城镇化、市场化、国际化深入发展，人均国民收入稳步增加，经济结构转型加快，市场需求潜力巨大，资金供给充裕，科技和教育整体水平提升，劳动力素质改善，基础设施日益完善，体制活力显著增强，政府宏观调控和应对复杂局面能力明显提高，社会大局保持稳定，我们完全有条件推动经济社会发展和综合国力再上新台阶。"

---

① 国家统计局：《2011 中国统计摘要》，中国统计出版社 2011 年 5 月版，第 20～23 页。

② 参见新华网：《中华人民共和国国民经济和社会发展第十二个五年规划纲要》，第一篇第一章附表，http://www.ce.cn/macro/more/201103/16/t20110316_22304698_1.shtml；2012 年 1 月 4 日登录。

（二）关于"十二五"规划的指导思想。《纲要》将其高度概括为"五个坚持"，即"坚持把经济结构战略性调整作为加快转变经济发展方式的主攻方向。……坚持把科技进步和创新作为加快转变经济发展方式的重要支撑。……坚持把保障和改善民生作为加快转变经济发展方式的根本出发点和落脚点。……坚持把建设资源节约型、环境友好型社会作为加快转变经济发展方式的重要着力点。……坚持把改革开放作为加快转变经济发展方式的强大动力。"

（三）关于"十二五"时期国民经济与社会发展的主要目标。《纲要》明确提出要确保：经济平稳较快增长，GDP年均增长率达到7%，且要确保物价稳定，确保增长的质量与效益；结构调整取得重大进展，尤其要巩固农业、优化工业、发展战略性新兴产业，将服务业增加值占比提升4个百分点；科技教育水平明显提升；资源节约环境保护成效显著；人民生活持续改善。城镇居民人均可支配收入和农村居民人均纯收入分别年均增长7%以上；社会建设明显加强；改革开放不断深化。

（四）关于"十二五"时期经济社会发展的政策导向。《纲要》从加强和改善宏观调控，建立扩大消费需求的长效机制，调整优化投资结构，同步推进工业化、城镇化和农业现代化，依靠科技创新推动产业升级，促进区域协调互动发展，健全节能减排激励约束机制，推进基本公共服务均等化，加快城乡居民收入增长，加强和创新社会管理等十大层面做了明确规定。

在此基础上，《纲要》还对农业、工业、服务业、区域布局、资源环境、科教人才、公共服务、社会管理、文化发展、体制改革、对外开放等重大领域的发展做了深入规划。

（五）2011：关键的开局之年。伴随"十二五"规划的颁布和实施，2011年成为开启"十二五"时期经济社会发展历程的关键之年。在党中央国务院的正确领导和社会各界的共同努力下，2011年我国国民经济与社会发展取得重大成就，成功实现了"十二五"规划的顺利开局，为"十二五"时期各项国民经济与社会发展目标的实现奠定了坚实基础。作为"十二五"规划的开局之年，我国在国民经济与社会发展方面所取得主要业绩包括：保持了国民经济稳定增长；实现了物价水平总体稳定；加速了发展方式全面转型；推动了经济结构优化升级；促进了居民收入快速提高；等等。如在确保经济稳定增长方面，实际GDP增长率确保在9%以上，四个季度依次为9.7%、9.6%、9.4%和9.2%，[1] 为"十二五"时期实现7%以上的增长率奠定了坚实基础。

三、经济外交的重大贡献

无论是"十一五"时期的斐然成就，还是"十二五"规划的顺利开局，都凝

---

[1] 国家统计局官方网站：季度数据，国内生产总值，http://www.stats.gov.cn/tjsj/jidusj/，2012年2月2日登录。

聚了经济外交的重大贡献。无论是在整个"十一五"时期还是"十二五"规划的开局之年，中国经济社会发展依然保持着一大显著特征：以开放促发展。从对外贸易快速发展、外来投资持续增长、对外投资稳步扩大，到先进技术适时引进、能源资源稳定进口，无一不对中国经济社会的全面快速发展发挥了决定性的支撑和保障作用，也无一能离开成功的经济外交。

（一）对外贸易领域的外交贡献。"十一五"时期，中国对外贸易由 2005 年的 7619.5 亿美元猛增至 2010 年的 15779.3 亿美元，增长达一倍以上，五年累计达到 63996.8 亿美元，更比十五时期的 23852.0 亿美元增长了 1.68 倍，^① 2011 年，中国对外贸易总额达到 36420.6 亿美元，又比 2010 年增长了 22.5%，^② 对同期中国经济的快速增长发挥了决定性作用。要知道，十一时期经历了空前严重的全球金融危机和经济衰退，此间贸易保护主义重新抬头、针对中国的反倾销、反补贴等名目繁多的保护主义更是甚嚣尘上，正是依靠在贸易领域的外交努力，积极参与多边贸易协调，全面推进区域自贸合作，不懈推进双边贸易斡旋，才确保了此间中国对外贸易的快速发展。

（二）引进外资领域的外交贡献。"十一五"时期，中国引进外资实际使用金额由 2005 年的 603.3 亿美元猛增至 2010 年的 1057.3 亿美元，5 年间增长了 75.3%，5 年累计达到 4259.5 亿美元，比十五时期的 2740.8 亿美元增长了 55.4%。^③ 要知道，在先有全球金融危机和经济衰退，后有欧洲主权债务危机的背景下，国际直接投资总体处于剧烈波动和萎缩状态。正是依靠在投资领域的外交努力，积极参与多边投资协调，全面推进区域投资合作，广泛签订双边投资协调，才确保了此间中国引进外资的持续增长。

（三）对外投资领域的外交贡献。"十一五"时期，中国非金融类对外直接投资由 2005 年的 122.6 亿美元猛增至 2010 年的 590.0 亿美元，增长达 3.8 倍，5 年累计达到 2915.6 亿美元。^④ 要知道，在此期间，海外针对中国企业并购的产业保护不断加强，针对中国对外投资的"新殖民主义论"、"资源掠夺论"甚嚣尘上，甚至连续出现针对中国海外投资企业的恐怖事件。正是通过积极推行"走出去"战略，依靠在对外投资领域的外交努力，包括积极利用外交资源为中国企业走出去服务，加强对中国对外投资项目和人员的领事保护，才确保了此间中国对外投资的稳步扩大。

---

① 国家统计局：《2011 中国统计摘要》，中国统计出版社 2011 年 5 月版，第 65 页。

② 商务部官方网站：2011 年 12 月进出口简要情况，http：//www. mofcom. gov. cn/aarticle/tongjiziliao/cf/201201/20120107923402. html，2012 年 2 月 3 日登录。

③ 国家统计局：《2011 中国统计摘要》，中国统计出版社 2011 年 5 月版，第 72 页。

④ 商务部官方网站：境外投资统计，http：//www. fdi. gov. cn/pub/FDI/wztj/wstztj/default. htm，2012 年 2 月 3 日登录。

四、"后危机时代"的"三重危机"

全球经济经历了战后最严重的衰退之后，于 2009 年春夏触底反弹，逐步进入"后危机时代"。2011 年的全球经济依然延续了"后危机时代"的基本态势，继续保持回升势头。但在不同地区，又表现出明显不同的发展势头。其中最为引人注目的是，东亚地区更加凸显出其在全球经济增长格局中的引领和支撑地位，而西方世界却深陷财政—金融—经济"三重危机"恶性循环的困境之中。

（一）全球经济持续回升。2011 年可谓多事之秋：欧债危机继续恶化、中东北非战火蔓延、日本列岛遭遇强震……这一系列的天灾人祸，对回升中的全球经济造成了多种冲击，但全球经济依然延续了"后危机时代"的基本态势，继续保持了回升势头。据国际货币基金组织最新预测，2011 年的全球实际 GDP 增长率约达 4.0%，虽比 2010 年的 5.1% 降低了 1.1 个百分点，但仍处在高位运行状态，其中新兴市场和发展中经济体更达 6.4%。[①] 全球经济的持续回升，带来世界贸易持续扩大，2011 年世界贸易可能增长 7.5%。而世界贸易的持续扩大，反过来又成为全球经济增长的主要动力和支撑。2011 年全球经济持续增长的另一动力和支撑来自国际投资。据联合国贸易和发展会议（UNCTAD）估计，2011 年全球直接投资流量有望达到 1.4 万亿～1.6 万亿美元，比 2010 年 1.24 万亿美元有显著增长。[②]

（二）东亚支撑全球增长。2011 年的全球经济持续回升，在不同类型国家和地区的表现也极为不同。东亚经济体的回升态势要明显优于世界其他地区，从而成为 2011 年全球经济持续回升的主要动力和支撑。据日本贸易振兴机构依据 IMF 数据进行的分析，2011 年东亚经济体（不含日本，下同）的实际 GDP 增长率高达 8.0%，比全球平均水平约高出一倍，其对全球经济增长的贡献率更高达 38.6%。这其中主要得益于中国经济的持续快速增长，2011 年中国的实际 GDP 增长率依然高达 9.6%，对全球和东亚经济增长的贡献率分别高达 29.5% 和 76.5%。[③] 同时，东亚地区也成为全球贸易投资最活跃的地区，中国同样在其中扮演了重要角色。2011 年中国对外贸易总额达到 36420.6 亿美元，同比增长达 22.5%，其中进口贸易达到 17434.6 亿美元，同比增长 24.9%；1～11 月，中国对东北亚的贸易达到 5477.53 亿美元，同比增长 18.4%，其中进口增长 15.1%；对东盟贸易达到 3289.65 亿美元，同比增长 25.1%，其中进口增长 26.6%。[④] 同期，中国引进外商

---

① IMF：《World Economic Outlook（WEO）》，September 2011，p178.

② 商务部：《中国对外贸易形势报告（2011 年秋季）》，附件 1：世界经济贸易形势，转引自中国商务部官方网站：http://zhs.mofcom.gov.cn/aarticle/Nocategory/201111/20111107826103.html，2012 年 1 月 6 日登录。

③ 日本贸易振兴机构：《世界贸易投资报告》2011 年版，总论篇，概要，第 4 页。

④ 商务部亚洲司官方网站：综合数据，http://yzs.mofcom.gov.cn/aarticle/g/date/p/201112/20111207900815.html，2012 年 1 月 6 日登录。

直接投资达到 1037.69 亿美元，同比增长达 13.15%。①

（三）西方深陷三重危机。与东亚新兴市场的发展中经济体形成鲜明对照，欧美等西方发达经济体却深陷在财政—金融—经济"三重危机"恶性循环的困境中难以自拔。早在 2010 年春，希腊主权债务危机的爆发即揭开了西方世界财政赤字和公共债务危机的冰山一角。进入 2011 年，欧洲主权债务危机更呈愈演愈烈之势，继爱尔兰、葡萄牙之后，目前正向西班牙尤其是意大利等体量更大、影响更广的核心国家扩散，法国、德国的主权债务信用评级也被不断下调。欧洲主权债务危机的根源在于财政赤字危机，而财政赤字危机决不仅仅是"欧洲五猪"的问题，而是整个西方世界普遍面临的严重问题。2010 年，欧元区财政赤字相当于 GDP 的比重高达 6.3%，高出国际公认的警戒线（3%）一倍以上，而美国、英国和日本的这一数据在 2011 年更分别高达 10.0%、9.4% 和 8.9%。② 西方主权债务从而财政赤字危机的恶化，是此前爆发的金融危机导致的直接结果。面对金融危机和经济衰退，无论是救助金融机构、刺激经济回升导致财政支出急剧增长，还是经济衰退导致财政收入大幅减少，结果都必然是财政赤字危机的空前恶化。在金融危机爆发前的 2006 年，欧元区、美国、英国和日本财政赤字相当于 GDP 的比重，均在降至警戒线之内，分别为 1.4%、2.2%、2.7% 和 1.6%。③ 反过来，主权债务危机又在重新引发西方金融系统的危机，尤其是那些购买了大量"五猪"主权债券的金融机构，更是遭受了惨重损失。以金融股为核心的西方主要股市的持续下滑，即是其集中表现。更加严重的是，这一金融危机恶化财政危机，财政危机引发金融动荡的恶性循环，还最终导致了西方发达经济体的经济停滞。2011 年，西方发达经济体的实际 GDP 增长率只有 1.6%，几乎比上年下降了一半，深陷主权债务危机的希腊、葡萄牙、爱尔兰、意大利和西班牙更分别为 −5.0%、−2.2%、0.4%、0.6% 和 0.8%。④

（四）三重危机困扰全球。值得注意的是，"三重危机"不仅严重困扰着西方世界，也对全球经济运行与发展造成多层面冲击和影响，因为迄今为止，虽然国际经济格局发生了深刻变化，新兴市场和发展中国家在正快速崛起，但西方发达国家仍在全球经济中占据主导和支配地位。按照国际货币基金组织的最新数据，34 个发达经济体仍要占到全球 GDP 总量的 52.1% 和全球贸易的 63.6%，而 150 个新兴市场和发展中经济体分别仅占 47.9% 和 36.4%。⑤ 因此，西方"三重危机"的未来走势，不仅直接决定着西方经济运行与发展的基本态势，还将对全球经济的运行

---

① 商务部官方网站：中国投资指南，http：//www.fdi.gov.cn/pub/FDI/wztj/wstztj/lywztj/t20111216_139779.htm，2012 年 1 月 6 日登录。

②③ 日本外务省官方网站：主要国家的财政金融指标，2011 年 12 月 21 日修订，2012 年 1 月 17 日登录，http：//www.mofa.go.jp/mofaj/area/ecodata/index.html。

④ IMF：《World Economic Outlook（WEO）》，September 2011，p178−179.

⑤ IMF：《World Economic Outlook（WEO）》，September 2011，p167.

和发展造成严重困扰。而从目前以欧债危机为中心的"三重危机"的演化态势看，不仅很难在近期得到有效遏制，还将进一步扩散和深化。对此，国际货币基金组织在最近一期《世界经济展望》中做了深入分析，结果认为，欧元区债务危机正在进入一个新的更加危险的阶段，由此将导致金融状况更趋恶化，经济前景更加暗淡，金融危机后的全球经济复苏陷入停滞。2012和2013年全球实际GDP增长率只能有3.3%和3.9%，分别比9月份报告下调了0.7和0.6个百分点，其中发达经济体更分别只有1.2%和1.9%。受此影响，2012和2013年的世界贸易增长率也分别只能有3.8%和5.4%，分别比9月预测下调了2个和1个百分点。[①]

五、开创中国经济外交的新局面

如上所述，"十二五"时期仍是我国经济社会发展的重要战略机遇期，同时又面临着更加复杂多变、险象环生的国际环境，国内经济稳步增长与发展方式加速转型对经济外交的要求也更加迫切和广泛，从而亟待开创中国经济外交的全新局面。

（一）统筹经济外交与政治外交。当今世界的一大趋势，是国际政治与国际经济的交叉、融合和互动日趋增强。每一重大国际政治事件，背后都有其深刻的经济背景；就像每一重大经济事件，背后都有其深刻政治意图一样。受此影响，必须统筹经济外交与政治外交、安全外交与文化外交，积极利用政治、安全、文化等外交手段，为经济外交服务，为营造国内经济稳定增长和发展方式加速转型服务。为此需从如下几个层面进行统筹。一是加强外交外事部门与其他政府部门在涉外经济事务层面的政策协调；二是加强外交外事部门的经济外交意识和能力，提高经济外交在总体外交中的地位；三是加强各级政府的外交外事和涉外经济部门与产业界、企业界的协调配合，努力服务于产业企业界的涉外经济事务。

（二）兼顾国际权利与国际责任。伴随中国经济金融实力的快速提升，国际社会越来越要求中国承担更多的国际责任，继"中国威胁论"之后，"中国责任论"呼声日趋高涨。近年来，中国承担的各种国际义务也在快速增多，做出的国际贡献也在不断增大，尤其是对外经济援助的规模正在迅速扩大。但与此同时，中国应该也必须争取更多的国际权利，力争使其与中国的国际地位和经济金融实力相适应。兼顾国际权利与国际责任的平衡和协调，是"十二五"时期中国经济外交面临的重大课题。在这方面遇到的最大障碍是，一些国际组织和在其中占据主导地位的西方国家，一方面要求中国承担更多的责任，做出更多的贡献；另一方面却不愿让渡既定的权利。这已在国际金融领域，尤其是国际货币基金组织和世界银行的份额改革过程中，得到了充分证明。金融危机以来，通过一系列艰苦的外交斡旋，情况已有所改观，如中国在上述两大国际金融机构中的份额已有一定增加，但与中国的经

---

① IMF：《World Economic Outlook（WEO）》，2012年1月。

济金融实力仍不相匹配，"十二五"时期国际金融组织在兼顾义务和权利方面的改革尚待做出不懈努力。

（三）力促多机制互动。"十一五"时期，中国经济外交的机制得到进一步健全，逐步形成多边、区域、双边等多种机制的良性互动，为推进中国经济外交的全面发展，为国内经济社会发展营造更好的国际环境，做出了重要贡献。"十二五"时期，中国经济外交在机制建设健全、多机制良性互动方面，面临的局面将更趋复杂，更加难以应对。如在财金领域，面对可能持续扩展的欧洲主权债务危机，既需要通过国际货币基金组织等多边国际金融组织予以协调和援助，也需要通过区域财金合作来稳定财金环境，还需要通过双边财金合作予以支持和配合。这已成为中国在财金领域的经济外交所必需面对的全新局势。可以想见，国际金融组织和欧洲有关方面还将继续要求中国予以支持和援助，中国更要通过区域合作来稳定周边财金环境，必须通过高效的多机制互动，既为全球财金稳定作出应有贡献，又能确保自身财金权益。

（四）强化多领域协调。"十一五"时期，中国经济外交的领域得到进一步拓宽，逐步涵盖了贸易投资、金融货币、能源资源、节能环保等所有重要领域。但面对不断拓宽的经济外交领域，彼此之间还未能形成高效的协调，各自为阵，孤军作战，从而损害中国经济外交整体战略利益的现象依然存在。"十二五"时期，中国经济外交的领域还将进一步拓宽，众多领域相互之间的内在联系和互动关系更加错综复杂。如在区域合作层面，传统的区域经济合作多集中于自贸领域，自贸合作也多集中于区内贸易自身，而发展趋向却是区域经济合作更加注重"全面经济协定"的签署和实施，越来越多的自贸协定或自贸区建设远远超出了贸易的范畴，几乎涵盖了所有的经贸领域。这就要求分管不同涉外领域的部门和机构密切配合、系统协调。

（五）夯实周边基础。周边外交在中国外交战略中占据首要地位，稳定的周边环境是国内经济社会发展的必要保证，周边经济体也在我对外经贸关系中占有很大比重。如在 2011 年中国总额为 36420.58 亿美元的对外贸易总额中，东北亚的日韩朝蒙占 16.5%，中国港澳台地区占 12.2%，东盟 10 国占 10%，南亚 8 国占 2.7%，合计占到 41.4%。① 而在 2011 年中国实际使用总额为 1160.11 亿美元的外商直接投资中，仅中国香港、中国澳门、中国台湾、日本、菲律宾、泰国、马来西亚、新加坡、印尼和韩国等 10 个周边国家和地区即达 1005.17 亿美元，占比高达 86.6%！在对华直接投资最多的前 10 个经济体中，5 个来自周边，其中前四位全是周边经济体，依次为中国香港、中国台湾、日本和新加坡。② 中国对外经贸关系的这一结构性特征，要求我必须通过有效的经济外交来夯实周边基础，其基本思

---

① 商务部亚洲司官方网站：2011 年 1～12 月我对亚洲国家（地区）贸易统计，http://yzs. mofcom. gov. cn/aarticle/g/date/p/201202/20120207946820. html，2012 年 2 月 4 日登录。

② 商务部官方网站：中国投资指南，http://www. fdi. gov. cn/pub/FDI/wztj/wstztj/lywzkx/t20120119_140557. htm，2012 年 2 月 4 日登录。

路，一是要积极参与和推进区域经济合作，稳定和扩展周边经贸关系；二是要加强对日韩印东盟各国等周边经济体的双边经贸合作；三是要通过强化 CEPA 等机制，确保内地与港澳台经贸关系的稳定和发展。

（六）稳固大国合作。大国外交在中国外交战略中占据关键地位，大国在我对外经贸关系中占有很大比重，大国也是多边国际经济机制的主导，大国协调还是区域经济合作的关键。以对外贸易为例，欧盟是我第一大贸易伙伴，2011 年对欧盟贸易总额和占比高达 5612.73 亿美元和 15.4%；美国是我第二大贸易伙伴，对美贸易总额和占比高达 4466.47 亿美元和 12.3%；日本是我第三大贸易伙伴，对日贸易总额和占比高达 3428.86 亿美元和 9.4%；对这三大贸易伙伴的贸易总额和占比合计即达 13508.06 亿美元和 37.1%。我出口市场更加高度集中于少数大国，如 2011 年对美国一国的出口即达 3244.93 亿美元，占比高达 17.1%。[①] 近年我对美欧日的经贸关系获得重大进展，也出现了重大波动，以致对我对外经贸关系总体发展造成很大冲击和影响，目前仍存有一系列矛盾和问题，如贸易不平衡在中美经贸关系中引发的矛盾和问题。展望"十二五"，大国仍将在我对外经贸关系中占据首要地位，我与大国在经贸关系中仍将存有一系列难以避免的矛盾和问题，我必须通过有效的经济外交，尤其是有效利用中美战略经济对话、中日经济高层对话等双边机制，稳固大国经贸合作。

（2012 年 1 月 16 日　外交学院）

---

① 商务部亚洲司官方网站：2011 年 1～12 月我对亚洲国家（地区）贸易统计，http：//yzs. mofcom. gov. cn/aarticle/g/date/p/201202/20120207946820. html，2012 年 2 月 4 日登录。

积极应对全球经济不确定性

——《中国经济外交年度报告：2013》序

2012 年全球经济走势的总体特点，是不确定性、不稳定性再度增大：国际金融危机阴影犹存，主权债务危机持续发酵，全球经济回升出现波折，国际贸易投资急剧波动，贸易保护主义重新抬头……受此影响，中国经济稳定发展面临的国际环境更加复杂，中国对外经贸关系发展面临严峻考验。积极应对全球经济形势的不确定性，缓解中国对外经贸关系的不稳定性，成为中国经济外交面前的首要任务，也是 2012 年中国经济外交的鲜明主题。

呈现给读者的这本《中国经济外交年度报告：2013》，作为《中国经济外交年度报告》系列的第四部，即拟以积极应对全球经济的不确定性，缓解中国对外经贸关系的不稳定性为主线，对 2012 年的中国经济外交进行系统梳理和重点描述。

一、全球经济不确定性再度增大

2009 年春，国际金融危机导致的全球经济衰退降至谷底，随后步入回升进程。2010 年是新一轮全球经济回升势头较强劲的一年，全球实际 GDP 增长率达到 5.1%，基本恢复至危机前的水平——2006 年和 2007 年分别为 5.3% 和 5.4%，2008 年和 2009 年相继下跌至 2.8% 和 - 0.6%。进入 2011 年，受欧洲主权债务危机发酵等因素的影响，新一轮全球经济回升进程开始出现波折，全球实际 GDP 增长率再度回落至 3.8%。2012 年全球经济增速减缓的势头更加明显，权威国际机构关于全球实际 GDP 增长率的预测数据也一再下调，国际货币基金组织的最新预测（2013 年 1 月）仅为 3.2%，比 2010 年的 5.1% 下跌三分之一以上。受全球经济回升继续趋缓的影响，国际贸易增幅也开始明显缩小，就全球贸易增长率看，2010 年曾一度攀升至 12.6%，2011 年已降低至 5.9%，2012 年可能只有 3.8%，其中发达经济体的进口和出口更将分别降低至 1.2% 和 2.1%。① 与此同时，国际直接投资更出现剧烈波动，据联合国贸发会议统计，2012 年上半年的全球 FDI 已降至 6676 亿美元，比上年同期下降了 8.4%。②

导致 2012 年全球经济回升进程出现波折、增速进一步趋缓的主要原因，是各主要经济体尤其是西方发达经济体的不确定性进一步增大。而发达经济体不确定性的进一步增大，又通过贸易、金融等渠道，对新兴市场和发展中经济体的经济回升造成了严重冲击。同时，此次国际金融危机前即已存在的一些老问题，如全球经济失衡问题，目前又呈死灰复燃之势，从而进一步增大的全球经济的不确定性。

2012 年西方发达经济体不确定性的再度增大，根源仍然在于"财政—金融—经济"三重危机的恶性循环。在这一年，尽管主要经济体均推出了一系列缓解财政危机的政策，如削减公共福利开支和增税等，结果是财政赤字对 GDP 的比例有所降低，但主权债务规模过于庞大的问题还在加剧，其对 GDP 的比例甚至还在提高，其中美国升至 107.2%，欧元区升至 93.6%，日本更升至 236.6%。更加严重的是，目前西方财政危机的恶化，在很大程度上是此前金融危机导致财政支出增大，同时财政收入减少的结果，现在财政危机又回过头来重新恶化金融问题，引发金融震荡，甚至导致金融危机死灰复燃。而金融危机与财政危机叠加在一起，直接导致了发达经济体需求恶化、投资萎缩从而增速放缓。2012 年，发达经济体的实际 GDP 增长率由 2011 年的 1.6% 进一步降至 1.3%，爆发主权债务危机的欧元区更将出现 0.4% 的负增长。③ 在这一大背景下，西方各主要经济体又各有各的不确定性。在欧元区，不确定性具体表现为：一方面，欧盟及各成员均采取了力度强大的政策措施来缓解主权债务危机，如欧央行推出直接货币交易计划（OMT），在二级市场无限量购买已求助国家的 1～3 年期主权债务；正式启动规模达 5000 亿欧元的欧洲稳定机制（ESM），以增强欧洲救助机制的能力；欧盟峰会就银行业联盟达成初步共识，拟于 2013 年开始实施欧元区单一银行业监管机制等。但在另一方面，导致主权债务危机的深层体制和结构性问题并未得到解决，且上述对策的实施也受到相关阶层的强力抵制，财政紧缩也进一步加重了经济低迷。由此导致欧洲主权债务危机的可能走向，具有了更大的不确定性。在美国，不确定性主要来自能否顺利跨越"财政悬崖"：一方面，2012 年年底同时面临减税政策到期和国债上限触顶两大挑战，若不能及时制定和实施解决方案，将导致经济再度衰退。美国会预算办公室预计，一旦跌入"财政悬崖"，2013 年美国经济将萎缩 0.5%，失业率重新攀升

---

① 国际货币基金组织：《世界经济展望》，2013 年 1 月 23 日，表 1。

② 商务部官方网站：《中国对外贸易形势报告》（2012 年秋季）附件一：世界经济贸易形势，http://zhs. mofcom. gov. cn/aarticle/Nocategory/201210/20121008406082. html，2012 年 12 月 6 日登录。

③ 国际货币基金组织：《世界经济展望》，2012 年 10 月，第 190，202 页。

至接近9%的水平;① 而即便跨越了"财政悬崖",财政状况又会进一步恶化。同时，美国的经常收支不平衡问题又呈死灰复燃之势，再度成为其内外经济稳定的最大问题。在日本，不确定性主要取决于灾后重建对经济回升的带动效应如何，导致这一效应令人失望的主要原因，也是庞大的政府债务导致重建资金极度匮乏。同时，政局动荡、外交失控、日元升值等，也增大了日本经济的不确定性。

新兴市场和发展中经济体的不确定性主要来自外部国际冲击，其国内经济发展不可能与国际"脱钩"。由于西方发达经济体不确定性再度增大导致经济减速、市场萎缩、投资波动，新兴市场和发展中经济体的出口贸易受到严重冲击，从而对依然高度依赖出口需求的经济增长形成巨大压力。新兴市场和发展中经济体的出口贸易增长率在2011年高达13.7%，2011年已将至6.6%，2012年可能进一步下降至3.6%。受此影响，其经济增速也明显放缓，实际GDP增长率在2010年曾高达7.4%，2011年已降至6.3%，2012年更可能降至5.1%。② 同时，同样受发达经济体继续实施"超量化宽松"货币政策的影响，新兴市场和发展中经济体的通胀压力进一步增大，如印度的消费者物价指数目前又重新攀升至两位数的高水平。③

全球经济严重失衡，曾被认为是引发国际金融危机的主要原因。而在危机过程中，全球经济失衡问题曾一度有所缓解，而伴随回升进程的展开，全球经济失衡问题又重新恶化了。如作为全球经济失衡最主要表现的美国对外经常收支逆差，在危机前的2006年达800.6亿美元，在危机中的2009年曾降至381.9亿美元，而到危机后的2011年又增至465.9亿美元，2012年可能再攀升至486.5亿美元。④ 全球经济失衡的再度恶化，通过汇市波动、游资冲击、油价攀升、大宗资源价格上扬等途径，直接增大了全球经济的不确定性和不稳定性。

二、中国对外经贸关系遭受冲击

全球经济不确定性再度增大，增速放缓、贸易萎缩、投资波动，再加上周边岛屿冲突等因素的影响，中国对外经贸关系在2012年遭受了很大冲击。

受全球市场萎缩、贸易保护主义抬头等因素的影响，2012年的中国对外贸易出现了剧烈波动。就进出口贸易增长速度看，2010年高达34.7%，2011年仍有22.5%，2012年已骤降至6.2%，不及2010年增长速度的1/5！其中出口贸易增长率由2010年的31.3%，2011年的20.3%下降至2012年的7.9%，进口贸易增长

---

① 商务部官方网站：《中国对外贸易形势报告》（2012年秋季）附件一：世界经济贸易形势，http：//zhs. mofcom. gov. cn/aarticle/Nocategory/201210/20121008406082. html，2012年12月9日登录。

② 国际货币基金组织：《世界经济展望》，2013年1月23日，表1。

③ ［日］外务省《主要经济指标》，2012年10月25日，http：//www. mofa. go. jp/mofaj/area/ecodata/pdfs/k_shihyo. pdf，2012年12月9日登录。

④ 国际货币基金组织：《世界经济展望》，2012年10月，第205页。

率由 2010 年的 38.7% ，2011 年的 24.9% 下降至 2012 年的 6.0% 。① 就中国对外贸易的国别和地区结构看，最值得关注的是，由于欧债危机导致欧洲经济减速、市场萎缩更加明显，2012 年中国对欧贸易出现了 3.7% 的负增长，对欧出口更减少达 6.2% ，成为 2012 年中国外贸增速减缓的主要因素。其次值得关注的是，受钓鱼岛事件导致中日关系恶化的影响，中国对日贸易也出现明显萎缩，2012 年对日贸易减少 3.9% ，其中自日进口更减少 8.6% 。② 由于中国经济增长的外需依存度依然很高，全球经济不确定性增大导致的对外贸易萎缩，对 2012 年的中国经济发展造成严重冲击。2010 年，中国的实际 GDP 增长率高达 10.4% ，2011 年仍达 9.3% ，而 2012 年已降低至 7.8% ，比 2010 年低了 2.6 个百分点。③

在对外贸易增速放缓的同时，受全球跨国投资波动的影响，中国的引进外资也出现大幅萎缩。2012 年，中国新增外商投资企业仅有 24925 家，比上年同期减少了 10.1% ，实际使用外资金额 1117.16 亿美元，比上年同期减少了 3.7% 。其中欧盟和亚洲十大经济体对华直接投资实际使用金额分别减少了 3.8% 和 4.8% 。④ 引进外资是中国对外经贸关系的重要组成部分，外资在中国经济增长、吸收就业、增加税收、技术外溢等方面发挥着重要作用，2012 年中国在引进外资方面出现的波动，也从多层面对中国经济稳定发展造成严重影响。

全球经济放缓、市场萎缩、失业增加导致贸易保护主义重新抬头，许多国家试图通过贸易保护将更多的市场留给本国企业，并增加本地就业，结果是贸易救济调查、提高关税、实施进口许可证管理、海关监控等贸易保护措施急剧增加。而中国由于贸易竞争力快速增强、占全球贸易份额快速增大、贸易顺差居高不下，更成为全球贸易保护主义的最大受害者。2012 年前三季度，中国出口产品遭遇国外贸易救济调查涉案金额达 243 亿美元，增长 7 倍多。⑤ 与此同时，针对中国企业海外并购的保护主义也在增加，直接阻滞了中国企业"走出去"的步伐。此外，美国等西方国家逼迫人民币升值以解决其对华外贸逆差的压力持续存在并有所增大，也成为 2012 年中国对外经贸摩擦加剧的重要表现。

努力推进东亚区域经济合作，是中国对外经贸关系的重要组成部分。在很长时期，中国推进东亚经济合作的主要战略之一，是以"10＋3"为主渠道。但在 2012

---

① 商务部官方网站：《全国进出口情况统计》，http：//www. mofcom. gov. cn/static/column/tongjiziliao/cf. html/1 ，2012 年 12 月 9 日登录。

② 商务部亚洲司官方网站：综合数据，http：//yzs. mofcom. gov. cn/article/g/date/v/201301/20130100008190. shtml，2013 年 3 月 9 日登录。

③ 中国国家统计局：《中华人民共和国 2012 年国民经济和社会发展统计公报》，图 1 ，2013 年 3 月 9 日登录。

④ 商务部官方网站：《2012 年 1～12 月全国吸收外商直接投资情况》，http：//www. mofcom. gov. cn/article/tongjiziliao/v/201301/20130100009582. shtml，2013 年 3 月 9 日登录。

⑤ 商务部官方网站：《中国对外贸易形势报告》（2012 年秋季），2013 年中国对外贸易发展环境分析，http：//zhs. mofcom. gov. cn/aarticle/Nocategory/201210/20121008406073. html，2012 年 12 月 9 日登录。

年，中国以"10＋3"为主渠道的区域经济合作战略，受到美国"重返亚太"，加大 APEC、EAS、TPP 等亚太（非地理意义上的"东亚"）框架推进力度的严重影响。在 11 月举行的东亚系列峰会上，已明确提出要在 2013 年启动 EAS 框架下自贸谈判（RCEP），并拟定于 2015 年完成谈判。在此背景下，"10＋3"框架下的东亚经济合作走向何处？成为摆在中国区域经济合作战略目前的重大问题。此外，受岛争事态愈演愈烈的影响，2012 年年初刚宣布启动的中日韩自贸区谈判，也进一步增加的难度和不确定性，尽管在 11 月的东亚系列峰会期间，还是宣布了谈判的正式启动，但实际进程肯定会受到岛争导致的中日、日韩关系恶化的影响。

积极参与多边国际经济协调，也是中国对外经贸关系的重要领域。2012 年，在全球经济减速、不确定性增大的背景下，中国面临的多边国际经济协调问题也更加复杂。欧债危机继续发酵，使国际货币基金组织、欧盟相关机构和主要成员对中国的期望进一步增高，国际金融机构和机制改革面临的环境更加复杂。WTO 多哈回合谈判进展迟缓，仍然依靠 20 年前的谈判成果来规范 20 年后显著变化了的国际贸易，缺陷和问题愈加凸显，对入世 10 年后的中国如何有效利用多边贸易机制来促进对外贸易稳定和发展，提出了新的挑战。刚刚结束的联合国 2012 年多哈气候大会，更凸显出国际气候环保合作的重重困难，中国如何有效发挥在国际气候环保领域的作用，实现权益和义务的均衡，难度进一步增大。G20 是最能发挥中国作用的多边国际经济协调机制，但它是金融危机的产物，走出危机后 G20 机制本身已显现出功能弱化的趋向，2012 年的 G20 墨西哥洛斯卡沃斯峰会面临同样问题。

三、2012：中国经济外交的新进展

积极应对全球经济形势的不确定性，缓解中国对外经贸关系的不稳定性，是 2012 年中国经济外交的首要任务和鲜明主题。在党中央和国务院的正确领导下，各相关部门和各级政府通力合作，共同努力，推动中国经济外交在 2012 年又取得了一系列新进展。

——明确指导思想，完善组织机制。党的十八大胜利召开，是 2012 年中国政治经济生活中的重大事件，也对中国经济外交产生了深广影响，十八大报告更进一步明确了中国经济外交的指导思想和战略方针。首先，十八大报告对过去五年包括经济外交在内的外交工作给予了充分肯定："外交工作取得新成就。坚定维护国家利益和我国公民、法人在海外合法权益，加强同世界各国交流合作，推动全球治理机制变革，积极促进世界和平与发展，在国际事务中的代表性和话语权进一步增强，为改革发展争取了有利国际环境。"其次，报告明确提出还要坚定不移地走中国特色的社会主义道路，为此"必须坚持推进改革开放。……坚持对外开放的基本国策，……必须坚持和平发展。和平发展是中国特色社会主义的必然选择。要坚持开放的发展、合作的发展、共赢的发展，通过争取和平国际环境发展自己，又以

自身发展维护和促进世界和平，扩大同各方利益汇合点，推动建设持久和平、共同繁荣的和谐世界。"第三，报告宣誓要在2020年全面建成小康社会，主要目标包括经济持续健康发展、人民生活水平全面提高、节能环保事业进一步发展等，为实现这些目标，必须进一步扩展和深化经济外交。第四，报告在"加快完善社会主义市场经济体制和加快转变经济发展方式"中明确指出，要"全面提高开放型经济水平。适应经济全球化新形势，必须实行更加积极主动的开放战略，完善互利共赢、多元平衡、安全高效的开放型经济体系。要加快转变对外经济发展方式，推动开放朝着优化结构、拓展深度、提高效益方向转变。创新开放模式，促进沿海内陆沿边开放优势互补，形成引领国际经济合作和竞争的开放区域，培育带动区域发展的开放高地。坚持出口和进口并重，强化贸易政策和产业政策协调，形成以技术、品牌、质量、服务为核心的出口竞争新优势，促进加工贸易转型升级，发展服务贸易，推动对外贸易平衡发展。提高利用外资综合优势和总体效益，推动引资、引技、引智有机结合。加快走出去步伐，增强企业国际化经营能力，培育一批世界水平的跨国公司。统筹双边、多边、区域次区域开放合作，加快实施自由贸易区战略，推动同周边国家互联互通。提高抵御国际经济风险能力。"最后，报告明确表示要"继续促进人类和平与发展的崇高事业。"为此"中国将始终不渝奉行互利共赢的开放战略，通过深化合作促进世界经济强劲、可持续、平衡增长。中国致力于缩小南北差距，支持发展中国家增强自主发展能力。中国将加强同主要经济体宏观经济政策协调，通过协商妥善解决经贸摩擦。中国坚持权利和义务相平衡，积极参与全球经济治理，推动贸易和投资自由化便利化，反对各种形式的保护主义。"十八大报告的上述精神，都从不同层面给中国经济外交指明了方向，设定了原则，规范了路径，搭建了框架。与此同时，2012年的中国经济外交在完善组织机制方面也取得了新进展，尤其是外交部国际经济司的高调成立，将在统筹协调和积极引领中国经济外交方面，发挥重要作用。

——参与全球治理，推进区域合作。伴随中国经济实力的增强和国际地位的提升，在参与全球经济治理层面赢得了更多的话语权和影响力，从而也使参与和引导全球经济治理，成为中国经济外交的重要组成部分。2012年在此层面所取得的主要进展是，积极参与和推进WTO框架下的多边贸易投资自由化，坚持对一切有助于推动多哈回合谈判的努力持开放态度，同时坚持发展在谈判中的核心地位，坚持多边谈判的主渠道作用，以积极务实的态度接受了世界贸易组织（WTO）对中国的第四次贸易政策审议，从而在维护全球贸易治理、推进多边贸易投资自由化方面，发挥了重要作用。积极推进国际金融体系改革，积极支持IMF等国际金融机构为缓解欧债危机所做的努力，积极参与IMF数额高达4300亿美元的增资计划，推动落实IMF份额改革，尤其是增加中国在其中的份额。按照2010年年底决定的改革方案，中国的份额将提升到第三位，由目前的3.994%提升到6.390%，居美国和日本之后。此外，中国在IMF等国际金融机构中担任的高级职务进一步增多，继 IMF 副总裁后，今年 3 月底又担任了该机构的秘书长。积极参与多边宏观经济政策协调，在今年 6 月墨西哥洛斯卡沃斯举行的 G20 第七次峰会上，胡锦涛主席发表重要讲话，建议要坚定不移推动世界经济稳定复苏，深化国际金融体系改革，促进国际贸易健康发展，推进发展事业，倡导可持续发展，为会议取得成果做出重要贡献。积极参与和推进区域经济合作，也是中国经济外交的重要选择，2012 年在此层面同样也取得了重大进展。中国是 2012 年中日韩领导人会议的主席国，经过有关各方共同努力，会议取得重要成果，包括正式签署中日韩投资协定，宣布年内启动自贸区谈判等，后虽因岛屿之争使三方合作受到冲击，但在 11 月举行的东亚系列峰会期间，还是宣布了中日韩自贸区谈判的正式启动。在此同时，东亚系列峰会还宣布正式启动了 RCEP，10（东盟）+6（中日韩澳新印）框架下的东亚经济合作向前迈进了一大步。2012 年，"10+3"框架下的金融合作也取得新进展，5 月在马尼拉举行的东盟 + 中日韩财长会，决定将区域外汇储备库规模扩大一倍，由 1200 亿美元扩大至 2400 亿美元，并将与 IMF 贷款条件脱钩比例由 20% 提高至 30%。[①] 此外，在东亚经济合作的其他重要层面和领域，中国经济外交也付出了巨大努力，取得了明显进展。

——应对经贸摩擦，拓展出口市场。2012 年，中国对外贸易面临的国际经济环境极其严峻，全球经济减速、不确定性增大导致国际市场急剧萎缩，贸易保护主义重新抬头，给中国对外贸易稳定和扩展造成了严重冲击和影响，增长率由上年的 22.5% 急剧下降至 6.2%，下降 70% 以上。与此同时，由于出口降幅小于进口，贸易顺差进一步扩大，导致针对中国的贸易保护更行强化，对外经贸摩擦更趋严重。2012 年中国外贸顺差达 2311.1 亿美元，比上年增长了 49.2%，其中对美贸易顺差更增长至 2189.1 亿美元。[②] 为积极应对经贸摩擦，扩展出口市场，确保经济稳定增长，中国以商务部为中心的有关部门进行了有效的外交斡旋，包括增大双边交涉力度，有效回应以美国为首的有关国家对华采取的贸易保护措施；积极参与和推进区域合作，稳定和扩大东亚区内市场；有效利用多边贸易框架，解决涉我贸易争端等。应该说，2012 年中国在对外贸易领域的经济外交整体上还是取得了明显效果，在一定程度上缓解和扭转了对外贸易急剧下滑的局面。从 9 月开始，中国对外贸易显现企稳回升态势，进出口增长率由 8 月的 0.2% 回升至 6.3%，10 月回升至 7.3%，12 月更回升至 10.2%，出口增长率由 7 月的 1.0%、8 月的 2.7% 回升到 9 月的 9.9%、10 月的 11.6% 和 12 月的 14.1%。[③]

——稳定外来投资，促进对外投资。如前所述，2012 年，全球经济增速减缓、

---

① http://www.caexpo.com/news/info/focus/2012/05/10/3562297.html，2012 年 12 月 15 日登录。

② 商务部亚洲司官方网站：综合数据，http://yzs.mofcom.gov.cn/article/g/date/v/201301/20130100008190.shtml，2013 年 3 月 9 日登录。

③ 商务部官方网站：《全国进出口情况统计》，http://www.mofcom.gov.cn/article/tongjiziliao/cf/，2013 年 3 月 9 日登录。

不确定性增大，也导致了国际投资的剧烈波动。受全球投资波动的影响，中国引进外资规模也明显缩小，对经济稳定、增加就业造成了严重影响。与此同时，受发达国家产业保护和并购政治化的影响，中国企业走出去对外投资也遭遇重重阻力。为稳定外来投资，促进对外投资，中国在多边、区域和双边等主要层面均增大了外交投入，并取得了显著效果。如在多边层面，通过 G20 峰会、WTO 等机制，积极推进投资自由化。在区域层面，利用 EAS（东亚峰会）、"10＋3"、中日韩等合作机制，积极促进区内投资合作，鼓励区内投资自由流动。尤其是中日韩投资协定的签署，对规范和促进三国间的相互投资，产生了积极作用。在双边层面，通过中美、中欧、中印等主要双边对话机制，促进双向投资自由化和便利化。如在今年 5 月举行的第四轮中美战略与经济对话，即就尽快启动第七轮双边投资协定谈判，加强基础设施、清洁能源、高端制造、现代服务业等领域的投资合作形成共识，美方还表示欢迎中国企业赴美投资。通过这一系列的经济外交举措，2012 年中国引进外资虽也有所下降，但降幅远低于世界平均水平和主要国家，从而使中国超过美国成为全球第一大引进外资国。① 更加重要的是，2012 年中国企业的对外直接投资虽遭遇重重阻力，但仍保持快速增长之势，非金融类对外直接投资达到 772.2 亿美元，同比增长 28.6%。②

——推进财金合作，防范全球风险。如前所述，欧债危机持续发酵、美国濒临财政悬崖、金融市场再度动荡，成为 2012 年全球经济风险和不确定性增大的主要表现。为有效防范财金风险及其经济影响，中国进一步加大了国际财金合作力度，并取得明显进展，成为 2012 年中国经济外交新进展的主要表现。2012 年中国在财金领域的经济外交，也主要是从三大层面展开并取得突出进展的。在多边层面，中国积极参与 IMF、G20 等框架下的国际财金合作，包括向 IMF 增资 430 亿美元等，为国际社会共同抵御财金风险做出了重要贡献。在区域层面，通过加强 "10＋3"、中日韩财金合作等渠道，包括积极推动 "10＋3" 区域外汇储备库规模扩大一倍等，为稳定东亚金融体系发挥了重要作用。在双边层面，通过增大与欧盟和重债国协调合作，扩大双边货币互换规模，相互增购对方国债等途径，为稳定金融市场和财政体系产生了积极影响。

——增大外援力度，承担环保责任。如果说，上述领域的经济外交，主要目的还是为了确保本国经贸及相关利益，那么，增大外援力度，承担环保责任，主要目的却是为了担当更多的国际义务。2012 年，在全球减速导致落后国家更加艰难、更需增加援助，国际气候合作面临重重阻力的背景下，中国进一步增大了对外援助和国际气候环保合作的力度，成为该年度中国经济外交的重要亮点。其代表性事件

---

① 商务部官方网站：http：//www.mofcom.gov.cn/aarticle/ae/ai/201210/20121008406477.html，2012 年 12 月 15 日登录。

② 商务部官方网站：《2012 年非金融类对外直接投资简明统计》，http：//www.mofcom.gov.cn/article/tongjiziliao/dgzz/201301/20130100006028.shtml，2013 年 3 月 9 日登录。

之一，是中非合作论坛第五届部长级会议 7 月在北京举行，胡锦涛主席出席会议并发表重要讲话，明确提出要进一步增大对非援助，未来三年向非洲提供 200 亿美元贷款。① 其代表性事件之二，是联合国气候大会于 11 月底 12 月初多哈召开，国家发改委副主任解振华率团出席。会议期间，中国代表团一方面主动展示中国自身在节能减排应对气候变化方面所做的努力、取得的成果和未来的规划，明确宣示中国在全球气候合作方面的立场，赢得了大会和国际社会的广泛好评；另方面又积极与有关方面，尤其是与新兴市场和发展中国家的协商合作，为推动大会达成更加公平合理的协议做出了重要贡献。解振华在 12 月 5 日举行的多哈气候大会高级别会议上，明确表达了中方立场，受到大会高度关注。其要点包括坚持原则，巩固制度基石；牢记使命，落实巴厘授权；履行承诺，增强合作互信；共创未来，加强公约实施等。②

这一切都表明，占世界人口五分之一的中国是国际社会中负责任的大国，中国选择和平发展之路，愿意与各国一道为建设持久和平、互利共赢、共同繁荣的和谐世界而不懈努力。

（2013 年 3 月 19 日　外交学院）

---

① 中非合作论坛官方网站：《胡锦涛在中非合作论坛第五届部长级会议开幕式上的讲话》，2012 年 7 月 19 日，http：//www.fmprc.gov.cn/zflt/chn/zt/dwjbzh2012/t953168.htm，2012 年 12 月 15 日登录。

② 中国网：http：//www.china.com.cn/international/zhuanti/2012－12/06/content_27330439.htm，2012 年 12 月 15 日登录。

持续开创中国经济外交的新局面
——《中国经济外交年度报告：2014》序

2013 年注定要在中国发展史上画上浓墨重彩的一笔！

这一年，十八大精神的全面落实为中国发展注入了更加强劲的动力，十八届三中全会吹响了全面深化体制改革的嘹亮号角。

这一年，国际格局变化的步伐仍在加速，中国外交战略的转型也在提速。

这一年，受内政外交两大方面因素的交互作用和合力推进，中国经济外交也发生了深广变化，取得了全面进展，开创了全新局面。

呈现在读者面前的这部《中国经济外交年度报告：2014》，作为外交学院撰写的《中国经济外交年度报告》系列第五本，旨在对中国经济外交在 2013 年发生的新变化、取得的新进展和开创的新局面进行梳理和总结。

一、中国经济外交的新使命

2013 年是全面落实十八大精神的开局之年，也是以十八大精神统领 2013 年中国内政外交、包括经济外交的重要一年。十八大报告明确提出了"两个一百年"的战略目标，即在 2020 年中国共产党成立 100 周年时全面建成小康社会和在 2050 年中华人民共和国成立 100 周年时建成富强民主文明和谐的社会主义现代化国家，这"两个百年目标"给中国经济外交赋予了新的使命。

十八大报告对过去五年包括经济外交在内的外交工作给予了充分肯定。报告指出：外交工作取得新成就。坚定维护国家利益和我国公民、法人在海外合法权益，加强同世界各国交流合作，推动全球治理机制变革，积极促进世界和平与发展，在国际事务中的代表性和话语权进一步增强，为改革发展争取了有利国际环境。

报告明确强调，要坚定不移地走中国特色的社会主义道路，坚持推进改革开放的基本国策，坚持和平发展。报告还提出全面建成小康社会的战略目标是，经济持续健康发展、人民生活水平全面提高、节能环保事业进一步发展等。而要实现这些战略目标，必须进一步扩展和深化经济外交。全面提高开放型经济水平。适应经济全球化新形势，实行更加积极主动的开放战略，完善互利共赢、多元平衡、安全高效的开放型经济体系。同时要统筹双边、多边、区域次区域开放合作，加快实施自由贸易区战略，推动同周边国家互联互通。提高抵御国际经济风险能力。报告强调，中国将始终不渝奉行互利共赢的开放战略，通过深化合作促进世界经济强劲、可持续、平衡增长。

总之，十八大报告对新时期中国经济外交赋予了新的使命，指明了方向，设定了原则，规范了路径，搭建了框架。

二、构建开放型经济新体制意义重大

党的十八届三中全会通过了《中共中央关于全面深化改革若干重大问题的决定》，吹响了全面深化改革的战斗号角。"决定"涉及中国经济政治社会文化体制改革的所有重大层面，其中对中国经济外交影响最大、也最为直接的是提出了"构建开放型经济新体制"。其内容有三大举措：

一是放宽投资准入。进一步扩大对外开放，尤其是扩大金融、教育、文化、医疗等服务领域对外资开放，放宽对外资的准入限制。同时，决定建立上海自由贸易试验区，并在试验成功的基础上，在全国有序推广。

二是加快自由贸易区建设。核心是以周边国家（地区）为基础加快实施自由贸易区战略，同时坚持双边、多边、区域次区域开放合作，并扩大对中国香港、中国澳门和中国台湾的开放合作。

三是扩大内陆沿边开放。推动内陆贸易、投资、技术创新协调发展。创新加工贸易模式，形成有利于推动内陆产业集群发展的体制机制。支持内陆城市增开国际客货运航线，发展多种方式联运，形成横贯东西、连接南北方对外经济走廊。同时，加快同周边国家和区域基础设施互联互通建设，首次提出"推进丝绸之路经济带和海上丝绸之路建设，形成全方位开放新格局。"

四是完善人民币汇率市场形成机制，推动资本市场双向开放，有序提高跨境资本和金融交易可兑换程度，建立健全宏观审慎管理框架下的外债和资本流动管理体系，加快实现人民币资本项目可兑换。

三、大国经济关系的新突破

大国经济关系在中国经济外交中始终占据突出地位。这一方面是因为，在中国对外经贸关系体系中，主要经济大国占据的份额举足轻重；同时还因为，当今的国际经济体系和全球治理架构，在很大程度上是由以美欧为代表的少数西方国家主导的。

2013 年，中国经济外交在大国经济关系领域有了新的突破。

首先体现在中美新型大国关系的界定上。2013 年 6 月，习近平主席在安纳伯格庄园与美国总统奥巴马进行会晤，就构建中美新型大国关系达成共识，即"不冲突不对抗、相互尊重、合作共赢"。其中"合作共赢"是妥善处理中美关系的落脚点，因此夯实中美经济关系至关重要。目前，中美互为最重要的经贸伙伴，双边经贸关系已突破 5000 亿美元，这在各自经济中均占据十分突出的位置。当然，中美经贸关系也存有诸多问题和摩擦，如双边贸易严重失衡。据美方统计，对华贸易逆差占 2013 年美全部贸易逆差的 46.3%。① 中美新型大国关系要稳步发展，须进一步加强对话与协调，共同处理好双边经贸关系中的敏感问题。2013 年，中美通过经济外交妥善处理分歧和摩擦取得进展，如美方压人民币升值有所放缓，中美双边投资协定谈判已完成十二轮并取得成果。今年年初，中国外长王毅撰文指出，"中美双方应努力打造合作的新领域，推动双边投资协定谈判尽早取得突破，早日解决美国高技术产品对华出口限制、中资企业赴美投资受阻等问题。加强双方在贸易投资、能源环保、基础设施等领域的对话与合作，促成一批有影响、惠及百姓的大型合作项目。"② 据美方统计，2013 年美国对华出口增长 10.4%，而其出口总额仅增长 2.1%；自华进口增长 3.5%，而其进口总额却为 0.4% 的负增长。③ 这表明对华贸易在美外贸中的比重和地位进一步提升。

2013 年中俄经贸关系有新的进展。习近平主席在 2013 年与普京总统 5 次会面，包括首次出访选择俄。李克强总理与梅德韦杰夫总理共同主持中俄总理第 18 次定期会晤，并达成重要共识：第一，扩大经贸合作和相互开放，提升贸易质量。推动双方企业进一步加强投资合作，扩大使用本币，促进贸易投资便利化；第二，在航空、航天、核能、高科技和创新领域更多开展联合研发、联合研制和联合生产合作，共同提升两国科技实力和国际竞争力。加强农业以及高铁等基础设施领域合作；第三，巩固和发展中俄能源战略合作。推进实施增供原油、修建天然气管道、上游油气田开发、下游炼厂建设等一批大项目取得成果；第四，密切人文交流，重点办好青年友好交流活动，增进相互了解与友谊；第五，在联合国、上海合作组织、金砖国家、二十国集团等多边框架下加强协调配合，维护世界和平稳定，推动建立公正合理的国际秩序。④

2013 年中国开展大国经济外交还体现在加强对欧盟主要经济体及印度等金砖国家经济合作与成果方面。这一年受政治关系持续恶化影响，中日经贸关系出现停

---

① 商务部官方网站：国别贸易报告；《2013 年美国货物贸易及中美双边贸易概况》，表 6。
② 外交部官方网站：2014 年 1 月 1 日重要新闻；王毅：《继往开来，努力构建中美新型大国关系——纪念中美建交 35 周年》。
③ 商务部官方网站：国别贸易报告；《2013 年美国货物贸易及中美双边贸易概况》，表 3、4。
④ 中国外交部官方网站：《李克强与梅德韦杰夫共同主持中俄总理第十八次定期会晤》，http：//www. fmprc. gov. cn/mfa_chn/wjb_602314/zzjg_602420/dozys_602828/xwlb_602830/t1091925. shtml，2013 年 12 月 27 日登录。

滞甚至倒退。

四、周边经济外交展现新高度

2013 年 10 月中央召开新中国成立以来首次周边外交工作座谈会，将周边经济外交提升到新的高度。习近平主席强调，这是实现"两个一百年"奋斗目标和实现中华民族伟大复兴的需要，也是为我国发展争取良好的周边环境和共同发展的需要。他强调，我国周边外交的基本方针，是坚持与邻为善、以邻为伴，坚持睦邻、安邻、富邻，体现亲、诚、惠、容的理念，并着力深化互利共赢格局，统筹经济、贸易、科技、金融等方面的资源，用好比较优势，找准深化同周边国家互利合作的战略契合点，积极参与区域经济合作，构建区域经济一体化新格局。

2013 年中孟印缅经济走廊、中巴经济走廊、丝绸之路经济带、21 世纪海上丝绸之路等意义重大的合作项目启动，为我周边经济外交注入了强劲动力和巨大活力。总体来看，2013 年我参与周边区域经济合作的力度明显加大，自贸区升级版及其他一系列互联互通等合作项目的提出，将我与东盟经济合作提升到新的高度；同时，尽管中日受政治关系恶化，中日韩自贸区谈判仍在推进，迄今已结束四轮谈判；我国与上合组织的经济合作、与南盟的经济合作在 2013 年也取得明显进展。2013 年，我与东盟贸易增长 10.88%，与南盟贸易增长 3.5%，与韩朝贸易分别增长 6.99% 和 8.66%。[①] 同时，与港台贸易也分别增长 17.43% 和 16.76%。可以说，2013 年我周边经济外交布局更趋均衡和全面，经济外交的局面明显改观。

五、着眼新兴市场开展经济外交

在中国经济外交总体布局中对发展中国家的经济外交占据重要地位。中国新一届中央领导集体高度重视对新兴市场和发展中国家的外交，采取了一系列新举措，取得了许多新进展。

2013 年 3 月 22～30 日，习近平主席履新后首次出访，就选择了金砖国家之一的俄罗斯和非洲发展中国家（坦桑尼亚、南非和刚果）。其后，又于 6 月 4～11 日对古巴、乌拉圭和智利等拉美发展中国家进行正式访问，充分展示了中国对亚非拉发展中国家的高度重视和积极推动务实合作。2013 年 3 月，习近平主席访非期间明确提出，要树立正确的义利观。外交部部长王毅认为，正确义利观是新时期中国外交的一面旗帜。义是指道义。中国在同非洲国家交往时应道义为先，坚持与非洲兄弟平等相待，真诚友好，重诺守信，更要为维护非洲的正当权利和合理诉求仗义执言。利是指互利。中国在与非洲国家交往时决不走殖民者的掠夺老路，决不效仿

---

① 商务部亚洲司官方网站：《2013 年 1～12 月我对亚洲国家（地区）贸易统计》，2014 年 2 月 18 日。

资本家的唯利是图作法，也不会像有的国家只是为实现自己的一己私利。中国愿与非洲兄弟共同发展，共同繁荣。在此过程中，中方会更多考虑非洲国家的合理需求，力争通过合作让非洲早得利、多得利。在需要的时候，我们还要重义让利，甚至舍利取义。正确义利观体现了中国与新兴市场和发展中国家开展经济外交的理念创新。这对巩固发展中国家在我外交整体布局中的基础地位意义重大。

习主席访非期间，中国与非洲国家共签署了 47 个合作协议，涉及投资贸易、经济援助、基础设施建设、能源资源、农业、人文交流等广泛领域，扎实推进了我对非洲发展中国家的全面合作。

习主席访问拉美和加勒比地区时，与墨西哥、特多和哥斯达黎加三国签署了 24 项合作协议，也进一步扩展和深化了中国与拉美发展中国家的经贸关系和务实合作。

据中方统计，2013 年中国对东盟贸易增长 10.88%，超过中国外贸增速（7.59%）3.29 个百分点，对东盟贸易占中国外贸的比重升至 10.7%，东盟作为中国第三大贸易伙伴的地位得到进一步巩固。①

六、多边经济外交取得新进展

2013 年，中国对联合国系统经济机构、世界贸易组织（WTO）、国际货币基金组织（IMF）、二十国集团（G20）、亚太经济合作组织（APEC）、金砖五国等多边国际组织和机制的经济外交取得许多新进展。中国在重要国际经济组织中的地位进一步提升，中国人越来越多地出任重要国际经济机构的负责人；中国在几乎所有重要国际经济会议上的发言权和影响力增大。例如，在联合国工业发展组织第 41 届理事会选举新一任总干事时，中国财政部副部长李勇在首轮投票中即以 37 票绝对优势当选工发组织第七任总干事。工发组织成立于 1966 年，1985 年成为联合国专门机构，现有 172 个成员方，总部在奥地利维也纳，总干事相当于联合国副秘书长级，其宗旨是帮助发展中国家实现可持续工业发展和促进工业发展合作。可以期待，中国人当选工发组织总干事，将进一步加强中国与工发组织的合作，推动工发组织为全球发展中国家可持续工业发展做出更大贡献。②

2014 年下半年，中国将第二次主办亚太经合组织（APEC）领导人非正式会议（第二十二次），筹备好这次重要峰会是 2013 年中国多边经济外交的重头戏。习近平主席指出，亚太经合组织应该承担三方面的使命和作用：一是加强宏观经济政策协调，携手推动亚太共同发展；二是客观判断形势，沉着应对挑战，全力维护亚太经济金融稳定；三是着眼长远，推动各成员深化经济结构调整，为亚太持久发展注

---

① 商务部亚洲司官方网站：《2013 年 1～12 月我对亚洲国家（地区）贸易统计》，2014 年 2 月 18 日。

② 商务部国际经贸关系司官方网站：《财政部副部长李勇副部长当选联合国工发组织总干事》，2013 年 6 月 25 日。

入更大动力。同时还提出三点主张：一是形成合力，共同推动亚太经济一体化进程；二是致力于开放式发展，坚决反对贸易保护主义。三是坚定信心，为多边贸易体制注入新的活力。

习主席在谈及做好互联互通这篇大文章时说，一要构建覆盖太平洋两岸的亚太互联互通格局，以此带动建设各次区域经济走廊，进而打造涵盖21个经济体、28亿人口的亚太大市场，保障本地区生产要素自由流通，稳步提升太平洋两岸成员协同发展水平，实现一体化。二要打通制约互联互通建设的瓶颈，建立政府、私营部门、国际机构广泛参与的投融资伙伴关系。中国愿意积极探索拓展基础设施建设投融资渠道，倡议筹建亚洲基础设施投资银行。三要在区域和国际合作框架内推进互联互通和基础设施建设，各成员国应该秉持互利互惠、优势互补理念，坚持开放透明、合作共赢原则，加强沟通交流，积极参与合作。四要用互联互通促进亚太地区人民在经贸、金融、教育、科学、文化等各领域建立更紧密联系，加深彼此了解和信任。

总之，2013年中国经济外交取得很大成绩，以习近平同志为总书记的中国新一届领导集体面对国情世情的深刻变化，总结出一系列高瞻远瞩，内涵丰富，务实管用的重大外交战略论断和指导思想，引领我国外交工作，包括经济外交工作在新的形势下成功开局。当前，中国全面深化改革正在有序推进，中国梦正以和平方式深刻影响着国际力量对比。展望未来，我们对中华民族的伟大复兴充满信心，这也是今后中国经济外交将会不断取得新成就的可靠保证。

（2014年4月9日　北京）

第四部分

助力推动公共外交

祝贺中国第一部公共外交教科书问世

——评《公共外交概论》

我面前摆着一本厚厚的《公共外交概论》样书（韩方明主编，赵可金、柯银斌副主编），这是我国即将出版的第一部公共外交综述。读后，我感到很惊喜，这分明是一部全方位涵盖公共外交知识与信息的小百科全书嘛，书中既有概念、有历史、有现状、有理论、有规划、有机制，又语言生动意赅、中外案例信手拈来，内容丰富而多彩。

21世纪之初的中国，综合实力和国际影响与日俱增，大力开展公共外交，推进国家软实力建设、服务和平发展大局，已成为新时期中国外交的重要拓展方向。

令人高兴的是，一段时间以来，在全中国兴起了一股强劲的推动公共外交大发展的热潮。上自国家领导人，下至学界媒体，甚至普通百姓都在热情关注和积极支持公共外交。公共外交的目标很清楚，那就是使国际社会更加客观公正地认识中国。公共外交的工作对象，既包括各国政府、政党、议会、智库、媒体及外国广大公众，也包括我国的民众、主要是引导他们理性看待我国与外部世界关系的变化。

值得回首的是，举世瞩目的2008年北京奥运会和2010年上海世博会成为中国开展公共外交的最大、也是最成功的舞台，向全世界展示了中国的真实国家形象。奥运会、世博会告诉我们，广大民众也能积极参与公共外交事业，也能为国家的和平发展做出重要贡献，而这一点正越来越成为全民的新理念。

然而，尽管国家日益重视推进和发展公共外交，各方面参与的积极性也很高，但至今尚没有一本系统完整的公共外交大全，也可以说，公共外交的理论研究还跟不上实践发展的步伐与需要，如果不尽快填补上这一缺失，将会影响我国公共外交的健康成长。

面对这一情况，在全国政协外委会主任赵启正的亲自指导和鼓励下，去年甫成立的察哈尔学会在集中力量成功承办全国政协外委会刊物——《公共外交季刊》的同时，沉下心来把很大精力投入到公共外交的学科研究和教材收集等基础性工作上。全国政协外委会副主任、察哈尔学会主席韩方明博士亲力亲为，负责组织和汇聚起一批对公共外交嗅觉机敏、思想活跃、知识广博、文笔扎实的国内青年学者和知名专家，在一年的时间内完成了这部《公共外交概论》，并将于近期由北京大学出版社出版发行。有人说，该书是迄今为止世界上第一部系统介绍公共外交的基础知识、理论体系、战略思维和实践操作的书籍，也有人说，这是一幅解读公共外交奥妙的中国式整体画卷。毫无疑问，此书的出版将是我国在公共外交学科建设领域迈出的重要一步。

《公共外交概论》一书涵盖三大篇章，主要内容如下：

一是原理篇，分别从公共外交的概念辨析、理论使命、学科基础、历史形态、未来趋势等角度对公共外交进行宏观扫描，并从国际关系学、外交学、传播学、文化学等学科领域中广泛吸取精华，从而搭建起公共外交原理的知识体系，具有较高的学术水准和基础理论深度。

二是战略篇，分别从公共外交主体、公共外交对象、公共外交目标、公共外交传播等角度对公共外交做解剖式的阐释，特别是对公共外交目标的介绍，不仅从大战略、对外政策、国家利益和国家形象等高度阐述了公共外交的一般目标，也从知名度、美誉度、认同度和话语权等角度做出详尽说明，使公共外交的目标更加明确，实践更具可操作性。

三是管理篇，分别从公共外交的战略规划、策略实施、危机管理、方法技术、心理过程、模式比较等方面做出概述，有助于读者更清晰地把握开展公共外交的基本方法和技巧艺术。全书列举和融汇大量生动案例，使许多活生生的各国开展公共外交的场景跃然纸面，令人读来兴趣盎然，如有身临其境之感。

总之，全书体系完整，内容丰富，逻辑流畅，浑然一体，是一部知识性强、不可多得的公共外交经典书籍，同时也是一部具有一定理论深度的学术著作。

毋庸讳言，作为第一本关于公共外交的大部头教科书，难免存在这样或那样的缺欠。特别是对于尚处在起步阶段的中国公共外交而言，该书在展示公共外交的中国特色和中国案例方面还显得力度有些不够，总结中国公共外交的经验还相对薄弱，今后尚需在这些方面加以深入研究和做适当补充。当然，对《公共外交概论》这样一部在一年之内依靠集体力量完成的大作来说，瑕不掩瑜，值得称赞。为此，人们应当对该书的出版拍手致贺，并对作者和编辑们表达深深的敬意，祝愿他们继续努力，为我国公共外交事业的蓬勃发展做出更大贡献。

（2011 年 2 月 10 日　外交学院）

"文化多样性和世界和谐" 研讨会讲话

外交学院法语国家研究中心成立已经3个多月了。3个月来，在各界人士的大力支持下，法语国家研究中心努力开展工作，积极加强科研，大力促进交流，务实推动合作，取得了良好开局。

今天中心又举办主题为《文化多样性和世界和谐》的学术研讨会，并得到了许多法语国家驻华大使馆、特别是法国文化中心的热情支持和积极参与，体现了本次研讨会的国际性、广泛性和吸引力。

我有幸出席了几天前刚刚结束的"两会"，这是中国政治生活中一年一度最重要的会议。今年"两会"向全世界发出的信息是，中华民族是一个重友谊、守信用、有尊严的民族。中国的发展离不开世界。中国主张不同的国家、不同的民族相互尊重，平等相待，互相学习和互利合作。在我看来，我院成立法语国家研究中心的目的完全吻合上述方针的精神，即：尊重文化的多样性，寻求不同文化和文明之间的对话，增进中国人民与法语国家人民的友谊，并通过合作促进多边经济和文化的共同发展。

我感到高兴的是，本次研讨会所选主题完全反映了中国人民和法语国家人民之间加强相互了解与互利合作的愿望。我的希望是，我院法语国家研究中心能够成为设在北京、为中国与法语国家之间密切沟通与交流、平等讨论与争鸣、相互吸收与借鉴服务的一个常设平台，从而使外交学院能够为进一步加强中国与法语国家人民之间的传统友谊，为切实维护这个星球上文明与文化的多样性，为构建人类向往的一个和平、合作、和谐的世界而尽我们的一份微薄力量。

（2010 年 3 月 17 日　北京）

世博会的机缘与公共外交功能

2010 年 3 月 8 日，在全国政协召开的题为"走进世博、共享世博"记者会上，赵进军曾说同上海世博会有工作缘分。趁本刊夏季号以上海世博会与公共外交为专题的机会，本刊编辑部副主任柯银斌专访了赵进军，主要内容从了解上海世博会申办背后的故事，到上海世博会的公共外交功能。

与世博会的工作机缘

柯银斌：赵大使，多谢您接受我们的专访。在 2010 年 3 月 8 日全国政协的记者会上，您提及同上海世博会的工作缘分，具体情形是怎样的？

赵进军：1993 年，中国甫加入国际展览局（总部在巴黎，以下简称国展局），我即作为中国驻法国大使馆首席馆员担任驻国展局的常驻代表，并参与了昆明 1999 年园艺世博会和上海 2010 年世博会申办工作的几乎全过程。因此，我说同世博会有缘分。

柯银斌：您当时主要负责哪些方面的工作？

赵进军：主要是在国展局两次年会的间隔期间，同国展局秘书处保持日常联系和合作。我同国展局现秘书长洛塞塔莱斯（西班牙人）及当时的主席诺盖斯（摩纳哥人）很熟，是好朋友，人际关系好对我开展以上工作非常有利。他们会很友善地提醒我一些关于申办需注意的事项。申办世博会是很激烈的竞争。我感到高兴的是，我所经历过的这两次申办工作最终都获得了成功。

柯银斌：原来这两次成功申办都与您的工作密切相关，那么，昆明园艺世博会和上海世博会有什么不同呢？

赵进军：首先昆明园艺世博会和上海世博会的档次不同。根据国展局规定，上海世博会是最高档次的综合性世界博览会，它最大的特点是，以国家和国际组织作为参展的主体。因此，它是代表国家的一种展览行为，是各国借此向世界展示各自国家形象，开展面向民众外交的一大盛会，实质上有着很强的国与国之间综合实力大竞赛的性质。因而各国都会把自己最好的、独特的或有科技或文化创新的东西拿出来竞展。例如，上海世博会上，法国拿来了米勒的作品《晚钟》，凡·高的作品

《阿尔的舞厅》和大雕塑家罗丹的作品《青铜时代》等七件国宝级艺术珍品。丹麦馆展出了著名的丹麦美人鱼。捷克的两块国宝级浮雕历史上第一次被取下运往上海展出。英国馆的造型非常独特，像一支美丽的蒲公英，科技含量很高。而红色中国馆大气磅礴，喻义"鼎盛中华、东方之冠"。再从展期上看，上海这一档次的世博会，每五年举办一届（逢五、逢十），其会期最长，达 6 个月。而其他专业性世博会的举办并无严格年份限制，其会期不超过 3 个月。

柯银斌： 也就是说，综合性世博会的影响力将超过其他专业性世博会。您能介绍一下世博会的有关趣闻吗？

赵进军： 迄今，全世界共举办过 40 届世博会。1851 年首届万国工业博览会在英国伦敦海德公园举行，参观人数达 630 万，这在交通不便的当时是非常了不起的。可以说，几乎每一次的世博会都能给世界留下许多惊喜。例如，芝加哥世博会将好莱坞电影推向世界，而最令全世界熟知的世博建筑则是巴黎铁塔了。1889 年的巴黎世界博览会，适逢法国大革命 100 周年，法国人为此建造了这座铁塔，塔高 324 米，塔重 7000 吨，这在当时创下了建筑史上的奇迹。今天，每年有 600 多万游客登上这座最代表欧洲的地标性建筑。可以说，100 多年来铁塔为法国带来的有形和无形的价值是难以估量的。2004 年，中法建交 40 周年之际，铁塔历史上第一次为一个国家映成红色。当时正在访法的胡锦涛主席夫妇与希拉克总统夫妇在映红的铁塔前合影，这一象征性极强的照片刊登在法国大报——《费加罗报》的头版上，成为中法友谊和中国文化年的永恒纪念。

1900 年巴黎世博会的趣事

柯银斌： 看来每次世博会对主办国的国家形象提升，以及之后的文化发展和国际关系，都有较好的促进作用。那么，中国与世博会的关系如何？

赵进军： 我的一位侨居法国的朋友，给我看了一本 110 年前印制的介绍 1900 年巴黎世博会的画册。其中拍下了各参展国当年修建的展馆，都像宫殿一样非常壮观，看后令人惊叹，其中也有气势不凡的中国馆。中国馆的正面是仿北京孔庙的高大牌坊，上面书写着"国民乐利"四个大字，既苍劲又大气。牌楼后面是仿故宫的多层宫殿式传统大屋顶建筑，是非常独特别致的东方建筑。我不知道这些中式宫殿和牌楼是如何在巴黎建造起来的。考虑到当时的国情和国力一定是非常不容易的。

我还告诉你，今天在中国驻法国大使馆内有一件同 1900 年巴黎世博会有关的文物。发现它也有一个小故事。有一天使馆公务员小刘跑来对我说，他发现一层会客室里钢琴的琴键是象牙做的，因此他判断这琴一定很珍贵和有来头。我听后去查看，发现象牙钢琴上面有一排已不太清晰的法文字，写着"1900 年巴黎世界博览会大奖"，我当时很高兴，这是一件文物啊！已经 100 多年了，钢琴的音质还很好。为什么大使馆里会有这样一个百年前的文物呢？原来大使馆是 1964 年中法建交后我们从国民党手中接收过来的，在此之前，清廷也有驻法国的公使馆。因此，使馆内留下来许多历史上的珍贵物品，例如，在大使官邸客厅里有一对黄花梨木的中式太师椅，很珍贵。据说是李鸿章1896年访法时使用过的。同钢琴可说是同一时代的。

柯银斌： 真有意思，不仅您的工作与世博会有缘分，您的工作场所也与世博会有缘。那么，知道那架钢琴的来历后，如何使用呢？

赵进军： 我在驻法使馆工作多年，原来只知道有一架旧钢琴放在一层会客室里，但确实不知道这是1900年巴黎世博会留下的文物。当我知道后立即决定将钢琴移到大使官邸并安放在宴会厅的一角，当有国内外重要客人去时我会作介绍。1900年对法国人是非常自豪的一年，因为那一年法国巴黎在同年同城举办了奥运会和世博会，这是非常难得的荣耀。而1900年对中国人却是悲愤和耻辱的一年，那一年八国联军入侵并占领北京，书写下中国近代史上的国难之年。这在当年是中法间多么大的反差！有了这架世博钢琴，其后每当五四青年节时，我都会组织使馆的年轻外交官去官邸参观这架钢琴，并进行爱国主义教育，我希望能通过这件实物，让当代青年感受"弱国无外交"的道理。

上海世博会的选址决策

柯银斌： 时间过去了110年。当年任人宰割的"东亚病夫"两年来连续主办北京奥运会和上海世博会，中国的变化确实太大了！听说上海世博会的选址采纳了您的建议，具体情形是怎样的？

赵进军： 现在大家都知道，上海世博会举办的场地位于黄浦江南浦大桥和卢浦大桥的黄金地段，但很多人却不知道最初的选址并不在这里。2001年，在申办工作已经全面启动后，我回国休假并专程到上海了解世博会的选址情况。上海世博局的一位同志陪我到浦东内地看场址，那是一片农村，四周是看不到边的稻田。我当时觉得，这样的会址没有突出上海作为国际化大都市的特点，感到很失望。当晚，我向上海市一位主要领导坦率说出自己的看法，并建议选择世博会场址应借重黄浦江的优势。他听后点点头并立即表态说，你回巴黎后可以向国展局表态，上海世博会将在上海市区黄浦江边举办。后来，听说上海市作出极大努力，拆迁了200多家工厂和许多老的民居，其中最难的要数搬迁百年老厂——江南造船厂了。我为我的建议被采纳而特别高兴。上海有关举办世博会的方案和作法有创新、有亮点、有深度，完全打动了各国代表。他们认为，展馆的选址美化了市容、改善了居民生活、完全符合上海世博会确定的主题："城市，让生活更美好"。今天如果你在世博园走一圈，你一定会对上海人民为世博会事业所做出的贡献而感动。那么多的灵感、创意和革新举措，令国际专家们赞叹不已！当年动迁的老百姓居住条件大为改观，他们十分感谢党和政府关于申办世博的决策。而迁到长江口的江南造船厂今天建造出30多万吨级的巨轮，比搬迁前最多生产7.5万吨级轮船不知高出多少倍！这就是世博会带来的了不起的社会进步和经济效益。

柯银斌：您说的很有道理。上海世博会将给中国提供一个向全世界展示自己的机遇，那么您认为怎样才能充分利用好这一机遇？

赵进军：世博会和奥运会被称为世界两大盛会。而世博会较之奥运会，参与的国家和国际组织更多，持续的时间更长，现场观看的人数更为庞大，特别是对全球政治经济科技文化的影响极其深远。例如，上海世博会有 246 个国家和国际组织确认参展，其中还有 22 个非建交国，预计将有超过 7000 万游客（其中境外游客 350 万）买票入场，这些数字将打破世博会史上的许多记录。因此，这对中国绝对是非常非常难得的一个机遇。至于能否利用好这一机遇，要看是否以外部世界听得懂的语言和可接受的方式，把一个进步、开放、友好的真实中国展示在世界人民面前，这是世博会成功的重要标志。而实现这一目标的关键，则是能否有效开展公共外交。

上海世博会的公共外交功能

柯银斌：本刊作为中国第一本公共外交的专业期刊，非常希望听到您关于上海世博会与公共外交功能的看法。

赵进军："公共外交"一词是 1965 年美国塔夫兹大学外交学院院长埃德蒙·格里恩提出并得到国际认可的。概括说来，公共外交就是以政府为主导，集合政府机构、社会团体、民间组织和个体民众的力量，以有效方式对外说明本国的内外政策和真实情况，以消除误解和误判，树立本国良好的国际形象；同时，也要向本国民众真实介绍外部世界。总之，公共外交涵盖的范围很广，核心是在政府主导下以本国和外国民众为主客体的全方位外交。国内的一些学者很早就开始研究公共外交这一概念和实践。大家熟悉的赵启正同志在担任国务院新闻办主任时就主张在我国开展和加强公共外交。2008 年 3 月第十一届全国政协外委会组成，赵启正当选主任，公共外交被列为本届政协外委会的一项重点工作，得到外委会委员的一致赞同。同年，外交部在新闻司设立负责公共外交事务的处室。2009 年我国召开驻外使节会议，中央主要领导第一次正式提出"要加强公共外交"。可以说，这次会议吹响了公共外交的号角。2009 年，全国政协外委会组团赴上海世博园调研，并提出"以世博会为契机加强公共外交"的调研报告，受到上海市委主要领导的重视和好评。两年来，全国政协外委会已举办多次主题为公共外交的研讨会，以对此深化思考、集思广益，并决定创办一个刊物《公共外交通讯》，以便更好推动公共外交的普及。全国政协主席贾庆林在今年政协工作报告中对外事委员会积极开展公共外交工作给予了充分肯定和支持。杨洁篪外长在两会答记者问时也明确指出，公共外交是中国外交重要的开拓方向，外交部已为此做出工作部署。可以说，开展公共外交在我国已进入一个崭新的阶段，而上海世博会的举办更使公共外交生逢其时、大有可为。

柯银斌：这就是说，上海世博会应成为公共外交的一个重要舞台。

赵进军：你说得很对。上海世博会将是我国推动和实践公共外交的一个非常大的舞台。在184天里，将有上百个国家的元首、政府首脑或政要将出席包括开幕式、各国馆日、文化节等各类活动，预计将有两万多场节目。毫无疑问，如此丰富多彩的世博活动，将是世界级的文化大交汇和文明大交流，是拉近中国与世界距离的绝佳机会，当然也是我们学习和开展公共外交的宝贵舞台。

今天的中国已大大不同于以往任何时候，中国的实力快速增长，中国的一举一动、包括发生在国内的许多事情都可能引发外界的不理解、曲解、误解甚至会出现敌视和敌对等现象。怎么办？除政府主渠道的应对外，还必须加强全民的公共外交意识，扩大国民在对外交流中的主人公作用，把握公共外交的"细雨润物"功能，让每一位公民都以自己的方式对外展示21世纪中国人民的思想、风采和胸怀，这是公共外交取之不竭的源泉。从这个意义上说，方兴未艾的公共外交没有穷期，将与共和国的成长相伴相随，直至永远。

察哈尔公共外交学会年会（广州）演讲

　　展望世界，一个重要的现象是，各国之间综合国力的较量已经远远超越了冷战时期相对单纯的硬实力较量，而更加注重在价值理念、制度模式、政治实力、文化展示等领域的较量，为此，公共外交应运而生，并越来越受到包括我们中国在内的各国政府和社会各界的高度重视。

　　世界最大的发达国家——美国最早提出公共外交概念，并将加强公共外交作为其外交战略的支柱。目前美国已制订了面向 21 世纪的公共外交全球架构，其中令人注目的是，美国十分重视运用互联网等现代传媒手段，开展美式公共外交、大力宣扬美国的核心价值理念。

　　英国政府也加大对公共外交的投入，形成由外交部牵头，建立了包括文化协会、BBC 广播等文化团体和新闻机构在内的所谓"立体公共外交体系"。

　　德国政府把对外文化交流、对外政治、对外经贸列为其对外关系的三大支柱，并重点以文化和教育为平台，全方位开展公共外交。

　　日本则由外务省制订出公共外交政策，大力引导半官半民组织、企业和志愿者等进行国际形象公关。

　　在我国，开展公共外交的时间较晚。2008 年，本届全国政协外委会在赵启正主任的领导下决定将开展公共外交作为届内一项重要工作。2009 年，胡锦涛总书记在使节会议上首次提出，公共外交是我国外交工作新的拓展方向。这是非常正确和及时的。因为当前我国正处于和平发展的关键时期，改革开放进入"深水区"，一方面我们取得的成绩巨大，经济总量已上升为世界第二，令世界瞩目；另一方面社会上出现的各种问题和矛盾也不少，在国内国外造成的负面影响和歪曲报道也在增多。而我国国内有些同志看不清形势，分不清主流与支流，过分放大或夸大我们前进中碰到的问题，甚至"一叶障目，不见泰山"，对国家前途产生迷惑。因此，如何在坚定不移地继续推进改革开放、发展经济文化的同时，维护国家的良好形象，树立中国人的良好形象，努力破解"中国危机论"、"中国威胁论"、"中国不负责任论"、"中国傲慢论"等各种涉华不实言论，这应当是当前中国公共外交面临的紧迫任务。

我认为，通过这几年的不断宣传、推广与实践，特别是经历了北京奥运、上海世博、广州亚运等大型群众性公共外交的丰富体验，国内主流舆论已经认识到，公共外交是一种新型的范围更广更宽的外交形式。就我们全国政协外委会而言，我们从一开始就认为，公共外交是指由政府主导，社会各界普遍参与，借助传播和交流等手段，向国外公众介绍本国国情和政策理念，向国内公众介绍本国外交方针政策和举措的交流活动。

也可以说，公共外交是传统外交的继承、发展和补充，但内涵和外延更为丰富，主要体现以下特征：

（一）广泛性。公共外交的对象是国内外公众，几乎覆盖社会所有阶层、组织和个人。它可包括官方对民间、民间对民间、民间对官方等各种对话交流，可覆盖经贸、教育、人文、传媒、科技、体育、军事等多个领域。

（二）互动性。公共外交有别于传统意义上政府对公众的宣传，它更注重双向沟通与互动，以更好增进相互间的理解和共识。政府可通过公共外交对公众心理和舆论产生影响。反过来，公众民意对政府的决策与行为也会产生反作用。

（三）渐进性。公共外交说到底，是一项争取人心的系统工程。随着中国和国际形势的发展变化，公共外交将不断面临新的形势、新的任务、新的挑战。这决定了此项工作的长期性和复杂性，不可能一蹴而就，因此，开展公共外交一定要有耐心和计划性，要持之以恒，循序渐进，细水长流，方能水到渠成，通过累积达到量变促质变的效果。

（四）间接性。在公共外交实践中，政府主导，更多体现在以间接方式进行策划和组织，主要是发挥定调作用，调动媒体、民间组织、智库、学术机构、知名人士与普通民众等在公共外交的一线开展工作。

总体来看，当前我国的公共外交工作仍处于起步和摸索阶段。今年爆发的西亚北非连锁动乱极大提醒我们：开展公共外交绝不可忽视网络的作用，而我们在这方面还有不小的差距。总之，我们在同国际媒体、非政府组织、智库和外国民众打交道以及在网络方面，还面临着不少困难和挑战，还缺乏经验。

我认为，要做好公共外交工作，首先在人。因为向外国人介绍我国的真实情况，如果我们自己还不了解、不清楚，甚至对我们国家的成就和核心价值观有怀疑、有摇摆是不行的，可以肯定是做不好公共外交工作的。因此，我认为，在中国共产党成立九十周年和迎接党的十八大明年召开之际，要抓好从事公共外交工作的队伍建设思想建设十分重要。说到底，我国的公共外交能否成功，关键在人。

外交部在概括我国全体外交人员应有的核心价值观时用了六个字："忠诚、使命、奉献"。同样，我认为这个"六字要求"对有志于从事公共外交的所有同志来说也具有同等意义：因为只有依靠一支对国家忠诚、乐于奉献和有使命感的人才队伍，我们开展公共外交的局面才能打开，才能增进国内民众对我国外交方针政策的理解、认同和支持，也才能最终促进国外民众对一个民主、进步、文明、开放中国的真实了解和真诚友谊。

从这个意义上看，我认为本届研讨会确定的主题："中国人的国际新形象"很有意义，很有针对性。

（2011 年 11 月 14 日　广东广州）

第二届中国海外投资年会演讲

我认为，促进中国海外投资与开展公共外交有着相辅相成和相得益彰的内在联系。今天，无论是推动中国海外投资，还是开展公共外交，都是在新形势下中国面临的新任务、新要求。要搞好海外投资和公共外交，首先要了解和把握国际形势及其变化，这是重要前提。

当前，国际形势的特点是：

第一，美欧日等西方发达国家正遭受金融危机、主权债务危机和地震核辐射等多重打击，短期内难以走出危机和困境。不仅如此，危机还呈现出进一步扩大化和长期化趋势。

特别是欧盟一体化建设正遭受从未有过的打击，欧元贬值、股市下跌、老百姓怨声载道。某些成员国甚至面临破产边缘。可以说，欧盟当前的危机，既是严重的经济与金融危机，更是深刻的政治与社会危机。

在欧盟深陷困境、难以自拔的同时，美国和日本也都面临增长乏力、国库空虚、失业率居高不下、社会内部动荡的严重困扰。欧、美、日三方同时陷入危机，三方综合国力同时下降，这是"二战"以来少有的。

第二，新兴发展中国家呈现出加速发展和群体性崛起之势。主要表现在，新兴发展中国家已连续多年成为推动世界经济增长的引擎；中国超越日本成为世界第二大经济体，巴西超越英国和意大利成为世界第六大经济体；新兴发展中国家的经济增量已占全球经济增量的3/4，吸收的外国直接投资占全球总量的52%，首次超过了发达国家，这是百年来从未有过的现象。国际力量对比正在发生有利于发展中国家的深刻变化。

第三，世界格局加速调整，中国面临的压力与挑战明显增大。美国高调宣布其战略重心向亚太东移，一些国家将中国视为战略竞争对手，处心积虑给我设置难题，在涉我主权问题上频频制造事端，我周边各类军演连绵不断，"中国威胁论"、"中国傲慢论"、"中国崩溃论"等各种论调甚嚣尘上。我外部环境中的不确定和不稳定因素明显增多。可以说，这一切都源于中国的快速发展和综合国力的不断增强。这种"树大招风"现象并不完全是坏事。它证明了中国改革开放所走过的道路是正确的，中国所取得的成就令对手震撼。

回顾世界历史，200多年前，刚刚独立的美国，社会充满活力，经济欣欣向荣，但当时在欧洲人眼中，美国依然是所谓"政治上无政府、经济上无秩序、国民中无素质"的"失败国家"。只是在美国人经历了近百年的努力后，包括有效开展各种形式的公共外交，才改变了欧洲人对美国的傲慢与偏见。

今天，中国所取得的伟大成就引起西方媒体发出各种攻击性评论，只能证明西方对中国的傲慢与偏见。但傲慢与偏见阻挡不住历史车轮的前进。

对中国人而言，对付压力与挑战的最好回答是，继续加倍努力，继续坚定不移地走自己的路。同时也要看到，国际形势中对我有利的一面和不利的一面同时存在，正如胡锦涛主席不久前所说，"我国面临前所未有的机遇，也面临前所未有的挑战，我国发展仍处于可以大有作为的重要战略机遇期。"

应当说，中国企业"走出去"到海外投资，这本身就是机遇，也是中国强大起来的一种必然趋势。10年前，中国对外投资不到10亿美元，而到2011年年底，中国在178个国家和地区共有投资企业1万8千家，累计非金融类投资3000多亿美元，是10年前的300倍。这些"走出去"的企业给当地带去资金、技术和管理，解决了当地的就业、发展和税收，成为中国与世界各国友好合作、互利共赢的推动力。据统计，近10年来中国的海外投资聘用当地员工近80万人，每年纳税超过100亿美元。

今天，我的发言之所以特别强调在海外投资中应注重公共外交，是因为在当前形势下，如何更好地向世界说明一个真实的中国、充分展示中国的文明、民主、开放、进步的国家形象十分重要。开展公共外交是我国外交工作新的拓展方向。具体来说，就是要在政府主导下，调动和鼓励公众在各自的领域积极开展形式多样的公共外交。这应当是时代的要求，因为在全球化背景下，中国的国家形象与公众的切身利益正越来越紧密地联系在一起。

最近，全国政协外委会在沿海省份调研中了解到，中国企业"走出去"已经成为一种自觉与不自觉实践公共外交的过程。越来越多的中国企业、包括民营企业把公共外交纳入其"走出去"的战略之中。这样做好处很多，一是有利于增进与驻在国的相互了解，消除误解；二是可赢得当地民众的尊重和信任，树立企业良好形象；三是可更好融入当地社会，规避投资风险。

当然，我国企业"走出去"也还存在一些急待解决的问题，主要是，个别企业还存在急功近利、违规经营现象；对海外环境缺乏了解，不善于和媒体、工会及当地民众打交道；熟悉国际业务和外语好的人才不够，开展公共外交还缺乏自觉性和主动性等问题。这一切需要中国企业在海外投资的长期实践中逐步加以完善和解决。

当前，我国开展公共外交正进入一个全面发展的新时期。本届全国政协外事委员会在赵启正主任的积极倡导和全体委员的共同努力下，为普及和推广公共外交的理念做了大量工作。我深信，中国企业到海外投资与开展公共外交紧密结合，一定会为中国"走出去"的企业更好更快地在海外发展做出贡献。

（2012 年 8 月 22 日　香港会展中心）

软实力与公共外交
——"广州大使论坛"的讲话

这是我第三次出席科技部举办的大使论坛活动，留下很好印象。

改革开放 30 多年来，中国取得了许多惊人成绩，其中之一是形成了中国和世界历史上最大规模的留学热潮。据统计，1978～2011 年，中国出国留学人员的总数共计 224.51 万人。在这股改革开放形成的大潮中，每年都有众多学子奔赴海外，同时，也有越来越多的留学人员学成归来，带着知识、带着项目、带着报效国家和社会的热情回国创业。

毫无疑问，留学潮是推动中国改革开放不断进步和前行的一支生力军和重要推动力量。我来广州之前就听说，广州留交会举办 15 年来一共吸引了 3 万多名留学人员与会，其中获海外博士学位的超过半数。他们携带着 15000 多个项目参加广州留交会，达成 5000 多个合作项目，并在全国各地成功落户。应当说，举办留交会是对国家发展和民族复兴的了不起的贡献，令人敬佩。

这使我想起两件事，一是从历史上看，留学生人员对新中国的成立贡献巨大。例如，留学法国的有：周恩来、邓小平、陈毅、李富春、聂荣臻、蔡和森等一大批革命前辈。二是，最近联合国发表了一份报告称，中国已取代美国成为世界最大的专利申请国。2011 年，中国共申报了 526000 项专利，占全球总数的 1/4。世界知识产权组织总干事弗朗西斯·高锐认为，"这是一个历史性的转折点"，反映了中国对创新的强烈兴趣。而在中国的创新成就中，广大优秀留学人员所起的作用和对国家与民族的贡献是不言而喻的。在此，请允许我向留交会的主办方和为此辛勤工作的各方面的同志们表示崇高敬意。

本届留交会正值党的十八大刚刚闭幕，全国人民正在为 2020 年全面建成小康社会的宏伟目标，特别是为实现国民生产总值和居民收入实现两个翻番而团结奋斗。十八大报告还告诉我们："纵观国际国内大势，我国发展仍处于可以大有作为的重要战略机遇期。"这是一个十分重要判断。在当前国际和周边形势复杂多变的情况下，我们必须统一认识，解放思想，继续改革开放不动摇，继续坚持走中国特色社会主义道路不动摇。我们不动摇，是因为改革开放以来的历史证明，中国特色社会主义完全符合中国的国情，是完全正确的。

今天，世界形势出现了一些新的变化。一方面，美欧日面临"财政悬崖"、"主权债务"、"经济衰退"等内外危机的严重困扰，总体力量呈现下降趋势。以法国为例，早在八、九年前，当我在法国当大使时，我对此趋势就有感觉。那时，我特别想解决大使馆馆舍狭小的问题，到处看房子。令我完全想不到的是，法国政府为填补主权债务亏空决定大规模拍卖政府房地产。外交部就打算出售 13 处房产，包括国际会议中心、外贸中心、对外合作部等。其中对外合作部条件最好，位处市中心，还有 4000 平方米的花园。而在巴黎市中心有这么大花园的使馆仅有三家，美英日。当时，我向国内报告说，搞了一辈子法国，做梦也想不到像法国这样的国家竟然到了出售部委大楼的地步，建议国内购买此处房产。后来此事有些小曲折，但最终结果是，今年上半年，国内已派建馆小组赴巴黎正式在这座花园大院开工建新馆。今后，中国驻法国新使馆将跻身巴黎顶级使馆之列，这是令人自豪的。

前面说到，今天欧美日同时遇到经济金融的困难，而与此同时，以金砖五国为代表的新兴经济体的综合国力上升、国际影响力不断扩大。这一被称为"东升西降"的国际形势对中国的和平发展很有利。现在，全世界几乎所有国家、所有媒体都认为，中国经济超越美国是不可阻挡的、是或早或晚的事。有的认为需要十几年，有的认为二十几年。值得注意的是，就在几天前，美国国家情报委员会发表最新报告称，到 2030 年，也就是从现在起 18 年后，亚洲实力将超过北美和欧洲的总和，而中国经济则可能会在 2030 年之前的几年就超过美国，令人惊讶的是，这是一家美国官方机构第一次如此明确地对未来做出如此预测。记得 2003 年，我去法国赴任时，希拉克总统曾讲过小布什不相信中国会在二三十年内超过美国的预言。

对将超越美国事，我们中国人一定要以冷静、全面、客观和谨慎的态度来看待，既要从容淡定，沉着自信，坚定不移地走自己的路。即使今后经济总量超过美国，由于底子薄、人口多、区域发展不平衡，我国还将在长时期内保持世界最大发展中国家的定位。在我们前进道路上还有许许多多的各种困难和各种挑战。因此，我们一定要保持忧患意识和谦虚谨慎的态度。这是十八大报告的精神。从某种意义上讲，能够实事求是地认识自己，谦虚谨慎地对待成绩，这是一个国家软实力的体现。应看到，改革开放 30 多年来，我国的硬实力大幅增强，但"软实力"还不够强大。

软实力是一个国家综合实力和外交态势的重要组成。西方国家很重视软实力。2004 年美学者苏珊妮第一次提出"巧实力"战略的概念，这里的"巧实力"实际上就是指"软实力"。希拉里·克林顿国务卿在 2009 年公开提出"巧实力"外交战略。这说明连美国这样的唯一超级大国都清楚，在国际关系中，只来硬的是不行的，必须学会运用和发挥软实力的作用。对我国而言，今天我们同样需要重视和发挥国家软实力的作用。

十八大报告明确指出："中国将始终不渝奉行互利共赢的开放战略，坚持在和平共处五项原则基础上全面发展同各国的友好关系"，而要实现这一目标，十八大报告提出要"扎实推进公共外交和人文外交"。而这正是提升我国的软实力所必须的。

在全球化时代，世界各国的联系与合作越来越密切。同时各种摩擦和争端也会大量增多，这就需要在各方面、包括政府和民间层面上加强人民之间的沟通和交流。而公共外交和人文外交则是增进各国人与人之间相互了解和友谊的桥梁与纽带，其地位和作用日益明显。可以说，大力开展公共外交和人文外交是当前推进国家软实力建设、服务和平发展大局的需要。

"公共外交"一词是 1965 年美国塔夫兹大学外交学院院长埃德蒙·格里恩提出并得到国际普遍认可的。概括说来，公共外交就是以政府为主导，集合政府机构、社会团体、民间组织和个体民众的力量，以有效方式对外说明本国的内外政策和真实情况，以消除外界的误解和误判，树立本国良好的国际形象；同时，也要向本国民众真实介绍外部世界。总之，公共外交涵盖的范围很广，其核心是在政府主导下以本国和外国民众为主客体的人民外交。

国内有一些学者很早就开始研究公共外交的概念和实践。2008 年 3 月，第十一届全国政协外委会组成后，把在国内宣传和普及公共外交列为本届政协外委会的一项重点工作。同年，外交部在新闻司设立负责公共外交事务的处室。2009 年我国领导人在驻外使节会议上第一次正式提出"要加强公共外交"，从而吹响了我国开展公共外交的号角。其后，杨洁篪外长在两会期间回答记者提问时明确指出，公共外交是中国外交重要的开拓方向，并表示外交部要为此做出工作部署。可以说，这几年开展公共外交在我国已进入了一个新的推广阶段，上自国家领导人，下至学界媒体，甚至普通百姓都在热情关注和积极实践公共外交。例如，举世瞩目的2008 年北京奥运会和 2010 年上海世博会在实际上成为了中国国民开展和实践公共外交的最大、最广、也是最成功的案例，成千上万的民众以此为平台向全世界展示了一个改革、开放、民主、进步的真实中国形象，效果很好。

值得一提的是，在公共外交进入全面发展的新时期，全国政协组织为普及和推广公共外交的理念做了大量工作，特别是本届全国政协外委会在赵启正主任领导下为积极倡导和推动公共外交的发展做出了积极贡献。当前，在全国政协省市一级，已有上海、天津和广东省政协成立了公共外交协会，还有一些其他省市也在筹划之中。这种以统筹政协系统的方式开展公共外交是一种很好的形式。因为政协是汇聚各行各业精英的组织，开展公共外交有人才优势。今年 7 月，在黄云龙主席和汤炳权副主席的支持下，广东省公共外交协会主动组团 20 余人专程到我们外交学院进行公共外交专题培训，表明作为全国改革开放先锋的广东省在开展公共外交方面也走在了前列，充分体现出广东人所具有的前瞻性目光和务实行动能力。

可以说，公共外交就是广泛意义上的人与人的交流与沟通，就是尽可能广泛地交友、目的是，争取尽可能多的外国人了解中国、理解中国、信任中国、从而支持与中国友好合作。

我在法国工作期间，对此很有体会。我深知作为代表国家元首的特命全权大使，能否与驻在国官方与民众保持良好沟通和友善合作至关重要。而交流与合作本身就是不同文化的交汇，就是软实力的展现。中国是一个历史悠久、文化灿烂的古老国家，也是闻名世界的礼仪之邦，中国外交官、当然也应包括全国一切在不同岗位上从事对外工作的同志们，都应当具备一定的东方文化素质和良好的对外交友能力。这是工作能否成功的必备条件。从一定意义上说，外交就是交友。重视交友就应当对外重视提高个人的内在素质、语言能力，此外也应当具备必要的对外礼仪和礼节知识。有时交友过程中第一眼的印象是很重要的。而你的面部表情、说话的语气和分寸，甚至穿衣都很重要。如西服不是我们的传统服装，但正式场合几乎都穿西服，这里面就有很多名堂，如颜色搭配、领带扣子都有讲究。如果我们是同欧洲人打交道，那就应当知道必要知识，才能赢得尊重。

（2012 年 12 月 6 日　广东广州）

青田人理应成为公共外交的天然使者

青田是全国两千多个县中第一个成立公共外交协会的。我代表外交学院并以青田公共外交协会顾问的名义，对协会的成立表示热烈祝贺！

去年12月底，我曾出席在北京钓鱼台国宾馆举行的中国公共外交协会成立大会，在会上李肇星同志当选会长，杨洁篪外长亲自到会致辞表示祝贺，我被聘为协会的顾问。

这次是我第二次参加国内公共外交协会的成立大会并被聘为顾问。从出席全国性协会到出席县级协会的反差很大。有同事对我爽快地接受邀请来青田觉得很好奇，因为他们不知道我与青田有着在会议之外的很深厚的历史渊源。

20世纪90年代初，我在中国驻法国大使馆担任首席馆员时曾代表大使出席旅法青田同乡会的成立大会，并从此和旅法青田同胞建立起深厚的友情。可以说，20年来我同历任旅法青田同乡会的会长如严志照、孙协发、徐乐平等都很熟，都是好朋友。法国首个旅法华侨妇女联合会主席邱爱华女士同我也很熟，她也是青田人。因此，对我来说，能有这么一次机会到青田来，支持青田的公共外交事业，亲眼看一看青田侨乡的风采，这是我的一个长久心愿。再加上，青田侨胞的优秀代表，也是我们外交学院的校董郭胜华先生出面邀请我，也是重要因素。2005年我应法国科学院邀请访问法属圭亚那，郭先生曾带伤接待我们一行，给我们留下美好印象。郭先生长期以来还大力支持外交学院的发展，这次他希望我能来，这是侨胞的友谊与心灵的呼唤，我理所当然地要来。

当前，随着我们国家的快速发展，中国与世界的联系越来越紧密。而中国越发展，就越需要一个长期稳定、和平友善的国际环境。为此需要调动一切可以调动的力量告诉世界一个真实的中国、一个热爱和平、民主进步、主张与世界各国全面合作、互利共赢的中国。可以说，在当前中国公共外交事业正进入一个新的发展阶段之际，青田率先成立县级公共外交协会，这绝不是偶然的。

青田作为我国著名的侨乡，在我与旅法侨胞多年的接触中深深地感受到青田人、包括海外青田侨胞一贯体现出勇于创新和"敢为人先"的可贵精神。青田人在世界各地都展现出爱国爱乡、团结互助、艰苦创业和勤劳智慧的良好形象。

我在法国同青田籍侨胞接触时，感受最深的除了上面说的青田人追求成功、不服输和艰苦奋斗精神之外，还对青田侨胞之间那种纯朴的乡情和乡亲之间的无私提携与热心帮助感到难忘。我听说，郭胜华先生离开家乡在拉美法属圭亚那安定后，多年来以大爱精神、不求回报地帮助了几千名青田同乡移居海外开创事业。这是很令人感动的。

可以说，身在海外的青田籍侨胞在发展自己事业的同时，还始终侨行天下，情系家园，在海外发起各类爱国爱乡活动，同时与旅居国人民广交朋友，保持友好往来，受到当地政府民众的好评。这是青田人用实际行动在客观上实践公共外交的体现。也可以说，25万海外青田人，用自己的行动向世界叙述着有关中国的真实故事，他们不愧是活跃在世界各地的公共外交的天然使者。这是青田有条件开展公共外交的一大优势和拥有的广阔资源。

今天，青田公共外交协会正式成立，再次彰显出青田人爱国爱乡的赤子情怀，也体现出青田人同世界各国人民增进友谊、加强合作、共享和平繁荣的信心和决心。

我们希望，青田公共外交协会成立后，更加充分地发挥纽带和载体作用，更好地团结海内外的广大侨胞，集中智慧、凝聚力量、发挥优势，更加努力地为青田的发展、浙江的发展和中国的发展献计出力，谱写21世纪青田人新的灿烂华章。

（2013年3月1日　浙江青田）

北京师范大学"文化'走出去'论坛"讲话

现在，中国各行各业都在谈论如何加强公共外交和对外文化交流，这是尽可能地调动和发挥中国的软实力的做法。

关于这个话题，我讲三点看法。第一点，公共外交框架下的文化交流应以政府为主导，最广泛地吸收民众的参与。强调政府主导很重要，因为在国家主导下的对外文化交流才更有力度深度和广度，才能更集中地代表中国的文化与形象。

我在法国工作期间，曾亲身经历了政府主导下的中法互办文化年活动的全过程。这是新中国历史上第一次大规模地开展对外文化交流，事实证明这是非常有效的国际文化交流途径和方式。

中法互办文化年从2003年10月至2005年9月持续两年，涉及两国的方方面面，影响十分深远。既是政府主导，又有群众的广泛参与，也有官民之间的很好结合。例如，2004年1月在巴黎香榭丽舍大街举办的庆祝中国春节游行活动，是华人华侨倡议，巴黎地方政府批准同意的。因为要封路，必须有当地政府批准。同时也需要民众积极参与，那一天是周末，成千上万的法国民众和当地华人华侨，还有专程赴法的约1000人的北京市民团参与了这项大规模的国际文化交流活动。不仅有以华人为主的花车、锣鼓和舞龙，还有法国人为主的太极拳、武术等表演，吸引了数十万人观赏。再如，由法国电力公司发起并资助了铁塔夜晚变红活动。百年铁塔第一次为一个外国变红，当时正在法国访问的胡锦涛主席夫妇和希拉克总统夫妇在映红的铁塔前面合影并刊登在第二天报纸首页上，成为当时中法友谊的象征。这些对外文化交流活动非常成功，很好地提升了中国的形象。

2008年北京奥运会和2010年上海世博会也都是政府主导下中国民众大规模参与公共外交实践的成功案例。全国政协外委会从公共外交角度配合上海市政府、政协做了许多推动工作，效果很好。这是大家都知道的。

第二点，作为一名职业外交官，我更关心的是，我们大力开展公共外交和在国际上推动文化交流应不应当有一个明确的目标和要达到什么目的？我想，应当有。

应看到，今天的中国不同于以往任何时候，中国的综合国力快速增长，中国的国际地位和在世界上的影响力不断上升，形势非常好。但同时，我们也看到，面临新中国的迅猛发展和一举一动，常常引发外界的各种猜测、曲解、担忧甚至敌视。许多外国人不了解中国，尤其是不清楚中国的强大与复兴对他们和对世界意味着什么？是竞争、对抗和战争，还是和平、合作与共赢？这是一个需要中国人回答的问题，也应是中国对外文化交流能不能有针对性地开展工作的大问题。

其实，每一位中国公民都能以自己的身份和方式对外说明为什么中国自古就是一个热爱和平的国家，为什么中国没有对外侵略和扩张的历史，以及为什么中国今天的发展是和平的发展，是互利共赢的发展。

2500年前中国的大圣人孔子就说过"和而不同"的话。"和而不同"的理念在外交上就是指不同的国家、不同的文化应当和谐共存，互不排斥。如同自然界是多姿多彩一样，人类社会也应当是千姿百态、各有特色的。中国一贯主张世界上所有国家不论大小、强弱和贫富，都应一律平等。各国可以有不同的思想理念和宗教信仰、国家体制也可以不同，但这些不同不应妨碍各国间和睦和谐共处。今天中国执行的相互尊重、互不干涉内政、平等互利、合作共赢等外交政策，说到底，是孔子"和而不同"的理念和"己所不欲勿施于人"主张的延伸和传承。因此，要从历史、现实和文化上让世界相信，没有必要对中国的和平发展乃至今后的更加强大感到担忧。相反，中国越发展、越强大，对世界和平稳定和繁荣越有利。中国永远是热爱和平、维护和平的国家。这应是中国在世界上的真实形象。

这几天，习近平主席访问拉美加勒比国家并与美国总统奥巴马非正式会谈。访问本身既是最高级的国际政治交流，同时也是高端文化交流，访问充分体现出中国是一个爱好和平、主张与世界所有国家互利共赢的负责任国家。"中国威胁论"是没有根据的。我们的文化交流应当围绕这一主题展开。

令人高兴的是，许多国际媒体关注这次访问，并进行大量报道，这有助于向世界介绍一个真实的中国形象。由此可以看出，媒体的作用是十分重要的。媒体人是否公正客观，也是影响中国形象的重要条件。我们希望更多的国际媒体人了解中国、熟悉中国、客观真实报道中国。

第三点，我们在国际文化交流中还应注重借助外力，特别是注重名人效应，通过外国当地名人介绍中国，可以起到事半功倍的效果。如在法国有一些政治家对中国文化很感兴趣，如希拉克总统对中国文化历史了解很深，德斯坦前总统对老子有研究。他们在向本国和世界介绍中国方面影响很大，应继续做好这方面的工作。

海外华人和华侨也是传播中华文化的重要力量，他们对在当地传播中国文化非常积极和热心，应加以借重和鼓励。我认识在法国很有影响的三位华裔法兰西学院院士,他们是程抱一、赵无极和朱德群。他们在文化领域的造诣很深,学术影响很大,在中外文化交流中作用独特。如程抱一先生是唯一因在法兰西文学领域的杰出才能入选法兰西终身院士。而他的母语是中文,这是非常了不起的。而上百万中国海外留学人员更是推动中外文化交流的民间使者。

(2013 年 6 月 8 日   北京师范大学)

"中国电影国际传播突出贡献" 表彰晚会讲话

晚会的制作人希望我来做一次跨界的交流，让我从一个外交工作者的角度谈一谈对电影的看法。我感到很荣幸。

在这个和电影国际传播有关的场合，我愿向大家透露我个人的一个小秘密，我选择学习法文是同电影有些关联的。六十年代，我在辽宁本溪上中学时曾看过一部法国电影，名叫"勇士的奇遇"，那是我青少年时最早看到的法国影片。当时觉得非常好看，既有有趣的故事情节，展示了西方式侠客的英武，又有华丽的法兰西王宫和美丽的异国自然风光，尽管是一部黑白片，但很吸引我。我看了好几遍，留下深刻印象。一九六四年一月中法建交，周恩来总理敏锐地预感到，中国的对外关系将有大的发展，国家将很快需要大批外语人才。那一年我选择报考了北京外国语学院，我的第一志愿就是学法语。回想起来，当年看过的那部法国电影，使我对法国产生了好感和兴趣。我讲这段故事是想说，一部优秀电影的国际传播对在国际上宣传和介绍本国的文化和形象是很重要和很有渗透力的。我还记得，当我看《悲惨世界》这部法国电影时，看到主人公冉·阿让背着伙伴在巴黎下水道中躲避追击，看到巴黎的下水道规模宏大，长达2300多公里，人可以站着在下面走，最宽处可以走载重汽车而反观我国城市的下水道工程，同巴黎相比差距实在太大了。今年，我国洪灾严重，法国的经验值得我们反思和借鉴。这也是电影画面传播功能的正面效益。

总之，作为一名忠实的电影观众，我认为电影的价值和意义真得很大。

十年前，当我被派往电影的诞生地——法国当大使时，全程经历了中法互办文化年活动，当时大使馆向国内建议的中方形象大使一个是巩俐，一个是成龙，都是电影人。这也从一个侧面反映出电影工作者在中国对外文化交流中的重要地位和作用。

今天，世界电影进入了一个空前蓬勃发展的新时期，电影以其独特的形式最广泛地展示出地球不同地域、不同文化和不同价值观的艺术表现，可以说，电影在各国民众之间搭建起相互了解与友谊合作的桥梁。因此，各国都十分重视发展本国电影，并将此视为国家软实力的体现。

中国是世界文明古国，拥有五千年从未间断的文明史，这在人类社会中堪称独一无二。今天，中国正在走向民族的伟大复兴。对此，世界上有人拍手，有人担忧。也有人很不高兴，试图歪曲和攻击中国的和平发展。面对这一形势，中国电影应从中华民族优秀传统文化中吸取丰厚营养，更多地走出去，生动和有说服力地向世界讲好中国故事，传播好中国声音。

我们相信，中国电影有这个条件和能力。因为中华文明向来以仁恕为本，礼义为先，在对外关系中始终信奉并遵行"和而不同"的理念。未来的中国，无论怎样强大都一定是世界文明体系中维护和平的正义力量。

而中国电影将始终是中国公共外交的重要资源与力量，中国电影人始终是中国与世界友好交往的文明使者，我衷心祝愿中国电影在国际传播中取得更大发展和更辉煌成就！

(2013 年 9 月 2 日　北京)